Coleção
Educação: Experiência e Sentido

Organização
José Sérgio Fonseca de Carvalho

Jacques Rancière
e a escola:

educação, política e emancipação

autêntica

Copyright © 2022 José Sérgio Fonseca de Carvalho

Todos os direitos reservados pela Autêntica Editora Ltda. Nenhuma parte desta publicação poderá ser reproduzida, seja por meios mecânicos, eletrônicos, seja via cópia xerográfica, sem autorização prévia da Editora.

COORDENADORES DA COLEÇÃO
EDUCAÇÃO: EXPERIÊNCIA E SENTIDO
Jorge Larrosa
Walter Kohan

EDITORAS RESPONSÁVEIS
Rejane Dias
Cecília Martins

REVISÃO
Bruni Emanuele Fernandes

CAPA
Alberto Bittencourt
(sobre detalhe de *Pierre Bourdieu recita. Jacques Rancière escucha. De moment,* de Alfons Freire)

DIAGRAMAÇÃO
Guilherme Fagundes

Dados Internacionais de Catalogação na Publicação (CIP)
(Câmara Brasileira do Livro, SP, Brasil)

Jacques Rancière e a escola : educação, política e emancipação / José Sérgio Fonseca de Carvalho, organizador.-- 1. ed. -- Belo Horizonte : Autêntica Editora, 2022.

Vários autores.
Bibliografia
ISBN 978-85-513-0436-5

1. Desigualdade social 2. Discursos 3. Educação 4. Educação - Finalidades e objetivos 5. Educação - Filosofia 6. Igualdade na educação 7. Rancière, Jacques, 1940- I. Carvalho, José Sérgio Fonseca de.

22-106203   CDD-370.1

Índices para catálogo sistemático:
1. Filosofia da educação 370.1

Aline Graziele Benitez - Bibliotecária - CRB-1/3129

APOIO

Belo Horizonte
Rua Carlos Turner, 420
Silveira . 31140-520
Belo Horizonte . MG
Tel.: (55 31) 3465 4500

São Paulo
Av. Paulista, 2.073, Conjunto Nacional,
Horsa I . Sala 309 . Cerqueira César
01311-940 São Paulo . SP
Tel.: (55 11) 3034 4468

www.grupoautentica.com.br
SAC: atendimentoleitor@grupoautentica.com.br

APRESENTAÇÃO DA COLEÇÃO

A experiência, e não a verdade, é o que dá sentido à escritura. Digamos, com Foucault, que escrevemos para transformar o que sabemos e não para transmitir o já sabido. Se alguma coisa nos anima a escrever é a possibilidade de que esse ato de escritura, essa experiência em palavras, nos permita liberar-nos de certas verdades, de modo a deixarmos de ser o que somos para ser outra coisa, diferentes do que vimos sendo.

Também a experiência, e não a verdade, é o que dá sentido à educação. Educamos para transformar o que sabemos, não para transmitir o já sabido. Se alguma coisa nos anima a educar é a possibilidade de que esse ato de educação, essa experiência em gestos, nos permita liberar-nos de certas verdades, de modo a deixarmos de ser o que somos, para ser outra coisa para além do que vimos sendo.

A coleção *Educação: Experiência e Sentido* propõe-se a testemunhar experiências de escrever na educação, de educar na escritura. Essa coleção não é animada por nenhum propósito revelador, convertedor ou doutrinário: definitivamente, nada a revelar, ninguém a converter, nenhuma doutrina a transmitir. Trata-se de apresentar uma escritura que permita que enfim nos livremos das verdades pelas quais educamos, nas quais nos educamos. Quem sabe assim possamos ampliar nossa liberdade de pensar a educação e de nos pensarmos a nós próprios, como educadores. O leitor poderá concluir que, se a filosofia é um gesto que afirma sem concessões a liberdade do pensar, então esta é uma coleção de filosofia da educação. Quiçá os sentidos que povoam os textos de *Educação: Experiência e Sentido* possam testemunhá-lo.

Jorge Larrosa e Walter Kohan[*]
Coordenadores da Coleção

---

[*] Jorge Larrosa é professor de Teoria e História da Educação da Universidade de Barcelona, e Walter Kohan é professor titular de Filosofia da Educação da Universidade do Estado do Rio de Janeiro (UERJ).

Prólogo
Pedras lançadas no lago
André Guedes de Toledo, Caroline Fanizzi e Denizart Busto de Fazio..... 11

Apresentação
Jacques Rancière: cenas para pensar a educação
Anita Pompéia Soares, Jonas Tabacof Waks e Thiago de Castro Leite....... 15

I. Jacques Rancière em cena

Tomada da palavra e conquista de tempo livre:
uma entrevista com Jacques Rancière
*Por Jonas Tabacof Waks, José Sérgio Fonseca de Carvalho,
Lílian do Valle e María Beatriz Greco*... 25

Sobre *O mestre ignorante*
Jacques Rancière 51

Escola, produção, igualdade
Jacques Rancière 75

II. Cenas de um tempo livre: a forma-escola
e os processos de verificação da igualdade

A questão com a escola/da escola:
tramas da fábula escolar
Jan Masschelein, Maarten Simons e Jorge Larrosa 107

Promessa ou experiência? Relações entre escola
e igualdade a partir de Rancière
Jonas Tabacof Waks 137

Igualdade é uma palavra que o sonho
humano alimenta: Rancière e a crítica aos
discursos pedagógicos contemporâneos
José Sérgio Fonseca de Carvalho...151

A educação escolar como convite potencialmente
dirigido a todos para conhecer e fruir o mundo
Anyele Giacomelli Lamas *177*

As (outras) linguagens da igualdade na educação:
um diálogo sensível com Jacques Rancière
María Beatriz Greco *189*

Uma pequena máquina de destruir
hierarquia e produzir igualdade
Eduardo Pereira Batista *199*

III. Cenas políticas: um mundo comum instituído pela própria divisão

O estudo como uso não apropriativo do bem comum
Maximiliano Valerio López *215*

Para além de *O mestre ignorante:* o encontro entre
filosofia e educação como questão filosófico-política
Vinicius B. Vicenzi *235*

Democracia: do desamor ao ódio
Flávio Brayner *247*

A palavra entre a educação e a política
Anita Pompéia Soares *261*

IV. Cenas de uma trajetória militante: tomada da palavra e emancipação

Reflexões possíveis sobre a relação entre
educação e política a partir de *O mestre ignorante*
Taís Araújo *273*

Liberação da palavra: militância e
educação em Jacques Rancière
Paulo Henrique Fernandes Silveira *287*

Michel Foucault, Jacques Rancière, As Revoltas Lógicas
e o "'beijo Lamourette' da vasta indignação de todas as
perseguições políticas do mundo"
Patrice Vermeren *305*

O tempo da igualdade: a emancipação
como outra forma de habitar a comunidade
Teresa Montealegre Barba *323*

V. Cenas de emancipação intelectual:
a potência da igualdade das inteligências

Jacotot, o personagem: a igualdade das
inteligências como inovação
Carlota Boto *339*

Emancipação intelectual e formação
do estudante secundarista
Sandra Regina Leite *361*

Escola pública e tempo livre: a precariedade
de uma relação possível
Thiago Miranda dos Santos Moreira *375*

O livro emancipado na escola
Charles Bingham *385*

VI. Cenas de uma *partilha do sensível:*
o ver, o agir e o traduzir

Para desapropriar-se de si: relações entre o
espectador e a *skholé* em Jacques Rancière
Thiago de Castro Leite *405*

Ainda a respeito de "tornar sensível"
Lílian do Valle *415*

A comunidade estética em Jacques Rancière
Ricardo Nascimento Fabbrini *429*

Epílogo

"Tudo está em tudo" (J. Jacotot) e "leitura de mundo"
(P. Freire): premissas de dois meninos nada embrutecidos,
errantes em uma temporalidade igualitária
Walter Omar Kohan *453*

Sobre os autores *469*

PRÓLOGO

Pedras lançadas no lago

André Guedes de Toledo, Caroline Fanizzi
e Denizart Busto de Fazio

"Fico emocionada ao ouvir cada professor e suas colocações que são detalhadamente compartilhadas com todos nós; são horas que poderiam se alongar." Estas palavras, enviadas por uma professora de educação básica da cidade de São Paulo durante o Colóquio Internacional "Educação, política e emancipação no pensamento de Jacques Rancière", representam muitas manifestações que recebemos naqueles dias e também o gesto que agora se efetiva em livro. Este livro surge, justamente, para que aquelas horas do colóquio possam se alongar.

O evento foi fruto das ações do Grupo de Estudo e Pesquisa em Educação e Pensamento Contemporâneo (GEEPC), coordenado pelo professor José Sérgio Fonseca de Carvalho, que há mais de uma década tem trabalhado para o aprofundamento das discussões no âmbito da Filosofia da Educação, combinando seus estudos e pesquisas com a difusão dos autores estudados por meio da realização de eventos e da edição de livros. Esse colóquio faz parte dessas ações, sendo um marco de anos de dedicação ao pensamento de Rancière, e compreendeu semestres de estudos sobre a obra do autor, o esforço coletivo de tradução do texto "Escola, produção, igualdade" liderado por Anita e Jonas, além de dissertações e teses elaboradas. Entendemos que era o momento, como tem sido prática regular do grupo, de ampliar as discussões internas para o debate público.

Imaginávamos um evento no qual pudéssemos nos encontrar para discutir temas tão caros ao universo educativo, mas, como fica marcado na apresentação da biografia de Joseph Jacotot, no primeiro capítulo de O mestre ignorante, nossa fragilidade se fez sentir. O colóquio estava previsto para ser presencial e ocorrer no segundo semestre de 2020, mas, com a emergência da pandemia de covid-19, fomos lançados em uma aventura: a de realizar um evento em condições totalmente diferentes daquelas que esperávamos por meios que pouco ou nada conhecíamos ou controlávamos.

Foi então que, em meio a novas expressões, espacialidades e relações, passamos a traçar coletivamente os contornos do que viria a ser uma experiência: algo da ordem do imprevisível e ilimitado. Com a contribuição e as habilidades de cada um dos membros da comissão organizadora, o evento foi ganhando forma e identidade. Alguns meses após a reunião que marcou o início dos trabalhos nessa nova modalidade, aquilo que inicialmente habitava apenas as nossas ideias foi lançado ao mundo.

E grande foi a nossa surpresa diante dos interessados e inscritos, que a cada dia se tornavam mais numerosos e diversos. Ao final de algumas semanas, o colóquio havia recebido 1.119 inscrições, oriundas de 25 estados brasileiros e 15 países diferentes. Além do Brasil, as inscrições advieram de: Alemanha, Angola, Argentina, Áustria, Chile, Colômbia, Espanha, França, México, Moçambique, Peru, Portugal, Uruguai e Venezuela. Vimos, assim, aquilo que a princípio nos parecia ser uma limitação – a imposição do formato virtual – transformar-se em potência. Junto com a ampliação do alcance do colóquio, testemunhamos também o deslocamento dos muros da universidade pública. A Faculdade de Educação da Universidade de São Paulo (USP) fazia seu aparecimento inaugural a certos sujeitos e lugares. Uma cena começava a surgir.

Além das inscrições para participação nas atividades do colóquio, recebemos a submissão de diversos trabalhos, distribuídos entre os cinco eixos temáticos: Educação e política, democracia, dano, dissenso; Educação e igualdade; Educação e emancipação; Emancipação e subjetivação; Educação e experiência estética. As sessões de comunicação de pesquisas consistiram num espaço plural e significativo de debates acadêmicos. As restrições que o modelo virtual impôs aos encontros e às trocas puderam, então, ser, em parte, vencidas. Organizados em mesas a partir de afinidades temáticas, os trabalhos apresentados tinham como autores graduandos, mestrandos, doutorandos e professores universitários, o que conferiu grande riqueza e profundidade às discussões promovidas nesses espaços. A diversidade dos autores possibilitou criar cenas de verificação da igualdade das inteligências, pondo em suspenso a hierarquia dos títulos.

Inspirados por aquilo que propõe Rancière[1] acerca da potência escolar de *criar espaços de jogo*, de *dar ar* à ordem social, buscávamos com a experiência do colóquio afrouxar as amarras que encadeavam, com automatismo e rigidez, os dias vivenciados em um dos momentos mais graves da pandemia em nosso país. E dos espaços abertos pelos encontros vimos eclodir intervenções que apontaram para a possibilidade de criação de outros *modos de dizer, modos de ver* e *modos de ser*.

---

[1] RANCIÈRE, J. *Et tant pis pour les gens fatigués: Entretiens*. Paris: Éditions Amsterdam, 2009.

Outra mensagem que recebemos, de um técnico administrativo em Educação do Rio Grande do Sul, dizia-nos que o evento havia sido "brilhante, instigante, desacomodante". Rancière, em *O espectador emancipado*, referiu-se à publicação de *O mestre ignorante* como uma forma de "lançar a pedra da igualdade intelectual no lago dos debates".[2] A frase faz uma oposição entre a placidez do lago e o efeito que ocorre quando uma pedra, a da igualdade, é lançada nele. E é com a intenção do mesmo gesto *desacomodante* do evento que convidamos à leitura deste livro.

---

[2] "[...] *lancer le pavé de l'égalité intellectuelle dans la mare des débats* [...]" (RANCIÈRE, Jacques. *Le spectateur émancipé*. La Fabrique éditions, 2008. p. 7).

APRESENTAÇÃO

Jacques Rancière:
cenas para pensar a educação

Anita Pompéia Soares, Jonas Tabacof Waks
e Thiago de Castro Leite

O filósofo francês Jacques Rancière é considerado um dos mais importantes pensadores contemporâneos. Sua vasta produção tem repercutido em diversos campos do saber, como a filosofia e a teoria política, as artes e a educação. Em meio a essa diversidade de campos de interesse, o tema da igualdade desponta como elemento nuclear de suas reflexões. Caracterizada por um estilo de pensamento que embaralha as barreiras disciplinares e mescla diferentes vozes sem hierarquizá-las, sua obra rompe com o vezo acadêmico de tomar as falas silenciadas como "material bruto" cuja significação deveria ser construída pelo intelectual. Essas características tornam sua filosofia um pensamento instigante e fecundo para a compreensão do presente.

Tal como uma trama de fios que se articulam, suas "intervenções polêmicas" vão sendo tecidas a partir de um emaranhado de vozes cuja força argumentativa extrapola as margens das convenções disciplinares e dos campos temáticos estabelecidos. Cada um desses fios, com suas especificidades e texturas, cores e espessuras, vai construindo uma experiência singular de reflexão. Afinal, a cada entrelaçamento, a cada tensionamento de suas forças, um novo desenho de cena é dado a ver pelo filósofo: cenas de igualdade ou cenas de dissenso. É por meio desses desenhos de cena, que saltam aos olhos na reunião e na articulação desses fios, que a obra de Rancière efetiva seu convite e sua provocação ao leitor, consolidando uma posição em face de seu tempo. Por esta razão, o que se verifica ao longo das páginas que se seguem – tanto as desta apresentação quanto as de todo o livro – é um esforço por apresentar, recriar e traduzir algumas dessas cenas.

A primeira delas, "Jacques Rancière em cena", marca o momento em que o próprio filósofo toma a palavra, em três textos fundamentais para compreender sua contribuição aos debates educacionais. O primeiro é uma entrevista que a equipe do Grupo de Estudo e Pesquisa em Educação e Pensamento Contemporâneo (GEEPC) e professoras convidadas realizaram com Rancière no começo de 2021, que ganha aqui uma versão impressa inédita. Na conversa, intitulada "Tomada da palavra e conquista de tempo livre: uma entrevista com Jacques Rancière", o filósofo aborda temas como sua relação intelectual com o Brasil, os efeitos do movimento de Maio de 1968 em sua escrita e mobiliza noções que atravessam de modo significativo sua obra para refletir sobre o presente, oferecendo ao leitor a oportunidade de ver seu trabalho de pensamento em ação. O texto é como uma porta de entrada para as reflexões que aqui seguirão, advindas de diferentes vozes e nacionalidades.

Entre educadores e educadoras, *O mestre ignorante* é certamente sua obra mais conhecida. Trata-se, também, de um dos temas que veio à tona na entrevista, quando o filósofo analisou os pressupostos que balizaram a recepção desse livro. Por meio de cenas de igualdade, *O mestre ignorante* opera um "giro copernicano" nos discursos educacionais dos anos 1980, fazendo da igualdade um pressuposto e o ponto de partida da relação pedagógica, em vez da promessa de um resultado a ser alcançado ao final de um percurso. O filósofo foi muitas vezes convidado a falar sobre o tema, o que produziu uma série de conferências e entrevistas retomando as discussões presentes no livro e explicitando pontos-chave que atravessam a obra. Uma dessas conferências, publicada originalmente em novembro de 2004, ganha aqui sua primeira tradução ao português. Se uma das características mais marcantes desse livro é o entrelaçamento das vozes de Jacotot e Rancière, em "Sobre *O mestre ignorante*" a voz do filósofo ocupa um lugar distanciado, o que permite colocar em evidência alguns dos fios com os quais a obra foi tecida.

Mesmo reconhecendo a centralidade de *O mestre ignorante* e dos textos que dele derivaram para a reflexão educacional a partir de Rancière, é importante ressaltar que ela também é profundamente influenciada pelo artigo "Escola, produção, igualdade", que figurou como um dos temas centrais de nossa entrevista com o filósofo. A importância desse texto publicado originalmente em 1988 levou a equipe do GEEPC a realizar um longo e minucioso trabalho coletivo de tradução, com o qual encerramos a seção "Jacques Rancière em cena". Enquanto nas lições sobre emancipação intelectual de *O mestre ignorante* destaca-se a tessitura aventureira da relação entre um mestre e seus alunos, no artigo despontam considerações sobre a escola. A singularidade desse texto está fundamentalmente na afirmação da relação da escola com o *tempo livre*, tema caro ao trabalho do filósofo desde seu mergulho em arquivos operários na década de 1970.

É em torno dessa ideia que orbita a segunda parte deste livro, "Cenas de um tempo livre: a forma-escola e os processos de verificação da igualdade". Os dois textos que abrem essa seção – o primeiro, de Jan Masschelein, Maarten Simons e Jorge Larrosa, e o segundo, de Jonas Tabacof Waks – exploram a fecundidade da ideia de *forma-escola* apresentada por Rancière no artigo "Escola, produção, igualdade". Descrita como a suspensão da temporalidade (e das identidades) do mundo do trabalho, ela permite ao filósofo falar na escola como "o lugar da igualdade por excelência". É justamente sobre as relações entre escola e igualdade que trata o texto de José Sérgio Fonseca de Carvalho, ao discutir as diferentes formas pelas quais os discursos educacionais se propuseram a operacionalizar esse princípio no plano das relações educativas: o princípio liberal da igualdade de oportunidades, as críticas a ele endereçadas pelas teorias reprodutivistas e pelas correntes pedagógicas autoproclamadas histórico-críticas e, por fim, as críticas de Rancière a ambas as correntes. O trabalho de Anyele Giacomelli Lamas recorre a passagens do livro *Infância*, de Graciliano Ramos, para apresentar a educação escolar como um convite a se aventurar na "floresta de coisas e signos" que constitui o mundo, enquanto María Beatriz Greco recupera a potência de uma experiência "jacotista" realizada na cidade de Buenos Aires, onde um coletivo docente se propôs a "ignorar" as alegadas deficiências de seus alunos. O texto de Eduardo Pereira Batista, que fecha essa parte do livro, explora em profundidade o recurso que Rancière faz às *cenas* como aberturas no campo dos possíveis, como "pequenas máquinas de destruir hierarquia e produzir igualdade" em um mundo desigual.

É na convicção de que a obra de Rancière tem muito a dizer sobre a educação e os dilemas contemporâneos, inclusive brasileiros, que se situa a seleção de textos da terceira parte deste livro, "Cenas políticas: um mundo comum instituído pela própria divisão". Na abertura dessa seção, Maximiliano López reflete sobre a possibilidade de a educação manter o caráter público do mundo: se a aprendizagem tece uma relação apropriativa que acaba por privatizar o mundo, o estudo opera no sentido contrário, ao enfatizar seu viés público. No texto de Anita Pompéia Soares, esse vínculo mais estreito entre a educação e o comum instituído pela política está num elemento fundamental para ambos: a igualdade expressa pelo uso da palavra. O artigo de Vinícius B. Vicenzi discute a educação como uma questão filosófico-política que prima pela indisciplina e pela emergência de *cenas políticas*, enquanto Flávio Brayner explora o comum que se tece pelo dissenso, pelo conflito dos regimes de sensorialidade em torno da democracia, cujo caráter conflituoso é colocado em xeque pelo neoliberalismo.

A política é, ainda, assunto da quarta parte deste livro, mas dessa vez ela é fortemente atrelada à história de vida e à trajetória intelectual de Jacques Rancière. Por isso, em "Cenas de uma trajetória militante: tomada da palavra e emancipação" o leitor entrará em contato com experiências do filósofo no início de sua vida adulta, nas ruas ou na universidade, que foram permeadas por situações em que a palavra ora foi confiscada por um grupo restrito de pessoas, ora foi utilizada por qualquer um. Por meio da noção de tomada da palavra, o escrito de Taís Araújo abre essa parte do livro e, ao mesmo tempo, entrelaça o que está por vir, pois tal noção cria uma interessante relação entre as minúcias do passado rancièreano junto ao coletivo *Les Révoltes Logiques*, trazidas por Patrice Vermeren, e as considerações de Paulo Henrique Silveira, que partem desse mesmo panorama biográfico para chegar à singular noção rancièreana de emancipação, expressa na figura de Jacotot. O artigo de Teresa Montealegre Barba, que encerra a seção, indica como, na trajetória de Rancière, as noções de partilha do sensível, política e emancipação contestavam categorias de pensamento vigentes até então.

Já a quinta parte, intitulada "Cenas de emancipação intelectual: a potência da igualdade das inteligências", traz ao leitor, a partir de distintos contextos, o debate acerca dos conceitos de emancipação, igualdade de inteligências e *skholé*. No primeiro deles, Carlota Boto trata da trajetória de Joseph Jacotot e suas defesas do Ensino Universal e do pressuposto da igualdade de inteligências. No texto de Sandra Regina Leite, é a formação do estudante secundarista no "Novo Ensino Médio" que aparece como eixo de discussão, problematizando o caráter utilitarista desta proposta a partir das noções de emancipação e *skholé* em Jacques Rancière. O âmbito escolar segue como contexto de reflexão no escrito de Thiago Miranda dos Santos Moreira, entretanto a discussão sobre a *skholé* agora se vincula, especificamente, à escola pública e à relação entre precariedade e potência que atravessa esse espaço. O último texto dessa seção é de Charles Bingham, e nele o autor desloca o conceito de emancipação para o objeto livro, examinando em que medida a ação de emancipá-lo se configura como peça-chave para a emancipação das pessoas.

A sexta parte, intitulada "Cenas de uma *partilha do sensível*: o ver, o agir e o traduzir", encerra o conjunto de cenas desta obra. Composta por três textos nos quais os domínios da arte e da estética são tratados de diferentes formas, ganham destaque os conceitos de partilha do sensível e de comunidade estética, bem como a atividade exercida pelo espectador e sua relação com a *skholé*. O primeiro texto, escrito por Thiago de Castro Leite, trata exatamente destes últimos temas, examinando a noção de tradução proposta por Rancière e explicitando as razões pelas quais a *skholé* emerge como lógica temporal propícia para a experiência do espectador. Na sequência, o texto de Lílian do Valle convida o leitor a um exame do conceito de partilha do sensível, evidenciando tanto seu caráter de reunião quanto de separação no seio do campo estético e suas implicações para pensar a educação. Por fim, esse mesmo conceito ganha foco no texto de Ricardo

Fabbrini, atravessando as relações entre arte, política e estética, a fim de compreender a noção de comunidade estética em Rancière. Como epílogo deste livro e arremate dessa tessitura, Walter Kohan analisa o pensamento e as experiências de Jacotot, Paulo Freire e Rancière, elucidando pontos de tensão e diálogo existentes entre eles.

É importante destacar que a reunião dos fios que compõem este livro toma a obra rancièreana como ponto de partida, de forma a costurar uma trama polifônica em que as vozes de renomados pesquisadores de universidades brasileiras e estrangeiras se articulam com as de jovens pesquisadores. Por isso, este livro é também uma aposta na igualdade das inteligências, criando a expectativa de que as leituras por vir tragam uma intempestiva atualidade a esse princípio.

I. Jacques Rancière em cena

No fundo, o que tentei fazer por meio da escrita foi romper as barreiras entre as disciplinas e entre palavras de cima e de baixo, para constituir o que hoje gosto de chamar de planos de igualdade, esses pequenos tecidos de um mundo da palavra igualitária.

Jacques Rancière

Tomada da palavra e conquista de tempo livre: uma entrevista com Jacques Rancière[1]

Por Jonas Tabacof Waks, José Sérgio Fonseca de Carvalho, Lílian do Valle e María Beatriz Greco[2]

Gostaríamos de começar com uma pergunta que não é estritamente acadêmica, é de ordem mais pessoal, sobre sua relação com o Brasil, com a vida universitária brasileira. Você tem mais de quinze livros traduzidos no país, que são muito estudados em cursos de Filosofia, Artes e Educação. Concedeu várias entrevistas a colegas brasileiros e há alguns anos escreveu um belíssimo artigo sobre Guimarães Rosa e o livro Primeiras estórias. *Gostaríamos que comentasse como vê sua relação com a cultura brasileira e, mais precisamente, com a vida universitária do país.*

Certamente, a relação que tenho com o Brasil é uma relação privilegiada. O Brasil foi o primeiro país ao qual fui

---

[1] Entrevista realizada em fevereiro de 2021, de modo on-line, como atividade do Colóquio Internacional "Educação, Política e Emancipação no Pensamento de Jacques Rancière". O texto foi originalmente publicado em: *Educação e Pesquisa*, on-line, v. 47, e202147002003, 2021. Aqui, suprimimos a apresentação do autor e incluímos uma pergunta sobre a pandemia de covid-19 que não foi publicada na revista por uma questão de espaço. Os entrevistadores foram os professores José Sérgio Fonseca de Carvalho, Lílian do Valle e María Beatriz Greco, a partir de um conjunto de questões formuladas pelos próprios entrevistadores e por membros do Grupo de Estudos e Pesquisas sobre Educação e Pensamento Contemporâneo (GEEPC/FEUSP), que organizou o colóquio. A elaboração do roteiro final da entrevista foi feita por Jonas Tabacof Waks.

[2] Tradução de Jonas Tabacof Waks, com apoio da equipe do GEEPC. A versão em português foi revista e aprovada pelo próprio Jacques Rancière.

convidado por uma universidade a falar. Foi há muito tempo, em 1967, quando eu era um jovem althusseriano e fui convidado como tal ao Departamento de Filosofia da Universidade de São Paulo. Um departamento que era povoado por professores jovens, mas muito notáveis, todos prestigiosos e muito calorosos comigo. Foi um início bastante intenso, eu diria, da minha colaboração com o mundo universitário e intelectual brasileiro, onde criei laços de amizade que duraram quase toda a minha vida, pois, infelizmente, algumas dessas pessoas fascinantes já faleceram. Esse foi o ponto de partida, e depois disso, em várias épocas, com diversas gerações, universidades e instituições, esse laço foi restabelecido, de modo que ao longo de praticamente meio século tive verdadeiras trocas intelectuais com o Brasil. É simbólico que tenha sido o primeiro país em que fui traduzido, onde o livro *A noite dos proletários* (1988) foi publicado antes de ser traduzido ao inglês, por exemplo. É também o país onde, em dado momento, aconteceu algo que jamais tinha acontecido na França: um grande jornal [a *Folha de S.Paulo*] me convidou a escrever colaborações regulares, o que permitiu que eu me debruçasse sobre a atualidade política, artística e intelectual brasileira. Certamente, isso nutriu toda minha reflexão política e estética. Além disso, o Brasil é um país que me marcou por sua cultura, e esse texto que vocês mencionaram sobre Guimarães Rosa – que é o último capítulo do meu livro *As margens da ficção* (2021a) – é para mim uma espécie de homenagem à cultura brasileira. Homenagem prestada a um escritor que é absolutamente fundamental, que é um dos grandes escritores do século XX, mas que, infelizmente, é quase ignorado no meu país. Trata-se, assim, de uma homenagem a esse grande escritor, que representa uma grande literatura.

A segunda pergunta é sobre sua trajetória intelectual, na qual nos parece haver uma passagem da crítica ao intelectual concebido como porta-voz da sociedade e dos trabalhadores em direção a um momento no qual você coloca em cena a palavra daqueles que, até então, ocupavam o lugar de objeto nos discursos intelectuais e acadêmicos. Essa passagem coloca em evidência, a nosso ver, modos bastante diferentes de conceber a relação entre saber e política. De que maneira, ou em que medida, essa questão foi central nos seus trabalhos dos anos 1970 e 1980? Esse estilo de trabalho estaria ligado à palavra de ordem "liberar a palavra",[3] do movimento de Maio de 1968?

Começarei por uma pequena nuance que me parece importante. Para mim, a palavra de ordem que mais se ouvia em 1968 não era exatamente "liberar a palavra", mas "tomar a palavra". Parece um detalhe, mas "liberar a palavra" é uma expressão ambígua, porque ela frequentemente quer dizer liberar a palavra que é a mais conforme com o mundo ao seu redor. Hoje em dia, por exemplo, a palavra liberada é a das redes sociais, uma palavra que, afinal de contas, é desigual, cheia de ódio, uma palavra habitada pela ideologia conspiratória. Para mim, o importante em maio de 1968 era *tomar a palavra*. Tratava-se de um apelo lançado a todos aqueles cujas palavras não eram ouvidas ou eram ouvidas apenas como ruído. Era um apelo a abrir uma cena na qual as palavras eram ampliadas e partilhadas, pois o importante na época era o movimento anti-hierárquico que queria fazer com que fossem ouvidas palavras que não eram ouvidas normalmente, destituindo assim o monopólio da palavra oficial, seja ela estatal ou acadêmica. É verdade que essa palavra de ordem foi importante na minha trajetória, e é verdade também que ela passou por dois momentos diferentes.

---

[3] No original francês: *parole*, vocábulo que pode ser traduzido em português por "palavra", "fala" ou "discurso". Optamos aqui por "palavra", mas é importante considerar que se trata de um ato de fala, de algo que alguém enuncia. Seu uso em Rancière remete a uma acepção que se aproxima ao *logos* em Aristóteles, que também significa "razão", "linguagem". [N.T.]

No primeiro momento, relativo a 1968 ou pós-1968, isso me levou a fazer um apelo a uma palavra que era sufocada por uma dupla confiscação. Por um lado, aquela operada pela ciência marxista; por outro, a confiscação operada pelo aparelho político e sindical do partido comunista. Nesse primeiro momento, portanto, havia uma vontade de voltar a um tipo de palavra "de baixo", que havia sido sufocada por uma pressão vinda "de cima". Isso era fruto da época, do grande tema da revolta antiautoritária, mas ao mesmo tempo isso permanecia preso a uma visão dualista, ou seja, preso à ideia de que havia uma palavra de cima e uma palavra de baixo, uma palavra que de alguma forma era "mentirosa" e outra verdadeiramente "autêntica". Isso remetia à ideia de que havia algo como "verdadeiros sujeitos populares" ou "verdadeiros sujeitos operários" e que havia uma palavra autêntica que precisava ser recuperada e que precisava se fazer ouvir contra a palavra dos "sábios"[4] e a palavra autoritária. Assim, ficávamos presos a esse dualismo, ao opor uma palavra de cima e uma palavra de baixo; uma palavra dos sábios e uma verdadeira palavra popular, que emanaria do corpo popular ou dos sujeitos operários. Era algo de que precisei me separar em um segundo momento.

Nesse segundo momento, tive que colocar em questão a ideia de uma voz de baixo, da busca pela identificação de uma voz popular autêntica. Afinal, o que me permitiu operar essa separação? Foi certamente o trabalho de pesquisa que culminou em *A noite dos proletários* e foi também o trabalho de escrita desse livro (e dos meus livros em geral). O que aconteceu? De início, ao mergulhar nos arquivos operários,

---

[4] A palavra francesa *savant(e)*, utilizada frequentemente por Rancière, é polissêmica e pode se referir a sábio, mas também, de modo mais geral, àquele que sabe, que é erudito ou especialista em determinada área do saber e, por extensão, aos cientistas ou acadêmicos. [N.T.]

eu me deparei com uma realidade que não tinha nada a ver com uma de voz de baixo que se liberava. O que eu vi foi, ao contrário, que a circulação de palavras, os cruzamentos de palavras, todas as formas de apropriação da palavra do outro, da cultura do outro estavam no cerne dos processos de emancipação. Assim, o que percebi na época foi que não existe a palavra dos intelectuais e a palavra do povo. Somos todas e todos intelectuais. Esses trabalhadores também usavam suas cabeças, portanto eram intelectuais. O que tentei fazer a partir disso foi colocar em evidência essa intelectualidade partilhada por todos. O que isso quer dizer? Que devemos desfazer o fechamento das disciplinas e das formas de discurso; que devemos fazer cruzamentos entre palavras e pensamentos que normalmente não se encontram. Por exemplo, retomando coisas que afirmei em diversas ocasiões: Platão diz que o trabalhador deve permanecer em sua oficina, porque o trabalho não espera; ou seja, o tempo define a restrição que pesa sobre a própria identidade do trabalhador. Ora, fiz essas palavras do grande filósofo antigo encontrarem as palavras de trabalhadores que, no século XIX, também definiam sua condição pelo roubo do tempo, pelo fato de que não tinham tempo. De forma análoga, em meu livro *O desentendimento* (1996) cruzo de modo pouco habitual a tese de Habermas sobre a racionalidade comunicativa com a argumentação de uma greve operária dos anos 1830. Enfim, foi isso que minha pesquisa me ensinou.

Além disso, há o que aprendi no processo de escrita de *A noite dos proletários*, que me obrigou a realizar uma ruptura com uma hierarquia normalmente admitida e considerada necessária nas ciências sociais. Em geral, nas ciências sociais há a palavra que é recolhida – a palavra popular, a palavra do trabalhador, a palavra marginal etc. –, que é considerada um material, uma espécie de material bruto; e há a palavra do mestre,[5] do cientista que explica o que significa esse material, em explicações endereçadas à própria comunidade acadêmica. Por imposição do material que encontrei nos arquivos e pela obrigação de falar sobre ele de modo coerente (mais do que por uma espécie de vontade programada), fui levado a operar um duplo deslocamento. Por um lado, finalmente fazer com que essas palavras de operários saíssem do lugar que normalmente lhes era atribuído; por outro, deslocar a minha própria palavra do lugar que lhe era normalmente atribuído: seja da argumentação filosófica, seja da explicação histórica. Fui levado a operar esse duplo deslocamento, a constituir um plano no qual a palavra do acadêmico e a palavra de seu "objeto" não se distinguiam mais. Isso foi importante para mim e a partir daí fui levado a pensar que o trabalho de escrita não é, como se diz habitualmente, a expressão de um pensamento, mas sim o próprio *trabalho de pensamento*. Fui levado a ver o pensamento como uma certa política. No fundo, o que tentei fazer por meio da escrita foi romper as barreiras entre as disciplinas e entre palavras de cima e de baixo, para constituir o que hoje gosto de chamar de *planos de igualdade*, esses pequenos tecidos de um mundo da palavra igualitária. Mas é claro que isso não é algo que programei desde o início, foi algo que se constituiu ao longo do meu trabalho, que fui levado a sistematizar a partir da minha leitura dos textos de Jacotot. Fui levado a compreender sua grande ideia de que a igualdade não é algo em que se

---

[5] A polissemia da palavra francesa *maître* é muito significativa para a compreensão da obra de Rancière, em especial do livro *Le maître ignorant*. Por um lado, *maître* é aquele que ensina, seja aos alunos de uma escola, seja aos aprendizes das oficinas de artesãos. Por outro, a palavra também pode se referir àquele que exerce uma dominação, que tem poder e autoridade sobre outra pessoa para ser obedecido. Há ainda o sentido mais próximo ao do português, de uma pessoa dotada de excepcional saber, competência ou talento em alguma ciência ou arte. [N.T.]

acredita, a igualdade é um processo que se verifica. Enfim, fui levado a pensar o trabalho acadêmico de uma maneira diferente, buscando praticá-lo justamente como a tessitura de um mundo igualitário. A ideia, portanto, é que igualdade e desigualdade são coisas que se tecem cotidianamente através da maneira mesma como articulamos palavras, argumentos, imagens e narrativas – assim como os seres humanos também podem se juntar de maneiras iguais ou desiguais. É assim que eu poderia descrever minha evolução. É claro que digo isso de um ponto de vista retrospectivo, pois na pesquisa segue-se em frente, não se sabe exatamente o que se procura, e depois, passados vinte, trinta anos, pode-se dizer: eis o que significou esta pesquisa.

Talvez pudéssemos dizer que seu trabalho, como o de Jacotot, é caracterizado por um tatear, é um "método antimétodo". Por falar em Jacotot, passemos ao livro O mestre ignorante *(2015), que foi calorosamente recebido no Brasil e até hoje é uma de suas obras mais citadas, ao menos em pedagogia. Ele foi frequentemente considerado um livro sobre um método de ensino, apesar de suas declarações em sentido contrário, apesar do insucesso das tentativas de institucionalização da aventura de Jacotot estar descrito no final da narrativa, apesar também da indicação muito clara de que a verificação da igualdade supõe exatamente a ruptura com métodos estabelecidos, ao exigir o ato livre da criação. Essa interpretação paradoxal certamente deve muito ao ethos pedagógico, sempre pronto a disciplinar e determinar regras. Mas será que ela também corresponde, de modo mais geral, na política, ao desejo de encontrar respostas e modelos de ação, como nos parece que às vezes se pede a você? Essa insistência não revela uma concepção muito estreita da relação entre a teoria e a prática?*

Sim, penso que o que aconteceu com O mestre ignorante é o que aconteceu com muitos dos meus livros. Diria que, em geral, meu trabalho foi recebido sobre a base de duas pressuposições que evidentemente contradizem a própria lógica desse trabalho. A primeira pressuposição é a de pertencimento a uma disciplina definida: você fala da história de um professor, portanto é um livro de pedagogia; você fala de trabalhadores, então é história social; você fala de democracia, logo é ciência política, e assim por diante. Evidentemente, essa espécie de partilha de disciplinas está em harmonia com toda a lógica da desigualdade, em que cada um deve estar em seu lugar, em que cada um é competente em sua área e se torna incompetente na área do outro. Essa é a primeira pressuposição que sempre encontrei, e em certo sentido contornei. Mas nem sempre, e quando ela não é contornada, ela nos bloqueia.

A segunda pressuposição, efetivamente, é essa que vocês mencionaram. No fundo, é uma certa concepção do trabalho do pensamento e de seu efeito sobre as categorias de teoria e de prática. Normalmente, pensa-se que uma teoria é algo que deve ser aplicado na prática, mas é evidente que a aventura Jacotot é completamente resistente a esse modelo. O "método Jacotot" não é um método de ensino pertencente à ciência pedagógica; pelo contrário, é uma crítica da visão pedagógica do mundo e, consequentemente, de todos os métodos que entram no campo dessa visão pedagógica. Aprofundando um pouco mais, eu diria que o escândalo operado por Jacotot é o bloqueio da própria ideia de aplicação, da ideia de que há um discurso, uma ciência, uma teoria que serão aplicados. À medida que Jacotot fala menos do ensino do que da igualdade, de uma palavra que seja igual, na qual o locutor esteja em um plano de igualdade com seu interlocutor ou interlocutora, essa ideia de igualdade se torna contraditória com a lógica normal das instituições educativas e do ato educativo que nelas se opera. É algo que Jacotot formaliza ou "explica": a incompatibilidade de um método igualitário, de um desdobramento da palavra igualitária com uma instituição que pertence a uma lógica social que é fundamentalmente de reprodução da desigualdade. Qual é a consequência? Penso que tive a oportunidade de falar sobre isso uma vez no Rio de Janeiro (cf. "Sobre *O mestre ignorante*", neste volume, p. 51-74), onde tentei explicar que o método de Jacotot obriga todos aqueles que trabalham em instituições educativas, no mundo da educação, a algo como uma *divisão de razões*. Para seguir os passos da igualdade, para buscar um modo de transmissão ou de circulação igualitária da palavra e do pensamento é necessário separar de alguma forma essa lógica igualitária e a lógica das instituições nas quais isso ocorre. Consequentemente, essa é uma "teoria" que coloca um problema radical, pois o que ela nos obriga a fazer não é uma aplicação, mas de certo modo ela exige uma espécie de inaplicação. Exige uma divisão de razões que remete a uma divisão mais fundamental: trabalha-se pela igualdade, busca-se fabricar a igualdade, mas no seio de um mundo desigual e de máquinas desiguais que fazem esse mundo funcionar. Bom, na medida em que a palavra de Jacotot é endereçada a pessoas que querem mudar o mundo e também mudar a escola, e que pensam que para mudar o mundo é preciso mudar a escola, e que para mudar a escola é preciso mudar o mundo, suas ideias foram como um "paralelepípedo lançado no lago" dos debates educacionais.[6] Na época em que publiquei *O mestre ignorante*, a opinião de Jacotot contrariou ao mesmo tempo os dois grandes adversários no embate sobre a escola: por um lado, aqueles que denominei sociólogos, que afirmavam ser preciso mudar a escola, a forma da escola, para torná-la

---

[6] A expressão francesa utilizada por Rancière foi: "*le pavé Jacotot dans la mare éducative*". A imagem do "paralelepípedo Jacotot lançado no lago dos debates educacionais" remete ao forte impacto que suas ideias produziram nas águas "tranquilas" do debate pedagógico. [N.T.]

mais adaptada às populações desfavorecidas; por outro, os ditos republicanos, que afirmavam, ao contrário, que era preciso manter a forma da escola, reforçar seu fechamento, pois ela seria o lugar onde se transmite o saber – e o saber universal tornaria todos iguais. Em relação a isso, Jacotot era duplamente incômodo.

Essa dupla resistência de Jacotot remete mais profundamente a uma certa visão simplista da relação entre teoria e prática. Pensa-se na relação teoria-prática sempre na perspectiva da velha oposição dualista entre pensamento e matéria, ou pensamento e extensão. Nessa perspectiva, a teoria é o pensamento e o pensamento é imaterial, enquanto a ação é uma coisa material que será concretizada. Sempre há, portanto, uma demanda de que o pensamento, imaterial, produza efeitos no mundo material. Em geral, a lógica empregada para resolver isso é dizer que o pensamento fornece ferramentas que por sua vez permitem mudar o mundo. Então o pensamento permite mudar a realidade, como uma picareta, ou permite mirar a desigualdade, como um fuzil, de modo que o pensamento se torna ferramenta ou arma. Penso que essa é uma visão de mundo bastante compartilhada, mas que desconhece completamente o que é o trabalho do pensamento, o trabalho intelectual. O pensamento não é uma coisa imaterial, mas uma coisa material, que se exprime em textos, em palavras, em discursos, em livros. O que são os livros que escrevi? (Apenas para dar um exemplo, pois é a mesma coisa para todo mundo.) Meus livros são composições de palavras, argumentos, relatos, imagens que constituem algo como um bloco sensível, um bloco sensível que traz consigo afeto. No fundo, trata-se de uma condensação de experiências que forma uma proposição de mundo. Isso retoma o que mencionei anteriormente, de buscar tecer a igualdade. Um livro, para mim, é algo como uma proposição de mundo, e, é claro, essa proposição encontrará auditores, auditoras, pessoas que serão afetadas por esse bloco sensível. Nesse momento, as palavras, as imagens, os pensamentos que foram reunidos no livro são de certa maneira desmontados e entram em novas combinações e, consequentemente, fornecem a possibilidade de novas sínteses sensíveis. Sínteses sensíveis que ocorrerão de várias formas: pode ser um livro dito teórico, pode ser um romance, uma obra de arte, uma ação dita política. Em todos os casos, não saímos do domínio do pensamento e entramos no domínio da matéria; passamos de um tipo de síntese sensível a outro tipo de síntese sensível. Isso é feito de um modo no qual o pensamento não é um instrumento ou uma arma para mudar a matéria ou matar o mundo.

Voltando a *O mestre ignorante*, realmente não se trata de um método de ensino, tampouco da fundação de uma política educacional. É um livro que talvez possa mudar a maneira como somos afetados pelas palavras: a palavra educação, a palavra transmissão, a palavra igualdade, a palavra saber – e talvez seja por isso que ele tenha tido efeito, afinal de contas. O livro muda, talvez, a maneira como essas palavras nos afetam. Consequentemente, muda a maneira como esses afetos produzirão comportamentos: maneiras não apenas de ensinar, mas de pensar, de viver, de se emocionar. Tive a oportunidade de refletir sobre isso, pois os primeiros leitores de *O mestre ignorante*, ou melhor, o primeiro meio em que o livro foi influente não foi o meio da educação, mas o da dança. Foi no mundo da dança que as pessoas pensaram que ele tinha a ver com sua arte, a arte do movimento, com a maneira como ela é praticada e ensinada. É algo que tive a oportunidade de repensar recentemente, pois escrevi uma obra chamada *Tempos modernos* (2021c), na qual há um capítulo em que explico um pouco como a dança e, em geral, as artes do movimento estiveram no cerne de uma revolução estética que rompeu a velha separação entre o que se chamava de homens livres e homens mecânicos, ou homens ativos e homens passivos. Escrevi *O mestre ignorante* há cerca de 35 anos e comecei a entrar no âmbito da dança nesse momento; mais recentemente, trabalhei com seu papel na revolução estética, de igualdade estética. Para mim, eram como peças de um quebra-cabeças igualitário que finalmente estava sendo montado. Bom, isso é o que posso dizer sobre a recepção de *O mestre ignorante*, os efeitos que ele não pode produzir e os que ele pode, sim, produzir.

Seu último livro, Les mots et les torts *(2021b), trata dessa questão da relação entre teoria e prática, entre outras coisas, não é mesmo?*
    Sim. Não fui eu quem escolheu esse título [risos], mas é verdade que busquei desenvolver nesse livro o que comentei há pouco, além de precisar ideias que circularam e circulam no meu trabalho, a saber, que as palavras não são realidades abstratas que estão nos textos; elas são potências concretas, são coisas materiais. E são materiais não apenas quando penetram nas grandes massas, como afirmava Marx; as palavras são materiais desde o ponto de partida. Isso quer dizer que os conflitos sociais, os danos, a formulação dos danos e seu tratamento sempre passam por polêmicas sobre as palavras, pelas maneiras de argumentar, maneiras de descrever e redescrever, de recolocar em cena a palavra do outro. Sim, isso está no cerne do meu trabalho.

Passemos ao tema da relação entre escola e igualdade. Sabemos que a reflexão sobre o tempo livre[7] *aparece em diversos momentos da*

---

[7] A palavra francesa *loisir*, empregada no original, também poderia ser traduzida por "lazer" ou "ócio", mas optamos aqui por "tempo livre" para enfatizar a importância da dimensão temporal na *partilha do sensível*. A referência não é a um tempo de descanso, mas a um "tempo livre"

sua obra e que em alguns deles é associada à skholé *grega, que você situa como a origem da escola. Ao oferecer tempo livre a todos – inclusive aos filhos da classe trabalhadora – a escola poderia ser vista como "o espaço da igualdade por excelência" e, consequentemente, teria um potencial emancipatório. Entretanto, sabemos que você insiste no fato de que a lógica da emancipação não seria passível de ser institucionalizada, como disse há pouco. Seria isso um paradoxo? Você poderia comentar esse paradoxo?*

De início, darei uma resposta bruta, que explicarei em seguida. Para mim não há, de forma alguma, um paradoxo no que eu disse; mas, em contrapartida, a escola é efetivamente uma instituição contraditória em si mesma. Voltemos, então, à minha relação com a escola, com Jacotot e com os vínculos entre escola e igualdade.

É verdade que a questão do tempo livre é central no meu trabalho. Por quê? Pois ela é central naquilo que chamo de *partilha do sensível*. A partilha do sensível é, primordialmente, uma certa distribuição do tempo, uma certa hierarquia na temporalidade. De acordo com a distinção muito antiga entre homens livres e homens mecânicos, os homens livres são aqueles que dispõem de tempo, dispõem do tempo livre que não é o fato de descansar, de se divertir, mas o fato de ter um tempo que não é finalizado, de gozar de um tempo que é um fim em si mesmo. Em oposição a isso, os homens ditos passivos ou mecânicos são pessoas que vivem no mundo do trabalho e da reprodução, um mundo em que todos os momentos são finalizados por uma necessidade, uma utilidade: é preciso trabalhar, produzir, ganhar a vida e assim por diante. De fato, essa questão da partilha do tempo é fundamental para mim, e recordo frequentemente a maneira como ela foi

---

no sentido de que não tem uma finalidade extrínseca, é um fim em si mesmo (como Rancière explica na sequência da entrevista). [N.T.]

sistematizada, em poucas palavras, por Aristóteles, no livro 8 de *A política*, onde ele opõe o tempo livre – o tempo que é uma finalidade em si mesmo – ao repouso. Os homens livres gozam de tempo livre, enquanto os homens mecânicos só podem gozar de uma única forma de interrupção da atividade: o repouso entre dois gastos de energia. Nesse sentido, a questão da *conquista de tempo livre* e, portanto, da abolição da hierarquia do tempo é central para a noção de emancipação. Essa conquista de tempo livre passou por uma série de aprendizados selvagens, pelos quais homens e mulheres do povo mostraram seu direito a ganhar esse tempo e a gozar de todas as formas de experiência supostamente reservadas às pessoas que têm tempo livre.

Em um livro recente da historiadora Arlette Farge, há linhas belíssimas sobre a mulher de um artesão parisiense do século XVIII que vai à janela para que a vejam lendo, para mostrar que pertence efetivamente ao mundo do tempo livre. Da minha parte, todo o livro *A noite dos proletários* é sobre essa conquista de tempo livre. Mostrei os modos como ela passava por práticas autodidatas, passava fundamentalmente pelo gesto de subversão do tempo em si mesmo, uma subversão pela qual pessoas decidiram dispor desse tempo que não tinham. Os trabalhadores tomavam o tempo da noite – que normalmente seria usado para o repouso entre duas jornadas de trabalho, para estarem preparados para o trabalho do dia seguinte – e o transformavam em tempo livre, ocupando-o com leitura, escrita e discussão. Penso que foi por meio dessas práticas autodidatas, dessa subversão da ordem do tempo que passou a conquista de tempo livre pelos homens e mulheres do povo, mais do que pela escola em si mesma, enquanto instituição. Isso não quer dizer que a escola como instituição não tenha tido seu papel, na medida em que, efetivamente, a escola pública instituiu uma espécie de tempo da separação.

Um tempo a princípio destinado ao saber e que foi separado do tempo normal da vida social e, portanto, do tempo normal da reprodução das desigualdades sociais.

Desenvolvi um pouco esse tema especialmente em um artigo antigo chamado "Escola, produção, igualdade" [neste volume, p. 75-103]. Acredito que alguns de vocês o leram e se interrogam sobre ele. É um texto que está de acordo com o que eu disse, principalmente com os princípios da minha análise. Ali, eu mostrava que na França do século XIX opunham-se duas maneiras de formar as crianças para a vida: o modelo da aprendizagem das oficinas, por um lado, e a escola, por outro. Naquele contexto, os industriais e os ideólogos (da ideologia dominante) denunciavam a escola, afirmando ser necessário às crianças do povo se tornarem aprendizes, para não serem retiradas de sua condição e para aprenderem as disposições e virtudes úteis para seu trabalho e para a vida que teriam depois. A escola, ao contrário, retiraria as crianças de sua condição, faria com que vivessem em um mundo que não era mais o de seus pais, que não era mais aquele que encontrariam depois da escola. Nesse sentido, a escola as faria viver em um mundo de igualdade que seria um mundo de ilusões perigosas. Sabemos, contudo, que esse é um discurso bastante enviesado, pois, na realidade, ser aprendiz em uma oficina ou fábrica não era algo formativo no sentido da aprendizagem de coisas úteis ou práticas. Era muito mais formativo no sentido da aprendizagem das condições em que se deve obedecer e reconhecer sua inferioridade. Consequentemente, a oposição entre o saber útil e o saber não útil de fato escondia outra coisa: a oposição entre um modo de preparação para uma vida de servidão ou um modo de preparação para uma vida de igualdade. Em relação a isso, a escola teve certo papel, justamente enquanto instituição do tempo livre, mais do que pelo saber que ela distribuía.

Era essa a questão do texto, algo que foi importante, que nutriu em certo momento a polêmica, mas, ao mesmo tempo, não devemos esquecer que a escola pública integrou, muito rapidamente, a separação dos tipos de formação. A escola pública, ao menos no meu país, rapidamente distinguiu ciclos curtos – oferecidos às pessoas destinadas ao mundo do trabalho, com os saberes e virtudes ditos úteis – e um ciclo longo – destinado a preparar as pessoas da elite, com a cultura clássica, um saber científico, não utilitário. Houve, assim, no próprio seio da instituição escolar, uma espécie de reprodução da divisão entre a escola e o modelo da aprendizagem. Nos nossos tempos, é verdade que, ao menos no meu país, essa distinção está desaparecendo. Instituíram-se ciclos comuns de instrução geral para todo mundo e elevou-se a idade do ensino obrigatório a 18 anos. Infelizmente, o efeito que isso teve não foi de beneficiar a todos com a famosa cultura geral; o efeito, ao contrário, foi de invalidar, desvalorizar um pouco a dita cultura geral. E o principal efeito, infelizmente, foi o de estabelecer uma nova hierarquia, a saber, uma hierarquia entre escolas: as escolas dos bairros abastados e as dos bairros em dificuldade, as escolas dos ricos e as dos filhos dos imigrantes. A escola, assim, teve sua vocação igualitária contrariada pela realidade da desigualdade social, de modo bastante rápido.

Ademais, acredito que há algo no próprio conceito da instituição escolar, em seu funcionamento, para além das questões de origem e destino social. Eu diria que a instituição escolar não é uma instituição da *skholé*, pois a *skholé* é um tempo que é livre, um tempo não finalizado. Ora, a instituição escolar é uma instituição ultrafinalizada, a instituição finalizada por excelência, em que cada etapa deve preparar uma etapa seguinte, cada ensino deve preparar uma avaliação, e cada avaliação será também uma maneira de definir os que sabem mais, os que sabem menos, os que são mais inteligentes, os que são menos e assim por diante. Portanto, é preciso ver que a instituição escolar não é, desse ponto de vista, uma instituição da *skholé*. Ao contrário, é uma instituição que fornece quase uma identidade entre o progresso do saber e a marcha normal do tempo. No fundo, o que acontece é que cada vez mais a escola se torna uma espécie de modelo da sociedade, ou a sociedade, um modelo de escola. Ou seja, há uma homologia crescente entre o tempo da escola e o tempo da sociedade. A escola se tornou uma espécie de modelo para esse mundo social em que vivemos, onde nos dizem que não há divisão, não há hierarquia; que há apenas a marcha do tempo, das coisas, o progresso, o desenvolvimento – e que há aqueles que acompanham e aqueles que não acompanham, como na escola, onde há aqueles que têm sucesso e aqueles que não têm. Enfim, acredito que todas essas dimensões devem ser levadas em conta na discussão das relações entre escola e igualdade.

De fato, essa discussão é muito importante, pois muitos de nós continuamos a pensar na possibilidade de fazer skholé, *de experimentar a suspensão do tempo e a igualdade na escola. Mas gostaríamos de fazer outra pergunta relacionada à questão da temporalidade, pois a pandemia de covid-19 provocou uma suspensão radical do tempo e inicialmente foi vista por alguns filósofos e cientistas políticos como uma oportunidade de produção de uma nova partilha do sensível, de novas formas de solidariedade e comunidade. Quase um ano após o início dos confinamentos no Ocidente, você diria que foi isso que aconteceu? Ou se trata de um reforço do Estado policial? É possível, nas condições de vida atuais, pensar em outras temporalidades políticas ou na tomada da palavra?*

Não quero soar como um "profeta da desgraça", mas minha experiência aponta no sentido da segunda hipótese. A saber, que o tipo de suspensão do tempo que foi produzido pela pandemia, pelo confinamento e pelo toque de recolher interrompeu a possibilidade de construção de outras temporalidades. No caso da França, nos anos anteriores à pandemia houve movimentos que surgiram justamente como surpresas em relação à temporalidade normal, definida pelo Estado, pela representação, pelos ciclos eleitorais, pelo progresso etc. É o caso do *Nuit Debout* e dos Coletes Amarelos, por exemplo. Penso que se tratava de formas de temporalidade que eram surpreendentes – e até desconcertantes – para o poder. O *Nuit Debout*, por exemplo, era uma luta contra uma lei que suprimia ainda mais os direitos sociais, os códigos trabalhistas etc. Em um primeiro momento, essa luta foi pensada nas formas do sindicalismo clássico, dos sindicatos trabalhistas que enfrentavam as medidas antitrabalhadores, mas rapidamente o movimento se tornou uma coisa totalmente diferente, tornou-se um movimento de ocupação de uma praça, em que não importava saber quem era trabalhador, quem não era, quem era jovem ou velho. Era uma espécie de comunidade que se formava, de modo surpreendente em relação ao andamento normal das reivindicações sociais. Em relação aos Coletes Amarelos, o que vimos foi uma parte da população que normalmente era considerada como pertencente à maioria silenciosa se colocando em movimento e adotando formas de ação consideradas "de esquerda".

E o que aconteceu com a pandemia? Uma espécie de inversão completa. Haviam sido criadas temporalidades que destituíam um pouco o Estado do domínio do tempo, mas isso foi completamente invertido. No fundo, a pandemia produziu uma aceleração daquilo que chamo de *consenso*, ou seja, uma aceleração de um processo que absorve a política na polícia. O que é o consenso? O que vimos irromper de maneira violenta com a pandemia e com o confinamento? Algo como um monopólio do tempo. Com a pandemia, o

Estado arrogou novamente para si um monopólio do tempo. A morte entrou em jogo como limite absoluto da vida dos indivíduos, e o Estado se tornou a instância da eternidade ou da imortalidade. O Estado é, de certa forma, o tempo que não para jamais. Na França, houve uma gestão do tempo completamente espantosa pelo governo, que tomou para si a maneira de agir daqueles que o contestam, ao criar rupturas, interrupções. Ele confinou, desconfinou; anunciou que talvez nos confinasse, talvez não nos confinasse, que veríamos na semana que vem, talvez em quinze dias; que haveria feriado, depois que não haveria feriado; enfim, houve algo como uma espécie de controle total do tempo pelo governo. E, ainda, há também o controle absoluto do espaço. É o triunfo da *polícia*. A polícia, da maneira como a entendo, não é nem a interpelação (à moda de Althusser), nem essa espécie de controle absoluto da ciência sobre o corpo (como para quem pensa em termos de biopolítica). A essência da polícia, para mim, é a dispersão. A polícia empírica dispersa os manifestantes no território, faz com que eles voltem para suas casas e não queiram mais sair. E a polícia como princípio social é a organização de um mundo da dispersão, onde cada um está em seu lugar. Não apenas o confinamento e o toque de recolher, mas também o teletrabalho, o ensino à distância e todas as formas de teleatividades criam um mundo onde cada um está em sua casa; um mundo onde não há mais o fora, onde ninguém se reúne. O efeito fundamental de tudo isso foi o isolamento. É claro que houve medidas, ações e pessoas que ajudaram as outras, mas o efeito fundamental foi o isolamento e o medo, o medo de se reunir. Na presença dessa espécie de limite absoluto da morte, nos acostumamos com o medo, achando que era melhor ficar em casa, que era melhor não se reunir e, no fundo, nos acostumamos com a impotência e com o consentimento. O consentimento é algo muito perverso, porque obedecemos às decisões do governo e pensamos reservadamente que ele é péssimo, que nos confina porque não sabe mais o que fazer. Consequentemente, nós desprezamos aqueles que obedecemos e finalmente nos desprezamos também, pois obedecemos a ordens que não reconhecemos, de um governo que desprezamos. Há algo de terrível nisso, nesse processo de se acostumar com a impotência, de se considerar incapaz, esse hábito de se enfurnar no lugar onde o poder nos coloca.

Bom, isso pode mudar, não é o fim do mundo. É uma ruptura, uma cisão temporal forte, mas não é o fim do mundo. Certamente voltaremos a ter encontros, novas criações de tempos e espaços partilhados alternativos. Mas é certo também que esse momento é terrível. Se eu pensar no que aconteceu na França, esse aspecto de monopólio do Estado sobre o tempo e o espaço fez com que fossem implementadas várias medidas repressivas, medidas que reforçaram o poder da polícia, que reforçaram a subordinação das escolas e universidades, que restringiram a liberdade, que discriminaram uma parte da população e assim por diante. Infelizmente, algumas dessas coisas permanecerão.

Passemos à nossa última pergunta, também sobre o mundo contemporâneo. Recentemente, você escreveu sobre a invasão ao Capitólio [ocorrida em 6 de janeiro de 2021] e sobre o apoio popular a Donald Trump. Esse tema nos interessa muito, por analogia com o que temos vivido no Brasil. Nesse artigo, você menciona que o que vemos todos os dias é "a volta do ódio a todas as formas de igualdade" (2021d). Em O espírito das leis, *Montesquieu afirma que a virtude republicana por excelência — o amor à igualdade — deve ser cultivada pela educação. Você acredita que as escolas fracassaram nessa tarefa republicana? Ou essa incapacidade de cultivar o amor pela igualdade seria um fracasso político e social, mais do que educativo?*

Tomada da palavra e conquista de tempo livre: uma entrevista com Jacques Rancière

Eu conheço pouco do funcionamento da escola estadunidense, ainda que tenha netos que frequentam a escola naquele país. Não sei muito bem o lugar que a educação para a igualdade tem hoje nos Estados Unidos, mas acho que lá, como na França, em outros países da Europa e, temo, no Brasil e na Argentina (me corrijam se digo besteiras), enfim, acho que em todos esses países o fato dominante atualmente é uma hierarquização crescente de escolas, uma distinção cada vez mais forte entre as boas e as más instituições. Aquelas onde se paga mais caro são mais bem vistas do que as outras, e mesmo entre as escolas públicas e gratuitas, as boas instituições são aquelas de bairros abastados, onde os ricos vivem entre si, e as escolas ruins são reservadas às populações migrantes, pobres e assim por diante. Há essa espécie de hierarquia que começa com a educação infantil e faz com que, em muitos países, procure-se escolher o futuro do seu filho matriculando-o em uma determinada escola de educação infantil e não em outra. Isso começa no maternal e vai até os *rankings* acadêmicos; é a realidade do mundo escolar e universitário, a realidade de sua inserção no mundo social hoje, uma adaptação cada vez mais forte a um mundo que é o da desigualdade.

Para dizer que a escola fracassou em sua vocação igualitária seria preciso pensar que ela sempre teve como vocação criar igualdade. Infelizmente, penso que essa vocação igualitária da escola faz parte das ideias do passado, das formas sociais do passado, das concepções progressistas, das instituições progressistas que foram, em certa medida, todas varridas pelo capitalismo selvagem e absolutizado – que batizamos, não sei por que, com o nome elogioso demais de *neoliberalismo*. Eu diria que a vocação igualitária da escola foi verdadeiramente atacada[8] junto com

---

[8] Em francês, Rancière afirmou que a vocação igualitária da escola foi *"battue en brèche"*. *Battre en brèche* significava originalmente "atacar a golpes

todas as formas sociais que criavam igualdade ou que lutavam contra a desigualdade. Foi atacada ao mesmo tempo em que o foram as redistribuições fiscais (que tomavam impostos dos ricos para permitir que os pobres vivessem melhor), o serviço público, as leis de proteção social e todas as formas de solidariedade social. Tudo isso, pouco a pouco, foi sendo reduzido ou suprimido com a absolutização do capitalismo, assim como as forças igualitárias, coletivas e tradicionais encontram-se hoje enfraquecidas. Penso que o papel dominante da escola hoje é, em certo sentido, manter a criança na trajetória a que seu nascimento a destina, muito mais do que operar grandes redistribuições igualitárias.

Sob o nome de neoliberalismo, há uma espécie de contrarrevolução que é extremamente violenta. Essa contrarrevolução organiza um mundo à sua imagem; um mundo que não é apenas um mundo de exploração, de dominação, de desigualdade reforçada, mas um mundo de percepção, um mundo de afetos ligados à sua imagem. Ou seja, um mundo onde a desigualdade não é apenas aceita, mas se torna amada; torna-se uma virtude, uma virtude partilhada, um objeto de amor. Parece-me que isso está na lógica do capitalismo absolutizado da qual nossos Estados participam inteiramente. Poderia se dizer que nem sempre é o caso, que há diferenças, que o governo no Brasil não é o mesmo que há dez anos. Falo, é claro, de uma tendência geral e, mais especificamente, falo de Trump, do que ocorre nos Estados Unidos.

Em torno desses reforços das desigualdades, das explorações do capitalismo selvagem, há também uma atividade intelectual que é bastante significativa, especialmente no

---

de canhão para abrir uma brecha" e a expressão pode ser traduzida por "atacar", "contestar" ou "refutar", mas também por palavras com sentidos mais fortes, como "destruir" ou "arruinar". [N.T.]

meu país. Aqueles que são considerados intelectuais, que são vistos na televisão e que escrevem nos jornais são pessoas apaixonadas pela desigualdade, pessoas que denunciam toda forma de igualdade como uma monstruosidade ou como "islamoesquerdismo". Há um esforço para que mais pessoas participem do gozo da desigualdade, do amor pela desigualdade. O que acontece todos os dias nas redes sociais, o que vemos na França quando lemos os comentários que leitores fazem nos jornais on-line é uma espécie de *paixão pela desigualdade*, de ódio da igualdade que se propaga, que circula todos os dias, que se renova, que se tornou uma paixão louca. Penso que talvez seja preciso ver isso em relação ao que se passou com Trump.

No texto que vocês mencionaram, tentei me opor a algumas análises pseudossociológicas da adesão de 75 milhões de habitantes à loucura de Trump. Essas análises dizem que ele é o defensor das pessoas simples contra as elites, que seu sucesso vem das pessoas que perderam sua posição social devido à desindustrialização, como se 75 milhões de pessoas fossem desempregadas das fábricas do Michigan, o que é uma piada. O que precisa ser visto é que, por trás de todos esses chamados ao ódio contra o que essas pessoas denominam elite, há exatamente o contrário: o ódio contra todos que eles pensam que lhes são inferiores. Fiquei muito surpreso com a semelhança entre o que acontece hoje com a desigualdade e aquilo que descreve Jacotot, que chamei de *lógica dos inferiores-superiores*, a saber, que a lógica da desigualdade é a lógica na qual todos que são inferiores devem se descobrir como superiores, como superiores a outros, ou devem manter sua superioridade, seu privilégio. Acho que isso é algo que ficou muito perceptível no caso da campanha de Trump e na ampla adesão que ela teve. Foi também o que vimos em vários países europeus, especialmente na França, com o sucesso dos polemistas de direita e extrema-direita e com o alinhamento da opinião sobre esses polemistas. O povo de Trump não é um povo formado por pessoas ignoradas pelo desenvolvimento econômico; trata-se de um povo em que todos têm uma superioridade a defender. Os trabalhadores mal remunerados creem em sua superioridade sobre os desempregados; os desempregados brancos creem em superioridade sobre os desempregados negros; os desempregados nativos, sobre os desempregados mexicanos; os homens, sobre as mulheres – e assim por diante. Penso que esse mundo da desigualdade apaixonada, da paixão pela desigualdade é o que se manifestou na campanha de Trump e que se manifesta em várias campanhas de sucesso de ideólogos e políticos de extrema-direita ao redor do mundo: da Hungria ao Brasil, na Polônia e na França, entre outros.

Gostaríamos de agradecê-lo vivamente, professor, pela generosidade de partilhar conosco seu tempo, suas ideias, suas palavras. É um verdadeiro prazer poder dialogar com você, com seus livros, com seu pensamento. O que você propõe é um modo de pensar diferente, que nos convida a abandonar as disciplinas e as hierarquias entre teoria e prática, entre superiores e inferiores. Em tempos tão sombrios como os que vivemos, sua obra nos inspira profundamente. Esperamos que sua relação com o Brasil, que começou há tantos anos, continue por muito mais tempo. Muito obrigado!

Muito obrigado a todas e a todos.

Referências

RANCIÈRE, Jacques. *A noite dos proletários: arquivos do sonho operário*. Tradução de Marilda Pedreira. São Paulo: Companhia das Letras, 1988.

RANCIÈRE, Jacques. *A partilha do sensível: estética e política*. Tradução de Mônica Costa Netto. São Paulo: Editora 34, 2005.

RANCIÈRE, Jacques. *As margens da ficção*. Tradução de Fernando Scheibe. São Paulo: Editora 34, 2021a.

RANCIÈRE, Jacques. Escola, produção, igualdade. Tradução e notas de Jonas Tabacof Waks e Anita Pompéia Soares. In: CARVALHO, J. S. F. de (Org.). *Jacques Rancière e a escola: educação, política e emancipação*. Belo Horizonte: Autêntica, 2022. p. 75-103.

RANCIÈRE, Jacques. *Les mots et les torts: dialogue avec Javier Bassas*. Paris: La Fabrique Éditions, 2021b.

RANCIÈRE, Jacques. *O desentendimento: política e filosofia*. Tradução de Ângela Leite Lopes. São Paulo: Editora 34, 1996.

RANCIÈRE, Jacques. *O mestre ignorante: cinco lições sobre a emancipação intelectual*. Tradução de Lílian do Valle. Belo Horizonte: Autêntica Editora, 2015.

RANCIÈRE, Jacques. *Tempos modernos: arte, tempo, política*. Tradução de Pedro Taam. São Paulo: n-1 edições, 2021c.

RANCIÈRE, Jacques. Tolos e sábios: reflexões sobre o fim da presidência de Trump. Tradução de Pedro Caetano Eboli. *Revista Beira*, on-line, [s.p.], 2021d. Disponível em: https://bit.ly/3Rg3Hzm. Acesso em: 20 mar. 2021.

Sobre O mestre ignorante[1]

Jacques Rancière[2]

Estamos reunidos aqui para falar sobre a virtude dos mestres. Escrevi uma obra intitulada *O mestre ignorante*.[3] A mim logicamente compete, portanto, defender sobre este tema a posição aparentemente menos razoável: a de que a primeira e principal virtude do professor é uma virtude de ignorância. Meu livro narra a história de um professor, Joseph Jacotot, que fez escândalo na França e na Holanda, nos anos de 1830, ao proclamar que os ignorantes poderiam aprender sozinhos, sem um professor para lhes explicar, e que os professores, por outro lado, poderiam ensinar aquilo que eles mesmos ignoravam. À suspeita de transações com paradoxos fáceis é, portanto, adicionada a de deleitar-se com as velharias e extravagâncias da história da pedagogia. No entanto, gostaria de mostrar que não se trata do prazer pelo

---

[1] Este texto foi apresentado pela primeira vez em junho de 2002, em uma conferência na Universidade do Estado do Rio de Janeiro (UERJ), intitulada "O Valor do mestre: igualdade e alteridade na educação". Depois disso, foi publicado em francês, em novembro de 2004, na revista *Multitudes*; em inglês, em 2010, no livro *Jacques Rancière: Education, Truth, Emancipation* (tradução de Charles Bingham); e em espanhol, em 2012, na revista *La Cañada* (tradução de Alejandro Madrid Zan). [N.T.]

[2] Tradução de Lígia Zambone Moreira. [N.T.]

[3] A palavra *maître* em francês é polissêmica, podendo significar tanto professor (*maître d'école*), aquele que ensina, quanto dono, senhor, amo, ou seja, aquele que domina. A dupla acepção do termo é justamente o que nos permite compreender a relação estabelecida entre educação e política. [N.T.]

paradoxo, mas sim de um questionamento fundamental sobre o que saber, ensinar e aprender quer dizer; não se trata de uma viagem pela história da pedagogia jocosa, mas de uma reflexão filosófica absolutamente atual sobre a maneira como a razão pedagógica e a razão social se relacionam entre si.

Irei diretamente ao coração da questão. O que é essa virtude da ignorância? O que é um mestre ignorante? Para respondermos adequadamente estas questões é necessário distinguirmos diversos níveis. No nível empírico mais imediato, um mestre ignorante é um mestre que ensina aquilo que ignora. Foi assim que Joseph Jacotot se viu nos anos de 1820, por acaso, ensinando alunos flamencos – cuja língua desconhecia, e os quais também não conheciam a sua – por intermédio de uma obra providencial: um *Telêmaco* bilíngue que havia sido publicado nos Países Baixos. Ele o colocou nas mãos de seus alunos, e por meio de um intérprete pediu que eles lessem a metade do livro com o auxílio da tradução e que repetissem, sem parar, aquilo que haviam aprendido; para finalizar, pediu que lessem rapidamente a segunda metade da obra e escrevessem, em francês, o que pensavam sobre ela. Diz-se que ele ficou surpreso ao ver como esses alunos, aos quais ele não havia transmitido nenhum conhecimento (*savoir*),[4] haviam, sob suas ordens, aprendido francês suficientemente para se expressar corretamente, e que deste modo ele os havia ensinado, sem, no entanto, ter lhes transmitido (*apprendre*)[5] nada. Concluiu, então, que a ação do mestre que

---

[4] A palavra *savoir* em francês pode ser compreendida como um saber – enunciado e um saber prático –, bem como um conhecimento – inclusive como um conhecimento científico. No texto de Rancière, o termo é utilizado com ambos os significados, e a escolha da tradutora é sempre pelo sentido mais direto da expressão, mas poderão variar ao longo do texto. [N.T.]

[5] *Apprendre* na língua francesa também é uma palavra polissêmica que pode significar aprender, ensinar, treinar, saber, conhecer e descobrir. A

SOBRE *O MESTRE IGNORANTE*

obriga uma outra inteligência a se exercitar era independente da posse do saber, e que era, portanto, possível que um ignorante permitisse a outro ignorante saber aquilo que ele mesmo não sabia. Era possível, por exemplo, que um homem iletrado do povo permitisse a um outro iletrado aprender a ler.

Este é o segundo nível da questão, um segundo sentido para a expressão "mestre ignorante": um mestre ignorante não é um ignorante que se entretém fazendo o papel de professor; é, sim, um mestre que ensina – que é para outra pessoa a causa do saber (*savoir*) – sem que transmita qualquer conhecimento. É, portanto, um professor que manifesta a dissociação entre a maestria do mestre (*maîtrise du maître*) e o seu conhecimento (*savoir*); que nos mostra que aquilo que chamamos de "transmissão do saber (*savoir*)" compreende, na realidade, duas relações intricadas que nos convém dissociar: uma relação de vontade a vontade e uma relação de inteligência a inteligência.

Mas não devemos nos enganar com o sentido dessa dissociação. Existe uma maneira usual de compreendê-la: o desejo de destituir a relação de autoridade do professor em detrimento da força pura de uma inteligência que ilumina a outra. Tal é o princípio de incontáveis pedagogias antiautoritárias, cujo modelo é a maiêutica do mestre socrático, do mestre que finge a ignorância para provocar o saber.

Na realidade, o mestre ignorante opera a dissociação de maneira bem diferente. Ele conhece bem o jogo duplo da maiêutica. Sob a aparência de suscitar uma capacidade, ele visa, na realidade, demonstrar uma incapacidade. Sócrates não revela

---

polissemia do termo é importante para a compreensão do texto. A escolha da tradutora é sempre pelo sentido mais direto da expressão no contexto da frase e do parágrafo, podendo variar ao longo do texto entre aprender, ensinar, treinar e saber. [N.T.]

apenas a incapacidade dos falsos sábios (*savants*),[6] mas também a incapacidade de qualquer um que não seja conduzido pelo mestre pelo bom caminho, sujeito à boa relação de inteligência a inteligência. O "liberalismo" maiêutico é apenas a variante sofisticada da prática pedagógica ordinária, que confia a inteligência do mestre a tarefa de diminuir a distância que separa o ignorante do conhecimento (*savoir*). Jacotot inverte o sentido da dissociação: o mestre ignorante não exerce nenhuma relação de inteligência a inteligência. Ele é apenas uma autoridade, apenas uma vontade que comanda o ignorante a seguir seu próprio caminho; trata-se de pôr em prática uma capacidade que ele já possui, a capacidade que todo homem demonstra ao adquirir, sem nenhum professor para ensiná-lo, a mais difícil das aprendizagens: a de uma língua estrangeira que é, para todas as crianças novas no mundo, a língua materna.

Tal é, justamente, a lição da experiência fortuita que havia feito do erudito (*maître savant*) Jacotot um mestre ignorante. Esta lição trata da lógica própria da razão pedagógica, em seus fins e meios. A finalidade normal da razão pedagógica é fazer o ignorante aprender aquilo que ele não sabe, suprimir a distância entre ele e o conhecimento. Seu meio normal é a explicação. Explicar é dispor os elementos do conhecimento a serem transmitidos em conformidade com as – assim supostas – limitadas capacidades dos espíritos[7] a serem instruídos. Mas essa ideia de simples conformidade rapidamente se revela tripulada por um voo ao infinito.[8]

---

[6] *Savants* em francês pode significar tanto sábios quanto estudiosos, cientistas, eruditos e acadêmicos. A polissemia do termo nos é valiosa para identificarmos os diversos grupos com os quais Rancière dialoga. [N.T.]

[7] Em francês, a palavra *esprit* pode assumir diferentes significados, sendo compreendida como mente, espírito e intelecto. [N.T.]

[8] *Fuit en infinit* é uma expressão idiomática francesa que não tem equivalência em português. Esta expressão é empregada quando, ao invés de

A explicação é geralmente acompanhada pela explicação da explicação. São necessários livros para explicar aos ignorantes o conhecimento a ser aprendido. Mas esta explicação é, aparentemente, insuficiente: são necessários professores para explicar aos ignorantes os livros que lhes explicam o conhecimento (*savoir*). É preciso, ainda, que haja explicações para que o ignorante possa entender a explicação que o permite compreender. A regressão seria infinita se a autoridade do professor não a impedisse de fato, tornando-se o único juiz a determinar o ponto em que as explicações já não precisam mais ser explicadas.

Jacotot acreditou poder resumir a lógica deste aparente paradoxo. Se a explicação é, via de regra, infindável, é porque sua função essencial é a de tornar infinita a distância mesma que ela se propõe reduzir. O exercício da explicação é muito distinto de um meio prático a serviço de um fim. Ela é um fim em si mesma, a verificação incessante de um axioma primordial: o axioma da desigualdade. Explicar algo ao ignorante significa, antes de tudo, explicar-lhe algo que ele não compreenderia se não lhe fosse de antemão explicado; é, antes de tudo, demonstrar a sua incapacidade. A explicação é dada como forma de reduzir a situação de desigualdade em que o ignorante se encontra em relação àqueles que sabem. Mas esta redução é não mais do que uma confirmação. Explicar é supor na matéria a ser aprendida uma opacidade de tipo específico, uma opacidade que resiste aos modos de interpretação e imitação por meio dos quais as crianças aprendem a traduzir os signos que recebem do mundo e dos seres falantes que os cercam.

---

enfrentarmos um problema de imediato, preferimos escondê-lo de vista no futuro, como algo a ser pensado e resolvido futuramente (como um cheque pré-datado). [N.T.]

Essa é a desigualdade específica que a razão pedagógica ordinária coloca em cena (*met en scène*). Esta encenação tem três traços específicos. Primeiramente, ela supõe a distinção radical entre dois tipos de inteligência: de um lado, a inteligência empírica dos seres falantes que se advinham e se contam uns aos outros; do outro, a inteligência sistemática daqueles que apreendem coisas de acordo com suas próprias articulações – para as crianças e para as inteligências populares, as estórias; aos seres racionais, as razões. A instrução aparece, então, como um ponto de partida radical ou um segundo nascimento; o momento em que não se trata mais de uma questão de adivinhar e dizer, mas de explicar e compreender. Seu ato inicial é o de dividir em dois a inteligência, remeter à rotina dos ignorantes os processos pelos quais a mente aprendeu tudo o que sabe.

O seu segundo traço: a razão pedagógica se coloca em cena como o ato que levanta o véu da obscuridade das coisas. Sua topografia é a de altos e baixos, da superficialidade e da profundidade. O explicador é aquele que eleva o fundo obscuro à superfície clara e que, inversamente, traz a superfície falsamente evidente de volta à profundeza secreta que lhe dá a razão. Essa verticalidade opõe a profundidade da ordem erudita (*l'ordre savant*) das razões à maneira horizontal das aprendizagens autodidatas que se movem passo a passo, comparando aqueles que ignoram com aqueles que sabem.

Em terceiro lugar, essa topografia implica, ela mesma, uma certa temporalidade. Levantar o véu de sobre as coisas, encaminhar a superfície à profundeza e trazer do fundo à superfície não demanda apenas tempo. Tal topografia supõe uma certa ordem do tempo. O véu é levantado progressivamente, de acordo com a capacidade atribuída à mente infantil ou daquele que é ignorante sobre tal e qual etapa. Dito de outra forma, o progresso é a outra face do atraso. A redução

SOBRE *O MESTRE IGNORANTE*

da distância não cessa nunca de reinstaurá-la e de verificar o axioma da desigualdade.

Dois axiomas fundamentais suportam a razão pedagógica ordinária: o primeiro é de que é necessário partir da desigualdade para reduzi-la; o segundo é de que a forma de reduzir a desigualdade consiste em adaptar-se a ela ao transformá-la em objeto de um saber. O sucesso desse saber que reduz a desigualdade passa pelo saber da desigualdade. Este é o saber que o mestre ignorante recusa. É este o terceiro sentido de sua ignorância. É a ignorância desse "saber da desigualdade" que supostamente condicionaria os meios de "reduzir" a desigualdade. Sobre a desigualdade não há nada a saber. A desigualdade não é mais algo dado, a ser transformado por meio do conhecimento, da mesma forma que a igualdade não é uma finalidade a se alcançar por meio da transmissão do saber. Igualdade e desigualdade não são duas condições (*état*), mas sim duas "opiniões", ou seja, dois axiomas opostos por meio dos quais pode-se operar a aprendizagem. Nunca fazemos nada além de verificar o axioma que atribuímos a nós mesmos. A razão do mestre explicador coloca a desigualdade como axioma: para essa razão, há uma desigualdade entre as mentes, mas podemos nos valer dessa mesma desigualdade ao fazê-la servir à causa de uma igualdade futura. O mestre é um desigual que trabalha para abolir seu próprio privilégio. A arte do mestre que metodicamente levanta o véu que recobre as coisas que o ignorante não pode compreender é a sua promessa de que um dia o ignorante será igual ao seu mestre. Para Jacotot, essa igualdade futura consiste simplesmente nisso: que o desigual convertido em igual fará, por sua vez, com que o sistema que produz e reproduz a desigualdade funcione reproduzindo o processo de sua redução. Para Jacotot, a lógica geral desse processo que trabalha sobre a pressuposição da desigualdade merece o nome de embrutecimento (*abrutissement*).

A razão do mestre ignorante coloca a igualdade como um axioma a ser verificado. Ela relaciona a situação de desigualdade da relação professor-aluno não com a promessa de uma igualdade futura – e que não virá jamais –, mas sim com a efetividade de uma igualdade primeira: para que o ignorante possa fazer os exercícios que o mestre lhe ordena, é preciso, primeiro, que ele compreenda aquilo que o mestre lhe diz. Há uma igualdade dos seres falantes que precede a relação desigual e condiciona seu próprio exercício. É isso que Jacotot denomina igualdade das inteligências. Isto não significa que todos os exercícios, de todas as inteligências, se equivalem. Significa que há apenas uma inteligência em ação em todos os aprendizados intelectuais.

O mestre ignorante – isto é, ignorante quanto à desigualdade – se dirige, portanto, ao "ignorante" não do ponto de vista da sua ignorância, mas de seu conhecimento (*savoir*), já que o suposto ignorante conhece, de fato, uma infinidade de coisas. Ele as aprendeu ao ouvir e repetir, ao observar e comparar, ao adivinhar e verificar. Foi assim que ele aprendeu a sua língua materna. E é desta forma que ele pode aprender a linguagem escrita, ao comparar, por exemplo, uma oração que ele sabe de cor com os desenhos desconhecidos que o texto escrito da mesma oração formam em um pedaço de papel. É necessário obrigá-lo a relacionar o que ele não sabe com o já conhecido; a observar e comparar; a relatar o que foi visto e a verificar o que foi dito. Se ele se recusa a fazê-lo, é porque pensa que não é possível ou necessário que ele saiba mais. O obstáculo ao exercício das capacidades do ignorante não é a sua ignorância, mas o seu consentimento à desigualdade. Este obstáculo reside na opinião da desigualdade das inteligências. Mas essa opinião é algo completamente diferente de um atraso individual. Ela é um axioma do sistema, o axioma sob o qual o sistema social normalmente funciona:

SOBRE *O MESTRE IGNORANTE*

o axioma da desigualdade. Quem não quer ir mais longe no desenvolvimento de seu poder intelectual se contenta em não "ser capaz" de fazê-lo, sob a garantia de que outros também não podem. O axioma da desigualdade é um axioma de compensação das desigualdades que funcionam na escala da sociedade inteira. Não é o conhecimento do mestre que pode suspender o funcionamento da maquinaria anti-igualitária (*inégalitaire*), mas a sua vontade. O princípio (*commandement*) do mestre emancipador proíbe o dito ignorante de se contentar com o que sabe, declarando-se incapaz de saber mais. Ele o força a provar sua capacidade, a continuar sua aventura intelectual com os mesmos meios com que a iniciou. Essa lógica, que trabalha sob o pressuposto da igualdade e exige a sua verificação, merece o nome de emancipação intelectual.

A oposição entre o "embrutecimento" e a "emancipação" não é uma oposição entre dois métodos de instrução. Não se trata de uma oposição entre métodos tradicionais ou autoritários e métodos novos ou ativos: o embrutecimento pode passar e passa por todo tipo de forma ativa e moderna. A oposição é propriamente filosófica. Ela diz respeito à ideia de inteligência que preside a própria concepção de aprendizagem. O axioma da igualdade das inteligências não afirma nenhuma virtude específica do ignorante, nenhuma ciência dos humildes ou a inteligência das massas. Ele afirma, simplesmente, que há apenas um tipo de inteligência em ação em todas as aprendizagens intelectuais. Trata-se de relacionarmos o que ignoramos ao que sabemos, de observar e comparar, de dizer e verificar. O estudante (*élève*)[9] é sempre um pesquisador.

---

[9] Novamente há uma polissemia no termo que contribui para o texto. Em português, a palavra *élève* pode significar aluno, estudante, criança ou discípulo. Pensarmos no jogo entre *maître* (professor e mestre) e a palavra *élève* (estudante, discípulo) enriquece a dimensão das relações de poder tratadas por Rancière. A palavra *élève* deriva em francês de *élevé*,

E o professor é, em primeiro lugar, um homem que fala com outro, que conta estórias e devolve a autoridade do saber à condição poética de toda transmissão de palavras. A oposição filosófica assim entendida é, ao mesmo tempo, uma oposição política. Mas ela não é política porque denunciaria um saber superior em nome de uma inteligência inferior. Ela está em um nível mais radical porque diz respeito à própria concepção da relação entre igualdade e desigualdade.

Na verdade, é a própria lógica da relação normal entre estes termos que Jacotot coloca em questão ao denunciar o paradigma da explicação, mostrando que a lógica explicativa é uma lógica social, uma maneira pela qual a ordem desigual é representada e reproduzida. Se essa história dos anos 1830 nos diz respeito diretamente é porque ela é uma resposta exemplar ao estabelecimento, naquela época, de um sistema político-social inédito: um sistema em que a desigualdade não deveria mais repousar sobre uma realidade soberana ou divina, em que ela não deveria mais repousar em qualquer outra base que não ela mesma. Em suma, um sistema de imanentização e, por assim dizer, de equalização da desigualdade.

Os anos da polêmica jacotista correspondem, de fato, ao momento em que se estabeleceu o projeto de uma ordem social reconstituída para além do grande abalo da Revolução Francesa. Esse é o momento em que queremos concluir a revolução, em todos os sentidos da palavra concluir (*achever*),[10] para passar da era da "crítica" da destruição das transcendências monárquicas divinas para a era "orgânica" de uma sociedade baseada em sua própria razão imanente. Isso significa

---

que significa elevar, suspender, aumentar, podendo ser compreendida também como aquele que é elevado. [N.T.]

[10] *Achever* em francês pode ter os seguintes sentidos: concluir, finalizar, terminar, acabar. [N.T.]

uma sociedade que harmoniza suas forças produtivas, suas instituições e suas crenças para fazê-las funcionar segundo um mesmo regime de racionalidade. Tal é o grande projeto que atravessa o século XIX – entendido não como uma simples divisão cronológica, mas como um projeto histórico. A passagem da era "crítica" e revolucionária a uma era "orgânica" é, antes de mais nada, o estabelecimento de uma relação entre igualdade e desigualdade. É necessário, dizia Aristóteles, "mostrar democracia aos democratas e oligarquia aos oligarcas". O projeto da sociedade orgânica moderna é o projeto de uma ordem desigual que faz ver a igualdade, que inclui sua visibilidade na regulação das relações dos poderes econômicos com as instituições e crenças. É o projeto de "mediações" que institui entre o alto e o baixo duas coisas essenciais: um tecido mínimo de crenças comuns e a possibilidade de movimentações limitadas entre os níveis de riqueza e poder.

É no coração deste projeto que se insere o programa de "instrução do povo", um programa que não passa apenas pela organização estatal da instrução pública, mas também por múltiplas iniciativas filantrópicas, comerciais ou de associações que se dedicam a um trabalho duplo: de um lado, o de desenvolver os "conhecimentos úteis", isto é, as formas de saberes práticos racionalizados que permitem ao povo sair de sua rotina e melhorar suas condições de vida sem ter de deixar ou reivindicar contra a sua posição. Do outro, o de enobrecer a vida popular ao fazer o povo participar, de forma adequada, dos gozos da arte e da expressão de um sentimento de comunidade – educação "estética" de um povo para a qual a instauração de congregações dedicadas ao canto fornecia o grande modelo.

A visão geral que anima essas iniciativas públicas ou privadas díspares é clara: trata-se de obter um efeito triplo.

Primeiramente, afastar as pessoas de práticas e crenças retrógradas que as impedem de participar do progresso da riqueza e de suas formas de ressentimento contra as elites dominantes. Em segundo lugar, constituir entre as elites e o povo um mínimo de crenças e prazeres comuns que evitem uma sociedade dividida em dois mundos separados e potencialmente hostis. Por fim, assegurar um mínimo de mobilidade social que dê a todos a sensação de uma melhora e que permita que as crianças mais dotadas do povo subam na escala social e participem na renovação das elites dirigentes.

Assim concebida, a instrução do povo não é apenas um instrumento, um meio prático de trabalhar o fortalecimento da coesão social. Ela é propriamente uma "explicação" da sociedade, uma alegoria em ato da maneira como a desigualdade se reproduz ao "fazer ver" a igualdade. Esse "fazer ver" não é uma simples ilusão, ele participa para a positividade do que chamo de uma "partilha do sensível" (*partage du sensible*),[11] uma relação global entre formas de ser, modos de fazer, ver e dizer. Ele não é a máscara sob a qual se dissimularia a desigualdade social. É a visibilidade bifacetada dessa desigualdade: a desigualdade aplicada ao trabalho de sua supressão, que prova por seu ato o caráter ao mesmo tempo incessante e interminável dessa mesma supressão. A desigualdade não está escondida sob a igualdade. Esta se afirma, de certa forma, em igualdade com ela.

Esta igualdade da igualdade e da desigualdade tem um nome próprio: progresso. A sociedade orgânica moderna que se propõe a "concluir" a revolução; opõe à ordem imóvel das sociedades antigas uma ordem "progressiva", uma ordem idêntica à mobilidade mesma, ao movimento de expansão,

---

[11] O termo *partage* tem uma dupla acepção no francês: a repartição (divisão em partes de um todo) e a participação em um todo comum. Ambos os sentidos da palavra são fundamentais para a compreensão do conceito rancièreano de *partilha do sensível*. [N.T.]

SOBRE *O MESTRE IGNORANTE*

de transmissão e de aplicação de saberes. A escola não é apenas um meio desta nova ordem progressiva. É o seu próprio modelo: um modelo de desigualdade que se identifica com a diferença visível entre quem sabe e quem não sabe, e que se dedica visivelmente à tarefa de fazer o ignorante aprender o que não sabe – portanto, de reduzir a desigualdade, mas reduzi-la por etapas, segundo os bons meios que apenas os desiguais conhecem: os meios que dão a uma determinada população, no momento conveniente, o conhecimento que ela é capaz de assimilar utilmente. O progresso escolar é, também, a arte de limitar a transmissão do saber, de organizar o atraso, de diferenciar a igualdade. O paradigma pedagógico do mestre explicador ao se adaptar ao nível e às necessidades dos estudantes define um modelo de funcionamento social da instituição escolar que se traduz, ele mesmo, em um modelo geral de uma sociedade ordenada pelo progresso.

O mestre ignorante é o professor (*maître*) que se retira deste jogo ao opor o ato nu da emancipação intelectual à mecânica da sociedade e das instituições do progresso. Opor o ato da emancipação intelectual à instituição de instrução da população é afirmar que não existem etapas de igualdade, que ela está presente inteiramente em ato ou simplesmente não existe. O preço a se pagar por essa subtração é alto: se a explicação é o método social, o método pelo qual a desigualdade se representa e se reproduz, e a instituição é o lugar onde se opera esta representação, segue-se que a emancipação intelectual é necessariamente oposta à lógica social e institucional. Isto quer dizer que não há uma emancipação social ou uma escola emancipadora. Jacotot opõe estritamente o método da emancipação – que é o método dos indivíduos – ao método social da explicação. A sociedade é um mecanismo regido pelo peso dos corpos desiguais, por um jogo de desigualdades compensadas. A igualdade só pode ser introduzida à custa de torná-la desigual, de transformá-la em seu contrário. Apenas os indivíduos podem ser emancipados. E tudo o que a emancipação pode prometer é aprender (*apprendre*)[12] como ser igual em meio a uma sociedade regida pela desigualdade e pelas instituições "explicadoras".

Este paradoxo extremo merece ser levado a sério. Ele nos adverte sobre duas escolhas essenciais: primeiramente, a igualdade, em geral, não é um fim a ser alcançado. Ela é um ponto de partida, um pressuposto que deve ser verificado por uma sequência de atos específicos. Em segundo lugar, a igualdade é a condição da própria desigualdade. Para obedecer a uma ordem, é necessário compreendê-la e entender que é necessário obedecê-la. Portanto, precisamos desse mínimo de igualdade sem o qual a desigualdade giraria em falso. Destes dois axiomas, Jacotot retira uma dissociação radical: a emancipação não pode ser uma lógica social. Procurei mostrar em *O desentendimento*[13] que eles podiam ser articulados de outra maneira, que a condição igualitária de desigualdade prestava-se a uma sequência de atos, a formas de verificação propriamente políticas. Mas esta demonstração não se insere no quadro do problema que hoje nos reúne. Vou, portanto, me concentrar em outro aspecto do problema: como pensar,

---

[12] "*Et tout ce que l'émancipaction peut promettre, c'est d'apprendre à être des hommes égaux dans une société régie par l'inegalité et par les institutions qui l'expliquent*" (RANCIÈRE, 2004, p. 10). Esta frase de Rancière guarda uma ambiguidade implícita trazida pela dupla acepção do termo *apprendre* (detalhado na nota de tradução de número 5 deste capítulo) e pode ser interpretada como: (1) tudo o que emancipação pode prometer é *aprender* a ser igual em uma sociedade regida pela desigualdade; ou (2) tudo o que a emancipação pode prometer é *ensinar* como ser igual em uma sociedade regida pela desigualdade. Na impossibilidade de determinação de um sentido único, a tradutora optou por manter a versão original em nota para uma melhor compreensão do leitor. [N.T.]

[13] RANCIÈRE, J. *O desentendimento: política e filosofia*. Tradução de Ângela Leite Lopes. São Paulo: Editora 34, 1996.

SOBRE *O MESTRE IGNORANTE*

hoje em dia, essa relação entre razão pedagógica e razão social que Jacotot havia colocado no centro de sua demonstração?

À primeira vista, essa relação se apresenta, hoje em dia, sob a forma de uma estranha dialética. Por um lado, a escola é constantemente acusada de fracassar em sua tarefa de reduzir desigualdades sociais. Mas, por outro lado, esta escola constantemente declarada inadequada para a sua função social surge cada vez mais como o modelo apropriado de funcionamento "igualitário", isto é, da "igualdade desigual" própria das nossas sociedades.

Para explicar esta dialética, partirei do debate sobre a igualdade e a desigualdade escolar tal como se desenvolveu na França depois dos anos 1960, porque os termos do debate parecem resumir bem um problema que pode ser encontrado em quase todos os lugares da mesma forma. O debate foi lançado pelas teses de Bourdieu, que podem ser assim resumidas: a escola falha na missão que lhe é atribuída de reduzir as desigualdades porque ignora o funcionamento da desigualdade. Ela pretende reduzir a desigualdade ao distribuir o mesmo conhecimento igualmente entre todos. Mas é precisamente essa aparência igualitária que é o motor essencial da reprodução da desigualdade escolar. Ela relega aos "dons individuais" dos estudantes o papel de fazer a diferença. Mas esses dons são apenas os privilégios culturais interiorizados pelas crianças bem-nascidas. As crianças das classes privilegiadas não o querem saber; as crianças das classes dominadas, por outro lado, não o podem saber e, portanto, eliminam-se pelo doloroso sentimento de não serem dotadas. A escola falha em realizar a igualdade porque a aparência igualitária dissimula a transformação do capital cultural socialmente herdado em diferença individual.

A escola, segundo esta lógica, funciona de forma desigual porque ela não sabe como a própria desigualdade opera e porque não quer sabê-lo. Mas esta "recusa a saber" pode ser interpretada de duas formas extremamente opostas. Pode ser entendida, por um lado, como a ignorância das condições de transformação da desigualdade em igualdade. Diremos então que o professor desconhece as condições da prática do seu ofício porque lhe falta um conhecimento, o conhecimento da desigualdade – que ele pode aprender com o sociólogo. Concluiremos, então, que a desigualdade escolar pode ser corrigida à custa de conhecimentos adicionais que explicitem as regras do jogo e racionalizem a aprendizagem escolar. Esta é a conclusão de Bourdieu e Passeron em seu primeiro livro escrito conjuntamente, *Os herdeiros*.[14]

Mas a recusa em saber também pode ser entendida, por outro lado, como uma internalização bem-sucedida da lógica do sistema: diremos, então, que o professor é o agente do processo de reprodução do capital cultural que, por uma necessidade inerente ao funcionamento da própria máquina social, reproduz indefinidamente as suas condições de possibilidade. Qualquer programa reformista é, então, imediatamente acusado de vaidade. A conclusão do segundo livro de Bourdieu e Passeron, *A reprodução*,[15] vai nesse sentido. Há, portanto, uma duplicidade da demonstração. Conclui-se, por um lado, com a redução das desigualdades e, por outro, com a sua eterna perpetuação. Mas essa duplicidade não é outra senão a duplicidade do próprio "progressismo", como Jacotot analisou inicialmente: é a lógica da desigualdade que se reproduz pelo próprio trabalho de sua redução. O

---

[14] BOURDIEU, P.; PASSERON, J. *Os herdeiros: os estudantes e a cultura.* Tradução de Ione Ribeiro Valle e Nilton Valle. Florianópolis: EdUFSC, 2014.

[15] BOURDIEU, P.; PASSERON, J. *A reprodução: elementos para uma teoria do sistema de ensino.* Tradução de Reynaldo Bairão. Rio de Janeiro: Vozes, 2014.

SOBRE *O MESTRE IGNORANTE*

sociólogo introduz mais uma volta na espiral ao incluir nela uma ignorância, uma incapacidade adicional: a ignorância daquele cujo dever é suprimir a ignorância.

Os reformadores governamentais não querem ver essa duplicidade própria a todas as pedagogias progressistas. A partir da sociologia de Bourdieu, os reformadores socialistas traçaram um programa que visava reduzir as desigualdades da escola reduzindo a participação na grande cultura, tornando-a menos letrada e mais amigável, mais adaptada aos modos de ser das crianças das classes desfavorecidas – em sua maioria, filhos de imigrantes. Esse sociologismo reduzido, infelizmente, só melhor afirmou o pressuposto central do progressismo que manda aquele que sabe se colocar "ao alcance" dos desiguais e limitar o saber transmitido àquilo que os pobres podem compreender e necessitar. Ele reproduz a abordagem que confirma a desigualdade presente em nome de uma igualdade futura.

É por isso que ele [esse sociologismo] suscitou rapidamente uma reação. Na França, a ideologia dita republicana prontamente denunciou esses métodos adaptados aos pobres que só podiam ser métodos pobres, imediatamente contendo os "dominados" na situação da qual pretensamente eles estariam sendo retirados. Para esta corrente, o poder da igualdade residia no movimento inverso, na universalidade de um saber distribuído igualmente entre todos, sem considerações sobre as origens sociais, em uma escola bem separada da sociedade. Mas a distribuição do saber não comporta, em si mesma, quaisquer consequências igualitárias sobre a ordem social. Igualdade e desigualdade nunca são mais do que uma consequência delas mesmas. A pedagogia tradicional da transmissão neutra de um saber e as pedagogias modernas do conhecimento adaptadas ao estado da sociedade estão lado a lado na alternativa proposta por Jacotot. Ambas tomam a igualdade como objetivo, ou seja, tomam a desigualdade como ponto de partida e trabalham sob o seu pressuposto. Elas divergem apenas sobre a forma de "saber da desigualdade" que pressupõem.

É que ambas estão encerradas no círculo da sociedade pedagogizada. Ambas atribuem à escola o poder fantasioso de concretizar a igualdade social ou, de todo modo, de reduzir a "fratura social", mesmo que isso signifique denunciar alternadamente a falência da outra pedagogia para a realização deste programa. O sociologismo chama essa falência de "crise da escola" e clama pela reforma escolar. O republicanismo acusa prontamente a reforma de ser, ela mesma, a causa principal da crise. Mas a reforma e a crise podem reduzir-se a uma mesma noção jacotista: ambas são explicações da escola, explicações intermináveis das razões pelas quais a desigualdade deve levar à igualdade, mas nunca chega a ela. A crise e a reforma são, de fato, o funcionamento normal do sistema, o funcionamento normal da desigualdade "igualada" na qual a razão pedagógica e a razão social tornam-se cada vez mais semelhantes uma à outra.

Na verdade, é notável que essa escola declarada inapta a "reduzir" a desigualdade seja oferecida, cada vez mais, como a analogia positiva do sistema social. Neste sentido, podemos dizer que o diagnóstico jacotista da razão pedagógica como a nova forma generalizada da desigualdade foi perfeitamente verificado. Jacotot havia percebido, no papel dado pelas mentes "progressistas" de seu tempo à instrução do povo, as premissas de uma nova forma de partilha do sensível, uma identificação entre a razão pedagógica e a razão social. Ele havia percebido isso em uma sociedade em que essa identificação era apenas uma utopia, em que o valor e a constância das divisões e hierarquias de classe eram francamente afirmados pelas elites, em que a desigualdade era afirmada como a lei de funcionamento

SOBRE *O MESTRE IGNORANTE*

legítimo da comunidade. Jacotot escreveu na época em que os reacionários recordaram com o pensador Bonald que certas pessoas estavam "na" sociedade sem serem "da" sociedade, e quando os liberais explicaram pelo seu porta-voz, o ministro François Guizot, que a política era assunto de "homens dotados de tempo livre (*loisir*)",[16] as elites de seu tempo admitiram, sem rodeios, a desigualdade e a divisão em classes. A instrução do povo era para eles apenas um meio de instituir uma mediação qualquer entre o alto e o baixo: dar aos pobres a possibilidade de melhorarem individualmente a sua condição, e dar a todos o sentimento de pertença – cada um em seu lugar – a uma mesma comunidade.

É evidente que não estamos mais nesse contexto: nossas sociedades se representam como sociedades homogêneas, nas quais o ritmo vivo e comum da multiplicação de mercadorias e das trocas suavizou as antigas divisões de classe e fez com que todos participassem dos mesmos gozos e das mesmas liberdades. Nessas condições, a representação das desigualdades sociais tende, cada vez mais, a se operar no modelo da classificação escolar: todos são iguais e têm a possibilidade de alcançar qualquer posição. Não há mais proletários, apenas os recém-chegados que ainda não alcançaram o ritmo da modernidade ou os atrasados que, ao contrário, não conseguem mais acompanhar suas acelerações. Todos são iguais, mas alguns carecem da inteligência ou da energia necessárias para acompanhar a competição, ou simplesmente para assimilar os novos exercícios que o grande pedagogo – o Tempo em marcha – lhes impõe ano após ano. Eles não se adaptam, diz-se, às novas tecnologias e mentalidades, ficando, assim,

---

[16] O termo original utilizado por Rancière é *loisir*, que poderia ser traduzido como "lazer" ou "ócio". A tradutora optou por "tempo livre" para enfatizar a centralidade do tempo não produtivo, ou seja, do tempo que não é utilizado para a produção. [N.T.]

estagnados entre o fundo da classe e o abismo da "exclusão". A sociedade se apresenta, portanto, como uma vasta escola com os seus selvagens a serem civilizados e seus estudantes lutando para alcançá-los. Nessas condições, a instituição escolar fica cada vez mais incumbida da tarefa fantasiosa de preencher a lacuna entre a proclamada igualdade de condições e a desigualdade existente, sendo cada vez mais cobrada a reduzir as desigualdades apresentadas como residuais.

Mas o papel final desse superinvestimento pedagógico é, em última instância, reverter a visão oligárquica de uma sociedade-escola. Não apenas se vincula a autoridade estatal e o poder econômico à classificação escolar, mas também essa escola se apresenta como uma escola sem professores, em que os professores são apenas os melhores da turma, aqueles que se adaptam melhor ao progresso e se mostram capazes de sintetizar os dados – muito complexos para as inteligências comuns. Para os primeiros da classe é oferecida, mais uma vez, a velha alternativa pedagógica convertida em razão social global: os austeros republicanos pedem-lhes que administrem, com a autoridade e a distância indispensáveis para o bom andamento da classe, os interesses da comunidade; os sociólogos, cientistas políticos ou jornalistas pedem-lhes que se adaptem, através de uma boa pedagogia comunicativa, às modestas inteligências e aos problemas cotidianos dos menos dotados, a fim de ajudar os atrasados a avançar, os excluídos a reinserir-se e o tecido social a se regenerar.

Os especialistas e o jornalismo são as duas grandes instituições intelectuais responsáveis por apoiar o governo dos irmãos mais velhos, ou dos primeiros da classe, fazendo circular incansavelmente esta nova forma de laço social, esta explicação aperfeiçoada da desigualdade que estrutura as nossas sociedades: o conhecimento das razões pelas quais os atrasados são atrasados. É assim, por exemplo, que toda manifestação desviante – desde os movimentos sociais de extrema-esquerda ao voto da extrema-direita – é, para nós, uma ocasião de uma intensa atividade que explica os motivos do atraso dos sindicalistas arcaicos, dos pequenos selvagens oriundos da imigração ou dos pequenos burgueses ultrapassados pelo ritmo do progresso. Seguindo essa lógica embrutecedora, essa explicação é agregada à explicação dos meios pelos quais poderíamos tirar os atrasados do seu atraso, meios que infelizmente são tornados ineficazes pelo próprio fato de serem atrasados. Na impossibilidade de tirar os atrasados de seu atraso, essa explicação é, por outro lado, bastante adequada para fundamentar o poder dos adiantados – que, na verdade, nada mais seria do que seu próprio avanço.

Era precisamente isso que Jacotot tinha em mente: a maneira como a escola e a sociedade se entre-simbolizam sem fim e, assim, reproduzem indefinidamente o pressuposto da desigualdade em sua própria negação. Se achei importante ressuscitar esse discurso esquecido não é – mais uma vez – para propor uma nova pedagogia. Não existe uma pedagogia jacotoniana. Não há, tampouco, uma antipedagogia jacotoniana no sentido que é geralmente atribuído à palavra. Em resumo, o jacotismo não é uma ideia sobre a escola que possa ser aplicada na reforma do sistema escolar. A virtude da ignorância é, antes de tudo, a virtude da dissociação. Ao nos impelir a dissociar maestria (*maîtrise*) e saber (*savoir*), esta proíbe-se de ser o princípio de qualquer instituição que una harmonicamente, tanto um como o outro, para otimizar a função social da instituição. Sua crítica se dirige justamente a essa vontade de harmonização e otimização de suas funções. Essa crítica não nos proíbe de ensinar e não interdita o ofício do professor. Por outro lado, ela nos impele a separar radicalmente o poder de ser causa de conhecimento para alguém e a ideia de uma função social global da instituição.

Ela nos impele a separar o poder de ser, para outro, a causa de uma atualização igualitária e a ideia de uma instituição social encarregada de efetivar a igualdade.

A igualdade, afirmava Jacotot, só existe em ato e para indivíduos. Ela se perde assim que pensada como coletivo. É possível corrigir esse veredito e pensar a possibilidade de atualizações coletivas da igualdade. Mas essa mesma possibilidade pressupõe que mantenhamos separadas as formas de atualização da igualdade e que, consequentemente, se recuse a ideia de uma mediação institucional, de uma mediação social entre as manifestações individuais e as manifestações coletivas de igualdade. Sem dúvida, as atualizações individuais e coletivas têm o mesmo pressuposto: o de que a igualdade é, em última instância, a condição de possibilidade da própria desigualdade, e que é possível efetivar esta condição, ou seja, efetivar esta igualdade. Há, portanto, uma analogia entre os efeitos do axioma igualitário, assim como há uma analogia entre os efeitos do axioma da desigualdade. Mas a analogia da desigualdade funciona como uma mediação social efetiva. É esta mediação ininterrupta que Jacotot teoriza no conceito de explicação. Mas o mesmo não acontece com a analogia igualitária. O ato que emancipa uma inteligência não tem, por si mesmo, efeito sobre a ordem social. E o próprio axioma igualitário impele a recusa da ideia de tal mediação. Ele nos proíbe de pensar em uma razão social pela qual as atualizações individuais se transformariam, elas mesmas, em atualizações coletivas.

É assim que as razões da desigualdade se infiltram nas razões da igualdade. A sociedade explicadora–explicada, a sociedade desigual–igualizada impele a harmonização de suas funções. Ela exige, particularmente de nós que somos professores, que unifiquemos nossas competências de pesquisadores acadêmicos (*chercheurs savants*), nossa função de professores que

SOBRE *O MESTRE IGNORANTE*

trabalham em uma instituição e nossa atividade de cidadãos em uma única energia que faça avançar, ao mesmo compasso, a transmissão de conhecimento, a integração social e a consciência cidadã. É essa exigência que a virtude do "mestre ignorante" nos impele a ignorar. A virtude de um mestre ignorante é saber que um sábio (*savant*) não é um professor (*maître*), que um professor não é um cidadão (*citoyen*) e que um cidadão não é um sábio (*savant*). Não que não seja possível ser os três ao mesmo tempo. O impossível, entretanto, é harmonizar os papéis dos três personagens. Tal harmonização só se realiza no sentido da explicação dominante. O pensamento da emancipação impele essa divisão de razões. Nos mostra que é possível, se quisermos, manter a máquina social funcionando enquanto trabalha-se na invenção de formas coletivas ou individuais de atualização da igualdade, mas que essas funções jamais se confundem. Ele nos impele à renúncia da mediação da igualdade.

Parece-me ser essa a lição que podemos retirar dessa singular dissonância afirmada na aurora do funcionamento da moderna máquina social-escolar. A igualdade só se inscreve na maquinaria social através do dissenso. O dissenso não é primariamente uma querela, ele é a lacuna na própria configuração dos dados sensíveis, a dissociação introduzida na correspondência entre as formas de ser e as formas de fazer, de ver e dizer. A igualdade é tanto o último princípio de qualquer ordem social e governamental quanto a causa excluída do funcionamento "normal". Não reside em um sistema de formas constitucionais, nem em um estado de costumes da sociedade, nem na educação uniforme das crianças da república, tampouco na disponibilidade de produtos de baixo custo nas prateleiras dos supermercados. A igualdade é fundamental e ausente, é atual e intempestiva, sempre dependente da iniciativa dos indivíduos e grupos que, contra o curso normal das coisas, se arriscam a verificá-la, a inventar formas, individuais ou coletivas, para sua verificação. A afirmação desses princípios simples constitui, de fato, uma dissonância inaudita que deve, de certa forma, ser esquecida para que se continue a construir escolas, programas e pedagogias, mas que também é necessária, de vez em quando, ouvir novamente para que o ato de ensinar não perca a consciência dos paradoxos que lhe dão sentido.

Escola, produção, igualdade[1]

Jacques Rancière[2]

"Aprender para empreender" – a palavra de ordem de um recente ministro da educação[3] resume bem a vontade de um certo consenso sobre as finalidades do ensino: consenso entre uma tradição conservadora ou liberal, que privilegia a

---

[1] Este texto foi publicado originalmente em RENOU, Xavier (Coord.). *L'École de la démocratie*. Paris: Edilig, 1988. p. 79-96. A presente tradução foi realizada por Jonas Tabacof Waks, que teve um contato minucioso com a versão francesa, e Anita Pompéia Soares, que atentou às questões conceituais e à redação das notas. Contudo, é preciso frisar que o texto que aqui apresentamos resultou de um processo compartilhado, pautado na leitura e na discussão da versão original pelo Grupo de Estudos em Educação e Pensamento Contemporâneo (GEEPC/USP). Ainda que outra tradução para o português do mesmo texto já tenha sido publicada por Aimberê Amaral em 2018, optamos por tornar pública nossa versão devido à importância deste artigo para boa parte dos trabalhos que compõem este livro e em razão de escolhas terminológicas significativamente diferentes. Além disso, a versão que aqui apresentamos dá testemunho de um processo coletivo de estudo da obra de Rancière. Desse modo, é preciso reconhecer e agradecer o trabalho de nossos colegas André Guedes de Toledo, Caroline Fanizzi, Cristiane Quinta, Denizart Busto de Fazio, Eduardo Pereira Batista, Enrico Pavan, Érica Santos, Janaína Klinko, Lígia Zambone Moreira, Mariana Evangelista, Mariana Amaral Folgueral, Taís Araújo, Thiago de Castro Leite e Sandra Regina Leite. Todos eles e elas são autores-tradutores desta versão em português, fruto das leituras rigorosas que marcaram nossos encontros semanais dedicados à tarefa de tradução. O mesmo deve ser dito em relação ao professor José Sérgio Fonseca de Carvalho, coordenador do grupo, que participou ativamente das reuniões semanais e revisou as últimas versões do texto. [N.T.]

[2] Tradução de Jonas Tabacof Waks e Anita Pompéia Soares. [N.T.]

[3] Trata-se de Jean-Pierre Chevènement, ministro da educação da França entre 1984 e 1986, durante a presidência do socialista François Mitterrand.

formação voltada para as obrigações e responsabilidades da vida ativa, e uma tradição progressista, vinculada às virtudes da ciência democraticamente distribuída; consenso, no seio desta última tradição, entre os que priorizam o conteúdo universalista do saber e aqueles que defendem uma atenção específica às crianças que, por pertencerem ao universo produtivo, são desfavorecidas.[4]

Esse consenso propõe uma visão otimista dos vínculos entre as lógicas da instrução e da produção: a universalidade da ciência e a eficácia de suas aplicações asseguram, nesse caso, uma exitosa continuidade entre a formação escolar e o empreendedorismo econômico. E elas também garantem a harmonia entre a promoção de indivíduos empreendedores e o bem da comunidade. Uma mesma finalidade reúne três níveis de problemas: aqueles que se vinculam ao ato de aprender, os relacionados à forma-escola e os que concernem à relação geral entre população escolarizada e população produtiva.

Em 1985, Chevènement publicou o livro *Apprendre pour entreprendre*. Cf. CHEVÈNEMENT, Jean-Pierre. *Apprendre pour entreprendre*. Paris: Le Livre de Poche, 1985. [N.T.]

[4] Rancière faz referência ao debate educacional francês da década de 1980, que opunha os ditos sociólogos ou pedagogos – que, baseados nos trabalhos de Bourdieu, defendiam a adaptação das práticas escolares à realidade das crianças e jovens das classes trabalhadoras – aos ditos republicanos – que defendiam que a escola deveria manter sua forma e seus conteúdos, pois adaptações à realidade da população excluída do sistema escolar francês promoveriam uma "escola pobre para pobres". Rancière faz menção ao mesmo debate nos prefácios de *Le philosophe et ses pauvres* (2007) e da edição brasileira de *O mestre ignorante* (2015). Neste volume, ele o menciona em "Tomada da palavra e conquista de tempo livre: entrevista com Jacques Rancière" (vide supra, p. 25-49) e "Sobre *O mestre ignorante*" (vide supra, p. 51-74). Cf. RANCIÈRE, Jacques. *Le philosophe et ses pauvres*. Paris: Groupe Flammarion, 2007; RANCIÈRE, Jacques. *O mestre ignorante: cinco lições sobre a emancipação intelectual*. Tradução de Lílian do Valle. Belo Horizonte: Autêntica, 2015. [N.T.]

Não estão em questão aqui as formas de expressão da vontade política às quais pertencem tais curtos-circuitos. No entanto, quem quiser refletir sobre o campo de ação dessa vontade e, portanto, sobre seus poderes e seus limites deve isolar os níveis, interrogar-se sobre cada uma dessas relações e sobre a coerência do conjunto.

Desse modo, "aprender para", na prática, tende a se decompor em vários atos. Aprende-se *a* executar algo, e essa aprendizagem estimula mediocremente as audácias do empreendedorismo. Aprende-se *para* comandar, e essa finalidade engendra certa indiferença em relação ao conteúdo do saber. Aprende-se para *saber*, e esse gosto é frequentemente oposto à impaciência de empreender. Enfim, *aprende-se* simplesmente por pertencer à categoria daqueles que aprendem ou, ao contrário, para recorrer contra a exclusão desse privilégio.

É aqui que intervém a *forma-escola*. A escola não é, a princípio, uma função ou um lugar definidos por uma finalidade social exterior. Ela é, antes, uma forma simbólica, uma norma de separação de espaços, tempos e ocupações sociais. Escola não quer dizer fundamentalmente aprendizagem, mas tempo livre.[5] A *skholé* grega separa dois usos do tempo: o uso daqueles cujas obrigações do trabalho e da produção retiram, *por definição*, o tempo de fazer outra coisa; e o uso daqueles que *têm tempo*, ou seja, são dispensados das exigências do trabalho. Entre estes últimos, há os que ampliam ainda

---

[5] No original, Rancière emprega o termo *loisir*, que também poderia ser traduzido por "lazer" ou "ócio". Optamos por "tempo livre" para enfatizar a centralidade do tempo na partilha de papéis sociais inerente à vida em sociedade. O mesmo conceito é essencial em *A noite dos proletários* (1988), onde o tempo livre pode ser visto, de forma bastante simplificada, como um momento de ruptura com as exigências do mundo do trabalho e a temporalidade que o caracteriza. Cf. RANCIÈRE, Jacques. *A noite dos proletários: arquivos do sonho operário*. Tradução de Marilda Pedreira. São Paulo: Companhia das Letras, 1988. [N.T.]

mais esta disponibilidade, sacrificando o máximo possível, pelo puro prazer de aprender, os privilégios e os deveres de sua condição. Se a *skholé* define o modo de vida dos iguais, esses "escolares"[6] da Academia ou do Liceu, do Pórtico ou do Jardim são os iguais por excelência.

Qual é a relação entre esses jovens atenienses bem-nascidos e a multidão heterogênea e rebelde de nossas escolas de periferia? *Nada além de uma forma*, convenhamos, a forma-escola, tal como a definem três relações simbólicas fundamentais: a escola não é primordialmente o lugar da transmissão dos saberes que preparam as crianças para sua atividade como adultos; ela é, antes de mais nada, o lugar situado fora das necessidades do trabalho, o lugar onde se aprende por aprender, o lugar da igualdade por excelência.

O escolar e o aprendiz[7]

É sempre esta a estrutura que está no centro das problemáticas modernas da escola. A escola não toma a igualdade como um objetivo, para o qual ela seria um meio. Ela não iguala por seu conteúdo – a ciência com seus supostos efeitos de redistribuição social –, mas por sua forma. A escola pública democrática já *é* redistribuição: ela subtrai do mundo desigual

---

[6] Na França, o termo *écolier* é geralmente utilizado para designar o estudante da escola primária (equivalente ao Ensino Fundamental I brasileiro), o que o diferencia dos demais, chamados de *élèves* (alunos). Rancière emprega aqui o termo *écoliers* para se referir a todos que frequentam escolas. Possivelmente, a escolha do autor está relacionada à proximidade desse termo com a palavra grega *skholé* e com as escolas filosóficas da Grécia Clássica, como aquelas lideradas por Platão, Aristóteles ou Epicuro (citadas, na sequência, pelo autor), cujos frequentadores eram jovens e não crianças. [N.T.]

[7] O termo *apprenti*, aqui traduzido por "aprendiz", designa neste contexto um jovem empregado por um mestre artesão que o inicia em um ofício. [N.T.]

ESCOLA, PRODUÇÃO, IGUALDADE

da produção uma parte de suas riquezas, para dedicá-la ao luxo que representa a constituição de um espaço-tempo igualitário. Se a escola muda a condição social dos escolares, é principalmente porque ela os faz participar de seu espaço-tempo igual, separado das exigências do trabalho. A banalização da forma escolar, ao identificar o tempo social da escola com o tempo natural de amadurecimento das crianças, mascara esta ruptura simbólica fundamental: o tempo livre, norma de separação entre os modos de vida nobre e vil, tornou-se parte do tempo da existência trabalhadora. A escola não é preparação, ela é separação. Os críticos da "escola de classes"[8] identificaram, de modo um tanto apressado, esta separação à oposição entre "igualdade formal" e "igualdade real". A escola não *promete* falsamente uma igualdade desmentida pela realidade social. Ela não é a "aprendizagem" de uma condição qualquer. Ela é uma *ocupação*, separada das outras, governada em particular por uma lógica heterogênea à da ordem produtiva. Seus diversos efeitos sobre as outras ordens estão ligados, principalmente, à maneira pela qual ela propaga os modos da igualdade.

A denúncia moderna da escola "reprodutora" das desigualdades talvez seja apenas a sucessora irônica de uma denúncia muito mais antiga e mais dramaticamente vivida: a da *desclassificação*,[9] da desordem automaticamente produzida na ordem social por toda extensão da forma igualitária da escola. Quem experimentou a igualdade escolar está virtualmente

---

[8] Rancière provavelmente faz aqui uma referência crítica à produção francesa no campo da sociologia da educação que, principalmente a partir dos trabalhos de Pierre Bourdieu e Jean-Claude Passeron, passou a analisar os sistemas de ensino alegando que eles reproduzem as desigualdades culturais e sociais. [N.T.]

[9] No original: *déclassement*. Esta "desclassificação" parece indicar a mescla ou o "embaralhamento" das classes sociais. [N.T.]

perdido para um mundo da produção que é, acima de tudo, aquele da desigualdade e da ausência de tempo livre. A perda é dupla: econômica e social.

Em 1943, uma pesquisa dos engenheiros da Escola de Artes e Ofícios fixava da seguinte maneira as necessidades da sociedade francesa em relação à formação: 67% dos homens ativos não precisam de qualificação profissional; 26% precisam de uma formação técnica industrial ou agrícola; 4%, de uma formação comercial; 1,1%, de uma formação literária; e 1%, de uma formação científica não diretamente produtiva (LEGOUX, 1972, p. 321). O enorme excesso – assim "mensurado" – da produção de saber escolar em relação às necessidades reais de "formação" é também um excesso de igualdade, mortal para a ordem social. A escola forma mais iguais do que a sociedade pode empregar. Esses trabalhadores úteis subtraídos de sua utilidade – que é simbólica, mais do que real – são fadados às frustrações da igualdade. Ao transportar ao mundo econômico as maneiras e as aspirações da escola, esses *desclassificados* não cessarão de ser denunciados como o fermento de toda subversão.

A política das "luzes" não contraria essa representação. Ela não visa à distribuição universal dos saberes sob a forma da escola, ela busca sua repartição útil: o aumento do saber daqueles que comandam; a introdução de sábios[10] entre os tomadores de decisão; a distribuição a cada um do saber necessário e suficiente para otimizar a execução de sua tarefa –

---

[10] O termo *savant*, em francês, cobre diversas acepções e não tem um equivalente preciso em português. Ele pode significar "sábio", como traduzimos, mas também "erudito", "intelectual", "acadêmico" ou, ainda, ser aplicado a cientistas e técnicos cujas pesquisas contribuem para o avanço de sua área de conhecimento ou atuação. Rancière joga com essa polissemia para discutir o papel desses homens e mulheres de cultura ou detentores de um saber técnico na tomada de decisões em questões sociais. [N.T.]

que não é o saber escolar e que deve, inclusive, a ele permanecer oposto, sob o risco de transformar os produtores da riqueza das nações em semissábios e insurgentes.

Segundo essa lógica, o que convém ao produtor é a forma social diametralmente oposta à da escola, na qual a preocupação não é aprender, sob a igualdade da palmatória, mas *aprender a fazer* nas condições da hierarquia que ensina uma condição ao mesmo tempo que ensina um ofício. É a aprendizagem que prepara o jovem operário[11] para seu ofício, levando-o a permanecer em seu estado. Nas querelas relativas aos ensinos técnico e profissionalizante, é recorrente a monótona queixa que opõe a aprendizagem da oficina – a verdadeira introdução ao universo do trabalho – à abstração das escolas falsamente profissionalizantes, pervertidas pelo modelo da escola clássica: aquela dos advogados, médicos e professores. "É forjando que nos tornamos ferreiros", diz a sabedoria popular. Mas isto é dizer muito pouco. Pois quem impede, *a priori*, que se coloquem forjas nas escolas? Os adversários de uma *escola para produtores* colocam, então, os pingos nos is: "[...] é forjando ferro de verdade, com ferramentas de verdade, para clientes de verdade que alguém se torna ferreiro de verdade" (ALLEGRET, 1913, p. 121).

Mas, estranhamente, esse discurso acerca do verdadeiro trabalho, da prática formadora em oposição à teoria produtora de vaidade, é sempre dito no passado. Todos aqueles que louvam os poderes da aprendizagem falam deles como se falassem

---

[11] A palavra francesa *ouvrier* foi traduzida como "operário" em todas as suas ocorrências neste texto, embora em português ela possa indicar, também, "trabalhador" e "proletário". Optamos por "operário" considerando a trajetória de pesquisa do autor, em que se verifica a distinção entre o título de *A noite dos proletários* (1988) e seu subtítulo: "arquivos do sonho operário". No presente artigo, Rancière utiliza também o termo *travailleur*, que traduzimos por "trabalhador". [N.T.]

de um paraíso perdido: o idílio das corporações e confrarias anteriores a 1789, nas quais o aprendiz era formado no amor e nos segredos do ofício e, ao mesmo tempo, encontrava-se protegido da exploração desregrada do capitalismo. Desde os anos 1840, passa a circular o inesgotável discurso acerca da "crise da aprendizagem". De um folheto ou de uma enquete a outra se encadeia o monótono rosário das mesmas queixas: entregue, por pais displicentes ou ingênuos, à arbitrariedade do mestre, a criança só é iniciada – e com frequência bastante mal – aos "segredos" do ofício nos últimos momentos de sua aprendizagem. Durante três ou quatro anos, é apenas um serviçal – senão a vítima – do mestre ou dos operários e, muito frequentemente, de ambos ao mesmo tempo. Quando sua força física não se atrofia na obscuridade, na inatividade ou nas tarefas pesadas da oficina, seu espírito se perde a flanar pelas ruas, onde faz as compras do burguês, da burguesa ou dos companheiros. O que ele aprende destes últimos é, antes de mais nada, a depravação, que imita rapidamente, e a violência, que exercerá, por sua vez, no futuro.

Ao mestre não faltam respostas diante dessas acusações. O relato da decepção dos patrões paternais e conscienciosos também é monótono: empenham-se em formar desde cedo o aprendiz, que, assim que sabe o suficiente, apressa-se, frequentemente com a cumplicidade de seus pais, em deixar a oficina de seu instrutor para se estabelecer, por um salário melhor, na oficina de um concorrente. Os "anos perdidos" do aprendiz são uma medida de prudência contra a má fé das famílias (FICHET, 1847).

Os danos são partilhados, dizem os observadores imparciais. O essencial não reside aí, mas neste fato estranho: a oficina, único lugar de formação do verdadeiro trabalhador, é também o lugar obrigatório de sua depravação – situação que pode ser lida ao inverso, como se a "crise" fosse o funcionamento

ESCOLA, PRODUÇÃO, IGUALDADE

normal da entrada no universo operário. Talvez, com efeito, o tempo perdido pelo aprendiz seja um tempo ganho pelos operários, um atraso bem-vindo à sua entrada – e, sobretudo, à sua entrada com igual competência – no mercado de trabalho, um mercado já rarefeito, posto que a aprendizagem deixa de fora de seu ciclo uma massa operária "desqualificada" (mais simbolicamente do que realmente). A qualificação se mede também em relação ao tempo que se perde e que se faz perder aos outros a fim de assegurar seu valor simbólico. A aprendizagem prepara para a produção menos como aquisição de saberes técnicos úteis do que como forma específica de participação-subtração ao mundo do trabalho. Ela não se opõe à escola como a formação "prática" se opõe à formação "teórica", mas como outro uso do tempo, como outra forma de *separação* marcada pela desigualdade, tanto em seu interior quanto em seu exterior. As dificuldades e hostilidades que o aprendiz enfrenta, sua participação mais ou menos consciente e voluntária nas astúcias familiares em sua relação com o mestre são uma preparação eficaz para um mundo do trabalho que é essencialmente aquele das relações de força e astúcia que tentam extrair o lado "bom" da relação desigual constitutiva da ordem econômica.

O discurso sobre a "crise da aprendizagem" é a maneira denegatória de dizer isto: a aprendizagem é uma forma social que só possui relações limitadas com o modelo de racionalidade que a psicologia do conhecimento entende pelo mesmo vocábulo – a consequência de um esquema intelectual e motor adquirido em sua aplicação. Ela não prepara para um uso ótimo da ferramenta, mas para um uso razoável da condição operária. Os nostálgicos da aprendizagem não deixarão de criticar as oficinas-modelo do ensino técnico: por melhores que sejam com o torno ou com a lima, seus alunos não fazem um trabalho *de verdade*.

O verdadeiro trabalho não é a obra-prima que demonstra o perfeito domínio das ferramentas. Ele é a *ocupação* daquele que, através das relações de força e astúcia, adquiriu a possibilidade de vender sua força de trabalho na produção de objetos comercializáveis. O trabalho é um saber-ser antes de ser um saber-fazer. Ele é *compra* e *venda* antes de ser aplicação de um saber a um ofício. É principalmente esse saber-ser, talhado nas astúcias e nas depravações da desigualdade produtora, que os fundadores da escola republicana querem corrigir. É para lutar contra essa "deplorável escola de costumes públicos tanto quanto de costumes privados" que corrompe "o homem no aprendiz, o cidadão no operário" que Octave Gréard (1872, p. 17) cria suas *escolas de aprendizes*. Efetivamente, a oficina não é uma escola de moral republicana para a juventude. Nesse sentido, a "crise da aprendizagem" é apenas sua excessiva adaptação às relações desiguais do mundo do trabalho.

Isso significa que, ao contrário, o discurso nostálgico talvez seja uma forma de conjurar a ameaça que a extensão da *sociedade escolar* representa para a *socialização* própria à aprendizagem. Não seria esta extensão que aguçaria a percepção – e a denegação – das contradições próprias ao universo do trabalho, das tensões entre as lógicas das trocas salariais, da performance industrial e da racionalidade científica e técnica?

Do paradoxo democrático ao paradoxo socialista

O idílio de uma amorosa iniciação da criança do povo de outrora a seu trabalho de adulto integra, evidentemente, este grande mito que o pensamento contrarrevolucionário legou generosamente ao socialismo e à ciência social: o da unidade social, de uma integração tradicional das funções sociais que a novidade revolucionária teria rompido. O que esse sonho – tenaz nos bons pensamentos progressistas – de fato denuncia é simplesmente a democracia, na medida em que ela se caracteriza pela heterogeneidade, pela não coincidência das formas sociais que entram em sua constituição: forma-salário e forma-escola, representação política e instituição da ciência etc.

Tal é, com efeito, o paradoxo da democracia. Por um lado, ela guarda a marca das antigas barreiras de ordem e, sobretudo, daquela que separa o tempo livre intelectual da necessidade produtiva. Mas, por outro, ela faz dessa separação, outrora "funcional", uma contradição em movimento, na qual as políticas de educação comum dos cidadãos, de distribuição dos saberes adaptados às condições e de redistribuição das hierarquias acabam por se encontrar, sob formas mal programáveis, com os investimentos políticos e sociais das famílias que sabem que, em uma sociedade desigual, os *iguais* são também *superiores*. Antes de ser o instrumento de programação de uma ciência útil ao empreendimento comum, a escola é o lugar privilegiado da negociação da igualdade; um lugar portador de modelos de sociedade que colocam em crise os modelos sociais enraizados na "aprendizagem" da vida produtiva. Seus efeitos de transformação social não poderiam deixar de estar em conformidade com a sua essência: o *distanciamento* da produção. Daí a ambiguidade – e frequentemente a frivolidade – dos ataques da direita e da esquerda que colocam na conta da tradição "dos mandarins"[12] o que é o peso próprio da contradição democrática.

---

[12] "Mandarim" é um nome ocidental para designar um alto funcionário dos territórios do Império Chinês. Os mandarins seguiam uma tradição baseada na filosofia de Confúcio, pensador chinês do século V a.C. e, entre os séculos VII e XX d.C., eles passavam por um rígido sistema de seleção para se tornarem funcionários imperiais. Neste texto, a menção aos mandarins parece dialogar com a menção aos *savants*. [N.T.]

Daí também a seguinte questão: como, no seio da contradição democrática, pôde se constituir a imagem feliz de uma escola que ofereceria a todos os filhos dos trabalhadores a ciência que lhes permitiria ascender socialmente ao participar do empreendimento comum? Tal questão remete a outra ainda mais fundamental, na qual poderia se resumir o paradoxo socialista: como o trabalho e a produção – mundo da ausência de tempo livre e da guerra sem trégua – puderam tornar-se o coração de uma visão igualitária do mundo? Esta promoção foi atribuída, mais de uma vez, a um "humanismo trabalhista" cujos valores igualitários teriam sido transmitidos ao pensamento socialista pela elite trabalhadora. Cabe, no entanto, interrogar-se sobre a coerência dos traços com os quais se desenhou esse humanismo do trabalho. Na leitura do texto proudhoniano, sua suposta bíblia,[13] vê-se que esta coerência apenas se assegura ao forçar a assimilação da fúria da justiça à alavanca do operário, da palavra comum ao alfabeto do trabalho e da discussão maçônica à obra dos construtores.[14] Para que a coincidência entre a ciência, o trabalho e a igualdade se fixe sobre o personagem do produtor, é necessário que ela seja construída em *outro lugar*.

Entre o escolar e o produtor, assim como entre o sábio e o homem do povo, a junção só pôde ser feita – e atribuída à promoção do trabalho – pelo recurso a um elemento intermediário. Para entender tal junção, talvez seja necessário voltar à lógica mínima das formas sociais indicada pela velha

---

[13] Pierre-Joseph Proudhon, expoente do anarquismo francês no século XIX, escreveu *O que é a propriedade?* (1840). Nele, o autor utiliza ideias do socialismo utópico para criticar o absolutismo. Cf. PROUDHON, Pierre-Joseph. *O que é a propriedade?* Tradução de Marcos Thomazin. São Paulo: Erudição, 2019. [N.T.]

[14] Proudhon, *De la Justice dans la Révolution et dans l'Eglise* (Paris, 1858), e, para a interpretação aqui contestada, Georges Duveau, *La pensée ouvrière sur l'éducation pendant la Seconde République et le Second Empire* (Paris, 1948). [N.A.]

ESCOLA, PRODUÇÃO, IGUALDADE

tripartição da raça de ouro dos sábios, a raça de prata dos guerreiros e a raça de ferro dos trabalhadores.[15] O personagem-pivô que fixa a coincidência democrática da aplicação da ciência e da promoção do povo é o guerreiro republicano, soldado, oficial ou engenheiro da França revolucionária. É no meio da guerra revolucionária, aquela dos Monge, dos Carnot ou dos Marceau,[16] ocasião em que os sábios são requisitados para a fabricação da pólvora e para a formação de uma nova elite, que o pleno emprego das luzes da ciência veio a coincidir com o pleno emprego das virtudes adquiridas na prática pelo homem do povo. Ao menos uma vez, a promoção das crianças do povo, a aplicação imediata da inovação técnico-científica a serviço da coletividade e a causa cívica da igualdade conseguiram se ajustar: na figura do artilheiro ou do canhoneiro dos exércitos revolucionários.

Com efeito, é aqui que as lógicas da instituição científica e do pensamento iluminista foram levadas para além de si mesmas. Cabanis[17] pensa sobretudo no artilheiro e no canhoneiro quando se opõe de forma decidida à assombração da desclassificação que se atribuía aos perigos da disseminação

---

[15] Rancière refere-se à conhecida passagem de Platão, no livro III d'*A república* (2000), na qual os habitantes da *pólis* seriam repartidos entre os que teriam almas de ouro, prata ou ferro. Dessa forma, exerceriam apenas a função para a qual estavam destinados desde seu nascimento: de governante, guerreiro ou trabalhador, respectivamente. Cf. PLATÃO. *A república*. Tradução de Carlos Alberto Nunes. Belém: EDUFPA, 2000. [N.T.]

[16] Gaspard Monge foi um matemático francês que durante a Revolução Francesa envolveu-se com a reforma do sistema educacional, participando da fundação da Escola Politécnica. Lazare Carnot também foi matemático, político e militar, tendo aderido aos jacobinos e organizado a defesa da França contra a coligação dos demais Estados europeus. François Marceau foi sargento em 1789, reconhecido por seu heroísmo na Revolução. [N.T.]

[17] Georges Cabanis foi um dos responsáveis pelo modelo de educação implantado na França após a Revolução de 1789. [N.T.]

escolar do saber. Com o que está relacionado, pergunta ele, esse grande medo de produzir "semissábios"? Esses "semissábios" tão desdenhados são "a verdadeira força das nações" (CABANIS, 1956, p. 437). De acordo com ele, o século XIX buscará incansavelmente formar "suboficiais" do exército do trabalho por meio de todas as escolas consagradas a unir a ciência à produção: Escola Politécnica e Escola Central, escolas de artes e ofícios e escolas de ensino profissionalizante – sob o risco de descobrir que, fora da coincidência dos exércitos revolucionários, a noção de suboficial explode segundo as lógicas que fazem divergir da linha reta produtiva os mecanismos escolares, as estratégias de promoção social e as paixões cívicas.

Atrás do grande hino ao produtor-rei que as trombetas saint-simonianas[18] introduzem nos anos 1830, é preciso reconhecer o poder mais eficaz desse modelo militar-revolucionário para fixar os desejos de promoção individuais e as paixões coletivas dos homens do povo no século XIX. Um modelo baseado em uma realidade institucional que transforma em laboratórios de inovação o exército, as escolas militares capturadas pela novidade técnico-científica e as escolas científicas voltadas às necessidades militares, unindo o novo desenvolvimento da ciência e suas aplicações ao desenvolvimento de novas relações sociais. Assim a Revolução reconheceu essa escola que o emigrado La Rochefoucauld-Liancourt[19] havia

---

[18] Saint-Simon foi um conde francês que participou da Revolução de 1789 e é reconhecido como socialista utópico. Imaginou uma sociedade dividida em três camadas: os sábios – que, juntamente com os artistas, seriam os responsáveis pelo governo –, os proprietários e aqueles que não tinham posses. Em *A noite dos proletários* (1988), Rancière comenta criticamente a atuação saint-simoniana entre as décadas de 1830 e 1840, momento de formação do movimento operário francês. [N.T.]

[19] La Rochefoucauld-Liancourt foi um reformador social francês que fundou a Escola Nacional Superior de Artes e Ofícios para os filhos de soldados. Em 1788, esta tornou-se a Escola dos Filhos da Pátria Sob Proteção Real.

ESCOLA, PRODUÇÃO, IGUALDADE

inaugurado para "abrir às classes populares as portas do avanço militar". Ela será a primeira dessas escolas de artes e ofícios que, mais tarde, serão responsáveis por formar suboficiais não mais do exército, mas da indústria; que formarão contramestres "capazes de expressar seu pensamento por meio de um desenho e de calcular os elementos das máquinas" (GUETTIER, 1865, p. 31), mas cujos alunos se responsabilizarão também pela manutenção das turbulências revolucionárias.

É em torno da Escola Politécnica, entre os engenheiros por ela formados, que o entusiasmo científico e militar da Revolução engendrará os novos entusiasmos da indústria, do produtor-rei e do exército do trabalho. Paradoxo do saint-simonismo: seu fundador opõe o novo modelo industrial de administração das coisas ao velho modelo militar do governo das pessoas. Mas, na verdade, é o "novo" exército, o exército da Revolução, que empresta seu modelo de racionalidade técnica, de entusiasmo coletivo e de promoção individual à propaganda em favor da nova religião da indústria, da hierarquia passional e da classificação das capacidades. É o meio politécnico que se encarrega de sua efetivação prática, sob o risco de descobrir que, se há um âmbito que resiste à aplicação do modelo da mobilização integral das capacidades e dos entusiasmos, é precisamente o âmbito industrial. O produtor-rei não deriva do empreendimento capitalista nem do saber e da luta dos trabalhadores. Ele deriva do artilheiro revolucionário, imagem fundadora de uma coincidência única entre a promoção da ciência, a ascensão das crianças do povo e o desdobramento do entusiasmo cívico, reunindo os traços que enfeitarão as futuras núpcias entre a escola, a nação e o trabalho.

Após o início da Revolução, La Rochefoucauld-Liancourt ajudou Luís XVI com uma grande quantia de dinheiro e, posteriormente, exilou-se na Inglaterra. [N.T.]

Em busca dos suboficiais do trabalho

Toda a batalha pelo ensino profissionalizante e técnico é marcada por este problema: como fazer coincidir o modelo escolar da separação e o modelo militar da promoção com um modelo racional de preparação para o trabalho e a condição trabalhadora? Uma batalha interminável entre os defensores das duas lógicas, das duas formas sociais que se busca reunir: a aprendizagem e a escola. Toda a argumentação dos primeiros se resume no aforisma do verdadeiro ferro forjado para clientes verdadeiros. Em todo seu rigor, o argumento recusa a própria ideia de um ensino profissionalizante:

> [...] é preciso, antes de tudo, que a criança cultive o amor pelo ofício, e esse amor somente se aprende na oficina, ao ver que o ofício alimenta o homem de maneira proporcional às capacidades que ele adquiriu. Já na escola, a criança vê apenas professores que vivem do ensino que lhe oferecem, e não do ofício que lhe ensinam (PICOT, 1902, p. 233).

Infelizmente, os próprios industriais são obrigados a admitir que as novas condições da oficina não permitem mais que se confie a formação do aprendiz nem ao mestre, que se tornou administrador, nem ao contramestre, encarregado da vigilância de um material cada vez mais valioso, nem ao operário, submetido a normas de rendimento aceleradas. Para resolver a "crise da aprendizagem" são necessárias, portanto, escolas profissionalizantes. Mas a administração deve seguir, assim o dizem, o exemplo das escolas que os próprios industriais subvencionam a baixo custo: escolas *práticas* em que ninguém é sobrecarregado – nem com matemática nem com a tecnologia geral, que ensina o princípio de todas as máquinas – ao longo do período de tempo a ser consagrado à prática com uma *verdadeira* ferramenta. Os alunos

ESCOLA, PRODUÇÃO, IGUALDADE

formados nessa tecnologia geral são efetivamente inferiores aos operários formados na prática. Não deveriam as escolas profissionalizantes, argumenta-se, formar contramestres em vez de operários comuns? Contudo, dos contramestres não se exige "precisamente a ciência, mas, antes, a experiência e a força de caráter que lhes dão autoridade sobre seus camaradas. E isso não se aprende nos bancos da escola" (*Enquête sur l'enseignement professionnel*, 1864 *apud* LEGOUX, 1972, p. 41). Certamente, apenas aqueles que praticam e vivem de seu trabalho — e acessoriamente do trabalho de outras pessoas — podem apresentar tais qualidades.

A má fé dos industriais tem ao menos o mérito de desnudar as contradições da vontade contrária. De fato, não se trata de formar trabalhadores ou contramestres. O projeto do ensino profissionalizante é mais social do que econômico. Por um lado, trata-se de formar uma elite operária, ou seja, não exatamente operários mais hábeis, mas operários que extraem sua ciência e sua moral de outra escola, distinta daquela dos golpes e astúcias da oficina. Por outro lado, trata-se de oferecer à nação "suboficiais", esses "homens úteis e virtuosos" caros a Cabanis, que levarão às profissões comerciais, agrícolas e industriais o sentido do progresso, bem como o cimento de uma união entre as classes.

De acordo com o modelo trazido por Saint-Marc Girardin[20] de sua viagem à Alemanha em 1833, o ensino profissionalizante é chamado inicialmente de "instrução intermediária": intermediária entre a escola primária e as escolas de engenheiros, mas também produtora de uma classe social intermediária à qual não convêm nem as humanidades das escolas

---

[20] Crítico literário que, depois da Revolução de julho de 1830, foi enviado por François Guizot a uma missão de observação do ensino nos estados do sul da Alemanha. [N.T.]

secundárias[21] nem a aprendizagem das oficinas. A ideia do ensino profissionalizante, que funda as escolas primárias superiores em 1833, não é a da aprendizagem escolar do trabalho *operário*. Não somente porque ela quer formar empreendedores e não escolarizar os pobres, mas também – e neste ponto os partidários e adversários desse ensino concordam, ainda que disso tirem consequências diferentes – porque o trabalho manual não se aprende fora do local em que a necessidade se impõe:

> As educações que admitem o trabalho manual o tomam como um instrumento de instrução ou como meio de recreação: o trabalho manual, enquanto instrução, termina sendo uma série de experiências divertidas; enquanto meio de recreação, ele confunde a mente das crianças habituando-as a tratar como um jogo aquilo que para elas será, talvez, uma necessidade. Em relação ao trabalho, é preferível não ter nenhum hábito do que ter falsos hábitos (POMPÉE, 1863, p. 179).

O progresso técnico dá outro argumento a essa lógica social. Nas novas condições da indústria, o que conta não é a aprendizagem da habilidade manual, mas o desenvolvimento geral do corpo e do cérebro, do olho e da mão, que a ginástica, os experimentos de física e as diversas variedades de desenho formam bem melhor que o torno ou a plaina: "Para chegar a todos esses resultados, será preciso serrar, aplainar, fazer encaixes e cavilhas? Tudo isso não é feito hoje em dia por máquinas?" (POMPÉE, 1863, p. 322).

O ensino profissionalizante recusa, portanto, a lógica da aprendizagem e o fantasma de sua crise. Mas ele se propõe a ser o ensino das novas elites ativas, e não um ensino de massa destinado à classe produtiva. Além disso, assim como a forma-escola

---

[21] *Collèges* no original, o que corresponde, no Brasil, às turmas do Ensino Fundamental II. [N.T.]

tem sua lógica própria, as escolas de "suboficiais", com suas estratégias de promoção social, também têm a sua. Uma escola *profissionalizante* – que não é uma escola de preparação para o *trabalho manual* – é uma escola oferecida ao desejo daqueles que não querem ser soldados do exército *industrial*; oficiais, talvez, ou suboficiais, mas no exército *administrativo*.

Tal é o destino de todas as escolas criadas para fornecer suboficiais à indústria: o modelo militar, o mecanismo escolar e as estratégias dos usuários não param de puxá-las para cima. Assim que a Escola Politécnica deixou de se ocupar das obras públicas em favor das matemáticas transcendentes, a iniciativa privada, tomando rapidamente seu lugar, criou uma Escola Central de Artes e Manufaturas para formar os famosos suboficiais.

O destino das escolas de artes e ofícios é particularmente exemplar. Surgidas de uma escola filantrópica de suboficiais transformada, nos tumultos do Império, em escola de chefes de oficina e de "bons operários", elas se desviam continuamente de sua "verdadeira destinação". Alega-se que o abuso da matemática e da física, por um lado, e as maneiras militares, por outro, cultivam a insubmissão e levam essas escolas a produzir "tanto soldados e homens desclassificados quanto operários e chefes de oficina" (GUETTIER, 1865, p. 50). Uma guerra sangrenta de várias décadas deve persuadi-los do caráter "puramente civil" de sua escola e fixá-los durante dois terços da jornada nos trabalhos manuais e no desenho linear. Esse retorno à calma faz com que, durante os anos de 1860, eles sejam considerados operários amáveis e cuidadosos, embora claramente inferiores àqueles que a "prática" formou, antes de elevá-los pouco a pouco ao estatuto de engenheiros, por meio das salas de desenhos e estudos. Quanto à Escola Normal Especial, criada por iniciativa de Victor Duruy, seu excelente nível a afasta rapidamente de seu projeto. Seu diretor, logo em seguida, anuncia ao ministro a abertura de cursos de latim e obtém resultados brilhantes no exame final do ensino secundário.[22] A Escola Nacional Prática de Trabalhadores e Contramestres, inaugurada em 1891, leva apenas dez anos para alcançar a categoria de Escolas de Artes e Ofícios (Paquier, 1908).

Lógica infernal da escola: não que ela seja, como se diz, "teórica" demais. Ela cria iguais, e os *iguais* adquirem um estatuto superior àqueles que vivem no mundo desigual da produção. Ninguém entra em sua lógica na perspectiva de encontrar-se em concorrência com os "alunos" da oficina. "Profissionalizante" ou não, a escola é o lugar de uma mudança de identidade. Em 1924, o diretor da Escola Primária Superior (EPS) de Tréguier tentou criar uma seção agrícola, mas foi em vão, porque os poucos filhos de agricultores que frequentaram a EPS foram rapidamente levados, pelo meio escolar, a buscar empregos administrativos. Os agricultores preferiram uma orientação industrial a uma agrícola, apesar de não haver indústria em sua região: eles não enviavam seus filhos à escola para que nela imitassem o trabalho da fazenda (Briand; Chapoulé, 1981, p. 87-91).

Contra esse modelo das escolas primárias superiores que só se democratizam ao preço de deslocar os filhos dos trabalhadores para a administração, a Terceira República[23] criou suas escolas de aprendizagem e suas escolas nacionais profissionalizantes, cuja história é um conflito permanente entre o Ministério da Educação Nacional, guardião das intenções humanistas e cívicas de sua fundação, e o Ministério

---

[22] *Baccalauréat*, no original. Trata-se de um exame que possibilita, na França, o ingresso no Ensino Superior dos alunos que finalizaram o Ensino Médio. [N.T.]

[23] Período da história francesa que vai de 1870, após o fim da Guerra Franco-Prussiana, até 1940, data da invasão da França pelos nazistas alemães na Segunda Guerra Mundial. [N.T.]

do Comércio e da Indústria, abrigo das aspirações dos industriais. Este conflito não se reduz ao combate entre teóricos e práticos, apesar do que dizem os industriais; ele opõe a lógica escolar à lógica do mercado de trabalho. Tampouco se trata de um conflito entre patronato e classe operária. Mais de uma vez, a voz dos sindicalistas fará eco à dos empregadores para lamentar a cumplicidade entre o formalismo docente e o desejo de fuga dos alunos, para criticar esse ensino que cria um ser híbrido e deslocado em vez de um operário formado pela experiência, hábil e orgulhoso do trabalho de suas mãos. Hinos a um trabalho e a um trabalhador já do passado, que mascaram a recusa comum daquilo que leva o trabalhador a sair de sua condição: uma reação natural do lado industrial, mas mais complexa entre os sindicalistas, sobretudo quando é um professor da EPS, Albert Thierry, que fala em nome da civilização dos que produzem contra as "escolas de domesticação do povo" que fazem dos filhos dos operários seres "ávidos de cargos e aristocracias" (THIERRY, 1909, p. 85). Talvez se deva ver nisso menos a defesa do ofício perdido – em torno da qual seria elaborada uma cultura da "elite operária" – do que a reação dos representantes da *igualdade do trabalho* em face dos efeitos dessa *democracia escolar* que espraia sobre toda a superfície das carreiras sociais as capacidades intelectuais e os desejos de fuga que incessantemente renascem do universo produtivo.

Assim como a escola colocava a aprendizagem em "crise", o trabalho *social* da democracia escolar coloca em crise a frágil tentativa de pensar e organizar a igualdade em torno do ato produtivo. Daí o caráter um tanto desesperado dessa crítica radical do "simbolismo" escolar, uma crítica que acusa de falsidade todas as formas da sociabilidade escolar, incluindo o próprio princípio da gratuidade, que "tira os escolares das relações econômicas, enquanto as crianças (as mesmas) continuam mergulhadas nessas relações" (THIERRY, 1912). Com efeito, é a questão do *mesmo* que é decisiva para todos aqueles, sejam empreendedores capitalistas ou sindicalistas revolucionários, que querem um mundo harmonizado pela produção, fantasiando a *verdade*, cada vez mais desmentida pela própria produção, de uma escola capaz de oferecer aos trabalhadores "profissões" – cuja definição, entretanto, se perde a cada dia –, em vez de "oferecer símbolos aos cidadãos".

De fato, é de símbolos que se trata, desde que se ressalve que o simbolismo escolar não é a ilusão que nega a realidade produtiva, mas uma forma social que intervém na redistribuição das ocupações sociais. O projeto educacional republicano opõe às irregularidades e às desigualdades da ordem econômica um modelo de racionalidade que antecipa uma república econômica por vir. Nele, a produção pode ser analisada a partir de algumas operações fundamentais cuja aprendizagem no meio purificado da escola deve fazer dos trabalhadores cidadãos esclarecidos, não colocados em posse de uma profissão, mas tornados disponíveis para formas racionalizadas do trabalho e do serviço coletivos. O primado do ensino geral em relação aos trabalhos manuais é, no projeto educacional republicano, o primado da teoria geral sobre as práticas particulares, mas, também, do sentido da comunidade sobre os particularismos profissionais.

O estudo de Yves Legoux sobre a história da escola Diderot – estabelecimento municipal piloto fundado em 1877 – mostra as vicissitudes desse projeto em face dos defensores do trabalho "verdadeiro", obstinados em reduzir a parte do ensino geral e em demandar que o estabelecimento perca seu "aspecto de escola" para tornar-se uma fábrica-modelo. Sem dúvida, estes últimos teriam ganhado o jogo se as práticas e as aspirações sociais dos ex-alunos não tivessem acabado por impor outra "verdade" à sua obstinação. Recusando que

ESCOLA, PRODUÇÃO, IGUALDADE

aqueles que "acreditam que são chamados a fazer algo melhor" sejam obrigados "a se dedicar indefinidamente ao trabalho do torno", eles constatam que somente a falta de "cultura geral" os confina em "funções subalternas" (LEGOUX, 1972, p. 222; 226). Sua pressão acaba por impor ao conselho de tutela um ensino de matemática que os prepara para ocupar funções não mais de contramestres ou de chefes de oficina, mas de *técnicos* que a evolução das formas do trabalho fará coincidir com seu desejo de elevação intelectual e social e com as normas do ensino escolar.

Com efeito, é a organização científica do trabalho que desvaloriza, ao mesmo tempo, a habilidade manual e as formas de comando habituais – privilégios das crianças da oficina – e que desenvolve as funções de técnicos que, aproximando a organização da oficina da racionalidade do escritório e do laboratório, oferecem uma saída industrial ao movimento de fuga em direção a funções mais intelectuais e a posições sociais mais elevadas. O técnico é, ao mesmo tempo, uma função exigida pela racionalização do processo de trabalho e um personagem *social* produzido pela lógica escolar e pelas estratégias de fuga para fora da condição trabalhadora. Em certo sentido, o técnico é "o novo produto formado pela escola de técnicos e nada mais". Mas não é a vontade dos educadores que impõe esse novo "produto": "A orientação mais intelectualizada dos programas da escola não passou, de fato, de uma adaptação um pouco tardia a um movimento que os ex-alunos seguiam e amplificavam" (LEGOUX, 1972, p. 389).

Da crise da aprendizagem à crise da escola

Sem dúvida, essa solução feliz para a "crise" inspira, hoje, a visão otimista de uma revolução informática que faria coincidir novamente a abstração distribuída a todos do saber escolar com o benefício concreto das posições de ponta que se abrem ao empreendedorismo de cada um na vanguarda da nova indústria e da guerra econômica.

Esse ideal supõe uma ordem produtiva relativamente coberta pela racionalidade técnico-científica e uma organização dos saberes escolares que conduziria as demandas sociais de promoção em direção aos postos avançados da atividade econômica. Um modelo fragilizado em seus dois polos: ali onde a desordem comercial desencoraja o planejamento dos empregos e dos setores chamados a decidir sobre a vitória econômica; ali onde a demanda social por educação, instruída por essa desordem, diverge do planejamento; e, sobretudo, ali onde essa demanda se reverte em ceticismo no que concerne aos poderes da escola para cumprir suas promessas sociais.

Este ceticismo é a consciência do luto para além do qual irrompe a contradição da democracia escolar. Ao se generalizar, a igualdade escolar acabou por anular seus efeitos. Ela produzia efeitos de redistribuição social em sua divergência em relação à ordem da produção. Agora elas se tornaram sincrônicas. O tempo da *separação*, próprio à forma-escola, acaba por se identificar com o tempo do *atraso*, próprio à forma-aprendizagem. A razão principal desses modos de ser contemporâneos do sistema escolar, batizados de bom grado como "crise da escola", é a coincidência alcançada entre o tempo da escola e o da aprendizagem, em uma mesma função de subtrair uma faixa etária – cada vez mais importante, por um período cada vez mais longo – do mercado de trabalho.

Aqueles que denunciam uma escola "reprodutora"[24] – que atrairia para si os filhos do povo para fazê-los sentir, pelo

---

[24] Rancière parece fazer, aqui, uma nova referência à ideia de Pierre Bourdieu e Jean-Claude Passeron de que a escola seria uma instituição reprodutora das desigualdades sociais, mencionada na nota 8. Tal noção está presente no livro *A reprodução* (2014), que, juntamente com a obra *Os herdeiros*

formalismo de suas práticas, a indignidade que os destina à sua sorte inferior – operam uma sobreposição de idades e lógicas: fazem do grau zero de uma escola reduzida à guarda de uma faixa etária a realidade em ato de seu conceito. A simples reprodução é o limite de uma escola que absorveu a lógica de seu contrário, a função de subtração/preparação própria ao atraso da aprendizagem. Através da "crise do ensino profissionalizante", a "crise da aprendizagem" tornou-se "crise da escola". Ao integrar os antigos aprendizes, a escola importou a "crise da aprendizagem", ou seja, a inadequação original da ordem escolar à ordem produtiva. Ou seja, importou, também, a obsessão por uma mítica adequação do tempo de maturação fisiológica e de afastamento social da população infantil a um tempo de formação oferecendo aos jovens a posse de uma profissão que permite a cada um ganhar sua vida em um universo harmonioso de trabalho e de troca.

É sobre esse horizonte que se desenvolveu a análise do "fracasso" escolar, a saber, a concordância de dois fenômenos: o êxito desigual de todos no desempenho escolar e a incapacidade da escola em garantir a contraditória promoção de *todos* os seus usuários.[25] Foi este o campo no qual desenvolveram-se

---

(2018), dos mesmos autores, embasou reformas educacionais francesas da década de 1980. Cf. BOURDIEU, Pierre; PASSERON, Jean-Claude. *A reprodução: elementos para uma teoria do sistema de ensino.* Tradução de Reynaldo Bairão. São Paulo: Editora Vozes, 2014; e BOURDIEU, Pierre; PASSERON, Jean-Claude. *Os herdeiros: os estudantes e a cultura.* Tradução de Ione Ribeiro Valle e Nilton Valle. Florianópolis: EdUFSC, 2018. Logo adiante, no corpo do texto, Rancière emprega o termo *habitus*, utilizado por Bourdieu e Passeron para indicar um conjunto de práticas que distinguem os indivíduos socialmente e que, na escola, manifesta-se por meio do capital cultural de cada um. Bourdieu é tema de um dos capítulos do livro *Le philosophe et ses pauvres.* [N.T.]

[25] Rancière também explora esse argumento em "Os usos da democracia", capítulo do livro *Nas margens do político* (2014a), e em *O ódio à democracia* (2014b). Cf. RANCIÈRE, Jacques. *Nas margens do político.*

as análises das transformações a serem implementadas para adaptar a aprendizagem escolar aos modos de ser e às sociabilidades dos filhos dos trabalhadores mais desfavorecidos. A generosidade dessas tentativas não impede um contrassenso radical. A escola não é produtora de igualdade senão na medida em que é *inadaptada* às sensibilidades e aos modos de ser dos soldados do exército produtivo. Os filhos desses soldados sempre souberam que lhes cabia adaptar-se, e eles o fizeram quando quiseram. Todo mundo sabe jogar o jogo das formas e calcular os benefícios concretos da abstração. Não é um *habitus* defeituoso que os impede de jogar, mas um julgamento afinal lúcido que não acredita mais em ganhos. O que falta às formas da democracia escolar é, doravante, a *confiança* em seus poderes de promoção. Antes se enviava uma criança à escola para que ela tivesse acesso a uma condição superior. Era uma maneira mais satisfatória de resolver a questão do excesso de braços do que expor a criança aos egoísmos da corporação sob o pretexto da aprendizagem e da "qualificação". Aqueles que as enviam hoje a essa escola, que opera a massiva e igual subtração dos jovens, não imaginam mais que haja outros lugares a ocupar além dos seus. A lógica egoísta da aprendizagem funciona, agora, como uma lógica social geral.

Daí o caráter estranho de uma situação na qual a revalorização da escola está ligada à missão que lhe é designada: a de resolver "outra" crise, a do emprego. Além disso, parece existir uma curiosa discordância entre, por um lado, o otimismo dos políticos e dos pedagogos que querem resolver a questão do desemprego pela "formação" e, por outro, a prudência ou o pessimismo dos economistas que buscam medir os efeitos reais das

---

Tradução de Vanessa Brito e João Pedro Cachopo. Lisboa: KKYM, 2014a, e RANCIÈRE, Jacques. *O ódio à democracia*. Tradução de Mariana Echalar. São Paulo: Boitempo, 2014b. [N.T.]

ações de formação sobre o mercado de trabalho. As diversas ações para intervir na articulação formação-emprego não parecem, de acordo com seus resultados, ter criado muitos empregos, nem tampouco ter modificado sensivelmente as políticas das empresas. Nesse contexto de incredulidade, a afirmação triunfante de uma renovação da escola que desembocaria em vitória na luta pelo emprego parece ter, antes de mais nada, uma função política: devolver à escola pública uma dinâmica intelectual, ao retirá-la das lógicas reprodutivas e das filosofias morosas da guarda e, ao mesmo tempo, suscitar uma nova consciência em uma sociedade adulta malthusiana, privada de qualquer outra perspectiva que não seja a defesa de seus empregos contra seus próprios filhos.

Resta saber se o primeiro benefício desse discurso mobilizador não é abrir uma nova carreira ao velho discurso da adequação e à proliferação de saberes para-políticos[26] especializados na gestão de seu mito. Na primeira fila desses saberes figura a pedagogia, constantemente deslocada de um saber circunscrito às aprendizagens cognitivas em direção a uma *meta-sociologia* das razões da inadaptação escolar e a uma *meta-política* das vias da nova adaptação. A função política da palavra de ordem mobilizadora encontra-se, assim, excedida pelo funcionamento do sistema de saberes sociais que proliferam em torno dos órgãos de decisão política. Ao funcionar segundo o modelo econômico da oferta e da demanda, esses órgãos retraduzem toda proposição de consenso em elaboração de modelos de adequação entre demanda social e oferta estatal – modelos estes que agem, como contrapartida, na análise e na vontade das políticas, reparando imaginariamente as rupturas entre

---

[26] Rancière explora de forma mais detalhada as ideias de para-política e meta-política (citada logo adiante, no corpo do texto) no capítulo "Da arqui-política à meta-política" do livro *O desentendimento*. Cf. RANCIÈRE, Jacques. *O desentendimento: política e filosofia*. Tradução de Ângela Leite Lopes. São Paulo: Editora 34, 1996. [N.T.]

COLEÇÃO "EDUCAÇÃO: EXPERIÊNCIA E SENTIDO"

formas sociais constitutivas da singularidade democrática –, fantasiando incessantemente as imagens de uma nova política em harmonia com os comportamentos dos consumidores, de uma escola em harmonia com o mundo do trabalho, de uma comunicação da informação rompendo as barreiras sociais etc.

Sem dúvida, a singularidade da democracia – sobretudo onde ela nasceu da ruptura revolucionária – encontra-se obrigada a este paradoxo: a democracia é um modo de vida dos indivíduos mais do que um modo de governo dos coletivos.[27] Ela só pode se governar ao ignorar, em seus agrupamentos, aquilo que a funda: a não concordância entre a ordem escolar e a ordem produtiva, entre as formas da representação política e os modos de sociabilidade cotidiana, entre as estratégias dos indivíduos e as dos planejadores. No entanto, ela deve saber, ainda que vagamente, algo que, por outro lado, deve ignorar: nem a escola nem a ordem econômica jamais assegurarão o pleno uso das capacidades e das aspirações. Nem a política nem a ciência. É em suas desarmonias internas e em suas tensões recíprocas que os indivíduos experimentam suas oportunidades e que os grupos afirmam seus direitos.

Referências

ALLEGRET, Paul. *Le problème de l'éducation professionnelle*. Paris, 1913.

BRIAND, J.-P.; CHAPOULÉ, J.-M., L'école primaire supérieur de garçons en France. *Actes de la Recherche en Sciences Sociales*, n. 39, 1981.

CABANIS, D. de T. Opinion sur le projet d'organisation des écoles primaires et en général sur l'instruction publique. Séance extraordinaire du 19 brumaire an VIII. In: CABANIS, D. de T. *Oeuvres philosophiques*. v. II. Paris: PUF, 1956. p. 451-456.

DUVEAU, Georges. *La pensée ouvrière sur l'éducation pendant la Seconde République et le Second Empire*. Paris: Dunat-Montchrétien, 1948.

---

[27] Essa ideia é mais explorada por Rancière em outras obras tais como *O ódio à democracia* (2014b) e *Nas margens do político* (2014a). [N.T.]

FICHET, César. *Mémoire sur l'apprentissage et sur l'éducation industrielle*. Paris: Imprimerie de Galban, 1847.

GRÉARD, Octave. *Des écoles d'apprentis*. Paris: Mourgues, 1872.

GUETTIER, A. *Histoire des écoles impériales d'arts et métiers*. Paris: Lacroix, 1865.

LEGOUX, Yves. *Du compagnon au technicien*. Paris: Technique et Vulgarisation, 1972.

PAQUIER, J.-B. *L'Enseignement professionnel en France*. Paris: Colin, 1908.

PICOT, G. Conseil supérieur du travail. *Rapport sur l'apprentissage*, présenté par Briat, Paris, 1902.

POMPÉE, Philippe. *Études sur l'éducation professionnelle en France*. Paris: Hachette, 1863.

PROUDHON, P.-J. *De la Justice dans la Révolution et dans l'Eglise*. Paris: Garnier Frères, 1858.

THIERRY, Albert. *L'homme en proie aux enfants*. Paris: Cahiers de la Quinzaine, 1909.

THIERRY, Albert. Principe d'une éducation syndicaliste. *La Vie ouvrière*, n. 63, 5 maio 1912.

II. Cenas de um tempo livre: a forma-escola e os processos de verificação da igualdade

A escola não é, a princípio, uma função ou um lugar definidos por uma finalidade social exterior. Ela é, antes, uma forma simbólica, uma norma de separação de espaços, tempos e ocupações sociais. Escola não quer dizer fundamentalmente aprendizagem, mas tempo livre.

Jacques Rancière

A questão com a escola/da escola: tramas da fábula escolar[1]

Jan Masschelein, Maarten Simons e Jorge Larrosa[2]

> *E a emancipação, ontem como hoje,*
> *é uma maneira de viver no mundo do inimigo*
> *na posição ambígua de quem luta contra a ordem dominante,*
> *mas também é capaz de construir nele*
> *alguns lugares separados onde se pode escapar de suas leis.*
> Jacques Rancière

No início de seus comentários sobre *Crash: estranhos prazeres* (1996), um filme de David Cronenberg, Jacques Rancière escreve que há duas maneiras de falarmos a respeito de uma obra cinematográfica, e de fato *sobre toda e qualquer obra*, sobre toda e qualquer coisa fabricada (*"toute chose fabriquée"*, RANCIÈRE, 2005a). A primeira delas é apreciá-la a partir da ideia ou intenção que constitui a sua origem e, então, iniciar uma comparação entre aquilo que foi feito e o que o seu criador (*maker*)

---

[1] Este texto tem por título original "The Matter with/of School: Storylines of the Scholastic Fable" e foi baseado no seminário e exposição *What's the Matter with School?*, ministrado por Jan Masschelein, Maarten Simons e Jorge Larrosa no "Budafactory" (Kortrijk, Bélgica, fev.-abr. 2017). Optamos por traduzir *matter* no título e em algumas ocorrências específicas do texto como "questão" em virtude do sentido com o qual foi empregado. Em outras ocorrências, entretanto, o termo remete à ideia de materialidade desenvolvida pelos autores ao tratarem da forma-escola. Desse modo, nessas passagens, optamos por traduzi-lo como "matéria". [N.T.]

[2] Tradução de Anyele Giacomelli Lamas e Caroline Fanizzi.

desejou fazer. Partindo das intenções assumidas, atribuídas ou afirmadas e dos efeitos desejados pelo seu criador, olha-se o que foi fabricado como sendo o resultado de uma tradução mais ou menos bem-sucedida. O segundo modo é deixar tudo isso de lado e confrontar o trabalho, a coisa feita e imaginar uma fábula a partir daquilo que a sequência e a concatenação de cenas (ou imagens, palavras, frases...) nos oferece. Este segundo modo é aquele que Rancière reivindica para as suas próprias "fábulas" e pode ser facilmente relacionado com as palavras de Jacotot recordadas por Rancière em *O mestre ignorante* (1987 [2013]): trata-se sempre de ver (ou ouvir), de dizer o que se vê (ou o que se ouve), de relacionar isso com o que já é sabido e de dizer o que se pensa sobre isso. Pode-se sempre começar de algum lugar, iniciar uma aventura intelectual, e todos podem fazer isso: o famoso e infame anúncio da "igualdade de inteligências".[3] Anúncio este que não se trata da simples afirmação de que cada um pode ter as suas próprias opinião e visão pessoal, pois a enunciação do que se vê e do que se pensa sobre algo está condicionada ao estar atento, ao esforço da atenção e à suspensão da intenção; deve-se sempre indicar onde é possível ver aquilo que se diz ver e verificar o que foi dito. E este esforço com frequência requer um "mestre" que o apoie. Poderíamos talvez dizer que no nosso caso, vivendo na época da permanente invasão de e-mails, tal mestre poderia adquirir a forma do estabelecimento de "prazos".

★★★

---

[3] Nas palavras de Rancière, segundo a edição brasileira de *O mestre ignorante: cinco lições sobre a emancipação intelectual* (2013, p. 141), "é preciso aprender qualquer coisa e a isso relacionar todo o resto, segundo esse princípio: todas as inteligências são iguais". Cf. RANCIÈRE, Jacques. *O mestre ignorante: cinco lições sobre a emancipação intelectual*. Tradução de Lílian do Valle. Belo Horizonte: Autêntica, 2013. [N.T.]

A QUESTÃO COM A ESCOLA/DA ESCOLA: TRAMAS DA FÁBULA ESCOLAR

Para construirmos nossa própria fábula com a obra e as palavras de Rancière, que também poderia ser chamada de uma pequena intervenção no presente, não nos referiremos tanto a *O mestre ignorante*, mas usaremos, sobretudo, um texto menor de Rancière, "Escola, produção, igualdade"[4] (1988 [2022]), que, até onde pudemos verificar, não está traduzido para o inglês nem para o alemão. E o relacionaremos a alguns comentários que Rancière fez em diversas ocasiões sobre a sua obra e sua relação com os tempos em que vivemos (RANCIÈRE, 2009; 2017). Em uma associação com a "fábula cinematográfica" de Rancière (2001), iremos chamá-la de *fábula escolar*. De fato, há partes da obra de Rancière (palavras, frases, imagens) que nos permitem descrever muito bem o que está em jogo na invenção da escola, contar a sua história como parte da história da emancipação, bem como esclarecer por que a escola é hoje algo que vale a pena ser defendido e que, ao mesmo tempo, precisa de defesa – o que também ocorre, até certo ponto, com outras "invenções democráticas" mais diretamente abordadas por Rancière, como o teatro, o museu e o cinema. Assim, contrariamente ao que se poderia esperar diante do modo pelo qual *O mestre ignorante* é frequentemente lido e utilizado, as palavras de Rancière poderão nos ajudar a defender a escola, e não a criticá-la. De fato, afirmamos que a escola é parte crucial daquilo que Rancière considera ser atualmente uma "questão fundamental": "a possibilidade de manter espaços de jogo", a possibilidade de "dar ar, de afrouxar as amarras que envolvem os espetáculos em uma forma de visibilidade, os corpos em uma estimativa de sua capacidade, o possível

---

[4] Uma cuidadosa tradução deste texto de Rancière, feita por Anita Pompéia Soares e Jonas Tabacof Waks, encontra-se publicada no presente livro e tem por título: "Escola, produção, igualdade" (2022, p. 75-103). Todas as menções em português ao texto original "École, production, égalité" foram retiradas da referida tradução. [N.T.]

109

em uma máquina de produzir as evidências do que é dado" (Rancière, 2009, p. 593, tradução nossa[5]), a possibilidade de "abrir buracos" (Rancière, 2017, p. 65, tradução nossa[6]) no que ele chama de um *meio capitalista* que nos envolve e no qual nossas atividades normalmente reproduzem as condições de dominação (Rancière, 2017, p. 64-65, tradução nossa[7]).

★★★

Comecemos com uma tradução bastante extensa das primeiras páginas de "Escola, produção, igualdade" (2022)[8] e das distinções e caracterizações que Rancière nelas introduz. Reagindo ao lema lançado pelo Ministério da Educação francês de "Aprender para empreender" ("*Apprendre pour entreprendre*"), Rancière propõe a noção de *forma-escola* e afirma:

> A escola não é, a princípio, uma função ou um lugar definidos por uma finalidade social exterior. Ela é, antes, uma forma simbólica, uma norma de separação de espaços, tempos e ocupações sociais. Escola não quer dizer fundamentalmente aprendizagem, mas tempo livre. A *skholé* grega separa dois usos do tempo: o uso daqueles cujas obrigações do trabalho e da produção retiram, *por definição*, o tempo de fazer outra coisa; e o uso daqueles que *têm tempo*, ou seja, são dispensados das exigências do trabalho. Entre estes últimos, há os que ampliam ainda mais esta disponibilidade, sacrificando o máximo possível,

---

[5] No original: "*Donner de l'air, de desserrer les liens qui enferment des spectacles dans une forme de visibilité, des corps dans une estimation de leur capacité, le possible dans la machine à produire les évidences du donné*".

[6] No original: "*Creuser des trous*".

[7] No original: "*Le Capital [...] est le milieu au sein duquel nous vivons [...] et dans lequel notre activité normalement reproduit les conditions de domination [...] ce milieu enveloppant*".

[8] Para um comentário sobre esse texto, ver: Masschelein e Simons (2010).

pelo puro prazer de aprender, os privilégios e os deveres de sua condição. Se a *skholé* define o modo de vida dos iguais, esses "escolares" da Academia ou do Liceu, do Pórtico ou do Jardim são os iguais por excelência. Qual é a relação entre esses jovens atenienses bem-nascidos e a multidão heterogênea e rebelde de nossas escolas de periferia? *Nada além de uma forma*, convenhamos, a forma-escola, tal como a definem três relações simbólicas fundamentais: a escola não é primordialmente o lugar da transmissão dos saberes que preparam as crianças para sua atividade como adultos; ela é, antes de mais nada, o lugar situado fora das necessidades do trabalho, o lugar onde se aprende por aprender, o lugar da igualdade por excelência. [...] A escola não toma a igualdade como um objetivo, para o qual ela seria um meio. Ela não iguala por seu conteúdo [...], mas por sua forma. A escola pública democrática já é redistribuição [...]. Se a escola muda a condição social dos escolares, é principalmente porque ela os faz participar de seu espaço-tempo igual, separado das exigências do trabalho. A banalização da forma-escolar, ao identificar o tempo social da escola com o tempo natural de amadurecimento das crianças, mascara esta ruptura simbólica fundamental. [...] A escola não é preparação, ela é separação. [...] A escola não *promete* falsamente uma igualdade desmentida pela realidade social. Ela não é a "aprendizagem" de uma condição qualquer. Ela é uma *ocupação*, separada das outras, governada em particular por uma lógica heterogênea à da ordem produtiva. Seus diversos efeitos sobre as outras ordens estão ligados principalmente à maneira pela qual ela propaga os modos da igualdade. [...] A escola é o lugar privilegiado da negociação da igualdade; um lugar portador de modelos de sociedade que colocam em crise os modelos sociais enraizados na "aprendizagem" da vida produtiva (RANCIÈRE, 2022, p. 77-85).

Escrito mais ou menos na mesma época de *O mestre ignorante* (1987), obra na qual Rancière nos confronta com o que de algum modo pode e tem sido lido como uma severa crítica à pedagogia, às instituições de ensino e aos seus "mestres embrutecedores", é surpreendente que ele afirme ser a escola "o lugar da igualdade por excelência", frase que repetirá quase literalmente em *O ódio à democracia* (2005b), trabalho no qual a escola é considerada como "o lugar da visibilidade simbólica da igualdade, ao mesmo tempo que da sua negociação empírica" (p. 75, tradução nossa[9]).

★★★

A ênfase está, portanto, explicitamente na forma-escola. E, como sugere Rancière, "forma" deve ser entendida como um "agenciamento" (*agencement*), um "agenciamento de palavras, composições de gestos, ocupações de espaços" (RANCIÈRE, 2009, p. 597, tradução nossa[10]). Em um texto recente, Tim Ingold apresenta uma proposição muito esclarecedora acerca dessa palavra francesa. Ele afirma que, apesar de a palavra *agencement* ser muitas vezes considerada intraduzível, ela se refere ao substantivo "agência" transformado no gerúndio de um verbo para que seja possível falarmos sobre a ideia de "tornar-se agente" (*becoming agent*) ou "agenciando" (*agencing*) (INGOLD, 2018, p. 24, tradução nossa). Ele escreve:

> Eu me valho da palavra *agencement* para me referir à maneira pela qual o "Eu" do hábito é continuamente engendrado na esteira da ação, mais como uma pergunta do que como uma afirmação [...] equivalente a [...] uma diferenciação intersticial abrindo "a clivagem do evento" por dentro. [...] Em francês, a palavra é o gerúndio do

---

[9] No original: "[...] *le lieu de la visibilité symbolique de l'égalité en même temps que sa négociation empirique*".

[10] No original: "*Un agencement de mots, des montages de gestes, des occupations d'espaces*".

verbo *agencer*, que pode ser traduzido em inglês como *to agence*, e então *agencing*. No entanto, em seu significado primário, *agencer* sugere algo totalmente diferente. [...] Isso significa encaixar partes que mantêm apenas uma relação externa entre si, a fim de formar um todo coerente [...] Em uma palavra, significa *reunir*. Um *agencement*, então, é simplesmente uma montagem. É esse duplo sentido de *agencement*, que se refere ao mesmo tempo a um processo de diferenciação intersticial e uma montagem exterior, de correspondência e articulação, de juntar com e juntar-se [*joining with and joining up*], que torna o termo tão difícil de traduzir, mas também tão rico em potencial semântico" (INGOLD, 2018, p. 45, tradução nossa[11]).

Considerando estes apontamentos, poderíamos dizer que a "forma-escola", como *agencement*, é um agrupamento que se torna agente [*assembly becoming agent*], um encaixe de partes que passa a atuar ou operar de uma determinada maneira. Rancière afirma claramente que a *forma-escolar da aprendizagem*, nesse sentido, como um agrupamento agente [*assembly agencing*], é o lugar da igualdade por excelência (a despeito dos "mestres embrutecedores" que, por vezes, fazem dela a sua casa) e deve ser distinguida de maneira crucial da *forma-aprendiz como processo de aprendizagem*, em que os tempos-espaços da aprendizagem e do trabalho não

---

[11] No original: "*I take agencement to refer to the way in which the 'I' of habit is continually engendered in the wake of action, more as a question than assertion [...] equivalent to [...] interstitial differentiation opening up 'the cleave of the event' from within [...] In French the word is the gerund of the verb agencer, which might be rendered in English, [...], as 'to agence', hence 'agencing'. Yet in its primary meaning, agencer suggests something altogether different, [...] It [...] means to fit together parts that bear only an external relation to one another in order to make a coherent whole [...] In a word, it is to assemble. An agencement, then, is quite simply an assembly. It is this double meaning of agencement, referring at once to a process of interstitial differentiation and exterior assembly, of correspondence and articulation, joining with and joining up, that has made the term so difficult to translate, but also so rich in semantic potential*".

estão separados. Portanto, em "Escola, produção, igualdade", Rancière faz uma distinção estrita entre o aluno (*school-child/ l'écolier*) e o aprendiz ou estagiário (*apprentice* ou *trainee/ l'apprenti*). O autor acrescenta ainda que, sendo igualitária, a sociedade escolar dos alunos, essa *democracia escolar* (Rancière, 2022) constitui uma ameaça à *socialização* e à *iniciação* próprias à sociedade operária dos aprendizes.

Relacionemos isto com o que Rancière afirmou em uma conversa recente com Eric Hazan acerca dos tempos em que vivemos – ocasião na qual ele está, de fato, repetindo o que disse de várias maneiras em outros momentos: a democracia não é um regime político, mas uma *condição igualitária e anárquica* de existência do poder que é especificamente política (Rancière, 2017, p. 8). Essa condição anárquica significa que não há conexões ou vínculos naturais (pre-definidos) entre corpos e capacidades e posições (na ordem social). A partir disso poderíamos dizer, de forma análoga, que "escola/escolar" não é uma instituição ou organização de ensino, mas a *condição igualitária e errática* de existência de poder que é especificamente educacional; e ela é também, precisamente por essa razão, a condição que o exercício do poder educativo institucional tenta controlar ou domar. Quando Rancière relaciona a condição anárquica da política explicitamente à igualdade e à capacidade de interromper as conexões entre corpos, capacidades e posições sociais, ele propõe também, mais implicitamente, que existe uma condição *errática*, uma condição de liberdade na qual os seres humanos não têm uma destinação natural – o que, em alemão, seria chamado de *Bestimmung*. Laços entre corpos, capacidades e posições sociais são sempre parte de um compartilhamento (partilha, distribuição) do sensível ("*un partage du sensible*"), de um consenso que nunca é "natural". Poderíamos dizer que tanto a condição democrática como a escolar – desprovidas de uma destinação natural, cultural ou social predefinida – são, nesse sentido, condições de igualdade e liberdade radicais; tais condições não tornam a educação impossível, elas são precisamente o que a torna possível. Então, nossa fábula escolar concebe a "escola", ao mesmo tempo, como uma condição e uma forma. Uma forma entendida como um *agencement*, um agrupamento de partes (questões) implicadas em um movimento de se tornar agente e atualizar uma condição.

★★★

A forma-escola é a separação do tempo livre (tempo-escolar) em relação ao tempo produtivo, é a separação do espaço-tempo do aprender por aprender daquele espaço-tempo do trabalho e do aprender para o trabalho (a forma-aprendiz). A escola não é o tempo da maturação, e mantém do lado de fora as necessidades do trabalho. A escola é um lugar sem finalidade externa e, portanto, não tem e não necessita de efeitos pré-determinados. Ela não é um meio para a igualdade, mas é, ela mesma, "o lugar da igualdade por excelência" (RANCIÈRE, 2022, p. 78). O ofício da escola é regido por uma lógica heterogênea à lógica da produção. Nesse sentido, Rancière escreve como uma espécie de resumo: a "essência" da escola é "o distanciamento da produção" (RANCIÈRE, 2022, p. 85). O autor, em seguida, examina a escola em relação à educação profissional e à vocacional. Ele afirma que à nova condição industrial surgida no início do século XIX, e que poderia ser chamada de Segunda Revolução Industrial ao introduzir as máquinas no centro das fábricas modernas, já não mais bastava a organização tradicional da aprendizagem no âmbito da forma-aprendiz e das oficinas: a partir daquele momento, escolas "profissionais" se faziam necessárias. O trabalho nas máquinas e com elas, mesmo que fosse um trabalho manual (manufatura), exigia um certo grau de alfabetização para seu uso (ensino fundamental), e um grau um pouco maior para a sua manutenção (ensino médio) e seu desenvolvimento (ensino superior). Dessa forma, a escola torna-se funcional para a fábrica moderna. Mas, como lemos, a forma-escolar é também um lugar e uma função *sem finalidade externa*, ela tem um funcionamento ou *agenciamento* [*agencing*] próprio. E isto é algo, poderíamos dizer, fortemente emancipatório, visto que leva para fora de uma condição social. Como espaço-tempo da igualdade, a escola não toma as crianças como sendo definidas por certas características sociais ou intelectuais, ou ainda como filhos ou filhas, mas como alunos (*écoliers*) e, portanto, afrouxa "os laços que prendem os corpos a uma estimativa da sua capacidade" e que definem seus futuros com base em suas condições sociais. Isso é atestado pela oposição de Rancière à afirmação que acusa de falsidade a vida social democrática da escola, uma vez que ela "tira os escolares das relações econômicas, enquanto as crianças (as mesmas) continuam mergulhadas nessas relações" (Thierry, 1912 *apud* Rancière, 2022, p. 95). O simbolismo escolar não é, portanto, uma ilusão que negaria a realidade da produção, mas uma forma social que verdadeiramente interfere na redistribuição das atividades sociais. Rancière acrescenta, ainda, que ir à escola está fortemente relacionado à crença na emancipação social, a partir da qual os filhos poderiam ter acesso a uma vida melhor do que aquela dos seus pais. Foi, portanto, algo muito real e assustador para os alunos da escola secundária a ameaça de que, caso não obtivessem sucesso na escola, teriam de ir diretamente para a fábrica e trabalhar com as suas mãos.

Neste contexto, parece-nos interessante fazer referência ao abrangente estudo de David Lancy (2008) sobre a antropologia da infância. Uma de suas mais surpreendentes

A QUESTÃO COM A ESCOLA/DA ESCOLA: TRAMAS DA FÁBULA ESCOLAR

observações é que a introdução da "escola rural" [*village school*] e a chegada de professores que educavam as crianças munidos de conhecimentos e habilidades desconhecidas e *localmente inúteis*, levando-as para a escola e lhes apresentando novos letramentos (novas leituras do mundo, novas formas de raciocínio), representou uma *ruptura* constitutiva nas sociedades agrícolas. A introdução dessas escolas leva as crianças a deixarem suas aldeias rurais, roubando dos fazendeiros locais o trabalho e a lealdade cultural de seus filhos, minando o "currículo básico", o aprendizado local e as práticas de iniciação e introduzindo aberturas culturais e pessoais em níveis mais profundos (KENNEDY, 2017). A escola rural, portanto, interrompe e rompe epistemologias culturais e formas de vida, no interesse de um futuro alegadamente melhor. Deslocando um pouco as palavras de Rancière relacionadas à emancipação dos trabalhadores, podemos dizer que esta emancipação não diz respeito à emancipação de uma certa cultura, de um certo pensamento, de uma certa vida social que emerge ou surge de uma determinada terra, de uma determinada condição ou modo de vida; a emancipação diz respeito sempre a uma *ruptura com uma identidade*, a um distanciamento daquilo que supostamente deveria ser a sua cultura, a uma saída, à busca por uma saída de sua condição. E nisso parece ecoar a famosa descrição de Kant do Iluminismo como uma saída, *"einen Ausgang"* ("[...] o poder de ruptura, a construção da emancipação dos trabalhadores como ruptura com uma identidade [...] de uma condição de submissão [...] de sair dela, consequentemente distanciar-se do que era suposto ser a sua cultura" – RANCIÈRE, 2009, p. 643, tradução nossa[12]). Podemos afirmar que a escola era

---

[12] No original: *"[...] le pouvoir de la rupture, la construction de l'émancipation ouvrière comme rupture avec une identité [...] d'une condition subie [...] de sortir de celle-ci, par conséquent de prendre distance avec ce qui était supposé être leur culture".*

exatamente isso. Um lugar de "saída". E que a introdução de habilidades e conhecimentos desconhecidos e inúteis pode estar relacionada com essa emancipação do trabalhador que implicou "na possibilidade de criar modos de dizer, modos de ver, modos de ser que rompiam com aqueles impostos pela ordem de dominação" (RANCIÈRE, 2009, p. 624-625, tradução nossa[13]). Trata-se de ignorar, em certo sentido, que alguns estão destinados a trabalhar com as próprias mãos, enquanto outros podem desfrutar dos benefícios da contemplação e da apreciação estética. Sempre se tratou de uma desidentificação (*"se desidentifier par rapport à une mode d'identité"*) ou de uma mudança de identidade. "'Profissionalizante' ou não, a escola é o lugar de uma mudança de identidade" (RANCIÈRE, 2022, p. 94). Em outras palavras, a escola estava de fato e fortemente trazendo "jogo" à ordem social. Ir à escola, tornar-se um aluno [*school-child*] como qualquer outro, entrar num tempo-espaço de igualdade ao transpor os limites da escola, fazer parte de uma sociedade de iguais era justamente o momento em que as pessoas deixam para trás o seu destino social.[14]

***

Refletindo um pouco mais, por um momento, e nos apoiando no que lemos de Rancière, a escola como forma se referiria ao tempo e ao espaço que partem do pressuposto de que os seres humanos não têm um destino (natural, social ou cultural) e que, portanto, podem ter a oportunidade de encontrar seus próprios destinos. A noção de escola se referiria

---

[13] No original: *"La possibilité de se faire des manières de dire, des manières de voir, des manières d'êtres qui sont en rupture avec celles qui sont imposées par l'ordre de la domination"*.

[14] O texto original conclui a presente seção com uma reflexão pontual dos autores sobre a obra *Designing Cities* de Vilém Flusser que optamos por suprimir na versão em português. [N.T.]

a esse pressuposto simples, mas de longo alcance,[15] e a noção de desescolarização se referiria ao pressuposto oposto de que a sociedade (ciência, religião, cultura) deve impor um destino aos jovens – um propósito externo, nas palavras de Rancière – ao sustentar o desenvolvimento dos seus ditos talentos naturais, ao projetar uma imagem predefinida da pessoa educada ou culta através da assunção de um processo de desenvolvimento ou amadurecimento (psicológico, físico, moral). Sendo assim: o pressuposto básico da aprendizagem-escolar é que ela *é uma questão de* prática ou estudo que não depende de um destino dado (natural ou social). Esta é uma compreensão pedagógica/escolar da liberdade, e, relacionada a isso, existe uma compreensão pedagógica/escolar da igualdade. E essa não é uma liberdade política (em relação ao poder ou à autoridade), não é uma liberdade jurídica (em termos de direitos) e não é uma liberdade econômica (no sentido da liberdade de escolha, por exemplo). A compreensão pedagógica/escolar da liberdade significa simplesmente que os seres humanos não têm uma destinação natural ou social e, portanto, são capazes de se moldar e de dar direção ao seu próprio destino.[16] Igualdade em termos pedagógicos/escolares não é o mesmo que igualdade social (ser igual ou tornar igual em termos sociais, culturais, econômicos, nacionais), não é igualdade jurídica (todos são iguais perante a lei e todos devem ser tratados igualmente de acordo com a lei) e não se trata de igualdade de oportunidades ou resultados (por exemplo, tratar ou compensar a desigualdade e trazer

---

[15] Para uma elaboração mais extensa, consulte Masschelein e Simons (2013).

[16] Neste sentido, essa liberdade está também na base da política, uma vez que "a questão política é, em primeiro lugar, a capacidade de corpos quaisquer se apoderarem de seu destino" (RANCIÈRE, 2014, p. 78). Ver, também, a relação entre subjetivação pedagógica e política em Simons e Masschelein (2010a; 2010b).

todos para o mesmo ponto de partida ou ajudar todos a passarem pela mesma linha de chegada). A forma-escola não é orientada e domada por uma utopia política nem por um ideal normativo de pessoa, mas é em si mesma a materialização de uma crença utópica: *todos podem aprender tudo*. Em outras palavras: nem o que você pode aprender nem o que você tem que aprender são "naturalmente" (pré)definidos. Essa crença não é, a nosso ver, uma espécie de meta ou objetivo (projetado no futuro), mas o ponto de partida. Há claramente outros pontos de partida possíveis quando se trata da aprendizagem – por exemplo, "alguns alunos devem ser excluídos *a priori* de certas disciplinas" ou "a habilidade natural é um critério decisivo para decidir quando e o que aprender". A escola é a viabilização de "todos podem", por um lado, e de "tudo", por outro. O que a forma escolar faz – se funciona como uma escola, ou seja, se transforma alguém em estudante ou aluno – é o duplo movimento de trazer alguém para a posição de "ser capaz" e de expô-lo a algo exterior – e, portanto, um ato de apresentar e de expor o mundo. A escola implica uma experiência de ser capaz e de se expor. A escola oferece a experiência de ser estudante ou aluno(a), não filho ou filha. É a marca visível do nosso reconhecimento de que *"nossos" filhos não são "nossos" filhos*. E lembramos que um dos principais significados do latim *pupillus* é "órfão", e, portanto, tornar-se aluno é interromper a lógica e a luta identitária (edipiana) interna a qualquer família. A escola interrompe essa lógica familiar da mesma forma que interrompe a lógica do trabalho e da produção. Ela é uma performatividade *plural* e *corporificada*,[17] um agrupamento muito concreto de corpos que dizem: nós não somos uma família e não nos tornamos uma, somos "singulares"

---

[17] Ver também Vlieghe (2014).

(no plural). Eles "dizem" sem dizer, como uma representação corporal: "nós não somos descartáveis, mas reivindicamos atenção e consideração". O que significa que a iniciação ou a socialização são de fato interrompidas e complicadas, não facilitadas, ao levarmos as crianças à escola. A pluralidade da escola está relacionada ao modo de se endereçar a todos como "apenas um" (não como um representante ou um descendente), e *não* ao reconhecimento de cada "pessoa" como tendo seus próprios "atributos" ou "atributo", seus "próprios" talentos, "necessidades". Trata-se de recusar qualquer conexão "natural" ou predefinida entre os corpos e suas características "próprias" ou capacidades designadas ou atribuídas a eles. A pluralidade da escola oferece a experiência de não se ter um destino, mas de ser alguém capaz de encontrar o seu próprio.

★★★

Rancière não oferece muitos indícios de como a forma-escola estabelece ou estabeleceu a separação da lógica da produção, a separação dos tempos, espaços e ocupações, o distanciamento. Sugerimos, no entanto, que essa separação seja "agenciada" não simplesmente por meio do "conteúdo", mas por meio da "matéria" que "reúne", a matéria *da* escola. *Grosso modo*, podemos pensar: (1) na matéria da arquitetura e dos lugares concretos criados pelas paredes, pelos portões e pelas portas das escolas e salas de aula (constituindo limites, recintos e a porta – o lugar onde o mestre ignorante se posiciona para apoiar o esforço da atenção: "[...] o mestre não terá o direito de se manter longe, mas à sua porta" – RAN-CIÈRE, 2013, p. 44[18]); (2) na matéria dos objetos-escolares (pensando em todo o material escolar fabricado, das caixas

---

[18] Ver também Cornelissen (2010).

de correio à lousa) e dos livros escolares (e podemos nos referir ao *Telêmaco* apresentado em duas línguas, cada uma de um lado, que Jacotot usou em seu "experimento" básico e para o exercício da atenção que isso permitia) que implicam uma forte artificialidade, uma hiperfuncionalização e gramatização do mundo como "matéria" e como "coisas escolares", momento no qual as coisas do mundo deixam sua funcionalidade cotidiana "para ir à escola", o que significa de certa forma sair "de férias" (RANCIÈRE, 2014), onde as coisas são separadas de sua destinação na ordem usual reinante (RANCIÈRE, 2009, p. 626), são separadas de suas funções e apresentadas aos olhos e às mãos dos escolares, dos alunos que ainda não sabem o que veem ou ainda não têm certeza sobre como manejá-las, mas experimentam a capacidade de serem introduzidos a elas, onde as coisas são oferecidas para exercício e contemplação – como afirma Rancière em relação ao museu, ao teatro, ao livro: os seus "efeitos" estão relacionados com as divisões de espaço e tempo e com os modos de apresentação sensível que instituem (RANCIÈRE, 2014, p. 63); (3) na matéria das lousas e das mesas, que permitem interromper quase qualquer coisa para dar atenção a algumas coisas e, ao mesmo tempo, permitem apresentar algo, fazer com que alguém preste atenção, que esteja em companhia de algo e atento a ele; (4) na matéria dos exercícios (e Jacotot está permanentemente promovendo exercícios como repetição, cópia, aprendizagem por memorização etc.); (5) e, claro, nos professores que, mesmo sendo embrutecedores, têm que se dirigir a um coletivo de alunos (que não é um "grupo-alvo") que o força a falar e a agir publicamente, e que são, eles próprios, a encarnação de ocupações que se tornaram ociosas – isto é, não produtivas. Uma vez que o carpinteiro se torna professor e dá aulas de carpintaria na escola, ele não é um carpinteiro "real" e não tem de viver da sua carpintaria.

A QUESTÃO COM A ESCOLA/DA ESCOLA: TRAMAS DA FÁBULA ESCOLAR

Como escreve Rancière: o aluno, na escola, diferentemente do aprendiz na oficina, é confrontado por professores que vivem do ensino e não da profissão ou ocupação que ensinam ("[...] na escola, a criança vê apenas professores que vivem do ensino que lhe oferecem e não do ofício que lhe ensinam" – PICOT, 1902, p. 233 *apud* RANCIÈRE, 2022, p. 90). Torna-se, portanto, de fato, carpintaria por carpintaria. Assim, em relação à discussão sobre "mestres", não devemos esquecer que a escola não é apenas um local para ensinar, mas, como uma forma material ("matéria" nos diversos sentidos que acabamos de indicar), como um "arranjo", ela também atua sobre o professor, e vice-versa, fazendo-o dizer que é um professor *escolar*, ou seja, alguém que não apenas ensina, mas que participa justamente do que faz a escola ("tempo livre", separação) acontecer.

★★★

Nossa fábula escolar toma, então, a "escola" ao mesmo tempo pelo nome de uma condição e de uma forma. A forma entendida como um agenciamento, como um agrupamento que se torna agente. Neste sentido, a forma-escolar da aprendizagem, que deve ser fundamentalmente distinguida da forma-aprendiz, *reúne matéria* (paredes, mesas, livros, objetos escolares, conteúdos escolares, professores) que "se torna agente" da igualdade e da liberdade, algo que nos tempos modernos da fábrica industrial e das "aldeias rurais" verdadeiramente constituiu um forte poder emancipatório. Poder-se-ia até argumentar, mesmo que não nos aprofundemos nisso, que realmente foi a escola (a condição de liberdade e igualdade articuladas em sua forma e em sua matéria) que ofereceu a base para a autonomia da forma artística. E, como afirma Rancière, é a forma artística, por sua vez, que oferece, num certo sentido, as bases para atos políticos.[19] Ao lado do teatro, do museu e, mais tarde, do cinema, a escola é o agenciamento muitas vezes esquecido ou negligenciado (desprezado ou desconsiderado) que "deu ar" e criou "jogo" na ordem social. A escola também tem sido, como qualquer outra forma de emancipação, "um modo de criar um outro tempo no coração da ordem normal do tempo, um modo de habitar de forma diferente o mundo sensível comum. Sempre foi uma forma de viver no presente em outro mundo, em vez de preparar um mundo que virá" (RANCIÈRE, 2017, 31-32, tradução nossa[20]). Além disso, Rancière parece sugerir que

---

[19] Rancière afirma que os atos políticos, assim como as formas artísticas, são "arranjos de palavras, montagens de gestos, ocupações dos espaços. Nos dois casos, o que acontece é uma modificação do tecido sensível, uma transformação dos dados visíveis, das intensidades, dos nomes que podemos dar às coisas, da paisagem do possível. O que distingue propriamente as ações políticas é que essas operações são atos de um sujeito coletivo, que se afirma como o representante de todos, da capacidade de todos. Esse tipo de invenção é específica, mas ela se torna possível *com base* nas modificações do tecido sensível produzidas, em particular, pelas reconfigurações artísticas de espaços e tempos, formas e significados" (RANCIÈRE, 2009, p. 597-598, tradução nossa; no original: "[...] agencements de mots, des montages de gestes, des occupations d'espaces. Dans les deux cas ce qui se produit c'est une modification du tissu sensible, une transformation du donné visible, des intensités, des noms qu'on peut donner aux choses, du paysage du possible. Ce qui distingue proprement les actions politiques, c'est que ces opérations y sont les actes d'un collectif sujet, qui se donne pour le représentant de tous, de la capacité de tous. Ce type d'invention est spécifique, mais il se fait *sur la base* des modifications du tissu sensible produites en particulier par les reconfigurations artistiques des espaces et des temps, des formes et des significations"). Neste contexto, poderíamos nos referir, por exemplo, ao maravilhoso trabalho de Juan Bordes, que visa demonstrar que as fontes dos movimentos artísticos (de vanguarda) e da arte moderna estão nos brinquedos educativos e nos objetos escolares que fizeram parte da vida de muitas crianças do século XIX (BORDES, 2007; 2010). Em nossas palavras: o mundo vai à escola.

[20] No original: "*A way to create another time in the heart of the normal order of time, a way to inhabit in a different way the common sensible world. It has always been a way of living in the present in another world rather than preparing a world to come*".

a forma-escola oferece uma base para a democracia quando escreve: "[...] a democracia é um modo de vida dos indivíduos mais do que um modo de governo dos coletivos. Ela só pode se governar ao ignorar, em seus agrupamentos, aquilo que a funda: a não concordância entre a ordem escolar e a ordem produtiva" (Rancière, 2022, p. 102).

★★★

Se, com Rancière, podemos dizer que a (forma) escola é o tempo e o espaço da separação (do distanciamento da lógica da produção e das necessidades e coerções do "trabalho"), o tempo e o espaço do estudo e do exercício (aprendizagem pela aprendizagem ou aprendizagem profanada), o tempo e o espaço da igualdade por excelência, então, como afirma Rancière, a questão *com* a escola hoje é que este tempo de separação está acabando ou acabou. De certa forma, segundo Rancière, a generalização da igualdade escolar (ao menos em nossas sociedades) aniquila seus efeitos emancipatórios. Ela criou efeitos de redistribuição social na medida em que se diferenciou da ordem produtiva: a escola "não é produtora de igualdade senão na medida em que é *inadaptada* às sensibilidades e aos modos de ser dos soldados do exército produtivo" (Rancière, 2022, p. 100). Mas, atualmente, a ordem escolar tornou-se sincrônica com a ordem produtiva. "O tempo da *separação*, próprio à forma-escola, acaba por se identificar com o tempo do *atraso*, próprio à forma-aprendizagem" (p. 98). A escola tornou-se uma forma de produção, e os pais que enviam seus filhos para a escola não mais imaginam que eles ocuparão posições sociais diferentes das suas. A fim de suplementar as observações de Rancière, apresentemos brevemente as observações de Vilém Flusser para articulá-las com o fim do tempo de separação ou a onipresença da lógica da produção, e, então, esclarecermos a questão com a escola na chamada Terceira Revolução Industrial.

Num texto curto em "A fábrica" (1999), Flusser define a fábrica num sentido muito amplo como o

> [...] lugar onde aquilo que é dado (*Gegebenes*) é convertido em algo feito (*Gemachtes*) [...] Fabricar significa apoderar-se (*entwenden*) de algo dado na natureza, convertê-lo (*umwenden*) em algo manufaturado, dar-lhe uma aplicabilidade (*anweden*) e utilizá-lo (*verwnden*). Estes quatro movimentos de transformação (*Wenden*) – apropriação, conversão, aplicação e utilização – são realizados primeiramente pelas mãos, depois por ferramentas, em seguida pelas máquinas e, por fim, pelos aparatos eletrônicos (FLUSSER, 1999, p. 36).

No tempo das mãos, a fábrica está em todo lugar e em lugar algum; as ferramentas da Primeira Revolução Industrial são encontradas na oficina onde o usuário da ferramenta (por exemplo, o artesão) está no centro; as máquinas constituem o centro das fábricas modernas da segunda revolução industrial que se concentram em enormes complexos, e, finalmente, os aparatos eletrônicos estão novamente em todo lugar – como as mãos estavam e eles estão agora, na verdade, constantemente em nossas mãos. Escrevendo no início dos anos 1990, Flusser refere-se às fábricas do futuro e ao que ele denomina como seus "funcionários" (e não seus operários):

> À primeira vista, é como se estivéssemos retornando à fase de fabricação anterior às ferramentas. Exatamente como o homem primitivo, que sem mediação alguma apreendia a natureza com as mãos e, graças a elas, podia fabricar em qualquer momento e lugar, os futuros funcionários, equipados com aparelhos pequenos, minúsculos ou até mesmo invisíveis, estarão sempre prontos a fabricar algo, em qualquer momento e lugar. [...] Graças aos aparelhos, todos estarão conectados com

todos onde e quando quiserem, e [...] *todos poderão se apropriar das coisas existentes, transformá-las e utilizá-las* (FLUSSER, 1999, p. 41).

No curso dessa evolução, como afirma Flusser, cada vez menos informações herdadas fazem as fábricas funcionarem, e cada vez mais informações adquiridas e aprendidas estão envolvidas em seu funcionamento. No caso das ferramentas, essas informações são armazenadas na "cultura" e são "empiricamente" adquiridas (por meio de iniciação e socialização); já as máquinas são construídas de acordo com conhecimento científico proveniente, sobretudo, da física e da química, desvinculado da cultura (e necessita de escolas); os aparatos eletrônicos implicam conhecimento científico adicional de neurofisiologia e biologia em um sentido amplo. Mas "o processo de desmaterialização da fábrica" exige, de fato, que "todos os homens devam ser competentes o suficiente para isso" (FLUSSER, 1999, p. 42). Algo que, afirma Flusser, não é autoevidente e faz com que, juntamente com o fato de a criatividade ser cada vez mais requerida, essas fábricas (imateriais) do futuro se pareçam cada vez mais com escolas, laboratórios científicos, academias de arte, bibliotecas e coleções de dados. Mas o inverso também ocorre: escolas, laboratórios científicos, academias de arte etc. vão se parecer cada vez mais com fábricas, ou seja, vão ser produtivas ("*todos poderão se apropriar das coisas existentes, transformá-las e utilizá-las*") (FLUSSER, 1999, p. 41). Agora, então, escreve Flusser, ficará evidente que "a fábrica não é outra coisa senão a escola aplicada, e a escola não é mais que uma fábrica para aquisição de informações. [...] fabricar significa o mesmo que aprender, isto é, adquirir informações, produzi-las e divulgá-las" (FLUSSER, 1999, p. 43). E Flusser está ciente de que essas fábricas–escolas e essas escolas–fábricas estão de fato dissolvendo a separação "clássica" entre a escola (*otium*, *skholé*) e a produção (*negotium*, *ascholia*), afetando, com isso, a possibilidade de distanciamento (de estudo). Poderíamos dizer, então – o que é uma extensão ampla de "agora" –, que não há mais aprendizagem pela aprendizagem, mas toda aprendizagem "conta". Então, nas palavras de Rancière, o tempo da separação passou a ser não apenas o tempo da produção, mas também o tempo do atraso (das dívidas), da busca permanente por competências e da produção de tais competências como resultados (de aprendizagem) que garantam a empregabilidade.

Não iremos entrar em detalhes aqui, mas, tendo como base a adequada caracterização que Flusser faz da fábrica imaterial de aprendizagem do presente e da escola que se transforma em algo como a fábrica e a fábrica em algo como a escola, podemos apontar o modo como as escolas de hoje são transformadas em ambientes de aprendizagem entendidos como (parte de) meios "capitalistas", no sentido em que visam fornecer recursos para a produção de resultados de aprendizagem de maneiras eficientes e eficazes[21] – e devemos nos lembrar que "a característica própria do embrutecimento, de acordo com Jacotot, é sempre pressupor o efeito. [...] a verdadeira emancipação começa exatamente quando há uma

---

[21] Um documento recente da Comissão Europeia sobre "Repensar a Educação" (2012) afirma que este repensar significa conceber a educação como a produção de resultados de aprendizagem. Esta "mudança fundamental", como o documento corretamente observa, implica que a política educacional seja essencialmente pautada em "estimular a aprendizagem aberta e flexível" e "melhorar os resultados da aprendizagem", ou seja, aumentar o desempenho de "ambientes de aprendizagem" (incluindo o desempenho de instituições, professores, alunos) que podem ser avaliados por meio de avaliações comparativas (ou seja, indicadores de desempenho). O objetivo geral é um processo de produção mais eficiente e eficaz, em que a empregabilidade (ou seja, competências que são resultados de aprendizagem) é o produto. E isso implica até mesmo questionar explicitamente o significado do "tempo passado na escola" (Comissão Europeia, 2012, p. 9. Disponível em: https://bit.ly/3xZ3j1k).

A QUESTÃO COM A ESCOLA/DA ESCOLA: TRAMAS DA FÁBULA ESCOLAR

ruptura entre causa e efeito" (RANCIÈRE, 2009, p. 635, tradução nossa[22]). Nesses ambientes produtivos de aprendizagem tudo conta, tem que ser contado, é levado em conta, *"todos poderão se apropriar das coisas existentes, transformá-las e utilizá-las"* (FLUSSER, 1999, p. 41). Mas não é apenas o ambiente de aprendizagem que se torna uma fábrica, a fábrica também se torna cada vez mais um ambiente de aprendizagem, a força de aprendizagem e não a força de trabalho[23] torna-se o fator essencial da produção – por isso, o seu local de trabalho é cada vez mais chamado de *campus*.[24] Esta "escola" como "fábrica" e esta "fábrica" como "escola" é criativa, ativa, produtiva, (causa-)efetiva e inclusiva no sentido de que está permanentemente levando tudo em conta e reconhecendo (isto é, também produzindo) todos os tipos de diferenças individuais (em

---

[22] *"C'est ça le propre de l'abrutissement selon Jacotot, c'est toujours de présupposer l'effet [...] vraiment l'émancipation commence lorsque justement, il y a rupture entre la cause et l'effet"* (RANCIÈRE, 2009, p. 635).

[23] De acordo com Rancière, o que os recentes movimentos de protesto franceses perceberam com a "lei trabalhista" foi "a declaração oficial de que doravante, em nossas sociedades avançadas, não há mais razão para o trabalho moldar a comunidade, que, agora, deveria apenas constituir o caminho que leva cada indivíduo a administrar seu 'capital humano'" (RANCIÈRE, 2017, p. 21, tradução nossa; no original: *"[...] la déclaration officielle que désormais, dans nos sociétés avancées, le travail n'avait plus de raison de faire communauté, qu'il ne devait plus être que la manière dont chaque individu gérait son 'capital humain'"*).

[24] Maximizar a flexibilidade e produzir sua própria produtividade de aprendizagem "vazia" – sem conteúdo ou mundo – está se tornando o objetivo do aprendiz fanático que é o trabalhador ideal por quem o Google, por exemplo, procura. Em um breve artigo intitulado "Como conseguir um emprego no Google" ["How to get a Job at Google"], publicado no *New York Times*, Thomas Friedman cita Laszlo Bock, "vice-presidente sênior de operações de pessoas do Google – ou seja, o cara responsável pela contratação de uma das empresas mais bem-sucedidas do mundo", dizendo que "[...] para cada trabalho, porém, a coisa número 1 que procuramos é a capacidade cognitiva geral, e não o QI, mas a capacidade de aprendizado" (*NYT*, 22 de fevereiro de 2014).

talentos, recursos culturais ou sociais), colocando o "aprendiz no centro" por meio de um "perfil" digitalmente aprimorado e habilitado que conecta precisamente corpos a talentos, competências, preferências, características, histórias pessoais, performances, que são constantemente levadas em conta para que não haja nada, nenhum clique do mouse, nenhum "erro" que não conte, pois contar é precisamente o que todos os "aparatos eletrônicos" ("plataformas de aprendizagem" como "conjunto de algoritmos") e seus "funcionários" fazem. Aqui, aprender produzindo (a "forma-aprendizagem" como sendo ativa, criativa e exemplificada pelos novos "laboratórios de fabricação – FAB LABs") "fablabs" está substituindo tanto o "aprender fazendo" (a forma-aprendiz) como o "aprender pelo exercício e pela contemplação" (a forma-escola). Não mais alunos ("*écoliers*") e aprendizes de oficina ("*apprentis*"), mas "*aprendizes* em todo o lugar e o tempo todo".

★★★

A escola tornando-se fábrica, a fábrica tornando-se escola, o tempo da separação tornando-se o tempo dos atrasos e da produção, a questão central da escola passa a ser a dos perfis (identidades conectando corpos, capacidades, posições) e da produção efetiva (implicando devolutivas permanentes) – tudo isto está afetando de maneira crucial as possibilidades de emancipação, as condições de igualdade e liberdade do modo como as descrevemos com Rancière como sendo relacionadas à "escola". Podemos dizer que, com a escola se tornando um ambiente de aprendizagem produtivo e os alunos sendo transformados em aprendizes, estamos no fim da escola como *ruptura*; a escola está se tornando agora, de fato, uma função de socialização da *aldeia global* como o meio capitalista que nos envolve (KENNEDY, 2017) e nos inscreve em um "consenso, isto é, em uma já dada divisão de papéis, do possível e de competências" (RANCIÈRE, 2009, p. 596, tradução nossa[25]). Neste presente, e quando nos agarramos à condição de liberdade e igualdade, torna-se uma questão central pensar em como reinventar a escola (e o seu "agenciamento") para que possamos tomar distância. Não se trata, de forma alguma, de uma questão relacionada à escola ideal (como aquela que iria encontrar uma finalidade e produzir os efeitos que nós, adultos, imaginaríamos), mas talvez se trate da invenção de uma "nova escola", como um modo de "abrir um buraco" no meio capitalista de ambientes de aprendizagem "baseados em evidências", "inclusivos" de acordo com "perfis", para constituir uma interrupção na *aldeia global* de hoje.

Como Rancière sugeriu em relação à política: alguns princípios e regras poderiam ser derivados do princípio democrático (por exemplo, o sorteio relativo à composição do governo, breves mandatos governamentais ou cargos eletivos não cumulativos ou renováveis), *a fim de trazer mais democracia para nossas instituições políticas* (RANCIÈRE, 2017, p. 8, tradução nossa[26]), o que não quer dizer que essas medidas (por exemplo, o sorteio) eliminariam como por milagre a desigualdade, mas elas envolvem uma perspectiva diferente sobre a política existente (p. 14), então também poderíamos tentar pensar sobre alguns princípios e regras que poderiam ser derivados dos princípios escolares *para trazer mais "escola" (como condição anárquica e errática de liberdade e igualdade e como forma de separação) para nossas instituições educacionais* que têm domado a escola em grande medida ou que estão simplesmente se transformando em "ambientes de aprendizagem"

---

[25] No original: "*Consensus, i.e. in an already given sharing of roles, of the possible and of competencies*".

[26] No original: "*Mettre plus de démocratie dans les institutions*".

produtivos.[27] Defendemos, assim, que a escola deve ser reinventada para oferecer um "espaço de jogo", para "dar ar" e "abrir um buraco" na atual aldeia capitalista global com suas "fábricas imateriais" (FLUSSER, 1999, p. 42) e com seu "sistema de suor", que está empregando mão de obra por longas horas com baixos salários e muitas vezes sob condições ruins, inseguras e anti-higiênicas (RANCIÈRE, 2009, p. 599). Portanto, pleitear *a defesa da escola*[28] nada tem a ver com uma restauração conservadora ou nostálgica de uma antiga instituição, mas é uma intervenção muito concreta no presente. Requer que consideremos novamente a questão da *matéria da escola*. A escola como meio de "sair" da condição de fábrica, como um meio de interromper sua lógica, não para fazer a fábrica funcionar por meio da aprendizagem e do "treinamento" de seus funcionários, mas a escola como um meio para *estudar* a fábrica e para se separar de sua lógica.[29] Então, como pensar e colocar em prática a parede, o livro didático, os conteúdos escolares, a mesa, o professor para que se separem da fábrica atual e se tornem capazes de se relacionar com ela?

★★★

---

[27] Deixe-nos apenas indicar que, precisamente para pensar em maneiras de ter "mais escola" e em como o assunto poderia ser concebido, poderia ser útil também considerar como Rancière aborda a questão da tela (tão onipresente) como tendo uma função separadora (tornando-se, por assim dizer, uma espécie de parede) (RANCIÈRE, 2009, p. 602, tradução nossa). Para desenvolver essa questão, teríamos que lidar com as muitas reflexões de Rancière sobre o regime estético das artes e sobre o espectador, nas quais ele lida com o tipo de superfícies a construir e com o tipo de imagens a produzir para desregular o funcionamento normal das superfícies e das profundidades. Teríamos que considerar seu amor pelo cinema etc., mas isso é algo que não podemos mais fazer aqui.

[28] Ver Masschelein e Simons (2013) e Larrosa (2017; 2011).

[29] Ver Vansieleghem *et al.* (2016).

Para terminar, propomos uma breve reflexão sobre a "pedagogia" e a "lógica pedagógica". De fato, em muitas conversas e em diversas ocasiões, Rancière denuncia aquilo que chama de "lógica pedagógica", ou a "visão pedagógica do mundo e, em particular, a visão pedagógica do mundo em política, esse tipo de visão que assume que se há dominação, se há subjugação é em razão da ignorância" (RANCIÈRE, 2009, p. 640, tradução nossa[30]). A lógica pedagógica normal, como escreve Rancière, afirma que os ignorantes não sabem como deixar o seu estado de ignorância, e, por esta razão, faz-se necessário que alguém trace para eles o caminho da ignorância ao conhecimento. E é sempre o pedagogo aquele que organiza essa viagem da desigualdade à igualdade, trazendo passo a passo o esclarecimento às massas não educadas. No entanto, de acordo com a visão de Rancière de que a escola não deve ser pensada como um meio para um fim, poderíamos desregulamentar e ampliar a noção de pedagogia, referindo-nos ao significado original do (grego) *pedagogo*, que não era o professor. O pedagogo, pelo seu status e pelo caráter das suas intervenções, não se fundamentava numa diferença entre o sábio e o ignorante, não se endereçava à criança como uma ignorante e não organizava o caminho da ignorância ao conhecimento. Ele era de fato o escravo que tomava a criança pela mão e a levava para fora da família e da sociedade (e da sua desigualdade, das suas lógicas identitárias e inscrições) em direção à escola, "o lugar da igualdade por excelência". E lá ele ficava, para se certificar de que aquele lugar *continuava sendo uma escola*. Neste sentido, para que possamos contribuir com a história da emancipação, talvez

---

[30] No original: "*La vision pédagogique du monde et, en particulier, [de] la vision pédagogique du monde en politique, cette espèce de vision qui pense que s'il y a domination, s'il y a sujétion, c'est en raison de l'ignorance*".

precisemos, justamente hoje, de pedagogos e, urgentemente, de uma fábula pedagógica.

Referências

BORDES, J. *La infancia de las vanguardias: sus profesores desde Rousseau a la Bauhaus*. Madrid: Cátedra, 2007.

BORDES, J. *Toys of the Avant-Garde*. Malaga: Museo Picasso, 2010.

CORNELISSEN, G. The Public role of Teaching: "To Keep the Door Closed". In: SIMONS, M.; MASSCHELEIN, J. (Eds.). *Rancière, Public education and the Taming of Democracy*. Oxford: Wiley-Blackwell, 2010. p. 15-30.

EC. Communication from the commission to the European Parliament, the council, the uropean economic and social committee and the committee of the regions (2012). Rethinking ducation: investing in skills for better socio-economic outcomes. COM/2012/0669 final. Retrieved on 6/11 from: https://bit.ly/3xZTNuW.

FLUSSER, V. The Factory. In: FLUSSER, V. *The Shape of Things: A Philosophy of Design* [*Vom Stand der Dinge: Eine Kleine Philosophie des Design*]. Translated by Anthony Mathews. London: Reaktion Books, 1999. p. 43-50.

INGOLD, T. *Anthropology and/as Education*. New York: Routledge, 2018.

KENNEDY, D. The New School. *Journal of Philosophy of Education* (in print), 2017.

LANCY, D. F. *The Anthropology of Childhood: Cherubs, Chattel, Changelings*. Cambridege: Cambridge University Press, 2008.

LARROSA, J. (Ed.). *Elogio de la escuela*. Buenos Aires: Miño y Dávila, 2017.

LARROSA, J. Endgame: Reading, Writing, Talking (and Perhaps Thinking) in a Faculty of Education. In: SIMONS, M.; MASSCHELEIN, J. (Eds.). *Rancière, Public Education and the Taming of Democracy*. Chichester: Wiley-Blackwell, 2011. p. 166-186.

MASSCHELEIN, J.; SIMONS, M. *In Defense of School: a Public Issue*. Leuven: Education Culture and Society Publishers, 2013.

MASSCHELEIN, J.; SIMONS, M. The Hatred of Public Schooling: the School as the Mark of Democracy. *Educational Philosophy and Theory*, v. 42, n. 5-6, p. 666-682, 2010.

RANCIÈRE, J. *Chroniques des temps consensuels*. Paris: Le Seuil, 2005a.

RANCIÈRE, J. École, production, égalité. In: RENOU, X. (Ed.). *L'école de la démocratie*. Paris: Edilig, 1988. p. 79-96.

RANCIÈRE, J. *En quel temps vivons-nous? Conversation avec Eric Haz*an. Paris: La Fabrique, 2017.

RANCIÈRE, J. *Et tant pis pour les gens fatigués. Entretiens*. Paris: Editions Amsterdam, 2009.

RANCIÈRE, J. *Hatred of Democracy*. Translated by S. Corcoran. London; New York: Verso, 2007.

RANCIÈRE, J. *La fable cinématographique*. Paris: Le Seuil, 2001.

RANCIÈRE, J. *La haine de la démocratie*. Paris: La Fabrique, 2005b.

RANCIÈRE, J. *Le maître ignorant: cinq leçons sur l'émancipation intellectuelle*. Paris: Fayard, 1987.

RANCIÈRE, J. *Le spectateur émancipé*. Paris: La Fabrique, 2008.

RANCIÈRE, J. *The ignorant Schoolmaster. Five lessons in Intellectual Emancipation*. Standford: Stanford University Press, 1991.

SIMONS M.; MASSCHELEIN J. Governmental, Political and Pedagogic Subjectivation: Foucault with Rancière. *Educational Philosophy and Theory*, v. 42, n. 5-6, p. 588-605, 2010b.

SIMONS, M.; MASSCHELEIN, J. Hatred of Democracy... and of the Public Role of Education? Introduction to the Special Issue on Jacques Rancière. *Educational Philosophy and Theory*, v. 42, n. 5-6, p. 509-522, 2010a.

VANSIELEGHEM N. *et al.* The Emerging Pedagogy of MOOCs. *Journal of Computers in Education*, v. 3, n. 3, p. 309-327, 2016.

VLIEGHE, J. Corporeality, Equality and Education: a Biopedagogical Perspective. *Review of Education, Pedagogy and Cultural Studies*, v. 36, n. 4, p. 320-339, 2014.

Promessa ou experiência? Relações entre escola e igualdade a partir de Rancière

Jonas Tabacof Waks

Em que medida a escola promove efetivamente a igualdade que "promete" ou que a ela é associada? Esta questão ocupa um lugar central no campo da filosofia da educação ao menos desde a segunda metade do século XX, quando passaram a circular as ideias de escola como Aparelho Ideológico do Estado – expressão cunhada por Althusser (1995) – ou como espaço de reprodução do capital cultural dos estudantes – como afirmavam Bourdieu e Passeron (2014). Ambas as proposições questionavam a suposta potencialidade da escola em transformar a realidade social, construindo igualdade e emancipação.

Na década de 1980, o filósofo Jacques Rancière interveio nesse debate com a publicação, em 1987, do livro *O mestre ignorante: cinco lições sobre a emancipação intelectual* (2013) e, em 1988, do artigo "Escola, produção, igualdade" (2022). Naquele momento, havia uma grande discussão pública em torno da educação nacional na França, marcada pela oposição entre "republicanos" e "pedagogos". Os ditos republicanos defendiam que a escola deveria preservar sua forma, pois a transmissão do saber – supostamente neutro e universal – promoveria a igualdade. Em contrapartida, os ditos sociólogos ou pedagogos, muito influenciados por Bourdieu, defendiam que as práticas escolares fossem adaptadas aos saberes prévios dos estudantes, considerando as diferenças de capital cultural com que estes chegavam às escolas, para que pudessem ser efetivamente igualitárias.

Tanto no livro quanto no artigo, Rancière mostra que onde aparentemente há discordância no debate pedagógico há, de fato, consenso. Em *O mestre ignorante*, o filósofo sugere que republicanos e pedagogos situavam a igualdade como ponto de chegada dos atos educativos, o que na prática a postergava ao infinito. A retomada da "aventura intelectual" de Joseph Jacotot lhe permitia inverter essa lógica e situar a igualdade das inteligências como o ponto de partida das práticas emancipatórias. Em "Escola, produção, igualdade", a concordância entre os opositores no debate pedagógico está numa suposta continuidade entre o mundo escolar e o mundo do trabalho, o que os levava a concordar com a palavra de ordem "aprender para empreender".[1] Para opor-se a ambos, no artigo Rancière parte desta frase e a decompõe, problematizando tanto a questão das finalidades do ensino ("aprender para") quanto as relações entre escola e mundo do trabalho ("para empreender"). A "crise da escola", abordada no final do texto, está relacionada justamente ao entrecruzamento desses dois aspectos, como veremos adiante.

Em outra ocasião (WAKS, 2021), analisei os principais argumentos da crítica que Rancière faz ao projeto de instrução pública e à "pedagogização da sociedade" ao resgatar a voz dissonante de Jacotot em *O mestre ignorante*. Aqui, proponho uma breve análise do artigo "Escola, produção, igualdade", em que destacarei (por questões de espaço) apenas os três pontos da argumentação que considero mais importantes para a compreensão da posição de Rancière

---

[1] Trata-se do título de um livro publicado em 1985 por Jean-Pierre Chevènement, ministro da Educação Nacional da França entre 1984 e 1986, no governo do presidente socialista François Mitterrand.

em relação à escola e seus vínculos com a igualdade. Em primeiro lugar, a concepção de *forma-escola*, definida como separação e não como preparação, com destaque para a questão da temporalidade. Em seguida, a diferença entre a forma-escola e a *aprendizagem* das oficinas pré-industriais, que introduz a discussão sobre o ensino profissionalizante, visto como um intermediário entre essas duas formas sociais. Por fim, aquilo que o filósofo denomina *"crise da escola"*, que pode ser entendida como a invasão da lógica da produção na escola, que lhe é heterogênea. Estes pontos são, ademais, aqueles que me parecem os mais fecundos para a reflexão sobre as escolas em nosso presente, como veremos nas considerações finais.

Escola e tempo livre

Nem transmissão de saberes, nem preparação para a vida adulta: a *forma-escola* é caracterizada por Rancière (2022, p. 78) como "o lugar situado fora das necessidades do trabalho, o lugar onde se aprende por aprender, o lugar da igualdade por excelência". O aspecto fundamental, aqui, é a ruptura com o mundo do trabalho e as desigualdades que o caracterizam, o que permite a constituição de um *lugar da igualdade por excelência*.

De acordo com o filósofo, a escola não iguala os estudantes pela difusão de seus conteúdos, nem por seus efeitos sociais posteriores, mas justamente por retirar os "escolares" (aqueles que frequentam as escolas) de seu universo familiar e social de origem, marcado pelas posições desiguais dos mundos do trabalho e da família: "Se a escola muda a condição social dos escolares, é principalmente porque ela os faz participar de seu espaço-tempo igual, separado das exigências do trabalho" (p. 79). Ou seja, não se trata de uma "promessa" de igualdade (que seria desmentida pela realidade social desigual ou pela não verificação da ascensão social dos estudantes), mas de uma *ocupação* governada por uma lógica heterogênea à lógica da ordem produtiva.

"Escola não quer dizer fundamentalmente aprendizagem, mas *tempo livre*" (p. 77, grifos nossos), afirma Rancière, referindo-se à diferença entre dois usos do tempo: o daqueles que estão sujeitos às obrigações do trabalho e da produção, em oposição ao daqueles que *têm tempo*. Esta é a ruptura simbólica fundamental operada pela escola pública democrática: "[...] o tempo livre, norma de separação entre os modos de vida nobre e vil, tornou-se parte da existência trabalhadora" (p. 79), a partir do momento em que os filhos dos trabalhadores passaram a frequentar a escola.

Em "Os usos da democracia" (2015, p. 61), artigo publicado em 1998, Rancière afirma que a origem dessa separação remonta à *"skholé* grega,[2] que deu nome à escola, [e que] significa antes de mais nada a condição das pessoas que têm tempo livre, que são iguais enquanto pessoas que têm tem-

---

[2] Outros autores da filosofia da educação contemporânea também reconhecem a potência da associação entre a escola e a *skholé* grega, mas apresentam algumas ressalvas. Walter Kohan (2018), por exemplo, afirma que em alguns casos gregos (como na escola de Isócrates) as aulas eram cobradas, o que significa que havia uma suspensão parcial da ordem da cidade, pois nela se abandonava a ordem natural do sangue, sem, contudo, estabelecer um espaço de fato aberto a todos, incondicionado. No mesmo sentido, Maximiliano López (2017) afirma que a forma-escola entendida como lugar de possibilidade, presença, indeterminação e igualdade "não é uma criação grega, mas contemporânea, e, embora recolha elementos da Antiguidade, de modo algum poderia ter sido pensada antes da Segunda Guerra Mundial" (LÓPEZ, 2017, p. 178). Cabe ressaltar, ademais, que herdamos dos gregos a igualdade, sim, mas também a economia e a vida social fundadas na desigualdade, ou melhor, na mais profunda forma de desigualdade: a escravidão. Em "Escola, produção, igualdade", Rancière afirma que o que há de comum entre os jovens atenienses "bem-nascidos" e a multidão heterogênea das escolas de periferia contemporâneas é *"nada além de uma forma"* (2022, p. 78, grifos do autor).

po livre e que, eventualmente, consagram esse privilégio social ao prazer do estudo". Neste sentido, ao universalizar seu alcance, a escola "igualiza" aqueles que acolhe por sua própria forma, ao retirar os jovens da classe trabalhadora das obrigações do universo produtivo.

No contexto da obra de Rancière, a discussão sobre o tempo livre ocupa um papel central. Em *A noite dos proletários* (1988), o filósofo estudou operários franceses que, nas décadas de 1830 e 1840, decidiram "não mais suportar o insuportável. Não exatamente a miséria, os baixos salários, os alojamentos desconfortáveis ou a fome sempre rondando, mas, fundamentalmente, *a dor pelo tempo roubado*" (Rancière, 1988, p. 9, grifos nossos). Ali, a "transformação do mundo" começava no momento em que esses trabalhadores decidiam se reunir em "noites dos proletários" para fundar um jornal, compor canções, escrever poemas ou conversar sobre filosofia, quando se esperava que dormissem para descansar e recuperar suas forças para retomar o trabalho no dia seguinte. Noites que interrompiam o curso natural das coisas e nas quais se vivia *já* o impossível: "[...] a suspensão da ancestral hierarquia que subordina os que se dedicam a trabalhar com as próprias mãos aos que foram contemplados com o privilégio do pensamento" (p. 10).

Em certo sentido, é sobre esta mesma suspensão que fala Rancière nos artigos "Escola, produção, igualdade" e "Os usos da democracia" ao retomar a ideia de *skholé*. Ainda que ao longo de sua obra a "conquista do tempo livre" pelos homens e mulheres do povo esteja vinculada principalmente a práticas autodidatas e a outras formas de "subversão da ordem do tempo" (Waks *et al.*, 2022), o filósofo também atribui à escola um papel de democratização do tempo livre, oferecido potencialmente a todos pela instituição, devido à sua própria *forma*, que está ligada à *skholé*.

Escola e aprendizagem

Em "Escola, produção, igualdade", depois de apresentar a forma-escola associando-a a *skholé*, Rancière a opõe a outra forma social: a *aprendizagem*. Não se trata exatamente da aprendizagem como a concebemos hoje, como os saberes (ou "habilidades e competências", no jargão contemporâneo) adquiridos pelos estudantes, mas da maneira como os aprendizes eram formados nas oficinas dos mestres artesãos para exercer ofícios. Na lógica da aprendizagem, a "verdadeira introdução ao universo do trabalho" só ocorreria no próprio exercício do ofício.

Entretanto, Rancière afirma que nos anos 1840 começou a circular um "monótono" discurso sobre a "crise da aprendizagem", como se os louvores aos poderes dessa forma social falassem sempre de um "paraíso perdido", do idílio das oficinas anteriores a 1789, nas quais supostamente "o aprendiz era formado no amor e nos segredos do ofício e, ao mesmo tempo, encontrava-se protegido da exploração desregrada do capitalismo" (RANCIÈRE, 2022, p. 82).

Em oposição a essa imagem idealizada da aprendizagem, o filósofo encontra nos arquivos operários[3] documentos em que são apresentadas diversas queixas contra a aprendizagem, indícios de sua "crise". Da parte dos pais, reclamações de que durante anos seus filhos eram meros serviçais dos mestres e de que só eram iniciados (com frequência, bastante mal) nos segredos do ofício nos últimos momentos de sua aprendizagem;

---

[3] Apesar de bastante diferente do estilo narrativo e do recurso à mistura de vozes que caracterizam *A noite dos proletários* e *O mestre ignorante*, percebe-se no artigo a marca do trabalho arquivístico de Rancière, com inúmeras referências a documentos históricos, principalmente do século XIX, momento-chave para a constituição tanto do proletariado quanto da escola moderna.

o que aprendiam de fato, segundo os pais insatisfeitos, era a depravação e a violência vigentes nas oficinas. Os mestres, por sua vez, reclamavam que se empenhavam em formar os aprendizes, mas que estes se apressavam a ir trabalhar em oficinas concorrentes assim que podiam, com a cumplicidade de seus pais. Os "observadores imparciais", por fim, diziam que o essencial residia no fato de que "a oficina, único lugar de formação do verdadeiro trabalhador, é também o lugar obrigatório de sua depravação" (p. 82).

Neste sentido, Rancière afirma que a suposta "crise da aprendizagem" (sempre escrita entre aspas no texto) era o funcionamento normal da entrada no universo operário. O tempo "perdido" pelos aprendizes seria um tempo "ganho" pelos operários, um atraso bem-vindo à sua entrada no mercado de trabalho. Assim, a aprendizagem preparava para a produção menos como aquisição de saberes técnicos e mais como uma forma específica de "participação-subtração" ao mundo do trabalho, ou seja, mais do que uma oposição entre prática e teoria, a aprendizagem se oporia à escola "como outro uso do tempo, como outra forma de *separação* marcada pela desigualdade" (p. 83, grifos do original).

Se o aspecto fundamental da forma-escola é justamente a igualdade e o distanciamento da produção, a aprendizagem, ao contrário, era marcada pela desigualdade e por sua continuidade com o mundo do trabalho. Na lógica da produção, o que convém aos jovens é aprender a *fazer* e – sobretudo – aprender uma *condição* ao mesmo tempo em que aprendem um ofício. Com efeito, mais do que um saber-fazer, o que se aprendia nas oficinas era um saber-ser; o que os jovens operários aprendiam de fato era a *condição trabalhadora*.

"Nesse sentido, a 'crise da aprendizagem' é sua excessiva adaptação às relações desiguais do mundo do trabalho" (p. 84), conclui Rancière. E o discurso nostálgico talvez fosse uma tentativa de conjurar a ameaça que a extensão da forma-escola representava para a socialização própria à aprendizagem, na medida em que a escola formava mais iguais do que a sociedade podia empregar, e estes "desclassificados"[4] eram denunciados como subversivos em potencial.

Com o tempo, os próprios industriais foram obrigados a admitir que as novas condições da indústria não permitiam mais que se propusesse a aprendizagem dos ofícios nos moldes clássicos. Para resolver a "crise da aprendizagem", passaram a ser necessárias *escolas profissionalizantes*, instituições marcadas, de acordo com Rancière, pela questão de como fazer coincidir as lógicas opostas da aprendizagem – entendida como *preparação* para o exercício de um ofício e para a condição operária – e da escola – vista como *separação* do universo da produção.

A crise da escola

É justamente nessa suposta continuidade entre forma-escola e forma-aprendizagem que se baseia a análise de Rancière da frase "aprender para empreender", retomada no final do artigo. A coincidência entre o tempo da escola e o tempo da aprendizagem é, segundo o filósofo, o "modo de ser contemporâneo do sistema escolar" (p. 98) e está na origem daquilo que é denominado "crise da escola". O tempo da *separação* próprio da forma-escola tornou-se *sincrônico* ao tempo do *atraso* próprio à forma-aprendizagem, e a função da escola passou a ser a subtração dos jovens (de uma faixa

---

[4] A *desclassificação* seria a "desordem" produzida pela extensão da forma igualitária da escola, que promoveria um "excesso de igualdade, mortal para a ordem social" (RANCIÈRE, 2022, p. 80). No diálogo que Rancière estabelece com os ditos sociólogos ao longo do artigo, o filósofo sugere que a denúncia da escola como *reprodutora* das desigualdades talvez seja apenas a "sucessora irônica" da denúncia de desclassificação.

etária cada vez mais importante, por um período cada vez mais longo) do mercado de trabalho. Com isso, a escola deixou de produzir efeitos de redistribuição social, pois estes "efeitos de transformação social não poderiam deixar de estar em conformidade com a sua essência: o *distanciamento da produção*" (p. 85, grifos do original).

Neste sentido, parece "estranho" a Rancière que políticos e pedagogos associem a revalorização da escola à missão de resolver a crise do emprego, como se vê na palavra de ordem "aprender para empreender". Os economistas são pessimistas a respeito dos efeitos da formação sobre o mercado, enquanto os próprios familiares, que antes enviavam seus filhos às escolas para que tivessem acesso a uma condição superior, hoje "não imaginam mais que haja outros lugares a ocupar além dos seus" (p. 100). Trata-se de um julgamento "afinal lúcido", conclui o filósofo, pois "ao se generalizar, a igualdade escolar acabou por anular seus efeitos" (p. 98) de mobilidade social e a lógica egoísta da aprendizagem passou a funcionar como lógica social geral.

Assim, Rancière (p. 98) identifica (e parece concordar com) um "ceticismo no que concerne aos poderes da escola para cumprir suas promessas sociais", mas se distancia dos críticos de uma escola "reprodutora", pois os acusa de operar uma sobreposição de idades e lógicas e de fazerem "do grau zero de uma escola reduzida à guarda de uma faixa etária a realidade em ato de seu conceito" (p. 99). Ou seja, o filósofo parece não discordar do diagnóstico de que a escola passa a ser reprodutora, à medida que absorve a lógica de seu contrário (a função de subtração/preparação da aprendizagem), mas recusa que isso caracterize a sua *forma*. Recusa, ademais, as propostas de adaptação da escola aos modos de ser dos filhos dos trabalhadores mais desfavorecidos, pois isso seria um "contrassenso radical", na medida em que ela "não é produtora de igualdade senão na medida em que é *inadaptada* às sensibilidades e aos modos de ser dos soldados do exército produtivo" (p. 100, grifos do original).

Nesse contexto de incredulidade, a afirmação "triunfante" de renovação da escola que Rancière identifica na palavra de ordem "aprender para empreender" parece ter uma função política, ser um discurso mobilizador. Resta saber, adverte o filósofo, se esse discurso não abre portas para uma renovação do velho discurso da adequação – da transformação dos sujeitos em *partes* distribuídas cada uma em seu lugar, de acordo com os dispositivos *policiais* – e dos saberes especializados na gestão do mito da suposta harmonia da escola com o mundo do trabalho, com destaque para a pedagogia.

Escola e igualdade

Apesar de aparentemente circunscrito a um contexto e a um debate específicos da década de 1980 na França, o artigo "Escola, produção, igualdade" é uma contribuição importante tanto para a filosofia da educação contemporânea quanto para a análise das políticas educacionais do Brasil atual. Até mesmo aquilo que no texto parece mais específico, como a frase do ministro, por exemplo, ou a discussão com Bourdieu e os ditos sociólogos ou pedagogos, são debates significativos em nosso contexto.

"Aprender para empreender", a frase cuja análise estrutura o texto de Rancière, poderia servir como lema da Reforma do Ensino Médio proposta pelo governo golpista de Michel Temer, em 2017. Camuflada em seus "itinerários", a reforma abre caminhos para a profissionalização do ensino médio, o que explicita uma concepção instrumentalizada da educação escolar e esvazia seu potencial igualitário, ao colonizá-la com a lógica desigual do mundo do trabalho, tornando sua principal preocupação a preparação das crianças e jovens oriundos de famílias mais pobres à *condição trabalhadora* e à *desigualdade*. A proposta do "projeto de vida", uma das grandes "inovações" do Novo Ensino Médio, sugere que todas as atividades escolares devem estar sempre ligadas a uma finalidade, normalmente associada à empregabilidade e à formação de sujeitos empreendedores. Esse fenômeno de invasão da escola pela lógica da produção, analisado por Rancière, também se manifesta na imposição às escolas públicas da lógica gestionária das avaliações e bonificações típicas das empresas privadas, ou ainda na obsessão com os indicadores de *aprendizagem*, que reduz a complexidade dos fenômenos educacionais e reforça a lógica individualista e concorrencial dos *rankings*.

Além dos ataques neoliberais à escola, o Brasil vive um período marcado pelo ultraconservadorismo. O projeto educacional do governo genocida de Jair Bolsonaro está centrado na descaracterização daquilo que Rancière denomina *forma-escola*, pois o que está em jogo em propostas como o *homeschooling*, a militarização de escolas e a "Escola sem Partido" (os eixos da agenda educacional da extrema-direita no poder) é justamente o *sentido da escolarização*. Como vimos, Rancière afirma que tirar as crianças do seio das suas famílias e fazer delas "escolares" as torna – ainda que provisoriamente – iguais. Suspender o papel de subordinação que ocupam como filhos ou seguidores de alguma fé, passando a ser apenas alunos e colegas, em certo sentido emancipa essas crianças, o que parece ser justamente o maior receio dos defensores do *homeschooling*, da "Escola sem Partido" e dos críticos da suposta "ideologia de gênero". Estas propostas ultraconservadoras para a educação buscam *desescolarizar* a escola justamente ali onde reside seu potencial igualitário.

É exatamente esse potencial igualitário da escola que diversos autores da filosofia da educação contemporânea recuperam – a partir da leitura de "Escola, produção igualdade" – para propor *defesas* e *elogios* da escola. É o caso de Jan Masschelein e Maarten Simons, por exemplo, filósofos da educação belgas que, em seu livro *Em defesa da escola* (2018), afirmam que muitas das críticas contemporâneas à escola estão vinculadas ao medo ou até mesmo ao *ódio* justamente dessa característica da escola: a de que ela "oferece 'tempo livre' e transforma o conhecimento e as habilidades em 'bens comuns', e, portanto, tem o *potencial* para dar a todos, independentemente de antecedentes, talento natural ou aptidão, o tempo e o espaço pra sair de seu ambiente conhecido" (MASSCHELEIN; SIMONS, 2018, p. 10, grifos do original). Constituir os jovens como "estudantes" ou "alunos", suspendendo os laços familiares e criando tempo livre, seria a instauração da *skholé*.

Nesta perspectiva, a escola não é um meio para alcançar a igualdade. É um fim em si mesma e pode proporcionar *experiências de igualdade*, justamente na medida em que suspende – e profana – a lógica desigual dos mundos do trabalho e da família. A radicalidade da concepção de forma–escola de Rancière está precisamente na afirmação de que não se trata de uma promessa de igualdade futura, mas da possibilidade de realização em ato dessa igualdade e da ruptura com identidades ou destinos preconcebidos.

Referências

ALTHUSSER, Louis. Idéologie et Appareils Idéologiques d'État. In: ALTHUSSER, Louis. *Sur la reproduction*. Paris: Presses Universitaires de France, 1995. p. 269-314.

BOURDIEU, Pierre; PASSERON, Jean-Claude. *A reprodução: elementos para uma teoria do sistema de ensino*. Tradução de Reynaldo Bairão. São Paulo: Editora Vozes, 2014.

KOHAN, Walter; DURAN, Maximiliano. *Manifesto por uma escola filosófica popular*. Tradução de Pamela A. Parra G. Rio de Janeiro: NEFI, 2018.

LÓPEZ, Maximiliano; MASSCHELEIN, Jan; SIMONS, Maarten. *Skholé* e igualdade. In: LARROSA, Jorge (Org.). *Elogio da escola*. Tradução de Fernando Coelho. Belo Horizonte: Autêntica, 2017. p. 177-193.

MASSCHELEIN, Jan; SIMONS, Maarten. *Em defesa da escola: uma questão pública*. Tradução de Cristina Antunes. Belo Horizonte: Autêntica, 2018.

RANCIÈRE, Jacques. *A noite dos proletários: arquivos do sonho operário*. Tradução de Marilda Pedreira. São Paulo: Companhia das Letras, 1988.

RANCIÈRE, Jacques. Escola, produção, igualdade. Tradução e notas de Jonas Tabacof Waks e Anita Pompéia Soares. In: CARVALHO, J. S. F. de (Org.). *Jacques Rancière e a escola: educação, política e emancipação*. Belo Horizonte: Autêntica, 2022. p. 75-103.

RANCIÈRE, Jacques. *O mestre ignorante: cinco lições sobre a emancipação intelectual*. Tradução de Lílian do Valle. Belo Horizonte: Autêntica, 2013.

RANCIÈRE, Jacques. Os usos da democracia. In: RANCIÈRE, Jacques. *Nas margens do político*. Lisboa: KKYM, 2015. p. 47-68.

WAKS, Jonas Tabacof. Educação e emancipação no pensamento de Jacques Rancière. In: CARVALHO, José S. F. (Org.). *Pensar a educação em um mundo problemático: o olhar da filosofia*. São Paulo: Intermeios, 2021. p. 171-182.

WAKS, Jonas Tabacof *et al*. Tomada da palavra e conquista de tempo livre: uma entrevista com Jacques Rancière. In: CARVALHO, José Sérgio Fonseca de (Org.). *Jacques Rancière e a escola: educação, política e emancipação*. Belo Horizonte: Autêntica, 2022. p. 25-49.

Igualdade é uma palavra que o sonho humano alimenta:[1] Rancière e a crítica aos discursos pedagógicos contemporâneos

José Sérgio Fonseca de Carvalho

> *Queremos saber*
> *[...]*
> *Sobre a descoberta da antimatéria*
> *E suas implicações*
> *Na emancipação do homem,*
> *[...]*
> *Homens pobres das cidades,*
> *Das estepes dos sertões*
> *[...]*
> *Pois se foi permitido ao homem*
> *Tantas coisas conhecer*
> *É melhor que todos saibam*
> *[...]*
> *Queremos saber, todos queremos saber.*
> Gilberto Gil

---

[1] O título faz uma óbvia alusão à conhecida passagem da obra *O romanceiro da Inconfidência* (1953), de Cecília Meireles: "Liberdade é uma palavra que o sonho humano alimenta, não há ninguém que explique e ninguém que não entenda".

Um marco fundador: o amor à igualdade como princípio da educação republicana

No prefácio da segunda edição de O espírito das leis, Montesquieu (1996) adverte seu leitor quanto ao sentido peculiar que confere ao termo "virtude" em suas reflexões acerca das relações entre política e educação. Não se trata, esclarece o autor, de uma *virtude moral* – nem *cristã* –, mas sim de uma virtude especificamente política: *o amor à igualdade*. Ela se relaciona antes com os vínculos que unem os cidadãos entre si e com o regime de governo em que vivem do que com escolhas subjetivas e pessoais. Essa virtude – o amor à igualdade – é o *princípio* que anima o regime republicano como modo de vida. Paralelamente à sua estrutura jurídica e política, todo e qualquer regime de governo implementa e cultiva um princípio que opera como elemento afetivo propulsor das ações dos súditos ou cidadãos, pois, para Montesquieu, "nenhuma forma de governo subsiste se faltar a paixão que lhe serve de suporte" (RIBEIRO, 1996, p. XX). Daí a importância que o pensador francês atribuirá à educação, tema do qual se ocupará já nas primeiras seções de sua obra, logo após definir a natureza e o princípio de cada regime. É em grande medida à educação que caberá desenvolver as diferentes disposições afetivas e políticas que conferem a cada espécie de regime político sua vitalidade, seu reconhecimento e sua legitimidade por parte dos que são governados.

Em diálogo com a tradição aristotélica, Montesquieu concebe o homem não como um ser meramente gregário ou social, mas como um *ser político*, dotado da faculdade de forjar modos próprios de existência coletiva. Os diferentes modos de organizar a vida em comum serão por ele classificados em três tipos básicos: o regime republicano, no qual a soberania pertence ao povo (em sua versão democrática) ou a uma parte dele (em sua versão aristocrática); o monárquico, no qual um só governa, mas com base em leis estáveis; e o despótico, um regime sujeito aos caprichos de um homem só, em geral "voluptuoso e ignorante" (MONTESQUIEU, 1996, p. 42). E a cada regime – ou estrutura de exercício do poder estatal – corresponderá um princípio unificador peculiar: a honra, no caso da monarquia; o medo, no do despotismo; e a virtude, no do regime republicano. Daí porque as leis da educação e suas instituições terão de ser diferentes em cada espécie de governo.

No caso da monarquia – cujo princípio é a honra –, a educação pouco ou nada depende de instituições públicas como a escola, uma vez que é na própria experiência cotidiana, por impregnação e exemplo, que ela se realiza. Voltada para a consolidação de diferenças hierárquicas, a educação fundada no princípio da honra almeja mais a distinção social do que a comunhão entre súditos: "[...] as ações dos homens não são julgadas como boas, mas sim como belas; não como justas, mas sim como grandes; não como razoáveis, mas sim como extraordinárias" (p. 42). Já no regime despótico, a educação tende a cumprir um papel ínfero, pois se limita a fomentar o temor nos corações e a difundir alguns princípios mais simples da religião e dos costumes. A disposição para a obediência irrefletida, característica desse modo de vida, supõe e fomenta a ignorância tanto nos que obedecem como naquele que comanda, já que o governante "não precisa deliberar, duvidar nem raciocinar; ele só precisa querer" (p. 45). Daí a observação irônica de Montesquieu acerca do lugar da educação nos regimes despóticos: "E por que [no despotismo] a educação se esforçaria para formar um bom cidadão? Ora, se ele amasse ao Estado ficaria tentado a sabotar o governo [...]" (p. 42).

Ao contrário, no governo republicano a educação – particularmente em sua forma pública e institucional, a escola – torna-se um dispositivo crucial:

> É no governo republicano que se precisa de todo o poder da educação. O temor dos governos despóticos nasce espontaneamente entre as ameaças e os castigos; a honra das monarquias é favorecida pelas paixões e as favorece, por sua vez; mas a virtude política é uma renúncia a si mesmo, que é sempre algo muito difícil [porque] exige que se prefira continuamente o interesse público ao seu próprio interesse (p. 46).

Assim, mais do que uma competente iniciação em saberes e conhecimentos, a educação republicana deve almejar, para Montesquieu, a transmissão intergeracional de um afeto: *o amor à igualdade*. E, lembra-nos o autor: "[...] se temos o poder de transmitir nossos conhecimentos a nossos filhos, temos o poder ainda maior de transmitir-lhes nossas paixões" (p. 46) – entre elas, a paixão pela igualdade, princípio afetivo que vincula cada cidadão a uma comunidade política na qual se insere e da qual participa; uma paixão que a vida republicana fomenta e que, por sua vez, lhe renova o vigor.

É sobremaneira difícil, mesmo em um pensador político tido por *realista* como Montesquieu, operar com precisão um recorte entre o que é um esforço de compreensão do real e o que pode ser uma proposição programática; entre o que pode ser descrito como "o espaço em que a vocação é do cientista e outro em que ela é do político" (Ribeiro, 1996, p. XXXV). Felizmente para aqueles, como nós, que nele buscamos subsídios para o pensamento e a ação educacional, essa cisão se torna, em grande medida, ociosa. Ao vincular a educação republicana ao *amor à igualdade*, Montesquieu lança a todos aqueles que se ocupam da educação um desafio simultaneamente teórico e prático, reflexivo e programático. As relações entre educação e igualdade tornaram-se, desde então, um problema ao qual professores, pedagogos, políticos, sociólogos e filósofos têm voltado sua atenção de forma incessante. Entre outras razões, porque um princípio – por mais consensual que possa vir a ser em uma sociedade – jamais carrega em si as regras de sua aplicação prática. E as escolhas relativas às formas de sua efetivação sempre estarão sujeitas ao confronto com concepções alternativas que, a despeito de compartilharem o mesmo princípio, nele vislumbram sentidos diversos e dele retiram novas implicações.

A igualdade de oportunidades: horizonte normativo ou dissimulação da dominação?

Uma primeira – e até hoje bastante influente – forma de operacionalização prática desse princípio republicano foi a idealização da escola como uma instituição potencialmente capaz de materializar a utopia liberal de uma sociedade erigida a partir da igualdade de oportunidades e da valorização dos méritos individuais como fundamentos legítimos para a divisão desigual de riquezas e de prestígio social. Se em sociedades estamentais a hierarquia social deriva diretamente dos laços de sangue, no ideal das democracias liberais modernas ela deveria se fundar em uma competição livre e justa entre indivíduos concebidos como iguais em direitos e liberdades. Uma competição análoga, por exemplo, à lógica das disputas esportivas que se consolidaram a partir das últimas décadas do século XIX. Assim, se as escolas lograssem efetivar o princípio da igualdade de oportunidades, as desigualdades escolares e sociais dela derivadas seriam tão justas quanto as que decorrem de uma competição esportiva na qual há vencedores e perdedores, sem que se coloque em questão a legitimidade do resultado, desde que garantidas a imparcialidade do árbitro e a observância das regras (DUBET, 2004). O problema residiria, pois, na implementação de políticas públicas de educação que garantissem a universalidade do acesso à escola e a imparcialidade de seus critérios de seleção, de forma que todos pudessem, ao menos em princípio, concorrer em igualdade de condições.

Embora as formulações teóricas e o reconhecimento jurídico do igual direito de todos à educação remontem ao século XIX, foi somente na segunda metade do século XX que um número significativo de países conseguiu romper com a dicotomia que destinava a escola elementar aos filhos de trabalhadores e o ensino secundário às elites econômicas e culturais. A universalização das oportunidades escolares tornou-se objeto de uma luta que ultrapassou largamente o escopo do pensamento liberal. Na França, a reforma Langevin-Wallon, conduzida por intelectuais vinculados ao pensamento marxista, pregava a expansão da oferta de escolarização para as classes trabalhadoras como uma forma de fomento à igualdade. No Brasil, a defesa da escola pública nos anos cinquenta congregou intelectuais de posições tão diversas quanto Florestan Fernandes e Roque Spencer M. de Barros. Como destaca Dubet (2004, p. 36), o princípio da igualdade de oportunidades deixou, assim, de ser apenas "um avatar da ideologia liberal e burguesa para se tornar uma concepção fundamental de justiça em uma sociedade democrática composta de indivíduos *a priori* iguais entre si".

O ideal de universalização do acesso à educação básica, embora até agora não plenamente logrado, conheceu êxitos significativos desde então. No caso brasileiro, a eliminação da barreira de acesso aos estudos secundários – iniciada no final da década de 1960 e generalizada ao longo das seguintes – implicou uma transformação substancial nas práticas escolares e nos debates acerca da educação. Mas, não obstante os inegáveis méritos da abertura da escola a segmentos da população que a ela jamais haviam tido acesso, a medida frustrou a expectativa de concretização de uma igualdade de oportunidades. A cisão, cristalizada desde então, entre os sistemas público e privado de educação realocou o privilégio dos privilegiados em novas bases, de forma que o acesso aos cursos superiores de maiores prestígio social e retorno econômico permaneceu sendo um privilégio das elites oriundas das escolas privadas. Mas, mesmo em países nos quais o sistema público de educação é hegemônico, como no caso da França, a esperança transformou-se em desilusão. Em que pese o aumento significativo da escolarização da população como um todo, operou-se uma espécie de democratização seletiva, tanto em decorrência de fatores externos à escola – como a concentração das melhores escolas em bairros privilegiados – como por fatores internos, uma vez que as práticas escolares tendem a privilegiar alunos e alunas cujos hábitos culturais familiares estão mais próximos de seus valores e expectativas (BOURDIEU; PASSERON, 2017). Haveria, assim, mais do que o mérito individual em jogo na seleção operada pela escola.

A universalização da oferta de escolarização acabou, pois, por explicitar a tensão inerente ao conflito entre o ideal moderno de uma sociedade formada por sujeitos políticos concebidos como iguais e livres e a condição empírica de indivíduos concretos, cujo contexto social e hábitos culturais têm efeitos expressivos na competição por diplomas, carreira e prestígio. Explicitou, ainda, a fragilidade dos critérios e a fidedignidade dos meios pelos quais os sistemas escolares se propõem a efetivar uma seleção que se pretende meritocrática. O amplo reconhecimento desses conflitos e das fragilidades do modelo de igualdade de oportunidades, tal como se desenvolveu nessas décadas, gerou pelo menos duas grandes tendências, cujas relações vão das tentativas de articulação e complementariedade à rejeição mútua.

Para uma parcela importante de intelectuais e profissionais da educação, o princípio da igualdade de oportunidades, a despeito de seus limites, permanece como *um horizonte normativo* (DUBET, 2004) para o pensamento e as práticas educativas. Não seria o caso, pois, de se abandonar o princípio da igualdade de oportunidades, mas sim de aperfeiçoá-lo constantemente por meio de medidas de justiça distributiva. Políticas públicas de ação afirmativa – como as cotas – não significam, neste sentido, a renúncia à ideia de mérito e da igualdade de oportunidades. Ao contrário, elas simplesmente procuram atenuar distorções geradas por processos seletivos que desconsideram o peso de fatores extraescolares no rendimento da aprendizagem. O mesmo pode ser afirmado em relação às políticas de reconhecimento da diversidade cultural e de sua valorização na experiência escolar. Em sua grande maioria, elas almejam precisamente aumentar a igualdade de oportunidades, relativizando uma cultura escolar muito estreitamente ligada a um arbitrário cultural que se legitima como universal e ideal, sempre em detrimento de heranças e práticas culturais ignoradas ou menosprezadas pela escola (BOURDIEU; PASSERON, 2017).

Por outro lado, a partir da década de 1970, assiste-se à emergência de um conjunto de investigações sociológicas – as chamadas teorias reprodutivistas – que irão abordar o problema das relações entre educação e igualdade a partir de uma nova ótica, de cunho macroestrutural. Em que pese a ampla variedade de perspectivas geralmente identificadas como reprodutivistas, parece haver entre elas ao menos um traço em comum: a explicitação das formas pelas quais as relações de poder exteriores à escola – sejam elas de cunho cultural ou econômico – condicionam escolhas curriculares, normas de funcionamento e mecanismos de seleção escolar, sempre de forma a privilegiar os segmentos já privilegiados da sociedade e, ao mesmo tempo, legitimar e ocultar esse processo de reprodução das desigualdades sociais. A força argumentativa dessas investigações desferiu um duro golpe no ideal da igualdade de oportunidades, que desde então tem sido muitas vezes visto menos como um horizonte normativo de justiça do que como um ardil retórico e ideológico comprometido com a legitimação e a dissimulação do papel da escola na produção e reprodução das desigualdades de classe que marcam a sociedade capitalista.

As apropriações pedagógicas das teorias reprodutivistas

O impacto das teorias reprodutivistas no campo da educação – mais ligado à sua divulgação por comentadores do que à leitura das investigações originais – não deve ser subestimado. Entre professores, sua difusão gerou, muitas vezes, um ceticismo paralisante. A transmutação de uma regularidade estatística, construída a partir de um contexto específico em uma verdade pretensamente universal transformou o que era uma correlação condicional em causalidade determinista. E, nessa operação, acabou por transformar o pertencimento a um segmento social em signo indicador de um destino escolar inexorável: a reprovação e o fracasso. A naturalização do "fracasso escolar" migrou, então, da ideologia do dom pessoal para a ideologia do capital cultural.

Foi em grande medida em resposta a esta tendência, cética em relação ao papel da escola na promoção da igualdade, que um conjunto expressivo de teóricos e intelectuais da educação procurou tecer novas formas de enfrentar o desafio de vincular a ação educativa ao princípio da igualdade, sem ignorar a contribuição dessas teorias sociológicas. Em um texto paradigmático desse movimento, Demerval Saviani reconhece a importância dessas investigações sem, contudo, deixar de apontar seus efeitos potencialmente paralisantes para a ação pedagógica: marcadas por uma visão *mecanicista e não-dialética*, as teorias reprodutivistas não apresentariam uma "proposta pedagógica, além de combaterem qualquer uma que se apresente" (Saviani, 2003, p. 89). Assim, em resposta a esse desafio, as pedagogias histórico-críticas, segundo Saviani (p. 91), procuraram "articular uma proposta pedagógica cujo ponto de referência, cujo compromisso seja a transformação da sociedade e não a sua manutenção, sua perpetuação".

As críticas de Saviani refletem um movimento importante do pensamento pedagógico, embora não diferenciem com clareza dois aspectos complementares, porém distintos da eventual contribuição das teorias reprodutivistas ao pensamento educacional: seu valor heurístico e seu impacto prático. Ao adotarem uma perspectiva macroestrutural, essas investigações não almejavam descrever práticas escolares específicas nem propor alternativas pedagógicas, mas simplesmente apresentar uma crítica à visão, até então dominante, de que a cultura escolar poderia permanecer autônoma em relação aos conflitos e lutas de classe que marcam as sociedades em que ela se insere (Cerletti, 2008). Nesse sentido, convém separar a pertinência de algumas críticas a seus problemas teóricos – como a noção, nelas presente, de um poder centralizado e de vetor único – das apropriações céticas ou mesmo niilistas de sua recepção no debate pedagógico. De qualquer forma, para os propósitos desta reflexão, importa sobretudo analisar seu impacto nos discursos pedagógicos que, ao incorporarem aspectos de suas interpretações acerca das relações entre práticas escolares e reprodução das desigualdades sociais, propõem novas formas de vincular a ação educativa à igualdade e à emancipação social.

Um claro exemplo dessa apropriação pedagógica visando estabelecer novas bases para uma educação comprometida com a emancipação social e a igualdade pode ser encontrada na obra *Os professores como intelectuais* (1997), de Henry Giroux. Para o educador estadunidense, o desenvolvimento de uma perspectiva crítica na educação exige dos professores "uma espécie de diálogo e crítica que *desmascare* a tentativa da cultura escolar dominante de fugir da história, e que questione as suposições e práticas que informam as experiências vividas na escolarização cotidiana" (GIROUX, 1997, p. 39), de forma a "revelar a *distinção* entre a *realidade* e as condições que *escondem a realidade*" (p. 41).

Ora, em que pese a radical diferença entre seus pressupostos teóricos, é notável a semelhança entre a proposta de Giroux e a icônica imagem a que Platão (2000, Livro VII) recorre para veicular a tarefa educativa do filósofo: emancipar os habitantes da caverna por meio de uma *ortopedia do olhar* (BRAYNER, 2018) cuja função seria precisamente a superação da ilusão, desvelando um suposto simulacro que se interporia entre o sujeito e o real. Em ambos os casos, trata-se de propor uma gradativa apropriação do real que, pedagogicamente orientada, garantirá o processo emancipatório e sua promessa de justiça e igualdade como objetivos a serem alcançados ao final de uma longa jornada. Uma igualdade geométrica em Platão que se transmutará em uma igualdade de oportunidades no projeto liberal republicano e, finalmente, resultará na reformulação pedagógica e curricular visando o desvelamento da ideologia e a superação das desigualdades sociais nas pedagogias histórico-críticas. Na verdade, em todos esses casos, igualdade e emancipação são tomadas como *objetivos* da ação educativa. Uma ação cuidadosamente planejada e prevista por aqueles que se concebem como detentores de um saber acerca do real – e de um saber acerca de suas formas de transmissão –

que permanece oculto aos olhos dos leigos. E será em clara contraposição a esses dois pressupostos que Jacques Rancière tecerá uma crítica radical dos discursos políticos e pedagógicos que evocam a emancipação e a igualdade como uma promessa dos que sabem aos que ignoram.

Rancière: a igualdade como ponto de partida do caminhar

A ruptura que Rancière opera no debate já se inicia com a forma pela qual tece seu ponto de vista em relação às tendências dominantes nas discussões sobre as relações entre educação, igualdade e emancipação. Sua obra *O mestre ignorante* (2011) não corresponde a qualquer classificação acadêmica corriqueira: trata-se de uma narrativa de um evento do século XIX permeada por questões filosóficas, políticas e educacionais que dialogam com os debates que marcam a segunda metade do século XX sem, contudo, a eles fazer referências diretas. Jacotot – seu personagem central – é um revolucionário francês exilado nos países baixos a quem foi confiado um posto na Universidade da Lovaina. Lá ele se depara com um desafio inusitado: ensinar francês a alunos que falam neerlandês sem que ele domine esta língua. Sua ignorância da língua nativa de seus alunos o leva a uma aventura intelectual e pedagógica à qual responde sugerindo-lhes a leitura de uma edição bilíngue da obra *As aventuras de Telêmaco*, de Fénelon. Como não conhecia a língua de seus alunos, Jacotot nada podia lhes transmitir além de um desafio intelectual: eles deveriam enfrentar, por si mesmos, com o recurso de suas próprias inteligências e sem a interferência e a explicação de um mestre, o desafio de compreender uma obra, de interpretar seu sentido e ser capaz de sobre ela falar e escrever.

O entusiasmo com que os alunos acolheram sua proposta e o resultado exitoso dessa experiência levaram Jacotot a pôr em questão a própria estrutura que preside a relação pedagógica: a noção de que cabe ao professor *explicar* a matéria – ou o objeto de estudos – a seus alunos a fim de que estes a compreendam e, assim, caminhem gradativamente em direção à superação da desigualdade que marca os lugares de aluno e de professor. Mas, pergunta Jacotot, seria a *explicação* – a sequência de atos mediadores visando *dispor os elementos do saber a ser transmitido a partir de seu suposto acordo com as capacidades alegadamente limitadas das mentes ainda não instruídas* (RANCIÈRE, 2022) – realmente um passo em direção à igualdade? Ou, na verdade, o ato de explicar seria, antes, a expressão da própria crença na desigualdade como constituinte da relação pedagógica? Explicar algo a alguém não implicaria sugerir que, sem a explicação de um mestre que detém saberes, informações e verdades ocultas àqueles a quem ele ensina, estes seriam incapazes de aprender? O ato de explicar não expressaria a convicção de que, sem o olhar iluminado de um professor que detém a ciência e desvela os ardis da ideologia, os alunos estariam fadados a permanecer na caverna das ilusões? E, sobretudo, a prática explicativa não implicaria serem os mestres não somente detentores do conhecimento, mas também dos saberes necessários à sua transmissão, ou seja, serem detentores de um *saber* acerca da ignorância do outro?

Ora, para Jacotot, a pedagogia da explicação e seus pressupostos fundantes – a desigualdade como ponto de partida e a igualdade como objetivo – prometem a emancipação, mas promovem o embrutecimento. Isto porque, ao projetar a igualdade para um futuro – sempre adiado, sempre um pouco além –, essas práticas pedagógicas acabam por negá-la como axioma que potencializa ações capazes de atestá-la no presente. Quando propôs a seus alunos uma aventura intelectual que deles exigia um caminho próprio no aprendizado da língua francesa, Jacotot apostou menos em qualquer sistema pedagógico do que em uma convicção política que marca sua trajetória como homem público e como professor: a crença na igualdade das inteligências. Trata-se, de forma sucinta, da convicção de que todo e qualquer ser humano é igualmente capaz de compreender e traduzir para si – ou reconfigurar e ressignificar – qualquer obra criada por outra inteligência humana, uma inteligência que não é superior nem inferior à sua. Não se trata, para Jacotot, de relativizar e equalizar as diferentes manifestações de uma capacidade comum, mas antes de distinguir a capacidade compartilhada das formas específicas e singulares em que ela se manifesta.

A igualdade das inteligências não é, pois, tomada por Jacotot como um *fato* empírico, mas como um axioma inicial – um princípio gerador de ações – que reflete uma convicção política. A adoção deste axioma nada tem a ver com um questionamento acerca, por exemplo, da fidedignidade de pesquisas empíricas ou de testes psicométricos. Ela representa, antes, um significativo deslocamento conceitual. O que um teste de QI, voltado para a mensuração do desempenho específico de um indivíduo em provas de raciocínio lógico-matemático, mede? A *inteligência* ou a mera manifestação pontual e circunstancial de uma capacidade comum que se manifesta em todo e qualquer ato de criação de uma obra humana, seja ela a fabricação de uma luva, a tessitura de uma obra literária ou a resolução de uma equação?

Mas a crítica de Jacotot é ainda mais profunda do que o exemplo acima sugerido. Trata-se de pôr em questão qualquer forma de atestação empírica da igualdade – ou de seu contrário, a desigualdade – como um *fato* passível de mensuração para concebê-la, antes, como uma *potência* capaz de se atualizar na concretude de um gesto presente. Esse deslocamento conceitual transforma as noções de *igualdade* e *desigualdade* em elementos operativos do discurso e da ação política. Elementos estes que não se deixam apreender por reduções a dados estatísticos ou a mensurações psicométricas. É neste sentido que Rancière (2003, p. 71) nos adverte que "liberdade e igualdade são potências que se engendram e crescem por um ato que lhes é próprio". Não se pode, pois, falar de uma liberdade ou de uma igualdade "ilusória". Elas devem, antes, ser concebidas como *potências* "em relação às quais convém verificar os efeitos" (p. 71) por meio de atos que a fazem eclodir e vir à tona.

Assim, afirmar que somos "seres livres" não implica asseverar um *fato*, mas apenas atestar que, ao agir – ao romper com qualquer sorte de determinação ou de amarras do passado sobre o presente –, nós verificamos a existência da liberdade como potência sempre presente de fazer eclodir o novo, o inesperado, o imprevisível (ARENDT, 1996). Não somos, pois, livres antes do ato, nem conquistamos a liberdade como resultado do ato. É no próprio ato – e somente nele – que a liberdade se manifesta como uma realização concreta e presente. Somos livres ao agir livremente porque verificamos em ato a potência da liberdade. De forma análoga, somos iguais não porque estejamos inseridos em um ordenamento jurídico que enuncia a igualdade, mas porque somos capazes de produzir formas até então inusitadas de verificação da igualdade de todos com qualquer um, nos mais diversos domínios de nossas existências.

Ora, o exercício proposto por Jacotot a seus alunos é precisamente um ato de verificação da igualdade. E ele assim se constitui não porque o conhecimento transmitido pela obra – seu conteúdo pedagógico – tenha a propriedade de gradativamente reduzir a suposta desigualdade entre mestre e alunos, mas porque a experiência de afirmar em ato a igualdade das inteligências – de verificá-la em sua manifestação presente – subverte a ordem hierárquica que comanda o ato pedagógico. Não se caminha em direção à igualdade. Ela é, antes, o ponto de partida do caminhar.

Assim, *verificar* o axioma da igualdade implica criar uma forma de torná-lo *verídico* por um ato que dá a ver – no espaço comum – os efeitos de sua adoção. Noutras palavras, ao tomar a igualdade como um princípio, nós podemos produzir um evento que a testemunhe como capacidade, ainda que em um domínio específico e não totalizador. Trata-se de uma noção que se torna evidente pela mera constatação de que todos nós nos tornamos *igualmente* dotados da capacidade de falar – de dominar uma linguagem, de participar de um *logos*[2] comum – como decorrência do fato de que nossos pais, irmãos e amigos se dirigiram a cada um de nós, enquanto éramos bebês (na qualidade de *infans*, de seres ainda não falantes, segundo a língua latina), como *se fôssemos* falantes dotados da mesma e igual capacidade de todos os demais. É, pois, porque cremos na igualdade como ponto de partida que a atualizamos – que a *verificamos*, no sentido de torná-la uma verdade tangível – a cada nova experiência do presente. Assim, ao acolher cada *infans* como um potencial falante, dele fazemos um igual participante de uma comunidade de falantes. Se fôssemos adotar o preceito de nos adaptar aos supostos limites da inteligência do outro – neste caso, o *infans* – não nos dirigiríamos a ele com frases e interrogações que o tomam como um igual, mas a partir de balbucios. Não se

---

[2] Em *O desentendimento* (2018) Rancière alude à clássica distinção aristotélica entre *phoné* – a capacidade de comunicação imediata de diversos animais – e o *logos* – discurso, linguagem, razão –, que faz do homem um ser político. Ser dotado de linguagem *é* ser inteligente, é conferir inteligibilidade à experiência.

trata, pois, de uma ilusão, mas de uma aposta: ao incorporar o axioma da igualdade, nós a produzimos. Como afirma Rancière (1987, p. 32),

> No rendimento desigual das diversas aprendizagens intelectuais, o que todos os filhos dos homens aprendem melhor é o que nenhum mestre lhes pode explicar – a língua materna. Fala-se a eles, e fala-se em torno deles. Eles escutam e retêm, imitam e repetem, erram e se corrigem, acertam por acaso e recomeçam por método, e em idade muito tenra [...] são capazes, quase todos – qualquer que seja seu sexo, condição social e cor de pele – de compreender e de falar a língua de seus pais.

É, pois, a partir de uma experiência de igualdade – a igual capacidade de todos de participarem de uma linguagem comum por meio da qual expressamos não só nossas necessidades, mas nossos desejos, juízos e formas de compreensão do mundo – que os filhotes dos humanos se humanizam. E é sobre esta igualdade primeira que se constrói toda e qualquer desigualdade social posterior. Isso porque mesmo aquele que se julga superior deve admitir uma igualdade inicial básica: aqueles a quem considera seus inferiores têm de ser *igualmente* capazes de dominar a língua e os signos por meio dos quais ele lhes comunica sua alegada – e arbitrária – superioridade. Como destaca Rancière (2022): *há uma igualdade dos seres falantes que antecede a relação de desigualdade, uma relação que cria as próprias condições para a existência de qualquer desigualdade. É isto que Jacotot chama de igualdade das inteligências.* Assim, as diferenças nas manifestações da inteligência simplesmente refletem um maior ou menor empenho na execução da tarefa; uma vontade mais ou menos empenhada em uma atividade determinada, que não deve ser confundida com uma hierarquia de inteligências ou capacidades. Daí porque caberá ao mestre – ou ao professor – agir não sobre a inteligência do aluno que se debruça sobre uma obra, mas sobre sua *vontade*, a fim de que ele se conceba e atue a partir da convicção de sua igual capacidade de produzir, interpretar e traduzir qualquer obra criada pela inteligência humana.

O deslocamento conceitual operado por Rancière não é, pois, meramente teórico. Dele resulta a proposição de uma perspectiva radicalmente inovadora quanto à natureza do trabalho docente comprometido com uma prática emancipadora e vinculada ao princípio da igualdade. Em primeiro lugar, porque os caminhos da emancipação e da igualdade deixam de ser vinculados à comunicação de um saber – o da ciência, no projeto republicano, ou o dos ardis da ideologia, nas pedagogias críticas – para se constituir em uma forma de relação com o conhecimento e com os que com ele interagem. O que o mestre emancipador transmite não é, pois, um conteúdo supostamente emancipador, mas uma vontade política de emancipar-se: a decisão de romper *o círculo da impotência* que leva alunos e alunas a crerem no axioma da desigualdade das inteligências. Trata-se, pois, de superar a engrenagem pedagógica que visa justificar o lugar de cada um no ideal de uma sociedade orgânica, tal como a descreve Durkheim (1965).

Mas Rancière mobiliza a reflexão de Jacotot também como crítica a apropriações pedagógicas da sociologia de Bourdieu e Passeron, na medida em que estas recorrem a investigações empíricas a fim de *atestar* a desigualdade como um fato sociológico acessível somente ao olhar do especialista, capaz de informar e desvelar a seus inferiores – os professores – o *verdadeiro* sentido de seu exercício profissional: a dissimulação da reprodução social. Cria-se, a partir dessas apropriações, um duplo caminho para a reiteração da desigualdade que se pretende denunciar e combater. Em uma primeira via, cabe aos professores, agora iluminados pelos especialistas, promover reformas nos conteúdos e práticas escolares a fim de adaptá-los ao *capital cultural* das crianças menos favorecidas, aumentando suas eventuais chances de êxito escolar. A outra, de cunho mais fatalista, concebe a reprodução das desigualdades como um elemento estrutural do sistema escolar. Nessa perspectiva, a eventual superação dessa tendência ao fracasso se explicaria antes por algum tipo de resiliência do aluno do que pela fragilidade da estrutura de reprodução.

Assim, embora as autoproclamadas pedagogias críticas rompam com a visão organicista que animou a criação da escola republicana, com esta partilham dois pressupostos fundamentais: (1) emancipação e igualdade seriam *objetivos* só alcançáveis ao final de uma longa jornada e (2) resultantes da universalização da transmissão de um saber. Tanto na versão organicista como na histórico-crítica, o ponto de partida é o mesmo: a convicção da desigualdade. Se na primeira esta resulta da diferença entre dons e méritos pessoais, na segunda ela procederia de uma alegada incompatibilidade entre o legado (ou *capital*) cultural das crianças das classes trabalhadoras e a cultura escolar, vinculada aos *habitus* dos segmentos dominantes. Ademais, acrescenta Rancière (2002), ambas padecem de mais um equívoco comum: não se dão conta de que *a distribuição de conhecimento, em si mesma, não implica consequências igualitárias em relação à ordem social*. Em síntese, a despeito do antagonismo entre as respectivas visões de sociedade, ambas assumem a igualdade como fruto de uma longa jornada cujas veredas só alguns conhecem. E, ao assim fazerem, reiteram o caráter desigual de uma ordem social em que alguns – os sociólogos ou os professores – sabem não só da ignorância dos outros como dos meios para superá-la.

Já em Jacotot, o mestre atesta seu compromisso com a emancipação intelectual e com a igualdade precisamente ao renunciar ao lugar que lhe foi pré-estabelecido pela ordem social: o daquele que, por saber da ignorância do outro, se crê capaz de *guiar* seus alunos em direção à emancipação. A essa renúncia corresponde, por outro lado, a assunção de dois desafios. O primeiro deles é o de criar formas próprias de verificação da igualdade como uma potencialidade do presente. Já o segundo implica um esforço no sentido de instigar seus alunos a se conceberem e agirem como igualmente dotados da capacidade de criar e de traduzir obras que reflitam o axioma da igualdade, demonstrando em ato que a inteligência é uma capacidade comum a todos e não um elemento de distinção hierárquica.

Não se trata, pois, de aperfeiçoar a lógica pedagógica visando melhorar a transmissão de conteúdos a fim de futuramente igualar desempenhos. Trata-se, antes, da promoção de um *círculo de potência* no qual se possa desenvolver formas individuais e coletivas de verificar e atestar a igual capacidade de todos e qualquer um em *traduzir* para si a obra de uma outra inteligência humana. Ora, traduzir implica tanto compreender como reconfigurar uma narrativa em *sua própria língua*. Trata-se, pois, simultaneamente, de empreender um ato de compreensão do outro e um ato de criação autoral, ambos realizados sob o signo da igualdade e da singularidade. Por isso, jamais haverá duas traduções idênticas.

A narrativa acerca das práticas de Jacotot não nos lega, portanto, um método pedagógico abstrato e reprodutível em qualquer circunstância. Ela nos transmite, antes, a relevância prática de uma convicção política e filosófica: a igualdade não é um objetivo em direção ao qual se caminha, mas um princípio a partir do qual se age no presente. Daí o equívoco de conceber suas obras como instruções metodológicas. As lições que a narrativa das aventuras intelectuais de Jacotot nos oferecem (não nos esqueçamos que o subtítulo atribuído à obra foi "cinco lições sobre a emancipação intelectual"!) não são explicações nem prescrições. Cada leitor pode extrair dessa narrativa, por conta própria, certas *lições*, desde que a tome como objeto de interpretação e reflexão próprias, desde que se disponha a *traduzi-la* para si e para seu contexto. Não seria, por exemplo, a confiança que Jacotot exibe na capacidade de emancipação de seus alunos uma de suas mais belas lições? E, não obstante, o que pode soar mais falso do que a proposição de um método – entendido como um conjunto de ações padronizadas – cujo objetivo seria demonstrar ao outro a confiança que nele depositamos?

Algumas considerações finais

Nesta breve exposição acerca das diferentes formas pelas quais os discursos educacionais concebem e operacionalizam o princípio da igualdade, procurei demonstrar que, a despeito da adesão ao mesmo princípio, cada uma das correntes aqui abordadas possui perspectivas e pressupostos teóricos próprios, o que as torna não simplesmente distintas, mas irredutíveis e alternativas entre si. Contudo, se no plano do equacionamento teórico-conceitual essas correntes se confrontam e excluem, nas práticas cotidianas elas acabam por se amalgamar, ainda que não sem conflitos ou tensões. Por esta razão, é plausível imaginar que uma instituição e seus agentes venham, por exemplo, a se comprometer com medidas de aperfeiçoamento da igualdade de oportunidades – como a implantação de políticas de ação afirmativa – e, simultaneamente, tomem como diretriz o desvelamento de lutas político-ideológicas relativas às escolhas curriculares. Ou, ainda, que procurem criar condições de possibilidade para experiências de verificação da igualdade na concretude de suas ações presentes. Não se trata, pois, de escolher um curso de ação a partir de uma filiação teórica, mas, antes, de lidar com limites e condicionantes do real.

Essa discrepância entre a radicalidade alternativa das diferentes posições teórico-conceituais e sua articulação mista e heterodoxa no campo das práticas cotidianas não deve ser interpretada como um desajuste entre teoria e prática, como sói acontecer. Ela, antes, deriva da peculiaridade de cada um desses domínios, de suas características e desafios. Em certo sentido, a irredutibilidade das perspectivas teóricas – que inviabiliza sua fusão em um todo abrangente – parece ser a própria condição de possibilidade do estabelecimento de distinções e da explicitação de pressupostos que desvelam a natureza dos problemas analisados. Por outro lado, é preciso reconhecer que não faz sentido, no plano das práticas e iniciativas institucionais, zelar por qualquer sorte de ortodoxia teórica supostamente capaz de obliterar a pluralidade e a diversidade como marcas de um projeto democrático de educação. Entre outras razões, porque o confronto inerente à diversidade de práticas e concepções é, em si mesmo, um compromisso com o sentido democrático e republicano da educação. Não se trata, pois, de lutar pela adoção de uma perspectiva homogênea capaz de guiar as ações educativas, mas sim de fomentar o respeito à pluralidade de concepções como elemento constitutivo do *ethos* escolar.

Mas creio ser preciso, ainda, reconhecer que as maiores dificuldades que enfrentamos nesse desafio não residem nos inevitáveis conflitos das teorias entre si, nem naqueles derivados de sua apropriação heterodoxa nas práticas cotidianas. Elas, antes, residem na persistência de uma atitude – ou crença – que se encontra profundamente enraizada em nossa constituição histórica como Estado nacional. Tendo sido o Brasil o último país moderno a abolir a escravidão, a desigualdade se erigiu como uma ordem social duradoura e, muitas vezes, concebida como "natural" por uma parcela considerável de seus cidadãos, o que inclui, evidentemente, professores e professoras. Ora, no início destas reflexões evocamos Montesquieu para alertar que, assim como *temos o poder de transmitir nossos conhecimentos a nossos filhos, temos o poder ainda maior de transmitir-lhes nossas paixões*, que tanto podem ser o temor aos tiranos como o amor à igualdade ou o ardor pela distinção que marca a adesão à crença na desigualdade.

Cabe aqui, pois, uma breve reflexão sobre as formas pelas quais uma geração *transmite*[3] – e não apenas *comunica* – seus princípios, paixões e crenças políticas àqueles que a sucederão. Se conhecimentos e técnicas são, em geral, veiculados por meio de enunciados e instruções práticas, o mesmo não ocorre com paixões e princípios políticos. Estes são transmitidos entre as gerações sobretudo por meio de práticas e exemplos, por palavras e gestos que têm o poder de encarná-los em atos passíveis de serem vistos, ouvidos e vividos – portanto, *verificados* – no presente. Isso porque se trata, neste caso, não da comunicação de um enunciado tido por verdadeiro ou proclamado como desejável, mas, antes, da transmissão de uma herança viva. Como nos alerta Michael Oakeshott (1989, p. 62), essa herança viva de virtudes, paixões e princípios "só pode ser transmitida por um professor que verdadeiramente a valorize por si mesma, e que não se limite a recitá-la [...] [pois] não é o grito, mas o voo do pato silvestre o que faz com que o bando o siga".

Neste sentido, o reconhecimento da solidez e da persistência histórica da crença na desigualdade em nossas formas de ver, pensar e agir política e socialmente não nos exime da luta

---

[3] A noção de *transmissão* é aqui tomada em seu sentido estrito: uma comunicação eminentemente humana porque opera na dimensão histórica. Muitas espécies são capazes de comunicar algo no presente imediato, mas só os humanos legam uma herança cultural que se estende no tempo.

incessante pelo cultivo de práticas de igualdade como forma mais efetiva de sua transmissão no âmbito das instituições escolares. Ao contrário, ele reforça sua urgência e complexidade e nos desafia a criar formas de atestação da igualdade tanto nas práticas pedagógicas como nas relações dos docentes entre si e com as instituições em que trabalham. Não se trata de suprimir a assimetria das responsabilidades entre docentes e discentes, mas de, a partir dela, encarar o paradoxo que dá sentido ao ofício de ser professor: comprometer-se com a verificação da igualdade em um mundo de desigualdades.

Trata-se, por fim, de reconhecer que a experiência escolar não pode ser reduzida a um instrumento – de resto, mais ou menos eficaz – de redução de desigualdades que lhes são exteriores, embora tenha o potencial de se erigir como uma experiência viva de verificação da igualdade como potencialidade do presente. Não é outro, como afirma Rancière (2022, p. 78), o próprio sentido político da democratização da escola republicana:

> A escola não toma a igualdade como um objetivo, para o qual ela seria um meio. Ela não iguala por seu conteúdo – pelos conhecimentos com seus supostos efeitos de redistribuição social –, mas por sua forma. A escola pública democrática já *é* redistribuição: ela subtrai do mundo desigual da produção uma parte de suas riquezas, para dedicá-la ao luxo que representa a constituição de um espaço-tempo igualitário. Se a escola muda a condição social dos alunos, é principalmente porque ela os faz participar de seu espaço-tempo igualitário, separado das exigências do trabalho. A banalização da forma escolar, ao identificar o tempo social da escola com o tempo natural de amadurecimento das crianças, mascara esta ruptura simbólica fundamental: o tempo livre [*skholé*] tornou-se parte do tempo da existência trabalhadora.

Resistir a essa banalização, que concebe a escola a partir de uma lógica instrumental, pode ser uma forma singela de afirmar cotidianamente que aquilo que outrora foi um privilégio dos estamentos aristocráticos – o gozo de um tempo e um espaço de formação livre dos constrangimentos da ordem desigual da produção e do consumo – pode ser, aqui e agora, afirmado como um efetivo direito de todos. O direito à literatura, ao teatro, à filosofia, à matemática, às práticas corporais. O direito de cada criança adicionar à sua dimensão privada de filho a dimensão pública de ser um aluno igual a todos os demais. O direito de fazer amigos fora de seu círculo familiar, de escolher mestres, de experimentar novos papéis. Direitos que não se justificam pelos seus supostos efeitos futuros na ordem social, mas pelo quanto o seu gozo no presente atesta a possibilidade da igualdade.

Referências

ARENDT, Hannah. *Between the Past and the Future*. New York: Penguin, 1996.

BOURDIEU, Pierre; PASSERON, Jean-Claude. *Os herdeiros: os estudantes e a cultura*. Tradução de Ione Ribeiro Valle e Nilton Valle. Florianópolis: EdUFSC, 2017.

BRAYNER, Flávio. *Para além da educação popular*. Campinas: Mercado das Letras, 2018.

CERLETTI, Alejandro. *Repetición, Novedad y Sujeto en la Educación*. Buenos Aires: Del Estante, 2008.

DUBET, François. *L'Ecole des chances: Qu'est-ce qu'une école juste?*. Paris, Seuil, 2004.

DURKHEIM, Émile. *Educação e Sociologia*. São Paulo: Melhoramentos, 1965.

GIL, Gilberto. Queremos saber. In: *O Viramundo*, v. 2. Rio de janeiro: PolyGram, 1976. 2 cd. Faixa 17.

GIROUX, Henry. *Os professores como intelectuais*. Porto Alegre: Artmed, 1997.

MONTESQUIEU. Charles. *O espírito das leis*. São Paulo, Martins Fontes, 1996.

OAKESHOTT, Michael. Teaching and Learning. In: OAKESHOTT, Michael. *The Voice of Liberal Learning*. New Haven:Yale University Press, 1989. p. 43-62.

PLATÃO. *A República*. Belém, UFPA, 2000.

RANCIÈRE, Jacques. *Aux bords du politique*. Paris: Folio, 2003.

RANCIÈRE, Jacques. Escola, produção, igualdade. Tradução e notas de Jonas Tabacof Waks e Anita Pompéia Soares. In: CARVALHO, J. S. F. de (Org.). *Jacques Rancière e a escola: educação, política e emancipação*. Belo Horizonte: Autêntica, 2022. p. 75-103.

RANCIÈRE, Jacques. *Le maître ignorant*. Paris: Fayard, 1987.

RANCIÈRE, Jacques. *Nas margens do político*. Lisboa: KKYM, 2014.

RANCIÈRE, Jacques. *O desentendimento*. Tradução de Ângela Leite Lopes. São Paulo, Editora 34, 2018.

RANCIÈRE, Jacques. *O mestre ignorante: cinco lições sobre a emancipação intelectual*. Tradução de Lílian do Vale. Belo Horizonte: Autêntica, 2011.

RANCIÈRE, Jacques. Sobre *O mestre ignorante*. Tradução e notas de Lígia Zambone Moreira. In: CARVALHO, J. S. F. de (Org.). *Jacques Rancière e a escola: educação, política e emancipação*. Belo Horizonte: Autêntica, 2022. p. 51-74.

RIBEIRO, Renato. Apresentação. In: MONTESQUIEU. Charles. *O espírito das leis*. São Paulo: Martins Fontes, 1996. p. 10-76.

SAVIANI, Demerval. *Pedagogia histórico-crítica: primeiras aproximações*. Campinas: Autores Associados, 2003.

WEBER, Max. *Ciência e política: duas vocações*. São Paulo: Cultrix, 2000.

A educação escolar como convite potencialmente dirigido a todos para conhecer e fruir o mundo

Anyele Giacomelli Lamas

De modo a apresentar como entendo a educação escolar, lançarei luz sobre algumas passagens do belíssimo *Infância* de Graciliano Ramos, publicado em 1945. A escolha poderia parecer, no mínimo, paradoxal se eu me detivesse sobre as experiências escolares narradas em tom autobiográfico pelo autor, uma vez que ele rememora a escola de sua infância como o lugar da imobilidade e da insensibilidade.[1] O que pretendo ressaltar a partir da narrativa de Graciliano, a fim de caracterizar como a escola pode representar uma espécie de convite dirigido às crianças e aos jovens, não diz respeito, portanto, à sua relação direta com a escola. Mas se relaciona, antes, com o que Graciliano experimentou a partir de uma proposição feita por sua prima Emília após o pedido dele menino, com 9 anos na ocasião. Tendo ele começado a se interessar pela história de um livro que seu pai, certa noite, sua prima determinou que ele o lesse em voz alta, mas, se sentindo incapaz de continuar a leitura sozinho, Graciliano

---

[1] Nas palavras de Graciliano Ramos, "o lugar de estudo era isso. Os alunos se imobilizavam nos bancos: cinco horas de suplício, uma crucificação. Certo dia vi moscas na cara de um, roendo o canto do olho, entrando no olho. E o olho sem se mexer, como se o menino estivesse morto. Não há prisão pior que uma escola primária do interior. A imobilidade e a insensibilidade me aterraram. Abandonei os cadernos e as auréolas, não deixei que as moscas me comessem. Assim, aos nove anos ainda não sabia ler" (RAMOS, 2015, p. 206).

tentou fazer com que ela também se interessasse pela história da mata escura e pelos lobos que perseguiam os meninos a fim de que continuasse a leitura para ele. Emília, entretanto, não apenas se negou a satisfazer seu desejo, mas o surpreendeu com um questionamento.

> Emília respondeu com uma pergunta que me espantou. Por que não me arriscava a *tentar* a leitura sozinho?
>
> Longamente lhe expus minha fraqueza mental, a impossibilidade de compreender as palavras difíceis, sobretudo na ordem terrível em que se juntavam. Se eu fosse como os outros, bem; mas era bruto em demasia, todos me achavam bruto em demasia.
>
> Emília combateu a minha convicção, falou-me dos astrônomos, indivíduos que liam no céu, percebiam tudo quanto há no céu. Não no céu onde moram Deus Nosso Senhor e a Virgem Maria. Esse ninguém tinha visto. Mas o outro, o que fica por baixo, o do sol, da lua e das estrelas, os astrônomos conheciam perfeitamente. *Ora, se eles enxergavam coisas tão distantes, por que não conseguiria eu adivinhar a página aberta diante dos meus olhos?* Não distinguia as letras? Não sabia reuni-las e formar palavras? (Ramos, 2015, p. 209, grifos meus).

A desafiadora pergunta de Emília surtiu no menino o efeito de um convite que ninguém antes havia feito a ele e que denota a crença dele de que Graciliano era absolutamente capaz de ler e de compreender a história por conta própria. Afinal, se os astrônomos podiam ler o céu, o que o impedia de ler seu livro a não ser sua própria recusa? Mesmo Emília não representando para Graciliano algo que remetesse, diretamente, à sua experiência escolar, é no sentido do questionamento feito por ela que entendo a educação escolar: como um convite ao conhecimento e à fruição do *mundo*. Destaco que o *mundo* ao qual acredito que devemos, como professores, convidar as crianças e os jovens a adentrar, a conhecer e a fruir por meio da educação escolar é aqui entendido no sentido atribuído por Hannah Arendt. Em *A condição humana* (2011), a autora descreve o mundo como produto da "obra de nossas mãos", como artifício tipicamente humano constituído por todas as coisas (de objetos de uso a obras de arte) que os homens são capazes de criar e pelos negócios que realizam em comum. É o que constitui nossa morada humana na Terra, pois, "sem estar em casa em meio a coisas cuja durabilidade as torna adequadas ao uso e à construção de um mundo, cuja própria permanência está em contraste direto com a vida, essa vida jamais seria humana" (ARENDT, 2011, p. 64).

Penso que professoras e professores estão numa posição privilegiada para dirigir às alunas e aos alunos pergunta semelhante àquela feita por Emília. Por que, afinal, não se arriscam a *tentar*? De acordo Jan Masschelein[2] (2021), ao dirigir tal pergunta de forma verdadeira para um aluno numa situação concreta, o professor assume que ele tem a possibilidade de fazer algo que todos – incluindo o próprio aluno – acreditam que ele não é capaz de fazer. Na escola, segundo Masschelein, o aluno pode tentar sem que suas tentativas acarretem consequências que não sejam estritamente pedagógicas, de tal modo que a escola pode se constituir como um espaço em que alunas e alunos podem *tentar* em segurança. Na escola, portanto, o aluno tem a possibilidade de experimentar uma

---

[2] Jan Masschelein faz referência à ideia de que a escola pode acontecer quando um professor diz a um aluno "tente", "tente outra vez", "tente de novo" em sua conferência no Colóquio Internacional "Educação, Política e Emancipação no Pensamento de Jacques Rancière", realizado pelo Grupo de Pesquisas sobre Educação e o Pensamento Contemporâneo (GEEPC) da Faculdade de Educação da Universidade de São Paulo (USP) em março de 2021. A conferência completa, intitulada "A escola (como) buraco, saída e ruptura: a fábula da emancipação escolar", pode ser assistida pelo canal do YouTube do GEEPC, disponível em: https://bit.ly/3UJuI0X.

espécie de liberdade, a partir da qual pode fazer algo que não é natural ou socialmente predestinado a ele, além de uma certa igualdade, a partir da qual pode assumir, como qualquer outro, o risco de tentar. Masschelein sugere uma "fórmula original" do escândalo escolar[3] que exprime bem o que ele concebe como essa igualdade pedagógica que os alunos podem experimentar na escola: "[...] todos podem aprender tudo" (2021).

Se, como professores, propomos a um aluno que assuma o risco de tentar fazer algo na escola que não é natural ou socialmente destinado a ele é porque, em certo sentido, acreditamos que ele seja igualmente capaz, como qualquer outro, de conhecer, fruir e aprender as linguagens produzidas pelos homens que constituem nosso mundo humano. Convidamo-lo, com isso, a iniciar uma *aventura intelectual* de consequências imprevisíveis, expressão utilizada por Jacques Rancière em *O mestre ignorante: cinco lições sobre a emancipação intelectual* (2013), obra em que o autor defende a opinião de que todos somos igualmente capazes de ler e de interpretar os artefatos e as linguagens do mundo à nossa própria maneira.[4] Em outras palavras, Rancière (p. 138) defende que,

---

[3] Na conferência supracitada, Masschelein (2021) traça um paralelo entre a democracia e a escola e sugere a "fórmula original" do escândalo escolar inspirado pelo que Jacques Rancière concebe como a "fórmula original" do escândalo democrático.

[4] Rancière refere-se à experiência de Joseph Jacotot, pedagogo francês do início do século XIX, como uma *aventura intelectual*. Resumidamente, essa aventura intelectual levada a cabo por Joseph Jacotot em 1818 consiste na forma que ele encontrou para lecionar aos alunos da Universidade de Louvain, que ignoravam a língua francesa, sem que ele próprio conhecesse a língua holandesa. "Para tanto, era preciso estabelecer, entre eles, o laço mínimo de uma coisa comum. Ora, publicara-se em Bruxelas, naquela época, uma edição bilíngue do *Telêmaco*: estava encontrada a coisa comum e, dessa forma, Telêmaco entrou na vida de Joseph Jacotot" (RANCIÈRE, 2013, p. 18). Jacotot solicitou que os alunos aprendessem

em termos de capacidades intelectuais, somos todos iguais, e afirma que "quem reconhece [...] que todo homem nasceu para compreender o que qualquer homem tem a lhe dizer conhece a emancipação intelectual". Segundo ele, a escola da sociedade pedagogizada estabelece a igualdade como fim do processo "emancipador", como um objetivo a ser atingido: o de que os incapazes aprendam algo que antes não sabiam. Entretanto, essa mesma escola não cessa de reproduzir a desigualdade que "pretende" reduzir, pois está inserida numa *lógica embrutecedora* que só faz confirmar uma incapacidade pelo próprio ato que "pretende" reduzi-la, eternizando, assim, a desigualdade.

Em nossas práticas escolares, muitas vezes interrompemos o árduo trabalho de tradução e de comparação dos signos e das linguagens no qual os estudantes estão envolvidos, direcionando sua compreensão para a única leitura ou interpretação que consideramos possível ou correta acerca de um objeto ou de um texto. Com nossas explicações pretensamente emancipadoras impossibilitamos, muito frequentemente, que os alunos se reconheçam como sujeitos capazes de fazer suas próprias e singulares traduções, leituras e interpretações sobre os artefatos e linguagens que constituem o mundo e os mantemos na eterna posição de seres incapazes, reafirmando o abismo entre sua *ignorância* e nossa suposta *sabedoria*.

Rancière propõe a substituição da lógica desse sistema explicador, para o qual sempre há um *incapaz* que necessita da instrução e da explicação de um *capaz*, pela lógica da emancipação que reconhece todos como igualmente *capazes*.

---

o texto francês, amparados pela tradução, e se surpreendeu ao descobrir que eles, abandonados a si mesmos nessa tarefa de tradução, haviam se saído muito bem. Passou a acreditar, a partir dessa *aventura intelectual*, que todos os homens seriam virtualmente capazes de compreender o que outros homens haviam criado e compreendido.

Ou seja, ele propõe a inversão de uma lógica da instrução – e confirmação de uma incapacidade produzida pelo próprio ato que pretende reduzi-la – para uma lógica de ensino que force uma capacidade que se ignora ou que se nega a se reconhecer como tal, desenvolvendo todas as consequências desse reconhecimento. Rancière é enfático ao afirmar que tal inversão não diz respeito a uma questão de método, já que qualquer método pode servir para produzir e confirmar a desigualdade ou para, ao contrário, reconhecer e afirmar a igualdade. Todo método pode ser, em suma, embrutecedor ou emancipador, a depender do princípio atualizado no ato do ensino: o da igualdade ou o da desigualdade.

Para Rancière, o papel do mestre ignorante é manter o aluno que busca por sua própria vontade em seu caminho, interrogando-o se buscou com atenção, se é capaz de relacionar essa obra da inteligência humana ao que já conhece. Como professores, talvez nos caiba fazer às crianças e aos jovens, reiteradamente, a pergunta de Emília, convidando-os a atravessar uma "floresta de coisas e signos" (RANCIÈRE, 2014, p. 15) cuja saída nós próprios desconhecemos. "Quem busca, sempre encontra. Não encontra necessariamente aquilo que buscava, menos ainda aquilo que é *preciso encontrar*. Mas encontra alguma coisa nova, a relacionar à *coisa* que já conhece" (RANCIÈRE, 2013, p. 57). Pode-se iniciar, com isso, uma *aventura intelectual* que não se descola da materialidade de cada palavra ou de cada signo comum e que abre para o aluno a possibilidade de ressignificar as coisas do mundo à sua própria maneira se tiver a coragem de assumir o risco dessa aventura dizendo a si próprio: "Eu também posso tentar".

Embora em *O mestre ignorante* (2013) o autor não eleja um recorte espacial e temporal específico em que possa se dar a emancipação intelectual, pois acredita que qualquer ignorante pode se fazer mestre de outro ignorante em qualquer lugar, acredito que a escola pode ser entendida como um local privilegiado onde crianças e jovens podem se reconhecer e se afirmar como igualmente capazes de se tornar falantes de qualquer língua humana. Voltando à "fórmula original" do escândalo escolar sugerida por Masschelein (2021), a escola é o lugar onde "todos podem aprender tudo" a partir dos objetos e signos comuns colocados diante deles nesse dispositivo que torna públicas as coisas do mundo. Em seu livro *Em defesa da escola: uma questão pública* (2013), Jan Masschelein e Maarten Simons entendem a escola como um arranjo e um dispositivo específico que torna visíveis, audíveis e partilháveis as coisas do mundo, abrindo-o e revelando-o aos mais novos. Para eles, a escola não é o meio de se atingir a igualdade, mas o lugar por excelência onde um tipo particular de igualdade pedagógica pode ser experimentado, afirmado e verificado, oferecendo a todos iguais possibilidades de conhecer, fruir e pertencer ao mundo comum, além de partilhá-lo com outros.[5]

Sobre a igualdade que pode ser verificada na escola, como em qualquer outro lugar, Rancière afirma:

> A igualdade, ensinava Jacotot, não é nem formal nem real. Ela não consiste nem no ensino uniforme de crianças da república nem na disponibilidade dos produtos de baixo preço nas estantes de supermercados. A igualdade é fundamental e ausente, ela é atual e intempestiva,

---

[5] Cabe destacar que a igualdade que se pode verificar na escola não se refere à igual responsabilidade pelas coisas do mundo, tal como Hannah Arendt em seu texto "A crise na educação", de *Entre o passado e o futuro* (1972), acredita ser possível apenas entre adultos que respondem pelo mundo e pelas crianças que a ele chegam. A igualdade colocada na escola não faz com que as crianças sejam igualmente responsáveis pelo mundo, pois acabaram de chegar a ele, mas possibilita que se apropriem dele e que também o entendam como sua morada.

> sempre dependendo da iniciativa de indivíduos e grupos que, contra o curso natural das coisas, assumem o risco de *verificá-la*, de inventar as formas, individuais ou coletivas, de sua verificação (RANCIÈRE, 2013, p. 16).

Como um recorte no espaço e no tempo da experiência sensível ordinária, a escola pode apresentar aos mais novos, sem distinção, tudo aquilo que acredita que merece conhecimento ou consideração e abrir a possibilidade de que também se tornem falantes e fruidores das línguas criadas por meio da inteligência humana. Línguas estas a que muitas crianças e jovens dificilmente teriam acesso dependendo de suas "destinações sociais ou naturais". Masschelein e Simons acreditam que os elementos que "fazem" a escola estão conectados com a experiência da habilidade e da possibilidade. Inspirados por Rancière, os autores afirmam que "a igualdade de cada aluno não é uma posição científica ou um fato comprovado, mas um ponto de partida prático que considera que 'todo mundo é capaz' e, portanto, que não há motivos ou razões para privar alguém da experiência [...] de 'ser capaz de'" (MASSCHELEIN; SIMONS, 2013, p. 69).

Além disso, como já bem sabemos, a escola não consegue oferecer aos seus alunos, ao fim do processo de escolarização, a igualdade de oportunidades sociais e econômicas. Masschelein e Simons referem-se à invenção do "escolar" como a criação de um espaço que tem a capacidade de suspender temporariamente as desigualdades sociais e econômicas atreladas aos diferentes lugares sociais de onde provêm os alunos. Na escola, todas as crianças podem aprender a falar a língua da Matemática ou da Arte, por exemplo, a despeito dos lugares sociais injustamente ocupados por elas. Em outro texto, intitulado "A língua da escola: alienante ou emancipadora?", publicado na obra *Elogio da escola* (2018), os autores afirmam que

> O que a forma escola faz (se funciona como uma escola!) é o duplo movimento de trazer alguém para uma posição de ser capaz (e portanto transformar alguém em um aluno ou estudante), que é ao mesmo tempo uma exposição a algo de fora (e assim um ato de apresentação e exposição do mundo) (MASSCHELEIN; SIMONS, 2018, p. 22).

A igualdade, colocada na escola como um ponto de partida e não como um ponto de chegada, é como uma aposta que fazemos no princípio de que todos temos a capacidade de conhecer e fruir qualquer obra da inteligência humana, o que possibilita que todos se sintam capazes de fazer sua leitura singular do mundo e que possam falar sobre ele num espaço em que são vistos e ouvidos. Espaço este diferente do local de estudo descrito por Graciliano, pois se abre para a possibilidade de experiências e de formação.[6] Ainda que fora da escola as capacidades e incapacidades, competências e incompetências estejam tão intimamente vinculadas ao lugar que cada um ocupa na sociedade, no interior do tempo e do espaço escolares todos podem ser reconhecidos e afirmados como igualmente capazes, desde que forcemos capacidades que se ignora a serem reconhecidas como tais. A escola pode ser, portanto, o lugar em que alunas e alunos podem tentar em segurança e podem, não sem certa coragem, assumir correr

---

[6] Entendo "formação" no sentido em que Masschelein e Simons a concebem, algo distinto da "aprendizagem". Segundo eles, "a aprendizagem envolve o fortalecimento ou a ampliação do eu *já existente*, por exemplo, por meio da acumulação de competências ou da expansão da base de conhecimento do indivíduo. Aprender, nesse sentido, implica uma extensão do próprio mundo da vida do indivíduo, acrescentando algo. [...] Na formação, no entanto, esse eu e o mundo da vida do indivíduo são colocados em jogo constante desde o início. A formação envolve, assim, sair constantemente de si mesmo ou transcender a si mesmo – ir além do seu próprio mundo da vida por meio da prática e do estudo" (MASSCHELEIN; SIMONS, 2013, p. 49).

o risco para se aventurar na "floresta de coisas e signos" (RANCIÈRE, 2014, p. 15) ao aceitar o convite que lhes dirigimos, assim como Graciliano aceitou o convite de Emília.

> E tomei coragem, fui esconder-me no quintal, com os lobos, o homem, a mulher, os pequenos, a tempestade na floresta, a cabana do lenhador. Reli as folhas já percorridas. E as partes que se esclareciam derramavam escassa luz sobre os pontos obscuros. Personagens diminutas cresciam, vagarosamente me penetravam a inteligência espessa. Vagarosamente.
>
> Os astrônomos eram formidáveis. Eu, pobre de mim, não desvendaria os segredos do céu. Preso à terra, sensibilizar-me-ia com histórias tristes, em que há homens perseguidos, mulheres e crianças abandonadas, escuridão e animais ferozes (RAMOS, 2015, p. 209-210).

Talvez um convite desafiador imbuído da crença de que o outro é capaz de iniciar uma *aventura intelectual* possa levá-lo a tomar coragem, a aceitar correr o risco para percorrer um caminho de consequências imprevisíveis. Assim como a *aventura intelectual* iniciada por Graciliano não o levou ao céu dos astrônomos, talvez, enquanto professoras e professores, o que nos caiba seja justamente trazer nossos jovens e nossas crianças de volta ao mundo, com suas "histórias tristes", com suas mais de meio milhão de vidas interrompidas por descaso e ganância,[7] com suas "mulheres e crianças perseguidas", com os horrores promovidos por tiranos e genocidas, com sua "escuridão e [seus] animais ferozes". E talvez seja a partir da leitura dessas

---

[7] Este número corresponde às vidas interrompidas até o momento no Brasil como consequência de um (des)governo aliado à morte em meio à grave crise sanitária do coronavírus. Quando da publicação deste texto, infelizmente, esse número já estará obsoleto e outras vidas humanas singulares terão sido interrompidas pelo egoísmo, pela ganância, pela maldade e pela injustiça humanas. Esse triste número foi consultado em: https://bit.ly/3RleUhQ. Acesso em: 28 ago. 2021.

nossas coisas tão mundanas que consigamos também abrir uma possibilidade para esses recém-chegados ao mundo se sensibilizarem com tanta injustiça e maldade, mas também com muitas das belezas que as mulheres e os homens são capazes de criar.

Referências

ARENDT, Hannah. *A condição humana.* Tradução de Roberto Raposo. Posfácio de Celso Laper. Rio de Janeiro: Forense Universitária, 2011.

ARENDT, Hannah. *Entre o passado e o futuro.* Tradução de Mauro W. Barbosa. São Paulo: Editora Perspectiva, 1972.

LARROSA, Jorge (Org.). *Elogio da escola.* Tradução de Fernando Coelho. Belo Horizonte: Autêntica Editora, 2018.

MASSCHELEIN, Jan. Conferência proferida no Colóquio Internacional "Educação, Política e Emancipação no Pensamento de Jacques Rancière" realizado pelo Grupo de Pesquisas sobre Educação e o Pensamento Contemporâneo da Faculdade de Educação da Universidade de São Paulo, São Paulo, mar. 2021. Disponível em: https://youtu.be/e8uSdYYSHSI.

MASSCHELEIN, Jan; SIMONS, Maarten. *Em defesa da escola: uma questão pública.* Tradução de Cristina Antunes. São Paulo: Autêntica Editora, 2013.

RAMOS, Graciliano. *Infância (memórias).* Rio de Janeiro: Editora Record, 2015.

RANCIÈRE, Jacques. *A partilha do sensível: estética e política.* Tradução de Mônica Costa Netto. 1. reimp. São Paulo: Editora 34, 2012.

RANCIÈRE, Jacques. *O espectador emancipado.* Tradução de Ivone C. Benedetti. 1. reimp. São Paulo: Martins Fontes, 2014.

RANCIÈRE, Jacques. *O mestre ignorante: cinco lições sobre a emancipação intelectual.* Tradução de Lílian do Valle. 3. ed. 2. reimp. São Paulo: Autêntica Editora, 2013.

As (outras) linguagens da igualdade na educação: um diálogo sensível com Jacques Rancière

María Beatriz Greco[1]

> *Uma comunidade emancipada é uma comunidade de narradores e tradutores*
> (RANCIÈRE, 2010).

Esta intervenção pretende explorar as outras linguagens da igualdade que reúnem em cada experiência, em cada diálogo em situações específicas de ensino "educação e democracia", "educação e emancipação", e nos propomos a fazê-lo num diálogo sensível com a obra de Jacques Rancière, cujo pensamento convoca este colóquio.

Em que condições atuais podemos "criar espaço" para a igualdade de que Rancière nos fala? Quais são as formas de pensar e "fazer" a igualdade na educação hoje, nas nossas escolas, em meio ao aprofundamento das desigualdades sociais, em sistemas educativos que correm o risco de se tornarem cada vez mais fragmentados: escolas divididas para unxs[2] e para outrxs, para aquelxs que têm as possibilidades materiais e simbólicas, os meios tecnológicos e o apoio, e para aqueles que não têm, para xs supostamente "inteligentes" e para xs

---

[1] Tradução de Lígia Zambone Moreira. [N.T.]

[2] A autora faz a opção pela indeterminação de gênero das palavras, adotando a letra "x" como representante dessa opção. Decidimos manter a escolha da autora, e, ao longo de todo o texto, as palavras com "x" estarão sob esta mesma categoria de gênero indeterminado. [N.T.]

supostamente "incapazes", para aquelxs que se sustentam a si próprios e para aquelxs cujas trajetórias já foram interrompidas?

Não pretendemos, por meio das questões aqui propostas, permanecer na dicotomia igualdade-desigualdade, nem tampouco mergulhar na natureza inexorável das identidades desiguais ou experiências opostas. Mas, antes, desmantelar esta dicotomia e perguntarmo-nos: quais concepções e experiências de igualdade nos permitem recriar as nossas formas de educar? Que formas de educação promovem a igualdade? É possível "fazer" a igualdade?

Diz o poeta Juan Gelman: "Não queremos outros mundos que o da liberdade e essa palavra não falamos porque [...] falamos com amor e não do amor; falamos claramente, não da clareza; falamos livremente, não da liberdade" (GELMAN, 2009, tradução nossa). Poderíamos dizer o mesmo sobre a igualdade: não queremos outros mundos senão o da igualdade, mas como podemos fazê-la e dizê-la? *Não poderíamos falar de igualdade sem igualdade, na linguagem em si.* E então, quais são estas (outras) linguagens, que forma de falar isso exige de nós nas nossas escolas e nas nossas posições adultas como educadorxs para que a igualdade ganhe vida?

Jacques Rancière propõe – em cada texto de sua obra – que a igualdade é um ato, uma confirmação, uma atualização que só pode ser verificada num mundo sensível e compartilhado, talvez sem palavras declamatórias, mas com palavras que circulam. Rancière mostra-nos cenas de igualdade, momentos, narrativas e efeitos igualitários que são efeitos políticos. Ele mostra-nos que a igualdade pode ser dita de uma forma sensível, encarnada, em atos. Resta-nos perguntar como atualizá-la no mundo educativo, com que gestos, palavras, diálogos, formas de dizer e de escutar, por quê: pode a igualdade ser proclamada e anunciada sem ser dada em atos? É possível que, em tempos em que o mundo –

afetado pela pandemia e pelos seus efeitos sociais devastadores – tem aprofundado as desigualdades, o discurso da inclusão se expanda enquanto é desmentido nos atos. Fala-se em nome da igualdade, mas muitas vezes os atos a contradizem.

A desigualdade é também "diagnosticada",[3] nas palavras de "especialistas em inclusão", como afirma Nicholas Rose. Dizem-nos que a igualdade não é possível, ou que só será possível num futuro distante, como horizonte inatingível, que é anulada pela própria pertença social (por razões socioeconômicas individuais, específicas de cada indivíduo e das suas famílias) e que a escola e a educação não podem contradizer a desigualdade já existente. Alguns falam da falta de condições de educabilidade quando as crianças ou adolescentes chegam à escola supostamente incapacitadxs por não terem as condições básicas de alimentação, habitação, inserção familiar e vínculo. Mas é possível um sujeito não ser educável?

A desigualdade torna-se, assim, supostamente natural ou condição social inexorável, habita também a linguagem daqueles que, como nós, criam conceitos e formas de pensar a educação, dita-se de maneira particular nas nossas formas de pesquisar, nomear e reconhecer infâncias e adolescências, nos textos que escrevemos para compreender os processos educativos e nos propor a realizá-los. A pergunta que devemos nos fazer desde o nosso lugar de educadores e que Rancière apresenta na sua obra é: de qual lugar partimos para falar ou escrever sobre educação, sobre igualdade ou desigualdade, qual é o nosso pressuposto?

---

[3] Nos referimos às definições diagnósticas e previsões de identidades essencializadas determinadas em numerosas intervenções psicológicas, pedagógicas e psicoeducativas que são concebidas e medem apenas características dos sujeitos – em vez de situações – de maneira padronizada, fixa, cristalizada e que prevê o destino educativo, e inclusive da própria vida, do estudante.

COLEÇÃO "EDUCAÇÃO: EXPERIÊNCIA E SENTIDO"

"Educabilidade" é um desses conceitos que pressupõem desigualdade porque se refere, em geral, às condições individuais, anteriores a qualquer experiência educativa, alojadas em um corpo biológico ou em antecedentes familiares e sociais que definem identidades supostamente já dadas.

O trabalho de Rancière e o de muitxs de nós que continuamos dialogando com a sua obra contradizem essa forma de pensar, colocando a igualdade nos espaços e nos tempos, na materialidade das relações e dos modos de encontro – sejam eles virtuais ou presenciais –, de forma a gerar discussões em equipes docentes, propostas pedagógicas e projetos institucionais.

Rancière propõe-nos uma insistência: a igualdade é um pressuposto, um ponto de partida que ganha vida quando nos damos a possibilidade de verificá-la. É também este o momento em que a virtualidade nos obriga a redefinir as nossas maneiras de elaborar estas propostas e projetos, redefinindo as relações pedagógicas, as formas de ensino e de avaliação, de convocar outrxs para pensar. Trata-se de partir de uma igualdade de inteligências da qual todxs fazemos parte com as nossas diferenças, trajetórias, histórias. Trata-se de educar desarticulando hierarquias, recompondo horizontalidades.

Rancière trabalha a igualdade em toda a sua obra. *O mestre ignorante* é apenas uma das formas de colocá-la em cena, com Joseph Jacotot, seu "algo em comum"[4] e os seus estudantes holandeses. Lemos cenas de igualdade espalhadas ao longo de todos os seus textos, em *A noite dos proletários*, em *O filósofo e seus pobres*, em *O espectador emancipado*, em *O desentendimento*, para mencionar apenas algumas de suas

---

[4] Trata-se de um livro, o *Telêmaco*, traduzido em francês e holandês, em torno do qual Jacotot e seus estudantes trabalham. Rancière coloca, desta forma, "algo em comum" como um espaço intermediário, mediação que possibilita cenas igualitárias.

192

obras. Para o filósofo, não se poderia falar de igualdade sem igualdade, na própria linguagem, como já foi assinalado. Por quê? Porque na fala já há alguém que diz e outro que escuta, e essa igualdade da palavra é a que nos propõe, uma e outra vez, pensar que as hierarquias sociais são ficções de dominação, com efeitos sociais devastadores. O filósofo não apenas apresenta cenas de igualdade, mas toda a sua obra está escrita em uma forma de dizer igualitária, sempre atenta a desmontar a hierarquia nas relações, não só entre sujeitos – por exemplo, entre professorxs e estudantxs, autorxs e leitorxs –, mas também entre a teoria e a prática, o pensamento e a práxis, as narrativas e as cenas, o que irrompe e o que perdura.

A dominação gera hierarquias e poderes engastados, linguagens poderosas que constroem supostas incapacidades. A igualdade altera o que está dado, mudando a posição dos corpos, confirmando capacidades, dando a possibilidade de ouvirmos vozes. Rancière mostra-nos um mundo de reconhecimento da capacidade de todxs e de qualquer um, refutando o reino de especialização que se instala ao dominar o que achamos que percebemos. É a emancipação que se torna experiência, sempre inacabada.

Vejamos aquilo que ele nos faz ver: um artesão trabalha na sua oficina rodeado de objetos e ferramentas, enquanto ele diz – segundo presságios platônicos – que o seu trabalho não lhe deixa tempo para pensar; no entanto, enquanto diz isto, ele pensa. Um professor ignorante ensina ao lado dos seus alunos, caminha em torno de uma "coisa em comum" com eles e afirma que o seu trabalho não é o de uma explicação sem fim, mas o de criar espaço para uma ignorância compartilhada que emancipa o aluno, emancipando também o professor. Um espectador, sentado na sua poltrona no escuro, contempla a cena teatral e compõe a sua própria obra, colocando em diálogo um pensamento sensível com os materiais que x dramaturgx e xs atores lhe oferecem. Uns operárixs decidem habitar a noite de uma forma diferente, não dormem quando regressam da fábrica, mas leem e escrevem, fazem poesia, não reparam no cansaço para reiniciar no dia seguinte sua rotina de trabalho, dedicam as suas noites à escrita e, nesta ruptura da temporalidade dominante, recompõem a sua identidade e a sua palavra.

Nos seus pensamentos, nos seus livros, arquivos e anotações, o filósofo questiona-se sobre o que não se enquadra na suposta natureza dos fatos. Observa cenas da história e relaciona-as com o tempo presente e os seus problemas, como no caso de Jacotot intervindo com o seu método–antimétodo igualitário em pleno século XX. Ele levanta o olhar e nos faz um convite: a habitar o desacordo, a des-encaixar, a des-colocar, a recompor as partes desmontadas numa outra forma, a desatar os nós, a olhar como estrangeirxs, a dar lugar a um pensamento do desconforto, da alteração e do dissenso. Como coloca em *El desacuerdo* (1996), trata-se de desfazer a harmonia de "cada um no seu lugar" próprio da ordem policial e do consenso social, a fim de deixar de ver a suposta naturalidade da desigualdade.

Algumas experiências "sensíveis" igualitárias na educação contradizem as hierarquias à maneira rancièreana, recusam-se, por exemplo, às linguagens autodenominadas "especializadas" sobre a desigualdade na experiência educativa e aos diagnósticos sociais e psicológicos que determinam as identidades deficientes. Da mesma maneira, fazem-nos ver que é possível promover experiências igualitárias em contextos nos quais a desigualdade parece cristalizar-se através de definições fechadas de identidade, através de uma patologização das diferenças e de uma categorização das crianças e adolescentes baseada numa suposta carência individual ou social.

Podemos pensar essa igualdade em ato em uma experiência educativa que ocorreu na Cidade de Buenos Aires, onde um coletivo de professorxs propuseram-se "ignorar" as alegadas deficiências dos seus alunos e avançaram com a premissa jacotista de que "todas as inteligências são iguais", mesmo quando as provas mais consensuais diziam o contrário. Os testemunhos de estudantes dessa escola se expressam nesta linguagem igualitária, nesta (outra) linguagem proposta por Rancière.[5] Os depoimentos nos falam de uma experiência igualitária que se traduz num novo posicionamento – em uma outra disposição – destxs estudantes, da sua emancipação como um movimento iniciado e inacabado, não homogêneo, singular e diferente para cada um delxs. Essxs estudantes se reposicionaram porque tiveram a experiência de "serem capazes de" (Simons; Masschelein, 2014), quando, até o momento, o sistema educativo tinha lhes devolvido uma imagem de incapacidade, de impossibilidade por diferentes razões: problemas econômicos, familiares, de saúde, de trabalho etc.

Nas suas palavras, "nesta escola há algo que falta às demais", "não há uma ordem monárquica", "somos todos iguais", "a escola tem que descer", "o professor de formação ética circula a palavra", "estou pensando em fazer faculdade, me permito fazer projeções". Expressões de um desacordo (Rancière, 2018) – no sentido rancièreano – com a ordem escolar que tentou incluir – sem contudo dar lugar, sem escutar a sua voz – e homogeneizar, sem sucesso.

Esses depoimentos lembram-nos que a igualdade se dá em ato e expressa-se em formas políticas que supõem: reconhecimento das subjetividades e das suas diversas trajetórias; relações de autoridade pedagógica assimétrica, mas não hierárquica; uma autoridade que se exerce de modo

---

[5] Pode-se ver um fragmento do vídeo "Elogio de la incomodidad", em que os testemunhos estão registrados e expressados, no seguinte link: https://bit.ly/3Cfa1mj.

emancipatório; temporalidades disruptivas e saberes poéticos; emancipações inacabadas, sempre em processo.

O reconhecimento igualitário é posto em jogo nas relações pedagógicas, nas opiniões que essxs estudantes têm sobre as suas identidades, nas propostas de ensino, trabalhando em projetos interdisciplinares em que poetizam os saberes porque os transformam em narrativas próprias. Ou destacam o "bom trato" que tanto enfatizam quando mencionam o papel de muitxs professorxs.

Não se trata de uma facilidade ou de um bom tratamento que xs inferioriza, mas, pelo contrário, que xs coloca como iguais, com outras condições de vida, num outro momento da vida, exigindo essa (outra) linguagem da igualdade que xs professorxs põem em ação com palavras, promovendo tempos diferentes para cada um na sua forma de exercer a autoridade, nos saberes que se tornam poéticos porque se entrelaçam de forma inédita.

Essa linguagem nos diz que a igualdade não é homogeneidade, não pretende significar o mesmo para todxs, mas sim diferença, alteridade, poderes dos corpos e das vozes, assim como a certeza de que estes estão prestes a serem acionados por cada um se, como professorxs, oferecermos as condições para isso: espaços, tempos e gestos de empoderamento. Isto diferencia a igualdade da inclusão. Ser incluídx nem sempre implica criar espaço para uma subjetividade emancipatória, para uma diferença singular que se expressa no quadro das relações, mas, frequentemente, ser incluídx implica uma adaptação ao que já foi dado.

A igualdade, nesta perspectiva, é um "conceito sensível" que implica um desconforto para aqueles que educam essxs estudantes "desajustadxs" porque xs leva a uma procura em relação a si próprixs como professorxs. As maneiras de verificação da igualdade nessa escola se fazem em ato e olhar, uma cena de trabalho em que os lugares e as possibilidades de ocupá-los estão abertos.

É possível que aprendamos a sermos iguais num mundo de desigualdade? Rancière convida-nos a pensar que é uma questão de aprender a ser iguais, *sendo iguais agora*, neste preciso momento e contexto, em que tudo indica que as desigualdades são insuperáveis. A igualdade, portanto, é uma questão de corpos e vozes, corpos localizados em lugares impróprios, que – supostamente – não lhes correspondem, e vozes que são ouvidas como tais. Cabe a nós, professorxs, filósofxs, pedagogxs, psicólogxs decidir com quais vozes e com quais palavras, gestos e atos falaremos de igualdade.

Referências

GELMAN, Juan. *Bajo la lluvia ajena*. Barcelona: Libros del Zorro Rojo, 2009,

GRECO, María Beatriz. *Emancipação, educação e autoridade*. Buenos Aires: Ed. Noveduc, 2012a.

GRECO, María Beatriz. *La autoridad (pedagógica) en cuestión*. Rosário: Ed. Homo Sapiens, 2015.

GRECO, María Beatriz. *O espaço político: democracia e autoridade*. Buenos Aires: Prometeo, 2012a.

RANCIÈRE, Jacques. *El desacuerdo: política y filosofia*. Buenos Aires: Nueva Visión, 1996.

RANCIÈRE, Jacques. *El espectador emancipado*. Buenos Aires: Manatial, 2010a.

RANCIÈRE, Jacques. *El filósofo y sus pobres*. Buenos Aires: Ed. Clacso, 2014.

RANCIÈRE, Jacques. *El maestro ignorante: cinco lecciones de emancipaciòn intelectual*. Barcelona: Laertes, 2003.

RANCIÈRE, Jacques. *La noche de los proletarios*. Buenos Aires: Tinta Limón, 2010b.

SIMONS, Maarten; MASSCHELEIN, Jan. *En defensa de la escuela. Una cuestión pública*. Buenos Aires: Miño y Dávila, 2014.

Uma pequena máquina de destruir hierarquia e produzir igualdade

Eduardo Pereira Batista

Introdução

Na vasta obra de Jacques Rancière, a cena é uma construção que passa a existir por meio da escrita. A cena implica uma ruptura com a lógica hierárquica que distribui os saberes. Permite uma nova distribuição do que pode ser visto e do que pode ser dito no e por meio do texto. Construir uma cena é produzir um mundo sensível a partir do qual a potência das palavras pode afetar os corpos. Assim, a cena pode modificar os modos do ver e do dizer. Para Rancière, a cena permite uma abertura no campo dos possíveis e, portanto, uma nova partilha do sensível. Também chamada por Rancière (2012) de método da igualdade, a cena é uma entidade teórica que possibilita o encontro de elementos que não se encontram porque, na lógica não igualitária, jamais poderiam se encontrar. Com base no pensamento de Rancière, este ensaio busca mostrar, primeiro, que a cena pode ser construída também na qualidade de uma entidade prática que põe em funcionamento essa pequena máquina de destruir hierarquia e produzir igualdade; em seguida, que essa encenação permite instaurar o dissenso com a lógica não igualitária do mundo do trabalho e da produção a qual tende a organizar o espaço e o tempo da escola à imagem e semelhança do mercado.

A construção da cena e a política da escrita

Em uma longa entrevista publicada na França, em 2012, sob o título de *La méthode de l'égalité*, Laurent Jeanpierre e Dork Zabunyan perguntam a Jacques Rancière se as cenas que aparecem em *A noite dos proletários* (1988) poderiam ser entendidas como pequenos acontecimentos que transformam a percepção que se pode ter das coordenadas sensíveis e simbólicas do movimento de nossos corpos e do sentido de nossas existências. Rancière responde, em primeiro lugar, que as cenas são construídas em suas obras a fim de inscrever o visível e o dizível em uma nova ordem dos possíveis. Para ele, as cenas configuram um mundo sensível, um *sensorium* que modifica os modos do ver e do dizer. Porém, continua Rancière, as cenas, tal como ele as constrói, não devem ser entendidas como pequenos acontecimentos. Embora a noção de acontecimento pressuponha uma ruptura com a ideia de causalidade, ela opera ainda conforme a lógica da hierarquia. "O modelo do acontecimento é a conversão: São Paulo arremessado de seu cavalo" (RANCIÈRE, 2012, p. 117, tradução nossa). Após ouvir as palavras altissonantes que vinham do céu, Paulo de Tarso, o perseguidor de judeus, torna-se São Paulo, o servo da doutrina e da fé cristãs. A conversão escande o tempo da existência de Paulo em um *antes* vil e ignóbil e um *depois* bom e elevado.

Além disso, a noção de acontecimento impõe, segundo Rancière (2012), certo esquema de identificação. Ou seja, para que algo possa ser identificado e descrito como um acontecimento, é preciso recorrer a alguém que sabe identificar o momento dessa ruptura; alguém que sabe ordenar hierarquicamente o que é e o que não é um acontecimento (RANCIÈRE, 2012). Portanto, as pequenas cenas da jornada de trabalho de Gauny em *A noite dos proletários* (1988) – assim como as inúmeras cenas construídas por Jacques Rancière ao longo de sua obra – compõem um *sensorium* capaz de afetar os corpos e modificar os modos do ver e do dizer. Na medida em que a cena pode nos afetar e modificar o modo como percebemos a ordem do visível e do dizível, ela torna possível uma nova partilha do sensível.

Ora, se não se trata simplesmente de identificar e descrever uma situação inusitada ou um gesto cotidiano como um pequeno acontecimento, de que modo poderíamos compreender essas cenas das quais Rancière frequentemente lança mão em seus textos? Haveria algo em comum entre cenas tão díspares como a cena de Appius Claudius, em que ele fala com os plebeus no alto do monte Aventino (RANCIÈRE, 2018a), a cena de Gauny que olha pela janela durante sua jornada de trabalho (RANCIÈRE, 1988) e a cena de Jacotot que se propõe ensinar algo que ele próprio ignorava (RANCIÈRE, 2018b)? Segundo Jacques Rancière (2012, p. 124, tradução nossa):

> A cena é uma entidade teórica própria que eu chamo de um método da igualdade porque ela destrói ao mesmo tempo as hierarquias entre os níveis de realidade e de discurso e os métodos habituais para julgar o caráter significativo dos fenômenos. A cena é o reencontro direto do mais particular e do universal. Nesse sentido, ela é o exato oposto da generalidade estatística. Imaginemos diante de uma investigação sobre a consciência do tempo nos operários de diferentes idades e ofícios. O que aí desapareceria é a possibilidade de vincular diretamente o tempo como experiência vivida e o tempo como estrutura simbólica na experiência de um indivíduo em que o universal não é considerado como uma questão. É a aposta igualitária. Certamente a cena existe nesse caso se eu a faço existir pela escrita.

Em seus textos, Rancière constrói a cena a fim de destruir as hierarquias entre os níveis de realidade e de discurso que dividem quais fenômenos importam e quais não importam para um determinado campo do saber. A construção da cena pressupõe habitar pacientemente cada território delimitado pela partilha do saber. A escrita de Rancière atravessa esses territórios como se fossem um espaço liso; deste modo, embaralha o que importa e o que não importa. Na cena, tudo o que vem a existir por meio da escrita tem importância! A escrita que produz a cena nos faz lembrar do nômade, daquele personagem conceitual de Gilles Deleuze e Félix Guattari (1997) que em seu trajeto se desterritorializa e se reterritorializa na própria desterritorialização.

Se a cena é um expediente anti-hierárquico que permite novos modos de julgar o caráter significativo dos fenômenos, esta entidade teórica produz *no* texto uma nova partilha que pode se desdobrar *para além do* texto. Para Rancière (1995), a escrita libera a palavra de um corpo que a enuncia; com este gesto, redistribui, ao mesmo tempo, a potência das palavras e o lugar dos corpos. "A escrita não quer dizer simplesmente uma forma de manifestação da palavra. Quer dizer uma ideia da própria palavra e da sua potência intrínseca" (RANCIÈRE, 2015, p. 34). Se o método da igualdade consiste em destruir hierarquias, em abolir as fronteiras e embaralhar as delimitações de cada campo do saber, a cena redistribui as posições que as palavras podem ocupar na ordem do dizível e do visível. Desse modo, a cena abole o que é próprio e o que é impróprio de cada disciplina, e, assim, o pensamento de Jacques Rancière pode se mover por entre as fronteiras da história, da filosofia, da literatura, da arte, da psicanálise etc. A partir dessa entidade teórica, Rancière pode compor uma obra inclassificável.[1] Em outras palavras, a cena permite

---

[1] Pode-se entender agora porque *O mestre ignorante* é uma obra que escapa de toda tentativa de classificação. Essa impossibilidade de classificação é um efeito igualitário produzido pelas cenas que desobedecem às normas que estabelecem a divisão e instituem a hierarquia. Ao não se ajustar às

que Rancière desobedeça à classificação que divide o que é próprio e o que é impróprio em uma partilha – e desobedecer é não dar ouvido (*ob-audire*) às normas que estabelecem a divisão; é não se sujeitar ao princípio sagrado (ἱερά-ἀρχία) que institui a hierarquia. É desse modo, erigindo um novo mundo sensível por meio da escrita, que a construção da cena destrói ordens hierárquicas e produz efeitos igualitários.

Tal qual Rancière a constrói, a cena torna possível o encontro de elementos que não se encontram porque, na lógica não igualitária, jamais poderiam se encontrar. O método da igualdade consiste em produzir esses encontros que abrem a possibilidade de configurar uma nova ordem dos possíveis. Por meio da escrita, a cena pode configurar um novo *sensorium* a partir de imagens, argumentos, narrativas, conceitos etc. Esses elementos que são mobilizados na construção da cena permitem uma nova configuração do dizível e do visível. Entre eles não há uma ordem hierárquica, porque a cena pressupõe a igualdade antes mesmo de produzi-la. Para que os efeitos igualitários da cena venham a existir por meio da escrita, é preciso que seu ponto de partida seja a própria igualdade. Neste sentido, pode-se considerar a igualdade como um princípio que, como tal, pode se manifestar de diversos modos. Assim, os efeitos igualitários produzidos por esses elementos que a cena reúne e põe em movimento

---

regras do discurso histórico ou filosófico nem às regras da composição literária, a construção da cena subverte a ordem não igualitária da divisão que hierarquiza os campos do saber. No caso de O *mestre ignorante*, as cenas de Jacotot produzem um novo regime estético a partir do qual pode-se verificar a presença universal da inteligência em cada um dos seres humanos. É neste sentido que, conforme Rancière (2012), a cena é o reencontro direto do mais particular com o universal. O argumento da igualdade das inteligências pode ser demonstrado em cada uma e, ao mesmo tempo, em toda obra humana, sendo cada qual uma manifestação distinta da mesma capacidade.

dentro do texto podem ser verificados também fora do texto. A construção da cena produz e faz circular a igualdade como um afeto estético e político capaz de produzir efeitos transformativos nos modos do ser, do dizer e do fazer.

Embora Rancière se refira à cena, na qualidade de uma entidade teórica, como um método da igualdade, não se trata de um conceito metodológico que prescreve sistematicamente um conjunto de procedimentos proveniente de um determinado campo do saber. O método da igualdade consiste antes em *aprender qualquer coisa e a isso relacionar todo o resto*; coincide com o método do Ensino Universal, que é um escândalo à própria noção de método (RANCIÈRE, 2018b). O método da igualdade aplicado por Rancière (2012, p. 122, tradução nossa) é, portanto, o método Jacotot: "[...] um método que apliquei instintivamente antes mesmo de ter lido Jacotot". Na medida em que visa romper sistematicamente com a lógica da desigualdade, a cena pode ser considerada um procedimento metódico. "O método que eu sigo no meu trabalho consiste em escolher uma singularidade da qual se tenta reconstruir as condições de possibilidade explorando todas as redes de significações que se tecem em torno dela" (p. 122). Se o método da igualdade é o outro nome para designar a cena, pode-se dizer que sua construção implica em escolher uma singularidade (uma imagem, um conceito, uma narrativa, um argumento, um personagem etc.) e relacionar a isso todo o resto. Destarte, o método da igualdade não é um procedimento científico, mas antes um conceito estético e político que consiste em produzir igualdade justamente onde ela não existe.

Ao dispor argumentos, imagens, conceitos, personagens em justaposição, pode-se afirmar que a cena é construída em um regime estético. Uma imagem ou narrativa jamais é usada para representar um conceito ou argumento. Na construção da cena não há hierarquia entre esses elementos que tecem uma complexa rede de significação em torno de uma singularidade. Assim, no regime estético da cena é indiferente começar pela descrição de um plano-sequência, pela narração de uma experiência vivida ou pela citação de um fragmento de Heráclito. Ou seja, o método da igualdade permite que um texto possa começar por qualquer início e terminar com qualquer fim. Na lógica igualitária que a cena produz, não é razoável seguir uma ordem das razões. A cena destrói a razoabilidade das normas que pré-determinam a posição de cada elemento na ordem interna do texto. O que está em jogo na construção da cena é o modo como os elementos podem se relacionar sob o signo da igualdade. Portanto, a construção da cena não somente perturba a divisão que estabelece a ordem entre as partes mais simples e as partes mais complexas, mas também destrói as interdições que estabelecem o que pode ser visto e o que pode ser dito no e por meio do texto.

A construção da cena é uma produção porque une o ato de fabricar e o de tornar visível, estabelecendo uma nova relação entre o *fazer* e o *ver* (RANCIÈRE, 2009). Se o método da igualdade consiste em perturbar sistematicamente a ordem não igualitária tanto das palavras quantos dos corpos, produzir a igualdade significa fabricar e, ao mesmo tempo, dar visibilidade a isso que antes não existia. "Eu construo a cena como uma pequena máquina na qual podem se condensar o máximo de significação em torno da questão central que é a da partilha do sensível" (RANCIÈRE, 2012, p. 125). Essa pequena máquina de destruir hierarquia e produzir igualdade, ao relacionar uma coisa singular a todo o resto, inscreve na ordem do possível um novo modo do ver e do fazer. A cena permite o enlace do trabalho do pensamento com a constituição estética de uma comunidade de iguais. Ao destruir a ordem hierárquica e produzir efeitos igualitários, a cena perturba a ordem não igualitária que estabelece o modo hierárquico de relação entre as partes que não têm parte; permite um novo modo de relação entre as partes sob o signo da igualdade.

A cena que passa a existir por meio da escrita é política porque redefine um novo modo de repartir e partilhar as palavras. A política da escrita produz uma nova partilha do sensível na medida em que reconfigura poeticamente o espaço das palavras, das frases e dos parágrafos que compõe uma cena. Há política na construção da cena porque redistribui as partes que podem e as que não podem participar do corpo do texto. Se o método da igualdade consiste em escolher uma singularidade e relacionar a isso todo o resto, essa entidade teórica é política porque manifesta o dissenso com os modos segundos os quais se determina o que é próprio e o que é impróprio de cada coisa singular – seja ela qual for. O gesto da mão que dispõe as palavras no espaço do texto fabrica e torna visível um *sensorium* que modifica os modos do ver e do fazer. Separadas de um corpo que as enuncia, as palavras fazem circular afetos, edificam novos mundos sensíveis e inventam novos modos do dizível e do visível. Por meio da escrita, as palavras se tornam errantes, e, ao circular separadas de um corpo, elas se tornam disponíveis para configurar uma nova partilha do sensível. "Há escrita quando palavras e frases são postas em disponibilidade, à disposição, quando a referência do enunciado e a identidade do enunciador caem na indeterminação ao mesmo tempo" (RANCIÈRE, 1995, p. 8).

Em outra entrevista, cedida ao Grupo de Estudos em Educação e Pensamento Contemporâneo (GEEPC-USP), em 2021, por ocasião do Colóquio Internacional "Educação, Política e Emancipação no Pensamento de Jacques Rancière", o filósofo argelino se refere aos seus livros como uma espécie de *blocos sensíveis* que trazem consigo um pouco de afeto. Para

Rancière (*apud* WAKS *et al.*, 2022), a escrita é um produto do trabalho do pensamento e, portanto, uma coisa material que pode afetar outros corpos. "No fundo, trata-se de uma condensação de experiência que forma uma proposição de mundo" (p. 34). Imagens, conceitos, narrativas, personagens, argumentos, isto é, os elementos que se articulam na construção da cena produzem novas possibilidades de *sínteses sensíveis*.

À luz dessas considerações, gostaríamos de sustentar a ideia segundo a qual a construção da cena poderia ser pensada também como uma entidade prática. Se, na construção da cena, a escrita libera as palavras da voz que as enuncia e produz a circulação da igualdade como um afeto estético e político, na encenação, os corpos põem em ato essa potência das palavras que permite reconfigurar os modos do dizer e do ver. A encenação é, portanto, um conceito performativo. Por isso, a partilha do sensível que se dá *no* texto por meio da escrita pode se manifestar *para além do* texto por meio dos corpos. Neste sentido, a escola pode ser vista como um espaço e um tempo nos quais os argumentos que demonstram a igualdade podem ser encenados. Para tanto, como veremos a seguir, a escola precisa pôr em ato as três relações simbólicas fundamentais que a caracterizam como uma norma de separação (RANCIÈRE, 1988). Dessa maneira, na qualidade de uma entidade prática, a encenação põe em funcionamento essa pequena máquina de destruir hierarquia e produzir igualdade para além do texto.

A encenação e a política da escola

No ensaio "Escola, produção, igualdade" (neste volume, p. 75-103), publicado originalmente em 1988, Jacques Rancière mostra que o caráter original da *skholē* consistia em renunciar aos privilégios e deveres políticos em favor do puro prazer de aprender. É este uso do tempo, de acordo com Rancière, que definia a *skholē* grega não apenas como tempo livre da atividade servil do trabalho, mas, sobretudo, como tempo livre para se dedicar, com vagar e ócio,[2] a esse puro prazer de aprender. Neste sentido, a *skholē* inventa um modo de vida dos iguais, um modo de vida que destina o uso do tempo ao puro prazer de aprender. Mas o que esse modo de vida dos iguais tem a ver com a escola de nossos dias? Para Rancière, o que esse uso do tempo tem em comum com a escola contemporânea é tão somente uma forma. A escola como uma forma simbólica é, portanto, um lugar separado das necessidades da vida e da produtividade do trabalho; um lugar voltado para o puro prazer de aprender ou, se quisermos, um lugar voltado para o estudo; por fim, também, um lugar de verificação da igualdade. Estas são, segundo Rancière, as três relações simbólicas fundamentais que caracterizam a forma-escola.

Com base no pensamento de Jacques Rancière, pode-se afirmar que, originariamente, o caráter político da *skholē* se apoiava nessa separação que permitia uma reconfiguração da ordem não igualitária da comunidade política. Com isso, a *skholē* grega foi capaz de modificar as posições que um homem livre do século IV a.C. podia ocupar no seio da *pólis*. Ao inventar um novo uso do tempo, a *skholē* produz uma comunidade de iguais; desta maneira, ela perturba o consenso que definia as capacidades de cada um de acordo com suas ocupações sociais. A invenção de um tempo heterogêneo que passa a existir simultaneamente ao tempo produtivo interrompe a ordem não igualitária, abrindo um novo espaço de igualdade no seio da comunidade política. A *skholē* lança mão

---

[2] Joaquim Brasil Fontes (2003, p. 30) observa que "o advérbio *skholēi* indicava, para os gregos, o que dizem para nós as expressões: 'com vagar e ócio'; 'lentamente'; 'à (sua) vontade'".

de um novo uso do tempo como argumento para demostrar a igualdade entre aqueles que devotam seu tempo ao estudo, redefinindo os modos do ser, do dizer e do fazer.

Ao sustentar o argumento de que a comunidade dos iguais não se constitui a partir da disponibilidade do tempo – que divide os que têm e os que não têm tempo –, mas a partir de certo uso do tempo entre aqueles que têm tempo, a *skholē* grega perturba a ordem não igualitária da comunidade política. Portanto, seus efeitos igualitários não abolem a desigualdade, mas expõem a cena de litígio que funda a *pólis* aristocrática. É nesse sentido que, para Rancière (2014), a escola contemporânea é a herdeira paradoxal da *skholē* aristocrática. Com base neste argumento, a *skholē* vai demonstrar que a igualdade pode ser definida não pela posse, mas pelo uso do tempo. O caráter original da forma-escola consiste, pois, no dissenso com a ordem consensual do tempo (Rancière, 2015). A política da escola consiste em produzir um tempo heterogêneo aos tempos do trabalho, da produção e das necessidades da vida, o qual passa a existir *simultaneamente* a eles. A invenção da *skholē* torna possível, por um lado, uma certa relação com o tempo e com as coisas do mundo; por outro, uma certa relação consigo mesmo e com os outros que permite abrir um novo campo do possível e um novo espaço de igualdade.

Ocorre que essa separação do mundo do trabalho e da lógica produtiva nem sempre ocorre, e a lógica não igualitária que funda a ordem social pode continuar existindo no interior da escola contemporânea. Não raro, a escola é acusada por não se ajustar à lógica do mercado e da produtividade. O discurso neoliberal vai acusar a escola contemporânea por perder tempo com coisas inúteis, com coisas que não servem para nada, pois o que importa – ao mercado e à sociedade – é desenvolver habilidade e competências. Quando a escola se esquece de fechar seus portões, de proteger esse espaço e esse tempo heterogêneos nos quais se pode verificar a igualdade de qualquer pessoa a qualquer pessoa, a norma de separação que caracteriza essa forma simbólica está temporariamente suspensa. Quando a lógica da produção e do consumo invadem a escola, o mundo de coisas interposto entre nós deixa de ser visto como algo que possuímos em comum, que compartilhamos com os outros e se converte em um mero bem de consumo destinado a satisfazer as demandas da sociedade e as necessidades do indivíduo (Arendt, 2015).

A forma-escola é uma potência que inscreve no campo dos possíveis a separação dos tempos, dos espaços e das ocupações sociais. Na qualidade de uma norma de separação, a escola igualiza os que acolhe mais por sua forma do que pelo saber que universaliza (Rancière, 2014). Tal forma simbólica é, portanto, a condição para que a escola venha a ser o palco no qual a lógica igualitária pode ser encenada. A política da escola consiste em pôr em ato sua potência, isto é, em encenar suas relações simbólicas fundamentais. A forma-escola é política porque o tempo e o espaço heterogêneos que ela produz permitem encenar a lógica igualitária. É essa encenação que pode instaurar o dissenso com a lógica não igualitária do mundo do trabalho e da produção, que pode conservar a escola como uma norma de separação. É essa encenação que pode inventar a escola contemporânea – da creche à universidade – como um lugar de estudo e de convívio sob o signo da igualdade.

Referências

ARENDT, Hannah. *A condição humana*. Tradução de Roberto Raposo, revisão técnica e apresentação de Adriano Correia. 12. ed. 2. reimp. Rio de Janeiro: Forense Universitária, 2015.

DELEUZE, Gilles; GUATTARI, Félix. *Mil platôs: capitalismo e esquizofrenia*. v. 5. Tradução de Peter Pál Pelbart e Janice Caiafa. São Paulo: Editora 34, 1997.

FONTES, Joaquim Brasil. *Eros, tecelão de mitos*. 2. ed. São Paulo: Iluminuras, 2003.

RANCIÈRE, Jacques. *A noite dos proletários: arquivos do sonho operário*. Tradução de Marilda Pedreira. São Paulo: Companhia das Letras, 1988a.

RANCIÈRE, Jacques. *A partilha do sensível: estética e política*. Tradução de Mônica Costa Netto. 2. ed. São Paulo: EXO eXperimental Org.; Editora 34, 2005.

RANCIÈRE, Jacques. Escola, produção, igualdade. Tradução e notas de Jonas Tabacof Waks e Anita Pompéia Soares. In: CARVALHO, J. S. F. de (Org.). *Jacques Rancière e a escola: educação, política e emancipação*. Belo Horizonte: Autêntica, 2022. p. 75-103.

RANCIÈRE, Jacques. *La méthode de l'égalité: Entretetien avec Laurent Jeanpierre e Dork Zabunyan*. Paris: Bayard Éditions, 2012.

RANCIÈRE, Jacques. *Nas margens do político*. Tradução de Vanessa Brito e João Pedro Cachopo. Lisboa: KKYM, 2014.

RANCIÈRE, Jacques. *O desentendimento: política e filosofia*. Tradução de Ângela Leite Lopes. 2. ed. São Paulo: Editora 34, 2018a.

RANCIÈRE, Jacques. *O inconsciente estético*. Tradução de Mônica Costa Netto. São Paulo: Editora 34, 2009.

RANCIÈRE, Jacques. *O mestre ignorante: cinco lições sobre a emancipação intelectual*. Tradução de Lílian do Valle. 3. ed. 7. reimp. Belo Horizonte: Autêntica Editora, 2018b.

RANCIÈRE, Jacques. O tempo da emancipação já passou?. In: SILVA, Rodrigo; NAZARÉ, Leonor (Orgs.). *A república porvir: arte, política e pensamento para o século XXI*. 2. ed. Lisboa: Fundação Calouste Gulbenkian, 2015. p. 73-100.

RANCIÈRE, Jacques. *Políticas da escrita*. Tradução de Raquel Ramalhete *et. al*. Rio de Janeiro: Editora 34, 1995.

WAKS, Jonas Tabacof *et al*. Tomada da palavra e conquista de tempo livre: uma entrevista com Jacques Rancière. In: CARVALHO, José Sérgio Fonseca de (Org.). *Jacques Rancière e a escola: educação, política e emancipação*. Belo Horizonte: Autêntica, 2022, p. 25-49.

III. Cenas políticas: um mundo comum instituído pela própria divisão

[A política] começa quando seres destinados a permanecer no espaço invisível do trabalho que não deixa tempo para fazer outra coisa tomam o tempo que não têm para afirmar-se coparticipantes de um mundo comum, para mostrar o que não se via, ou fazer ouvir como palavra a discutir o comum aquilo que era ouvido apenas como ruído dos corpos.

Jacques Rancière

O estudo como uso não apropriativo do bem comum

Maximiliano Valerio López

A cena neoliberal e o princípio da apropriação privatizante

A década de 1980 marcou o final da Guerra Fria e das políticas públicas que orientaram a reconstrução da Europa depois da Segunda Guerra Mundial e, com estas, o fim do chamado Estado Benfeitor. Algumas das antigas premissas liberais foram então retomadas e radicalizadas para com elas construir uma visão econômica que pregava a destruição daquele estado de bem-estar através da privatização das empresas públicas e da desregulação dos mercados. Mas este novo liberalismo foi muito mais do que uma doutrina econômica, ele implicou a construção de uma nova forma de perceber, entender e valorar a relação entre o privado e o comum. Nos termos do filósofo francês Jacques Rancière, poderíamos dizer que o neoliberalismo produziu uma nova "constituição estética", uma nova "partilha do sensível", ou seja, uma nova repartição, ao mesmo tempo estética, conceitual e política, capaz de fixar a maneira como os indivíduos sentem e dão sentido à sua relação com o mundo comum.

> Denomino partilha do sensível o sistema de evidências sensíveis que revela, ao mesmo tempo, a existência de um *comum* e dos recortes que nele definem lugares e partes exclusivas. Uma partilha do sensível fixa,

portanto, ao mesmo tempo, um comum partilhado e partes exclusivas. Essa repartição das partes e dos lugares se funda numa partilha de espaços, tempos e tipos de atividade que determinam propriamente a maneira como um *comum* se presta à participação e como uns e outros tomam parte nessa partilha. O cidadão, diz Aristóteles, é quem *toma parte* no fato de governar e ser governado. Mas uma outra forma de partilha precede esse tomar parte: aquela que determina os que tomam parte. O animal falante, diz Aristóteles, é um animal político. Mas o escravo, se compreende a linguagem, não a "possui". Os artesãos, diz Platão, não podem participar das coisas comuns porque eles não têm tempo para se dedicar a outra coisa que não seja o seu trabalho. Eles não podem estar em *outro lugar* porque o *trabalho não espera*. A partilha do sensível faz ver quem pode tomar parte no comum em função daquilo que faz, do tempo e do espaço em que essa atividade se exerce. Assim, ter esta ou aquela "ocupação" define competências ou incompetências para o comum. Define o fato de ser ou não visível num espaço comum, dotado de uma palavra comum etc. Existe, portanto, na base da política, uma "estética" [...] [Trata-se] de um recorte dos tempos e dos espaços, do visível e do invisível, da palavra e do ruído que define ao mesmo tempo o lugar e o que está em jogo na política como forma de experiência (RANCIÈRE, 2017, p. 15-16).

Esta partilha atua como um sistema de evidências sensíveis capazes de regular não só o que é percebido como real, mas também o que se acredita ser possível e desejável. Uma repartição de tempos, espaços e ocupações que fixa os modos de perceber e sentir o próprio mundo vivido. Esta repartição constitui, segundo Rancière, o cerne da política, dado que prefigura, num plano formal e sensitivo, aquilo que aparece e, portanto, aquilo que pode ou não ser pensado.

Uma das manifestações mais emblemáticas desta nova repartição do sensível, criada pelo neoliberalismo, foi a substituição da antiga figura do cidadão pela do empreendedor, que veio reconfigurar inteiramente a maneira de conceber a relação entre esfera pública e esfera privada. Para o empreendedor, o Estado já não representa uma dimensão comum, mas apenas uma maquinaria burocrática que ora age como parceira estratégica na conquista de seus objetivos particulares, ora como uma concorrente. Para este novo sujeito social, a única relação possível com o Estado é a apropriação privatizante, isto é, sua utilização estratégica em função de interesses privados. Por esta razão, ele só pode se pensar a si próprio como contribuinte, ou seja, como alguém que paga, por meio de seus impostos, por um serviço que o Estado deve prestar-lhe.

A figura do empreendedor substituiu também a do trabalhador, transformando subitamente a luta coletiva pela justiça social numa interminável peregrinação em busca da prosperidade individual. O atual empreendedor não tem outro antagonista além da adversidade econômica, a qual experimenta como uma realidade natural e não humana. Diferentemente do antigo operário, o empreendedor já não tem contra quem lutar, ele está em guerra sim, mas sua guerra é contra o mundo e a fraqueza da sua própria vontade. Nesta luta não há companheiros, apenas concorrentes. Sua guerra é solitária e implacável.

Resulta ser quase desnecessário lembrar que, na ordem política inaugurada pelo neoliberalismo, todos os papéis sociais foram progressivamente subsumidos por esta figura: médicos, artistas, professores e pesquisadores, empresários (grandes e pequenos), terratenentes, padres e pastores, militares, trabalhadores assalariados e de aplicativos, youtubers, políticos e jornalistas, todos sem exceção percebem, pensam e agem em suas vidas, públicas e privadas, segundo a figura paradigmática do empreendedor; todos são, no fundo, captadores de recursos, todos organizam a "gestão" da sua vida segundo o princípio da concorrência e do lucro.

No âmbito da educação, este reordenamento dos modos de perceber e sentir nossa relação com o mundo comum se deu por meio de uma redefinição do discurso educativo em torno do conceito de aprendizagem.

Um novo consenso em matéria de educação: "aprender para empreender"

Foi precisamente sobre o final daquela década, em 1988, que Rancière escreveu um pequeno ensaio, titulado "Escola, produção, igualdade", onde denunciava a conformação de um novo consenso em matéria de educação: um consenso entre uma tradição conservadora ou liberal que privilegiava a formação para as demandas e obrigações da vida prática, e uma tradição progressista preocupada com a distribuição equitativa dos conhecimentos e a promoção social das classes menos favorecidas (Rancière, 2022). Este novo consenso baseava-se, aos olhos de Rancière, na ideia de que existiria uma continuidade natural entre educação e trabalho, de tal modo que a universalização dos conhecimentos científicos e a eficácia de suas aplicações garantiriam um trânsito feliz e harmonioso entre a escola e a empresa, fazendo coincidir a promoção dos indivíduos "empreendedores" e o bem-estar da comunidade. Deste modo, satisfazia-se as demandas de ambas as partes, colocando numa mesma fórmula a promoção social, a democratização do conhecimento e a atenção às demandas do mercado.

Esta suposta continuidade natural e harmoniosa entre a escola e a empresa ficou claramente resumida, segundo

Rancière, na famosa frase "aprender para empreender", cunhada por um ministro da educação da época, na qual a aprendizagem aparecia como um primeiro passo em direção ao empreendimento econômico. A relação entre os termos *aprender* e *empreender* não é em absoluto arbitrária: ambos os termos compartilham a mesma etimologia, que os aparenta com a palavra latina *apprehendere*, cujo significado remete à ideia de captura ou apropriação. Na órbita desta palavra encontramos termos como *preensão*, *apreensão*, *prisão* ou *presa*; em todos eles, trata-se de capturar e apoderar-se de alguma coisa. A pedra angular que sustenta a nova compreensão neoliberal da educação é a ideia de apropriação, implícita na noção de "aprendizagem", a partir da qual a escola pode ser concebida, basicamente, como um mecanismo de apropriação privada do bem comum. O que dá coerência à frase "aprender para empreender" é o fato de que, em ambos os casos, está pressuposta a mesma lógica aquisitiva segundo a qual, adquirir conhecimento aparece como o primeiro elo de uma corrente que levaria, progressivamente, à possibilidade de adquirir outro tipo de riquezas.

Todos os elementos que conformam o discurso educativo foram doravante reorganizados a partir deste princípio apropriativo: a escola passou então a ser concebida como um "entorno de aprendizagem", o professor, como um facilitador da aprendizagem, as matérias escolares, como unidades de aprendizagem, e o conhecimento, assim como a posição social que de sua pose resulta, como um capital, um bem de consumo ou um investimento.

Malgrado os 33 anos que nos separam da escritura do ensaio que aqui comentamos, e, tomadas as devidas precauções, tenho a impressão de que ele nos oferece alguns elementos interessantes para pensar o que aconteceu na América Latina nas últimas décadas. Depois de quase 20 anos de governos progressistas, nos quais tivemos um vigoroso crescimento econômico, baixíssimas taxas de desemprego e grandes segmentos da população menos favorecida puderam ter acesso ao sistema escolar público, especialmente à universidade, não parece haver surgido entre nós um desejo coletivo de igualdade, mas apenas um redobrado desejo individual de prosperidade. O crescimento da classe média, acontecido na maioria de nossos países latino-americanos, não foi acompanhado, como se poderia esperar, por um crescente apreço pelas instituições públicas, e sim por um fervoroso desejo de consumo. A educação, e em especial a educação universitária, foi percebida por uma imensa parcela da população como um bem privado, isto é, como uma "conquista" pessoal, se nos atermos ao vocabulário beligerante das novas teologias do sucesso.

Apesar das políticas inclusivas e distributivas dos governos progressistas que garantiram uma notável melhoria nas condições de vida e ampliaram de maneira ostensiva o acesso à educação pública, o princípio da apropriação privatizante que subjaz na partilha neoliberal não parece ter sido colocado em questão, mas assumido, inclusive pelas forças progressistas, como uma fatalidade. Como dissemos no início, o neoliberalismo não foi apenas uma doutrina econômica de caráter conservador, mas um reordenamento simbólico do mundo social no interior do qual foram redefinidas as formas de sentir e dar sentido a nossa relação com o mundo comum, cujas premissas parecem ter sido abraçadas, consciente ou inconscientemente, tanto pela direita quanto pela esquerda. Isto se torna evidente quando consideramos as discussões contemporâneas acerca do direito à educação.

Tanto nos setores progressistas quanto nos conservadores, o direito à educação tem sido discutido em termos de uma *repartição* do bem comum entre os privados. Embora ambos os grupos possam divergir nos critérios que tornam

O ESTUDO COMO USO NÃO APROPRIATIVO DO BEM COMUM

esta repartição justa, o que jamais é colocado em questão é a ideia de que a educação consiste na apropriação privada de um bem e que, portanto, a tarefa política residiria apenas na tentativa de dotar tal apropriação de uma certa justiça. Para os grupos de direita, a repartição sem mérito corrompe o caráter e as instituições, enquanto para os de esquerda, o mérito sem uma repartição inicial é apenas uma forma de mascarar a injustiça. Mas o que fica em um e outro caso como um pressuposto inquestionável é, precisamente, a ideia de que a educação consiste na repartição do comum entre os privados e que o mecanismo que garante dita repartição é o mérito individual. A presença inadvertida deste pressuposto pode nos ajudar a entender, até certo ponto, a reação conservadora de alguns setores da classe média, uma classe que cresceu sob o amparo das políticas inclusivas e distributivas implementadas pelos governos progressistas, mas que, tendo interpretado sua prosperidade individual como um mérito pessoal, hoje se volta contra qualquer medida distributiva.

O que parece impossível de imaginar, inclusive em muitos setores da esquerda, é a possibilidade de uma relação com o comum que não passe por uma apropriação privatizante. Mas o que significa habitar o comum como comum, sem pressupor sua repartição entre os privados? Como pensar uma forma de justiça social que não esteja baseada na apropriação privada e no consumo, mas numa relação não apropriativa com bem comum?

A justiça e o inapropriável

Num pequeno texto de Walter Benjamin, de 1916, citado por Giorgio Agamben a propósito do problema do inapropriável, intitulado "Apontamentos para um trabalho sobre a categoria de justiça", estabelece-se uma estreita conexão entre as ideias de justiça e a de inapropriabilidade. Benjamin escreve:

> O caráter de propriedade compete a todo bem limitado na ordem espaço-temporal como expressão de sua caducidade. A propriedade, enquanto presa na sua própria finitude, é, contudo, sempre injusta. Por isso, nenhuma ordem de propriedade, independentemente de como se queira concebê-la, pode levar à justiça. Esta consiste acima de tudo na condição de um bem que não pode ser apropriado. Só esse é o bem, em virtude do qual os bens se tornam sem posse (BENJAMIN, 1916 *apud* AGAMBEN, 2017, p. 104).
>
> A justiça, continua Benjamin, nada tem a ver com a repartição dos bens segundo a necessidade dos indivíduos, porque a pretensão do bem por parte do sujeito não se fundamenta sobre a necessidade, mas sobre a justiça, e, como tal, dirige-se não "a um direito de propriedade da pessoa, mas a um direito-ao-bem do bem" (AGAMBEN, 2017, p. 104).

Dizer que a justiça não se refere à satisfação das necessidades, mas ao direito ao bem enquanto tal implica reconhecer que os seres humanos não aspiramos apenas à satisfação, mas a um bem que parece se ocultar nas coisas mesmas e transcendê-las. O que procuramos nos bens apropriáveis, aqueles bens materiais limitados no espaço e no tempo, é o bem em si mesmo. A satisfação das necessidades materiais é, em todo caso, a antessala da vida digna, da vida propriamente humana, dedicada não ao contentamento, mas à felicidade. Em outras palavras, não precisamos apenas de nos alimentar, precisamos do almoço familiar no domingo, precisamos nos reunir ao redor de uma mesa, conversar, contar histórias, partilhar o mundo. Mas esse acesso ao mundo comum tem a ver com um modo de estar com uma relação e não com uma posse, e, por isso mesmo, não pode ser garantido pela propriedade. Ser injustiçado não equivale, então, a estar insatisfeito, mas a se sentir privado da participação nesse mundo comum. Poder-se-ia dizer que a propriedade é apenas um mecanismo jurídico por meio do qual temos tentado assegurar a posse e a durabilidade das coisas necessárias para a sobrevivência, limitadas, como diz Benjamin, no espaço e no tempo e, portanto, sujeitas à escassez e ao desgaste, mas a justiça diz respeito ao anseio de participar daquele mundo comum, único bem supremo que, por não ser uma coisa, não pode ser possuído, mas apenas habitado. Não se trata então de repartir o bem comum entre os indivíduos, como se de um bem finito se tratasse, mas de manter aberto o acesso ao mundo comum enquanto comum. É precisamente esse acesso ao bem enquanto tal que é lesado pela injustiça. Nesse sentido, conclui Benjamin, a justiça pode ser definida como "o esforço por fazer do mundo o bem supremo" (BENJAMIN, 1916 *apud* AGAMBEN, 2017, p. 104).

O mundo como bem supremo

Mas, o que é o Mundo? Com certeza o mundo humano não é apenas uma realidade física natural, um conjunto de objetos, não está feito só do que percebemos, mas também, e simultaneamente, do que lembramos e imaginamos, do que dizemos e interpretamos. Envolve, numa mesma esfera temporal, o que é, o que foi, o que será e o que poderia ter sido, o atual e o possível. Mas duas coisas podemos dizer ao certo acerca do mundo: o mundo é real e, ao mesmo tempo, inapropriável. O mundo é aquilo que se impõe a nós, que resiste a nosso saber e nossa vontade, que não depende de nós para existir, que está lá fora, sempre alheio, independente, irredutível. Mas é também, por isso mesmo, aquilo que nos escapa; sempre mais do que percebemos, sempre distinto do que imaginávamos. O mundo é, por definição, alteridade, exterioridade.

O que temos do mundo, o que dele podemos possuir é apenas uma versão, sempre parcial e contingente: uma ficção, imaginária e simbólica, isto é, feita de imagens e palavras, de modos de ver e de dizer que determinam, por sua vez, uma maneira de sentir e dar sentido, de perceber, lembrar e desejar, uma ficção que nos permite nos orientar nele, utilizá-lo, torná-lo habitável. Fazer uma experiência do mundo significa então estar sempre com um pé no real e o outro na ficção, sem renunciar à realidade nem à ficção, embora a saibamos parcial e perecível.

Mas o mundo é, sobretudo, o lugar comum. O lugar onde nos encontramos uns com os outros, embora ninguém consiga jamais apreendê-lo completamente. Partilhar o mundo não significa, então, coincidir em nossa ficção sempre limitada, mas, pelo contrário, implica estarmos juntos perante a sua indeterminação constitutiva. A manutenção de seu caráter comum depende do reconhecimento dessa limitação, de nossa capacidade de mantê-lo como inapropriável. Sem o reconhecimento da nossa finitude, da nossa impossibilidade de ter o mundo por completo não há mundo comum, apenas a expansão insensata de nossa própria ficção. Porque o mundo comum não é, como sugere o senso neoliberal, a somatória dos domínios privados; ele é um âmbito distinto, que só se faz possível na desativação do princípio da apropriação privatizante. A soma das prosperidades individuais jamais produzirá o bem comum, pelo contrário, o que temos visto nesta última etapa do capitalismo é que o crescimento exponencial do consumo e do princípio apropriativo que jaz nele tem corroído cada vez mais a esfera do comum. O consumo reduz o mundo a um agregado de coisas a serem devoradas por indivíduos famintos e solitários que procuram inutilmente, no interior dos objetos, o bem do bem, aquele que só se pode habitar, mas jamais possuir.

O estudo como uso não apropriativo do mundo comum

No seu famoso ensaio "A crise na educação", Hannah Arendt (2009) diz que a educação tem a ver com o amor ao mundo, com seu cuidado e, portanto, com sua transmissão e renovação. Podemos retomar agora, em relação a esta afirmação arendtiana, aquelas três que fizemos acerca do mundo: o mundo existe por si mesmo, independentemente de nós, de nosso saber e nossa vontade; acrescentemos, com Arendt, a ideia de que o mundo nos precede, que estava antes de nós e que sobreviverá a nossa morte. Em segundo lugar, lembremos de que o mundo é inesgotável, sempre maior e distinto do que imaginamos. Por último, nos lembremos de que o mundo é comum, que é o lugar onde todos nos encontramos, ainda que nenhum de nós possa conhecê-lo completamente. O que está em jogo na educação é então, como diz Arendt, o amor ao mundo no que ele tem de real, comum e inesgotável. O que está em jogo na educação é também a justiça, se por justiça entendermos o esforço por manter aberto o acesso ao mundo, por preservar seu caráter comum e inapropriável; em termos benjaminianos, o esforço por fazer do mundo um bem supremo.

Agora, bem, como dissemos no início, o neoliberalismo reduziu a educação à aprendizagem, e esta a um gesto apropriativo e privatizante que faz do mundo um mero objeto de consumo. No esforço de encontrar um termo que faça justiça a nosso modo humano de estar no mundo e que nos permita reconstruir a linguagem educativa sobre bases menos mesquinhas, gostaríamos de trazer à tona a antiga ideia de estudo entendido como uma forma de uso não apropriativo do mundo comum.

A palavra *estudo* provém da expressão latina *studium*, cujo significado é o de atenção, empenho, zelo, dedicação ou cuidado, possuindo também o sentido de afeto – "*studia habere alicuius*" queria dizer "ter o afeto de alguém". O primeiro que haveria que se destacar, então, a respeito ao estudo é que ele implica sempre uma inclinação afetuosa ao mundo, uma entrega, um certo abandono de si em favor das coisas. Se a aprendizagem denota um gesto apropriativo, o estudo expressa, pelo contrário, um movimento de desapropriação. O aprendizado coloca o acento no sujeito que aprende, suas inclinações, desejos e propósitos, enquanto o estudo o faz recair na matéria estudada. Quem estuda, está claro, acaba por aprender algo, mas essa aquisição de conhecimentos, habilidades e de uma certa condição é apenas um efeito secundário derivado da atividade estudiosa. Contrariamente ao que afirmam alguns moralistas, não estudamos para ser melhores, mas porque reconhecemos em certas coisas algo maior do que nós, uma grandeza, uma verdade, uma beleza que nos leva a dedicar-lhes a vida. Talvez a isto Benjamin tenha se referido, de modo um tanto enigmático, quando fala de um "bem do bem", algo que, estando nas coisas, não pode ser jamais possuído.

Se, por uma parte, o estudo se caracteriza por uma atitude de desapropriação, de desprendimento, por um abandono de si em favor do mundo, ao mesmo tempo é possível afirmar que ninguém tem o mundo tão intensamente quanto aquele que estabelece com ele uma relação estudiosa. Qualquer um pode comprar um jogo de xadrez e aprender a jogá-lo numa tarde, mas o mundo do xadrez só se abre plenamente para aquele que mantém com ele uma relação estudiosa. Nesta relação, reconhecemos as três dimensões anteriormente mencionadas: o xadrez se apresenta como uma realidade autônoma, preexistente e que oferece resistência; o xadrez é inesgotável, o estudioso o pratica, mas não o possui, nem o conhecimento nem a perícia técnica do jogador podem esgotá-lo: o jogo é sempre maior do que o jogador; por último, o xadrez existe simultaneamente para diferentes pessoas, ele pertence ao mundo comum e, por isso mesmo, pode sustentar uma comunidade de jogadores em torno dele.

O estudioso tem um mundo, o mundo do xadrez, o mundo da música, da pintura, das letras, das matemáticas, mas esse "ter" não constitui uma propriedade em sentido jurídico. O termo "ter" não alude, aqui, à posse de um bem material, mas a um certo comprometimento, a um modo de estar implicado nas coisas que nos dizem respeito, a um habitar. Este é, então, o ponto nodal da questão que hoje tentamos pensar: o que significa "ter" sem possuir? O que significa ter um mundo comum enquanto comum?

Sem dúvida, aquilo que se tentou recolher, conter e estabilizar na figura jurídica da "propriedade privada", e que hoje tentamos trazer à luz por meio do conceito de estudo, não é outra coisa senão um vínculo primário com o mundo, um vínculo que estabelecemos com as coisas, não só na medida em que elas constituem entes materiais finitos, mas também na medida em que elas revelam a natureza comum e indeterminada do mundo humano. O xadrez, como um alfabeto ou um sistema numérico, não é um mero objeto, mas o suporte material de um mundo sutil, capaz de conter infinitas possibilidades. Daí que, através da relação com esses objetos materiais, o estudioso tome contato com um mundo real, infinito e comum.

A nossa reivindicação da palavra *estudo* constitui, de certa maneira, a retomada de uma antiga noção hoje praticamente incompreensível, uma noção à qual os antigos deram o nome de θεωρία (*theōría*) e, um pouco mais tarde, de *contemplatio*. Por muito tempo, temos oposto a ação à contemplação como se se tratasse de duas formas opostas de relação com o mundo, mas a contemplação não constitui um domínio separado e exterior à ação, pelo contrário, poderíamos dizer que a contemplação (o estudo) se aloja no coração mesmo do fazer. O estudo é a operação por meio da qual uma ação produtiva (*poíesis*) é reconduzida a sua própria potência, a suas possibilidades, fazendo com que entremos em contato não apenas com o que as coisas são, mas também com o que elas poderiam ser e com o que poderíamos fazer delas. Um bom exemplo do que aqui tentamos expor encontra-se na poesia. A poesia não é outra coisa senão uma contemplação da língua e na língua, uma contemplação da potência de dizer. Nesta contemplação, um certo uso da linguagem é desativado, expondo, assim, outros usos possíveis. O poeta, o inventor, o cientista, o artesão participam desta atitude estudiosa que faz com que tanto sua matéria de trabalho quanto as ferramentas e os procedimentos nele implicados se tornem elementos plásticos capazes de revelar o caráter aberto do mundo do qual se ocupam. O estudioso tem o mundo ao mesmo tempo em ato e em potência – ou, melhor dito, no estudo o ato e a potência se tornam indiscerníveis. O estudo é uma experiência da indeterminação constitutiva do mundo humano feita no interior das coisas finitas e contingentes.

Num livro recente, intitulado *Autorretrato no estúdio* (2018), Agamben escreve com singular beleza sobre o sentido desse modo estudioso de "estar" implicado nas coisas que nos importam.

> Uma forma de vida que se mantém em relação com uma prática poética, qualquer que seja, está sempre no estudo, está sempre no seu estúdio.
>
> (Seu, mas de que modo esse lugar, essa prática lhe pertencem? Não é verdade, mas bem o contrário? Que ela está à mercê de seu estúdio?)
>
> Na desordem das folhas e dos livros abertos e amontoados uns sobre os outros, nas posições desordenadas das canetas, das cores e das telas penduradas na parede,

O ESTUDO COMO USO NÃO APROPRIATIVO DO BEM COMUM

> o estúdio conserva o testemunho da criação, regista as pegadas do laborioso processo que leva da potência ao ato, da mão que escreve à folha escrita, da paleta à tela. O estúdio é a imagem da potência: da potência de escrever para o escritor, da potência de pintar ou esculpir para o pintor ou o escultor. Tentar a descrição do próprio estúdio significa então tentar a descrição dos modos e das formas da própria potência, uma tarefa, ao menos à primeira vista, impossível.
>
> Como se tem uma potência? Não se pode ter uma potência, só se pode habitá-la.
>
> Hábito é um frequentativo de *habeo* [ter]: habitar é um modo especial de ter, um ter tão intenso como para não possuir nada mais. À força de ter algo, o habitamos, tornamo-nos seus (AGAMBEN, 2018, p. 13).

Habitar é um modo especial de ter, um ter tão intenso como para não possuir nada mais. Este modo de ter, tão particular, não constitui, como dissemos anteriormente, uma forma de propriedade, mas antes um tipo de intimidade. Por intimidade há que se entender aqui um tipo especialmente intenso de vínculo no qual a relação entre o sujeito e o mundo que o circunda tende a se tornar indiscernível. Do ponto de vista da posse, a intimidade se manifesta como uma impossibilidade de estabelecer a fronteira entre o ter e o ser tido por algo ou por alguém. Quem cultiva uma relação de intimidade possui a coisa na mesma medida em que é por ela possuído, daí que toda relação íntima imponha a quem a possui uma certa dependência. Habitar é um modo especialmente intenso de ter, mas esse ter não esgota aquilo que possui nem reclama para si nenhuma exclusividade. O enxadrista não só não esgota nem possui o mundo do xadrez de maneira exclusiva, mas, além disso, precisa que outros também o possuam para com eles poder jogar para compartilhar sua paixão. Compartilhar uma intimidade não tem a ver com dividir e repartir algo entre os privados, mas com participar de uma dependência mútua.

Hábito é um frequentativo de *habeo* (ter), diz Agamben. O hábito é o meio pelo qual nossa inclinação amorosa a certos objetos do mundo se sustenta no tempo, se torna duradoura. Se o habitat, a habitação designa as condições espaciais necessárias para que algo tenha lugar, o hábito assinala para as condições temporais da sua existência. Estudar é dar espaço e tempo para que uma certa relação de intimidade com o mundo se faça possível. Mas, desde que as coisas se tornaram objetos de consumo, têm perdido seu tempo e seu lugar, porque o consumo não só destrói as coisas, destrói também o espaço e o tempo em que elas existem.

Estudo e aprendizagem, uso e consumo

Ao longo deste breve ensaio, temos sustentado a tese de que o neoliberalismo reorganizou a experiência do comum em torno de um gesto apropriativo e privatizante que, no âmbito educativo, operou através do conceito de aprendizagem. Mas é importante acrescentar que, na deriva derradeira do capitalismo, o princípio de apropriação privatizante ao qual temos feito referência tomou a forma do consumo, de modo que, para poder explicitar apropriadamente nossa ideia, devemos agora dizer algo a respeito da relação entre aprendizado e consumo.

O consumo é o resultado da mais perversa aliança entre a apropriação e a destruição, cujo efeito é, precisamente, a desmaterialização do mundo e, por isso mesmo, a impossibilidade de habitá-lo humanamente. No percurso que levou à aparição do consumo como modelo dominante de relação com o mundo, houve de se passar antes pela transformação da propriedade em capital. Se a propriedade foi e ainda continua sendo, em certa medida, o mecanismo jurídico por meio do qual se tenta assegurar a posse das coisas materiais, sujeitas à escassez e à degradação, o capital é algo de natureza muito diferente. A propriedade se refere às coisas concretas e, por isto mesmo, está relacionada com o que o marxismo denominou "valor de uso", enquanto o capital se funda no chamado "valor de troca". No uso, as coisas valem por si mesmas, enquanto do ponto de vista do seu valor de troca elas representam um valor abstrato que poderia, eventualmente, fazer com que uma coisa se transforme em qualquer outra. Não se pode usar um martelo para cortar papel, nem uma tesoura para colocar um prego. As coisas se tornam utilizáveis por sua forma específica e dentro das fronteiras de uma arte determinada, por isso os martelos de marcenaria são diferentes, na sua forma e no seu uso, dos martelos de sapataria. No uso, o mundo permanece concreto, fiel a sua materialidade e, portanto, a sua finitude. Mas, considerado desde a perspectiva de seu valor de troca, o martelo representa um valor abstrato, de modo tal que, enquanto capital, ter um martelo significa ter, potencialmente, qualquer coisa de valor equivalente. O capital abstrai, assim, o mundo e o transforma em um mundo em geral. Desde a perspectiva capitalista, as coisas em si não importam, o que importa é a potencialidade que elas representam. Ter capital significa ter possibilidade de, eventualmente, ter ou fazer qualquer coisa. O que está na base do capitalismo é a dissociação entre as coisas e sua potência para se apropriar, assim, de uma possibilidade sem mundo, uma possibilidade abstrata. Por meio da transformação das coisas em capital, o capitalismo busca possuir algo que transcende as coisas mesmas, busca possuir a pura possibilidade – daí que assuma, em nossa época, o caráter de uma religião, cuja forma de transcendência é a liberdade entendida como possibilidade ilimitada. O uso que podemos fazer das coisas carrega as limitações de nossa corporeidade e de nossa mortalidade, assim como as das que dizem respeito ao próprio mundo material, mas a possibilidade abstrata, que é a verdadeira substância do capital, é ilimitada.

A propriedade está ligada às coisas mesmas e, portanto, comprometida com sua produção, manutenção e uso; mas o capital está ligado à troca e, neste sentido, seu compromisso não é com as coisas, as obras, os produtos, mas com a produtividade e o consumo. A produção é sempre produção de algo, enquanto a produtividade é o puro processo de produzir e é exatamente este processo o que multiplica o capital. Para que a produtividade não gere uma saturação de mercadorias, o que levaria forçosamente a sua interrupção, é necessário que as coisas sejam constantemente destruídas, daí a necessidade do consumo, isto é, de uma destruição constante das coisas a fim de resguardar não as coisas em si, nem a arte por meio da qual elas são produzidas, mas a pura produtividade. A destruição constante que o consumo produz desata as amarras que ligam a produção às coisas, permitindo que a produtividade se torne ilimitada e implacável. No consumo, o princípio da apropriação privatizante coincide com a destruição das coisas mesmas, fazendo com que precisemos comprar, uma e outra vez, aquilo que jamais chegaremos a ter. O consumo nos deixa sem mundo e nos abandona às forças desmesuradas da produtividade.

Enquanto o mundo permaneceu ancorado às coisas e a produção era ainda uma produção de coisas concretas, a aprendizagem permaneceu contida nas fronteiras espaço-temporais do obrar humano, mas, a partir do momento em que a produção se tornou produtividade, o aprender tornou-se também um aprender a aprender, um puro processo de aquisição, sem arte, sem obra e sem mundo. A aprendizagem deixou de ser, então, a aprendizagem de um ofício e passou a ser entendida como a aquisição de um saber – saber este que, como todas as mercadorias da atualidade, dura apenas um pouco mais do que o entusiasmo daquele que o possui. O saber (transformado agora em mera informação) é como aqueles móveis baratos, mas de bom design, feitos de materiais descartáveis, orientados a satisfazer as necessidades de um consumidor ávido e inconstante.

O estudo, pelo contrário, não pode prescindir do mundo, jamais pode ser um estudo em geral; ele permanece fiel às coisas mesmas pois não se pode amar o mundo em geral, mas apenas as coisas singulares. O estudo é uma forma particular de uso, ou melhor, uma operação no interior do uso por meio da qual é desativado seu caráter instrumental. No estudo, o mundo permanece concreto, real, comum e inapropriável. O estudo constitui uma forma de uso não apropriativo do mundo comum.

Referências

AGAMBEN, Giorgio. *Autorretrato en el estudio.* Traducción de Rodrigo Molina-Zavalía y María Teresa D'Meza. 1. ed. Buenos Aires: Adriana Hidalgo, 2018.

AGAMBEN, Giorgio. *O uso dos corpos.* Tradução de Servino J. Assmann. 1. ed. São Paulo: Boitempo, 2017.

ARENDT, Hannah. A crise na educação. In: ARENDT, Hannah. *Entre o passado e o futuro.* Tradução de Mauro W. Barbosa. 6. ed. São Paulo: Perspectiva, 2009. p. 221-247.

RANCIÈRE, Jacques. *A partilha do sensível: estética e política.* Tradução de Mônica Costa Netto. São Paulo: Editora 34, 2009.

RANCIÈRE, Jacques. Escola, produção, igualdade. Tradução e notas de Jonas Tabacof Waks e Anita Pompéia Soares. In: CARVALHO, J. S. F. de (Org.). *Jacques Rancière e a escola: educação, política e emancipação.* Belo Horizonte: Autêntica, 2022. p. 75-103.

RANCIÈRE, Jacques. *Políticas da escrita.* Tradução de Raquel Ramalhete *et. al.* São Paulo: Editora 34, 2017.

Para além de O mestre ignorante: o encontro entre filosofia e educação como questão filosófico-política

Vinicius B. Vicenzi

É inegável o impacto que *O mestre ignorante* (2002) teve no campo da educação não só no Brasil, mas em diversas partes do mundo. Contudo, quase vinte anos depois do seu lançamento entre nós, é hora de avançar no debate, e o Colóquio Internacional "Educação, Política e Emancipação no Pensamento de Jacques Rancière" mostrou isso. Gostaria de defender, nesse sentido, que a educação não é só uma temática acidental na obra de Jacques Rancière, de um encontro fortuito com os textos de Jacotot, mas constitui um verdadeiro problema filosófico à empreitada teórica que o filósofo francês desenvolve. Desde o distanciamento de Althusser até os escritos "estéticos" contemporâneos, a questão da educação permanece: como pensar que a política e a arte não se baseiam na ideia do pensamento como desmistificação, revelando um saber àquele que ignora, numa lógica de *ensino-aprendizagem* de como tornar iguais os desiguais, mas na pressuposição estético-política da igualdade da capacidade de *qualquer um*?

De início, duas premissas parecem importantes. A primeira diz respeito aos comentários à análise do papel da educação na obra de Rancière. Pretendemos defender a ideia de que a sua discussão não se resume ao debate de *O mestre ignorante*. Ousaríamos dizer que o lugar da educação como questão filosófico-política aparece prioritariamente fora deste livro referencial, ainda que em diálogo com ele. A segunda premissa, menor, decorre justamente da primeira. Se *O mestre ignorante* fosse o livro no qual Rancière se expressa, em termos educacionais e políticos, de forma mais evidente, a ponto de alguns afirmarem ser impossível distinguir Rancière de Jacotot, então não faria sentido a afirmação que ele faz em *Nas margens do político* (2014) em relação ao pedagogo francês e a seu próprio livro.

> Com efeito, é possível alegar que toda a polícia nega a igualdade e que os dois processos são incomensuráveis um ao outro. É a tese do grande pensador da emancipação intelectual, Joseph Jacotot, que desenvolvi em *O mestre ignorante*. Segundo ele, só é possível a emancipação intelectual dos indivíduos. Isso quer dizer que não há qualquer cena política. Há apenas a lei da polícia e a lei da igualdade. Para que esta cena exista, temos de mudar de fórmula. Em vez de dizermos que toda a polícia nega a igualdade, diremos que o político é a cena na qual a verificação da igualdade deve tomar a forma do tratamento de um dano (RANCIÈRE, 2014, p. 69).

Esta segunda premissa, então, diz respeito ao modo como Rancière constrói uma abertura no pensamento de Jacotot. Igualar Jacotot e Rancière significaria dizer que também para o filósofo "não há qualquer cena política", o que mostra um enorme contrassenso se analisarmos todo o seu trabalho, desde a juventude até os dias atuais, para justamente afirmar o contrário, de que são possíveis *cenas políticas*. Como pensar, então, que filosofia e educação se relacionam sob a forma de um problema filosófico sem cairmos na interpretação por demais simplificadora de que a emancipação intelectual e Jacotot nos dariam a resposta?

Kohan (2006) propõe uma interessante distinção entre "pedagogia" e "educação" a partir de *O mestre ignorante*, distinção esta análoga à que Rancière estabelece entre "polícia" e

PARA ALÉM DE *O MESTRE IGNORANTE*

"política".[1] A pedagogia seria o reino da disciplina dos corpos, dos saberes e do pensamento, enquanto a educação seria sua indisciplina. Esta distinção, contudo, só ganha sentido se pudermos visualizá-la nos demais textos do filósofo francês, se pudermos ampliar seu escopo. Parece-nos, contudo, que a análise que Rancière faz a respeito da filosofia política impossibilita uma distinção tão linear entre esses dois termos. A questão da educação comporta pensar, também, em seus aspectos policiais, como é o caso da discussão que Rancière faz sobre a reforma da Escola no debate frente a Bourdieu, por exemplo (cf. RANCIÈRE, 1983, p. 239-288). Se é verdade, penso, que o adjetivo "pedagógico" pode assumir com certa tranquilidade o qualificativo "policial", o mesmo não parece ser o caso do adjetivo "educativo".[2] Caberia perguntar, então, se não seria o caso de *mudar de fórmula* e pensar que, em vez de dizermos que toda a pedagogia "nega a igualdade inicial e a emancipação final que a educação pressupõe e torna possível" (KOHAN, 2006, p. 439, tradução nossa), dizer que existem espécies de *cenas educativas* nas quais a verificação da igualdade se faz possível na forma do tratamento de um dano, como a própria experiência pedagógica de Jacotot e de muitas outras *noites proletárias* mostram.

Seguimos, assim, uma outra pista, dada pela análise que Rancière faz de Platão, sobretudo a partir d'*A república*. Esta liga o debate antigo acerca da *paideia* ao debate contemporâneo sobre a escola, no qual os defensores de uma instrução universalista e os defensores de uma visão progressista da escola parecem ter ficado encerrados ao pensar a educação

---

[1] Também Masschelein (2003), em sentido semelhante, distingue "pedagogia" e "pedagógico" e, por analogia, "aluno" e "infância".

[2] Ver, por exemplo, os usos de "educação" em *O desentendimento* (1996), *Le philosophe et ses pauvres* (1983) e *Et tant pis pour les gens fatigués* (2009).

como questão filosófico-política. Se o filósofo grego vê na antecedência da política à filosofia um diagnóstico de um vício constitutivo, ou seja, que não faz nascer a "verdadeira política" (*Górgias*, 521d), o mesmo poderíamos dizer da presença de um diagnóstico de vício constitutivo da própria *paideia*. Se a democracia é o nome da política "viciada", o é à medida que o *demos* representa um fenômeno de igualdade "de qualquer pessoa com qualquer pessoa na liberdade vazia de uma parte da comunidade que desregula toda e qualquer contagem das partes" (Rancière, 1996, p. 71). A democracia é, assim, "incapaz de dar à política sua medida própria" (Rancière, 1996, p. 72). É onde entra a terapêutica platônica: "[...] uma política que não é a efetuação de seu próprio princípio, que não é a encarnação de um princípio da comunidade, não é uma política do todo" (Rancière, 1996, p. 72).

O mesmo se poderia dizer, creio, da educação em Platão. *Uma educação que não é a efetuação de seu próprio princípio, que não é a encarnação de um princípio da comunidade, não é uma educação do todo.* Não é à toa que os "mestres de virtude" no *Górgias*, no *Protágoras*, no *Mênon*, ou mesmo em *A república* sejam confrontados sempre com o leito de Procusto da dialética socrático-platônica. Mesmo a poesia homérica passa pelo mesmo crivo. Não há ensino ali, não há educação "de verdade" no sentido da política "de verdade" que Sócrates diz encarnar. A reforma que Platão empreende, assim, n'*A república* para a formação dos jovens nada mais é que seu próprio projeto *arqui-político*, para usar a terminologia de Rancière.

O que se desenha é a busca por uma *arkhé* da política, por um princípio original que a efetue, que encarne em si o próprio princípio de comunidade. É isto o que está em jogo neste primeiro encontro polêmico entre filosofia e política, entre filosofia e educação. O projeto arqui-político a que

PARA ALÉM DE *O MESTRE IGNORANTE*

Rancière faz referência não deixa de ser assim, também, um projeto *arqui-educativo* ou *arqui-paidêutico*. O princípio que falta à política falta à educação.

> A "política de verdade" vem então opor-se ao *kratein* do *demos* e substituir a sua torsão específica por uma pura lógica do *ou, ou,* da pura alternativa entre o modelo divino e o modelo perecível. A harmonia da justiça opõe-se então ao dano, reduzido à chicana dos rábulas de espírito torto; a igualdade geométrica, como proporção do cosmo própria para harmonizar a alma da pólis, opõe-se a uma igualdade democrática reduzida à igualdade aritmética, quer dizer, ao reino do mais e do menos. Face ao impensável nó político do igual e do desigual, define-se o programa da filosofia política, ou melhor, da política dos filósofos: realizar a essência verdadeira da política, da qual a democracia só produz a aparência; suprimir essa impropriedade, essa distância de si da comunidade que o dispositivo político democrático instala no centro mesmo do espaço da pólis (RANCIÈRE, 1996, p. 72).

Cabe lembrar, também, que a terapêutica platônica da "política de verdade" trabalha na alma dos guardiões do mesmo modo que trabalha na alma da pólis. Também no projeto *arqui-educativo* é a harmonia da justiça e a igualdade geométrica o que deve operar.

A pergunta que se segue dessa aproximação entre uma *arqui-política* e uma *arqui-paideia* visa responder pelas razões desse encontro. Se é a democracia, como atesta Rancière, que revela que a política já está presente antes de "esperar pelo bom começo que a fará nascer como efetuação de seu princípio próprio" (RANCIÈRE, 1996, p. 71), é também *a democracia o que revela que a educação já está presente antes de esperar pelo bom começo que a fará nascer como efetuação de seu princípio próprio?*

No Livro VIII de *A república*, Platão descreve os males democráticos, e é interessante notar como estes se assemelham muito aos mesmos males denunciados hoje em dia, na época do "triunfo da igualdade democrática". Em 562d-563c, ele diz explicitamente que a democracia é o reverso de todas as relações que estruturam a sociedade humana:

> Àqueles que são submissos aos magistrados, insultam-nos como homens servis que de nada valem; ao passo que louvam e honram em particular e em público os governantes que parecem governados, e os governados que parecem governantes [...] É que o pai habitua-se a ser tanto como o filho e a temer os filhos, e o filho a ser tanto como o pai, e a não ter respeito nem receio dos pais, a fim de ser livre; o meteco equipara-se ao cidadão, e o cidadão ao meteco, e do mesmo modo o estrangeiro [...] Ainda há estes pequenos inconvenientes: num Estado assim, o professor teme e lisonjeia os discípulos, e estes têm os mestres em pouca conta; outro tanto se passa com os preceptores. No conjunto, os jovens imitam os mais velhos, e competem com eles em palavras e em acções; ao passo que os anciãos condescendem com os novos, enchem-se de vivacidade e espírito ao imitar os jovens, a fim de não parecerem aborrecidos e autoritários [...] Mas o extremo excesso de liberdade, meu amigo, que aparece num Estado desses, é quando homens e mulheres comprados não são em nada menos livres do que os compradores. Mas por pouco me esquecia de dizer até que ponto vai a igualdade e a liberdade nas relações das mulheres com os homens e destes com aquelas (PLATÃO, *A república*, 562d-563c).

Como compreender, então, uma descrição tão similar entre dois momentos democráticos radicalmente distintos? Entre 2.500 anos de história? A hipótese de Rancière é a de que "o retrato sempre apropriado do homem democrático

PARA ALÉM DE *O MESTRE IGNORANTE*

é produto de uma operação, ao mesmo tempo inaugural e indefinidamente renovada, que visa conjurar uma impropriedade que diz respeito ao próprio princípio da política" (RANCIÈRE, 2014, p. 52). Qual é esta impropriedade? Que o princípio que instaura a política funda o "bom" governo sobre sua própria ausência de fundamento. A democracia deixa a filosofia política nua. É preciso buscar por um fundamento, por uma *arkhé*. Se a democracia mostra, assim, que todas as relações "naturais" estão invertidas, ao mesmo tempo mostra que "todas essas inversões traduzem uma mesma reviravolta da ordem natural, portanto esta ordem existe e a relação política também pertence a essa natureza" (p. 53).

A democracia, não importa se em um período antigo ou contemporâneo, mostraria, assim, os mesmos "males", os mesmos vícios sociais pelos quais caberia à educação em seu viés republicano, entenda-se platônico, a tarefa de modificá-los, consertá-los, hierarquizá-los. É a mesma empreitada a que se volta a educação pública, republicana, da qual nossas escolas são filhas. É sempre uma empreitada moral, sociologizante, em última instância. As recorrentes "reformas da Escola" seriam, assim, apenas sintomas de uma mesma *doença* que a democracia provocaria. E tampouco aqueles que denunciam os ideais republicanos como reprodutores das desigualdades sociais e culturais escapariam a essa doença. Apenas substituiriam uma sociologia por outra, uma psicologia por outra, não percebendo que também eles estão presos no "nó primário que a arqui-política estabelece entre a comunidade fundada na proporção do cosmo e o trabalho das ciências da alma individual e coletiva" (RANCIÈRE, 1996, p. 78). Esquecem que o que Platão inventa é a "psicologização e a sociologização integrais dos elementos do dispositivo político, que concilia sem deixar restos as maneiras de ser e as de fazer, as maneiras de sentir e as de pensar" (p. 77). Toda proposta que vise, portanto, identificar um corpo a um lugar social, com as adaptações curriculares necessárias, permanecerá presa na mesma armadilha.

A desmedida democrática, assim, não tem a ver com o capricho de uma subversão qualquer entre novos e velhos, entre homens e mulheres, senhores e escravos, mas simplesmente com a perda da medida "com a qual a natureza regia o artifício comunitário através das relações de autoridade que estruturam o corpo social" (RANCIÈRE, 2014, p. 56). A democracia, bem como uma educação "democrática" tão propugnada em nossos dias, só podem ser entendidas, portanto, à luz dessa desmedida, à luz dessa quebra frente à relação natureza-comunidade. Uma educação democrática não pode ser entendida como a mera alocação social de um indivíduo segundo suas capacidades naturais. Não se trata, aqui, de meritocracia. Nem tampouco da compensação de seu déficit, o déficit de *capital cultural* que a escola moderna expõe ao privilegiar os *herdeiros*. Isto talvez seja a função "policial" da educação. Não é, contudo, sua função "política".

A política começa quando a simples educação não dá conta da legitimidade do poder, da legitimidade do mando. Até o momento em que a questão "política" se resumia à adequação e ao respeito dos mais novos pelos mais antigos, dada sobretudo por um tipo de educação, não havia propriamente política. Não há política numa tribo, como não há política numa família, ainda que haja poder (ou mesmo poderes). A política começa quando o princípio evocado para o governo se separa da lei de filiação, da questão do nascimento e invoca uma "natureza" bem menos explícita, bem menos "evidente" (cf. RANCIÈRE, 2005, p. 45-48), gestada na ideia daquele que é *melhor*. Quem é que deve governar? Quem é o mais forte? Quem é o mais sábio? Eis perguntas certamente de outro tipo que não o de "Quem é o pai?" ou

"Quem é o mais antigo?", certamente mais evidentes. É a partir do caminho traçado pelos dois últimos tipos de títulos de governo descritos por Platão (cf. *As leis*, 690a-c) – que nada têm a ver com *nascimento/origem*, mas que se valem da natureza, do poder dos mais fortes sobre os mais fracos e o dos que sabem sobre os que ignoram – que se reencontra um estranho objeto, um título que não é exatamente um título e que, no entanto, consideramos o mais justo:[3] o título de autoridade "amado dos deuses", aquele que leva o simples nome de "acaso". A escolha do deus, ao acaso, a tiragem à sorte, o procedimento democrático através do qual um povo de iguais decide sobre a distribuição de lugares é o que marca esse sétimo título. Eis o princípio da democracia. Vale qualquer um, porque esse *qualquer um* representa a escolha casual de um deus. Essa "metafísica" da democracia é o que preside, no início, a segurança e a confiabilidade desse siste-ma, uma fé cega que necessita de uma educação isonômica capaz de não pôr em risco a escolha de uma ação para ser desempenhada por *um qualquer.*

É, de fato, um escândalo, como bem define Rancière. Sobretudo, aos "homens de bem" que não podem admitir que o seu nascimento, que a sua ancestralidade ou que a sua ciência/saber tivessem de se "inclinar" diante da lei da sorte, de uma isonomia forjada.

O que Rancière mostra no nascimento da filosofia política e no seu enfrentamento à lógica do dispositivo democrático é que a pretensão da filosofia ao encontrar-se com a política é realizá-la plenamente, o que, na verdade, representa, como

---

[3] Como diz o Ateniense: "O favor dos deuses e da fortuna caracteriza a sétima forma de autoridade, na qual um homem se adianta para um lance da sorte e declara que se ganhar será com justiça o governante, e se não o conseguir assumirá seu lugar entre os governados" (PLATÃO, *As leis*, 690c).

diz, a supressão da política, a realização da filosofia no lugar da política. Fazendo uso de um paralelismo, talvez pudéssemos dizer, também, que *a pretensão da filosofia ao encontrar-se com a educação é realizá-la plenamente, o que, na verdade, representa a supressão da educação, a realização da filosofia no lugar da educação*. E isto fica ainda mais forte se pensarmos que o próprio Sócrates – em diálogos platônicos que Rancière deliberadamente pouco explora, como o *Lísias*, o *Laques*, *Alcibíades I*, numa perspectiva totalmente oposta ao mestre embrutecedor que analisa em *O mestre ignorante* – pensa a tarefa da filosofia como educação, como um *cuidado de si*, como dirá Foucault (cf. Foucault, 2006, p. 3-24).

Vale lembrar, também, que a boa *pólis* platônica, nos descreve Rancière, é aquela em que a legislação é absorvida "por inteiro na educação, mas também na qual a educação transborda os meros ensinamentos do mestre-escola, e em que ela se oferece a todo instante *no concerto do que se oferece a ver e se dá a entender*" (Rancière, 1996, p. 77, grifo nosso). A educação ocupa, assim, um papel fundamental na *partilha do sensível* que Platão fornece, "na qual não pode haver *tempo morto nem espaço vazio* na trama da comunidade" (p. 77, grifo nosso).[4]

Partindo desta constatação, talvez coubesse agora novas perguntas: a educação ocupa um papel relevante em outras *partilhas do sensível*? Qual o papel da educação nas outras grandes figuras da filosofia política (*meta-política* e *para-política*)? Seria possível ampliar esse debate e pensar a própria educação como *prática estética*, isto é, como uma forma de visibilidade que "intervém na distribuição geral das maneiras de fazer e nas relações que estas estabelecem com as maneiras de ser e

---

[4] Lembremos aqui a defesa que Rancière faz no artigo, há pouco traduzido, "Escola, produção, igualdade" (RANCIÈRE, 2022) a respeito da escola como *tempo livre*, da forma-escola como separação espaço-temporal, como *skholé*.

PARA ALÉM DE *O MESTRE IGNORANTE*

as formas de visibilidade" (RANCIÈRE, 2010, p. 14)? Como pensá-la, por exemplo, a partir de *regimes de identificação da arte*, identificando a pedagogia como *arte*? São perguntas que certamente o debate para além de *O mestre ignorante* pode ajudar a responder.

A educação não se mostra, assim, uma tópica acidental no pensamento de Rancière, mas um desses lugares aos quais ele faz referência para pensar "sistematicamente" a política ou a teoria da política, e também a arte, ainda que use diferentes nomes para dar conta desse *topos* educativo – pedagogia, pedagógico, educação, forma-escola, escola etc. Ao abordar o nascimento da filosofia política com Platão em *O desentendimento* (1996), ou ao abordar a passagem do filósofo-rei ao sociólogo-rei com a sociologia de Bourdieu em *Le philosophe et ses pauvres* (1983), vemos nitidamente dois exemplos nos quais o *topos* educativo se faz presente. Mas essa referência é constante. Desde os escritos de juventude como *La Leçon d'Althusser* (1974) aos escritos da maturidade como *O espectador emancipado* (2010b) há a concepção de uma topografia que não implique, como diz, uma posição de mestria (RANCIÈRE, 2010a). Pensar a amplitude dessa topografia nos parece fundamental ao campo da filosofia da educação para compreendermos melhor as consequências do encontro entre educação, filosofia e política para os dias atuais.

Referências

FOUCAULT, Michel. *A hermenêutica do sujeito*. Tradução de Márcio Alves da Fonseca e Salma Tannus Muchail. São Paulo: Martins Fontes, 2006.

KOHAN, Walter Omar. Rancière et l'éducation. In: RANCIÈRE, Jacques. *La philosophie déplacée*. Paris: Horlieu Éditions, 2006. p. 429-440.

MASSCHELEIN, J. O aluno e a infância: a propósito do pedagógico. *Educação e Sociedade*, Campinas, v. 24, n. 82, p. 281-288, abr. 2003.

PLATÃO. *A república.* Tradução de Maria Helena da Rocha Pereira. Lisboa: Fundação Calouste Gulbenkian, 2001.

PLATÃO. *As leis, ou da legislação e epinomis.* Tradução de Edson Bini. Bauru: EDIPRO, 2010b.

PLATÃO. *Fedro, Cartas, O primeiro Alcibíades.* Tradução de Carlos Alberto Nunes. Belém: EDUFPA, 2007.

PLATÃO. *Górgias.* Tradução de Manuel de Oliveira Pulquério. Lisboa: Edições 70, 2010a.

RANCIÈRE, Jacques. *Et tant pis pour les gens fatigues: entretiens.* Paris: Éditions Amsterdam, 2009.

RANCIÈRE, Jacques. *La Leçon d'Althusser.* Paris: Gallimard, 1974.

RANCIÈRE, Jacques. *Le philosophe et ses pauvres.* Paris: Éditions Fayard, 1983.

RANCIÈRE, Jacques. *O desentendimento: política e filosofia.* Tradução de Ângela Leite Lopes. São Paulo: Editora 34, 1996.

RANCIÈRE, Jacques. *O mestre ignorante: cinco lições sobre a emancipação intelectual.* Tradução de Lílian do Valle. Belo Horizonte: Autêntica, 2002.

RANCIÈRE, Jacques. *A partilha do sensível: estética e política.* Tradução de Vanessa Brito. Lisboa: Dafne Editora, 2010a.

RANCIÈRE, Jacques. *O espectador emancipado.* Tradução de José Miranda Justo. Lisboa: Orfeu Negro, 2010b.

RANCIÈRE, Jacques. *A noite dos proletários: arquivos do sonho operário.* Tradução de Luís Leitão. Lisboa: Antígona, 2012a.

RANCIÈRE, Jacques. *La méthode de l'égalité: Entretien avec Laurent Jeanpierre et Dork Zabunyan.* Paris: Bayard, 2012b.

RANCIÈRE, Jacques. *Nas margens do político.* Tradução de Vanessa Brito, João Pedro Cachopo. Lisboa: KKYM, 2014.

RANCIÈRE, Jacques. Escola, produção, igualdade. Tradução e notas de Jonas Tabacof Waks e Anita Pompéia Soares. In: CARVALHO, J. S. F. de (Org.). *Jacques Rancière e a escola: educação, política e emancipação.* Belo Horizonte: Autêntica, 2022. p. 75-103.

Democracia: *do desamor ao ódio*

Flávio Brayner

Um número considerável de publicações recentes na área da reflexão política sobre nossa contemporaneidade atesta uma inquietação intelectual crescente a respeito da democracia (e do ideário liberal). Para isto, basta observar seus títulos: "Como as democracias terminam"; "A tentação totalitária"; "O ódio à democracia"; "Por que nós não amamos a democracia"; "Por que os intelectuais não amam o liberalismo"; "Os crimes da democracia", "Os inimigos íntimos da Democracia"... O problema se agrava com o fato de que tais ameaças não provêm de uma injunção "externa" ao regime democrático, vindas de culturas ou ideários tradicionalmente avessos aos seus princípios: vêm de seu "interior"! Parece, assim, que é o próprio *Homo Democraticus* que não suporta mais o peso de um certo estado de coisas produzido e reproduzido pela democracia.

Vou tentar, aqui, comentar duas destas obras que mostram pelo menos três coisas que precisamos forçosamente saber para identificar aquelas ameaças: *quem* odeia a democracia, quer dizer, quem são os atores sociais que a ameaçam? *Por que* a odeiam, ou seja, quais razões ou (des)razões encontram para justificar seus atos ameaçadores? E *como* as praticam: que ações, que estratégias, que mecanismos utilizam para exercer aquele ódio ameaçador? Duas obras serão revistas aqui: o livro de Myriam Revault D'Allones *Pourquoi nous n'aimons pas la démocratie?* (2010) e a obra de Jacques Rancière *La haine à la démocratie* (2005). O que ocorre, afinal, quando a *incerteza*, que funda a democracia, se junta com o *consumidor imaturo e narcisista*?

***

Principio supondo que não é por acaso que a *tragédia*, a *filosofia* e a *democracia* tenham nascido no mesmo lugar e no mesmo momento: entre os séculos V e VII a.C., em Atenas. Afirmaria, aliás, que das três é a tragédia que tem uma primazia, digamos, fundante! Aristóteles (*Poética*, 1984, p. 124) define a tragédia como a "passagem de um estado bom para um estado mau de um homem acima do normal dos homens (quer dizer, um aristocrata) que, por ter praticado uma boa ação, cai numa situação de desgraça", e ele considera *Édipo-Rei* (Sófocles) como a mais perfeita das tragédias. Diferentemente da tragédia *clássica* moderna (Shakespeare, Marlowe ou Racine), a antiga tratava de uma luta agonística entre *destino* e *liberdade*: aquilo que os homens podem fazer deliberadamente para dirigir suas vidas e aquilo que está fora de seu alcance – a vontade dos deuses, a providência, a necessidade, o acaso. A democracia é a forma *política* (na verdade, a *forma que inaugura a política*, como sugerem tanto Rancière como Revault D'Allonnes) que responsabiliza os homens pelo destino da cidade: pode até dar tudo errado, mas, agora, os deuses não podem mais ser inteiramente responsabilizados!

Ao examinar mais de perto esta *responsabilidade* a partir dos *sete títulos* de *As leis* de Platão, Rancière esbarra com o problema da *tiragem na sorte* que domina a escolha de certos Basileus no conjunto daquelas duras críticas que Platão faz à democracia: que *responsabilidade* é esta que, no fundo, depende da vontade dos deuses, escolhendo ao azar – tirando na sorte – os governantes? Na verdade, o que está contido aqui neste dilema entre acaso e deliberação é exatamente o

DEMOCRACIA: DO DESAMOR AO ÓDIO

espírito trágico de que falava Unamuno e que ronda a filosofia desde seu início. No entanto, Rancière parece esquecer que a sorte que beneficia alguém para o exercício de uma função política não define o conteúdo da discussão pública, até porque o *sortudo* terá que se defrontar com outras opiniões no interior da Ágora. No fundo, trata-se do medo atávico dos ignorantes! Foi exatamente isto que disse certa vez o filósofo espanhol Fernando Savater (1997, p. 87): "[...] o grande medo da democracia é o medo dos ignorantes!" – mas ele também não diz o que exatamente os *ignorantes* ignoram a ponto de fazer deles um perigo para a democracia! Falta-lhes educação, consciência cívica, cultura geral, responsabilidade política, competência técnica?

Desde Platão, pois, que a relação entre o saber e o governo da cidade se tornou problemática. Ele achava que assim como não escolhemos ao acaso, no cais do porto, um homem qualquer para servir de timoneiro de nosso navio, também não deveríamos confiar no homem da multidão para dirigir os negócios humanos. Platão desejava um governo no qual o *saber* (o filósofo) governaria: uma epistemocracia, como diz Rancière. Abre-se, desde então, um dilema entre *consciência* e *competência*, entre o cidadão e o técnico. Ocorre, claro, que aquilo que esperamos do cidadão não é a mesma coisa que queremos do técnico: o cidadão é alguém em quem supostamente confiamos que avaliará as consequências morais (valor) das decisões políticas e confrontará suas opiniões com outras opiniões no interior do chamado *espaço público*; o cidadão é aquele que pergunta "Por que fazer?". O técnico é aquele de quem supostamente esperamos que saiba executar aquelas decisões, usando os meios adequados para a realização dos fins; o técnico é aquele que pergunta "Como fazer?" e faz esta pergunta para outros técnicos considerados também competentes. Um dos problemas da ordem política democrática é quando estes dois personagens (o cidadão e o técnico) têm seus papéis, digamos assim, trocados: quando deixamos as decisões para os técnicos (tecnocracia) e não confiamos mais nos cidadãos como consciência judicativa, avaliando fins e valores das decisões tomadas – é o risco que se corre com a privatização individualista, a consequente defecção do espaço da palavra e da ação e com o fim do *interesse público*. Afinal, como dizia Lipovetsky em *A era do vazio* (1990), somos todos muito ocupados, temos muitas solicitações, muitas identidades a serem experimentadas, e a identidade cidadã nem sempre é a mais importante! Como disse, o cidadão decide (ou deveria decidir) ouvindo os argumentos de outros cidadãos igualmente interessados nos destinos da cidade; o técnico decide a partir de uma suposta racionalidade instrumental (adequação dos meios aos fins), sem se perguntar muitas vezes se os fins são moralmente aceitáveis. Foi isso o que o dramaturgo Bertolt Brecht discutiu na terceira versão de sua peça *A vida de Galileu* (1978): uma ciência nova produz uma moral também nova?

Isto nos leva a ter que examinar certas expressões bastante comuns em nosso vocabulário político-educacional. Por exemplo, expressões como *gestão democrática*. Gestão supõe um conjunto de instrumentos, recursos humanos e técnicos, uma burocracia racionalizada e um conjunto de princípios normativos e impessoais tais como eficiência, eficácia, produtividade, economia e resultados. Gestão é um problema de *competência técnica*. Já a democracia, na qual diferentes opiniões se encontram e se enfrentam num lugar de visibilidade e de audição, lugar da *ação* arendtiana, não é coisa de competentes, mas de *indivíduos conscientes* do que está em jogo num debate público, indivíduos capazes de examinar argumentos, de propor, de decidir, de se colocar no lugar do outro – uma outra forma de competência, se quisermos! Quando estas duas palavrinhas se juntam, – "gestão" e "democrática" –, elas formam uma espécie de oximoro, a junção de expressões semanticamente contrárias: é o casamento da panela de barro com o pote de ferro; receio que o pote da gestão vá bater, e a panela de barro democrática, coitada, vá apanhar!

Certa vez, Tocqueville (1969, p. 231) afirmou no seu clássico *A democracia na América*:

> Quero imaginar sob que novos traços o despotismo poderia se produzir no mundo: vejo uma multidão inumerável de homens semelhantes e iguais que giram sem repouso sobre si mesmos para obter pequenos e vulgares prazeres, com os quais enchem suas almas. Cada um está como que alheio ao destino de todos os outros. [...] Acima deles se eleva um poder imenso e tutelar, que se encarrega de lhes assegurar o prazer e zelar por seu destino. Assemelha-se ao poder paterno, mas fixa-os irrevogavelmente na infância [...].

Assim, parece que desde o século XIX já sabíamos que o futuro da democracia de massas seria esta atomização despolitizada dos indivíduos tornados *cidadãos-crianças*, e Rancière, leitor atento de Tocqueville, também acha que há um *ator* responsável pelo ódio à democracia: o consumidor obsessivo, imaturo, narcisista e hiperindividualista! E é por isso que Rancière (2005, p. 56) diz da democracia que é o "reino dos desejos ilimitados dos indivíduos da sociedade de massa moderna". Mas o *ator* antidemocrático contemporâneo vai muito mais longe: para ele, é este inconsequente *respeito às diferenças*, a *affirmative action* que destrói o universalismo republicano, estabelece o reino universal de uma igualdade ilusória, arruína hierarquias tidas como *naturais* e tradicionais (de saber, de status, de classe, de origem, de idade) e que, resumidamente, se expressa numa tese: a boa democracia é aquela que reprime a catástrofe da civilização democrática – que se resume, por sua vez, num dilema: ou a democracia significa uma larga participação nas coisas públicas ou é uma forma de vida social que *canaliza as energias para satisfações pessoais*, como afirma novamente Rancière. O fato é que, se no totalitarismo era o Estado que devorava a sociedade, na democracia é a sociedade que devora o Estado estendendo seus tentáculos para todo um modo de vida, das relações familiares às pedagógicas, profissionais, religiosas, amorosas, geracionais... Eis o grande risco da *tirania democrática*! E como, no fundo, não existe regime de governo que não seja oligárquico ("Todo estado é oligárquico!", repito Rancière), então é preciso que as elites sejam *protestantes*, quer dizer, individualistas e esclarecidas, e o povo seja *católico*, quer dizer, compacto e mais crente do que consciente, como atesta o pensamento das elites do século XIX, de Guizot a Renan. E a ficção que alimentamos a respeito da *soberania popular* serviu apenas para alimentar as práticas da divisão do povo que os regimes representativos desempenham tão bem.

Uma palavra, aliás, e de grande atualidade entre nós brasileiros resume este imenso imbróglio democrático: a palavra *populismo*, que Rancière (2005, p. 78) identifica com todas as formas de secessão em relação ao consenso dominante, que supomos estar assentado em um só princípio: a ignorância (de novo!) dos atrasados, a forte ligação com o passado – seja com ideais revolucionários ou com a religião tradicional. "Populismo é o nome cômodo sob o qual se dissimula a contradição exacerbada entre legitimidade popular e legitimidade científica" (RANCIÈRE, 2005, p. 112) – quer dizer, de um saber acima dos homens ordinários –, revelando o grande e inconfessado desejo de toda oligarquia: governar sem povo! É praticamente unânime, entre os autores que consultei, apontar para o populismo como a grande ameaça à democracia. Ernesto Laclau, no entanto, achava que o termo não era de fácil definição, já que abrangia experiências muito diferentes: *narodnichevo* russo, *farmers* americanos, *cardenismo* no México, *varguismo* no Brasil, *poujadismo* na França. Todorov, em *Os inimigos íntimos da democracia* (2019), vê no Populismo um imenso risco à democracia e enxerga nele algumas características comuns: demagogia, ao propor soluções fáceis como *dar mais recursos à polícia*, jogar com as emoções do momento, limitando-se à certeza da maioria e lidando com o cotidiano de cada um, além de privilegiar a ordem em detrimento das liberdades. Populismo se oporia a elitismo, termo usado aqui com conotações pejorativas: é uma desforra da periferia contra o centro, diz Todorov. Entre nós, os uspianos Francisco Weffort e Octavio Ianni, autores de clássicos sobre o assunto, veem o populismo como uma relação direta entre o líder e as massas, sem a intermediação das instituições e com um amplo uso de meios de comunicação (rádio, televisão e cinema) ou das redes sociais atuais.

No fundo, reina em tudo isto uma imensa vontade de eliminar a política (ou o Estado), coisa que já estava na cabeça dos nossos utopistas do século XIX, de Cournot a Marx: a política entendida como fonte de dissensões e discórdia entre os homens, aqueles *homens partidos* de Carlos Drummond, e substituí-la por uma tecnocracia. A vitória final da *gestão* sobre a *esfera pública*, ou seja, nosso pote de barro democrático, no final, se estilhaça em pedaços!

★★★

Myriam Revault D'Allonnes é professora da Escola Prática de Altos Estudos de Paris. Se em Rancière há um *sujeito* que odeia a democracia (o consumidor imaturo, voraz e narcisista), Revault D'Allonnes concentra-se na *incerteza* (tema que ela extrai de Claude Lefort) e nos novos modos de subjetivação e governamentalidade que a democracia, sob a batuta neoliberal, inspira. Revault D'Allonnes procura mostrar, inicialmente, que o *ódio* à democracia não é novo, e que é um absurdo pensar que esta é uma criação *burguesa*, logo, ligada ao capitalismo: seu *formalismo* – como nossas esquerdas gostam de acusá-la – é a possibilidade mesma de realização da política.

Quanto ao predicado que acima referi, a *incerteza*, ele se dá com a dissolução das antigas referências e da aguda e melancólica sensação do *fim*: fim das utopias, fim da história redentora, fim do social, fim do passado, fim das hierarquias, fim da *realidade*, fim da verdade e, claro, fim do cidadão, como se no *fim* não existisse mais nada. É o que Marcel Gauchet chamou ironicamente de *inexistencialismo*! E é diante da incerteza provocada pelo *fim* – esta época de *liquidação* a que se referiu Baudrillard no seu opúsculo *À sombra das maiorias silenciosas* (1987) – que desejamos a volta de um sujeito reunificado que a democracia fraturou com suas múltiplas crenças, opiniões, verdades, interesses, e esta *reunificação* nos leva a duas coisas, diz Revault D'Allonnes: a um modo de subjetivação próprio (que o neoliberalismo produz) – e no seu livro fica muito clara a dívida teórica que ela tem com Foucault de *O nascimento da biopolítica* (1994) e de *A hermenêutica do sujeito* (2011) –, e este projeto de subjetivação se dá através do empresariamento de si: o neoliberalismo não é algo mais *novo* ou simplesmente *posterior* ao liberalismo dito *clássico*, não é Adam Smith renovado; é algo completamente diferente e que constrói um *neo sujeito* a partir de um outro modelo de *governamentalidade*. O que isto quer dizer? Que o neoliberalismo não é só a diminuição do estado, o fim das garantias trabalhistas, a apropriação da dívida pública pelo mercado, a financeirização das relações sociais, a *uberização* do trabalho: o neoliberalismo cria um novo sujeito baseado na ideia de que todos podem ser *empreendedores de si*, concorrentes de si e dos outros. Sou meu esforço e o investimento que faço em mim mesmo visando tornar todas as minhas relações eficazes, eficientes e produtivas – para o que o mito da meritocracia oferece um solo tão favorável; não posso mais contar com nenhuma ajuda, nem do Estado, nem da lei, nem dos outros – que são meus concorrentes –, e o mercado deixa de ser um lugar de encontro (entre oferta e procura), regulado por uma mágica *mão invisível* e onde se realiza um cálculo racional de custo e de benefício e passa a ser um lugar hobbesiano da concorrência de todos contra todos (uma espécie de retorno a um estado de natureza anterior à sociedade civil que os velhos contratualistas achavam que teria sido superado com o aparecimento do Estado organizado), um mercado, repito, que envia sinais contínuos sobre como agir, como pensar, como calcular, como viver, como se relacionar, como *ser você mesmo* consumindo egos postiços intercambiáveis. Hoje, a melhor definição da *autenticidade* que as Filosofias da Existência tanto perseguiram vem de uma antiga publicidade da Adidas tomada, aliás, de Píndaro: "Seja você mesmo!", Adidas disse bem...

Desempenho, sucesso, fracasso, performance, lucro, investimento, empresa de si, cultura de resultados, gestão de desempenho, metas em que os critérios de julgamento (que são éticos e políticos) são substituídos pelos da eficiência. Age sobre ele um novo tipo de poder (governamentalidade) que faz com que cada indivíduo trabalhe para a empresa como se trabalhasse para si mesmo (daí as palestras *motivacionais*), e, assim, elimina-se qualquer sentimento de alienação: o *neo sujeito* é uma *empresa pessoal*. É a produção sistemática do medo: medo da precariedade, da não performance, do risco, do não cumprimento das metas, da avaliação, de não ser considerado um colaborador! É o fim do cidadão e o início de uma nova relação entre Estado e indivíduo, agora tornado *cliente* de um Estado que oferece serviços e bens, um Estado que faz *entregas*, o *delivery* como política pública! Surge aqui, segundo Revault D'Allonnes, um desejo *de* servidão (desejo de *horizontalidade*), diferente de desejo *da* servidão (desejo de *verticalidade*), o desejo de se entregar ao autocrata, visto como aquele que une o que está fraturado e disperso, que concentra em si a unidade que a democracia destruiu.

O *Homo Democraticus* de Revault D'Allonnes tem também suas disposições afetivas e suas novas reivindicações identitárias – novos direitos, ecologia, igualdade, segurança –, mas guiado, agora, por uma nova *racionalidade*: a do *mercado*. É o fim também daqueles velhos polos de identificação: nação, povo, Estado. Este *paradigma do mercado* quer construir uma sociedade civil que seja uma sociedade de mercado, mas é preciso, antes, convencer as pessoas de que a sociedade pode ser administrada como uma empresa e, claro, é necessário *produzir* o sujeito de que este mercado necessita assim como a escola *democrática* produzia o sujeito de que supostamente a democracia necessitava!

Para nossa autora, a democracia é mais do que uma forma política ou jurídica, mais do que um sistema de agenciamento de poderes, mais do que a simples substituição do príncipe pelo povo no poder (Claude Lefort dizia que a democracia não é o povo no lugar do príncipe, mas o fim de todos os príncipes, uma forma em que o poder é um lugar *vazio* que pode ser ocupado por qualquer cidadão): ela é, na verdade, uma *experiência* que envolve modos de subjetivação dos indivíduos, dando a cada um de nós os predicados que nos permitem conviver – inclusive institucionalmente – com a *incerteza*: não dispomos mais de garantias transcendentes, de nenhum deus legitimante do poder. Mas a dissolução da certeza nos traz a tentação do relativismo generalizado, a vontade de se livrar da divisão, da fratura que a pluralidade provoca – daí a sedução do totalitarismo. E o que estamos assistindo é que a democracia parece impotente para responder a certos desafios, tais como: mundialização, insegurança social, esgotamento das formas tradicionais da ação política, diluição do ideal utópico, ascensão da pseudodemocracia *neo*liberal. Trata-se de um tipo de racionalidade política que coloca em perigo a lógica cidadã e democrática, tomando, como dissemos, a *empresa* como modelo de funcionamento do social: *democracia neoliberal* é uma aberração que visa se livrar do homem ingovernável, plural, dividido.

O fato é que a modernidade nos trouxe pesos, tensões e expectativas das quais nossa modernidade tardia parece querer se livrar. Com o presentismo, nos livramos daquele futuro utópico com final feliz; com a tecnologia virtual, nos livramos de certos fardos do trabalho e da realidade; com a crítica iluminista, nos livramos do peso da tradição e da autoridade; com os novos modelos de subjetivação, nos livramos das identidades fixas (inclusive as de gênero); com o multiculturalismo e o relativismo, nos livramos da crença numa razão universal; com as redes sociais, nos desvencilhamos dos amigos de carne e osso; com as cirurgias plásticas e os antioxidantes, estamos nos livrando da velhice; com a Wikipédia, nos livramos do esforço e da disciplina exigidos pela cultura; com a sala de aula invertida, nos livraremos do peso da escola; com a psicologização das relações amorosas, nos livramos do casamento indissolúvel; com a engenharia genética, vamos nos livrar do homem (tal como o conhecemos); com a tecnocracia liberal, vamos nos libertar da política e daquilo que permite sua existência – a democracia. E, quem sabe, com o avanço da biologia molecular vamos emancipar-nos da última barreira: a morte! Quanto mais desonerada, quanto mais liberada daqueles pesos mais temos a sensação de obter qualidade de vida e liberdade individual: o conforto e a segurança que demandamos ao Estado.

Mas aí, como nas boas tragédias clássicas, a libertação começou a cobrar seu preço: uma vida sem peso, sem densidade, toda essa *leveza* parece que está se tornando insuportável. Receio que queiramos de volta a oneração, a tensão, a gravidade, e para isso precisamos ressuscitar as coisas que nos davam a sensação de ter chão onde pisar, ar para respirar: como se quiséssemos de volta os nacionalismos, os fanatismos religiosos, as guerras tribais, os fundamentalismos ideológicos; queremos que os *diferentes* voltem pro seu lugar, de onde nunca deveriam ter saído; queremos que a escola volte a ser a guardiã da ordem familiar e da tradição; queremos que as identidades voltem a ser fixas; desconfio até que estamos querendo que o Estado volte a ser uma entidade teocrática (uma república evangélica!) e, finalmente (por que não?), parece que estamos querendo a volta do tirano e de todo o peso que ele exerce sobre nós! Até a modernidade nós patinávamos no reino da necessidade, éramos objetos de forças incompreensíveis, mas aos poucos o reino da liberdade foi ocupando o seu lugar. O que não sabíamos era que a emancipação da democrática sociedade desonerada poderia se tornar insuportável!

Por fim, muitas vezes entendida como a forma política das promessas não atendidas (daí o desamor que provoca), de certa forma, nós nunca amamos a democracia como quem diz que *ama a pátria* ou *ama a liberdade*: é como se estivéssemos perdendo, diz Revault D'Allonnes, o que *nunca realmente amamos, mas que não podemos não querer*! Ela, a democracia, afinal, não é uma forma política como as outras: ela é a própria condição da existência política, o espaço da dúvida, do conflito e da invenção imprevisível, capaz de produzir a *crítica*, que alguém definiu como "a arte de não querer ser totalmente governado: não por estes homens, não com estes métodos, não com estes objetivos" (FOUCAULT, 1994, p. 234).

Referências

ARISTÓTELES. *Poética*. Porto Alegre: Global, 1984.

BAUDRILLARD, Jean. *À sombra das maiorias silenciosas*. São Paulo: Brasiliense, 1987.

BRECHT, Bertolt. *A vida de Galileu*. Rio de Janeiro: Civilização Brasileira, 1978.

D'ALLONNES, Myriam Revault. *Pourquoi nous n'aimons pas la démocratie*. Paris: Seuil, 2010.

FOUCAULT, Michel. *Hermenêutica do sujeito*. São Paulo: Martins Fontes, 2011.

FOUCAULT, Michel. *Nascimento da biopolítica*. São Paulo: Martins Fontes, 1994.

LIPOVERSKY, Gilles. *A era do vazio*. São Paulo: Manole, 1990.

RANCIÈRE, Jacques. *La haine de la démocratie*. Paris: La Fabrique, 2005.

SAVATER, Fernando. *Ética, Política, Ciudadanía*. Madrid: Grijalbo, 1997.

TOCQUEVILLE, Alexis de. *A democracia na América*. Rio de Janeiro: Nacional, 1969.

TODOROV, Tzvetan. *Os inimigos íntimos da democracia*. São Paulo: Companhia das Letras, 2019.

A palavra entre a educação e a política

Anita Pompéia Soares

"Um dia, se o meu filho virar professor, ele vai contar a minha história, vai contar a história de todos aqueles que lutaram para ter uma educação melhor, [que lutaram] para que uma escola possa se chamar de 'escola'." Com estas palavras, o estudante de apelido Kalifa caracterizava, em 2015, a mobilização secundarista da qual fazia parte. Ao enfatizar a necessidade de que suas ações e as de seus colegas fossem narradas às próximas gerações, Kalifa fazia da palavra uma via de reafirmar a dignidade do protesto e da escola pela qual lutava. Desse modo, o estudante se contrapôs a um cenário de crescente fragilização dessa instituição pública, seja pelos ataques advindos de defensores da Escola Sem Partido, seja pelos cortes orçamentários nem sempre tratados como tal, seja, ainda, pelos apelos – cada vez mais frequentes – à desescolarização ou ao *homeschooling*.

A fala de Kalifa inseria-se num contexto mais amplo em que a palavra também figurou como elemento central de disputa e de reconfiguração do sensível. Os estudantes lutavam para ter voz frente a um projeto governamental que, ao se orientar por supostos medidores de desempenho estudantil, alegava a necessidade de uma reorganização nas escolas estaduais paulistas. Ao ser apresentada como assunto da alçada de especialistas, estatísticos e matemáticos, a medida se fazia imperativa, negando qualquer possibilidade de diálogo com a comunidade escolar. O projeto instaurava, assim, uma desigualdade no estatuto das falas em disputa. Contestá-lo implicava embaralhar a ordem instaurada, performar enquanto discurso aquilo que até então só era ouvido como ruído.

Neste sentido, em termos do pensamento de Jacques Rancière, a mobilização configurou-se como um ato político. Apesar de advir de um espaço circunscrito – o das escolas estaduais paulistas –, ela transcendeu os muros, ganhou outros espaços, retirou o projeto do estreito campo especialista, tecnocrático e administrativo para transformá-lo num assunto da alçada pública. Convocar o pensamento de Rancière, diante do exposto, é uma chance de refletir sobre o papel que a palavra assume em suas discussões sobre a política e, principalmente, sobre a educação. Isto nos leva a discorrer sobre outra questão que subjaz à fala de Kalifa: o que faz de uma escola escola?

Quando aborda assuntos educacionais e políticos, Rancière não adota uma postura essencialista, isto é, não define padrões substanciais a toda ação que reconhece como política ou a qualquer gesto educativo que qualifica como emancipador. No entanto, em sua obra, ambas as iniciativas possuem a palavra como elemento central, afinal, ela dá corpo a um princípio fundante tanto da educação como da política: a igualdade. Mais do que isso, a palavra traz consigo a possibilidade de atualização desse princípio, sem a qual nem a educação emancipadora nem a política poderiam ser reconhecidas como tais.

Sendo assim, quando discorre sobre a escola, Rancière limita-se a tratar de uma *forma*, sem prescrever, como é próprio do discurso pedagógico, conteúdos ou diretrizes. Como o autor destaca (RANCIÈRE, 2022) o que há de comum entre as escolas elitistas originárias da Grécia Antiga e nossas escolas públicas da atualidade não é nada mais do que uma forma. A forma-escola dá *tempo livre* àqueles que estão em seu interior, o que significa um tempo liberado da produtividade e das necessidades que imperam no ambiente externo à escola. Por extensão do significado da forma do *tempo livre*, Rancière afirma que a escola é o espaço primordial da igualdade, pois nela todos têm tempo para construir uma relação com o conhecimento que não seja determinada pelo universo produtivo. A escola é, portanto, um tempo-espaço *suspensivo* que funciona segundo uma temporalidade que contradiz as lógicas do mundo do trabalho, colocando-se, também, na contramão de certos ditames sociais.

É interessante notar como, no pensamento do autor, o ideal de igualdade nessa primeira delimitação do tempo-espaço escolar vem à tona por meio da palavra. Em seus textos sobre educação, assim como naqueles que abordam questões políticas, Rancière reitera a ideia de que a palavra é signo de uma igualdade primordial entre os homens. No entanto, se nos textos políticos a palavra é elemento de *dissenso* entre aqueles que proferem discursos articulados e aqueles que são vistos como meros emissores de ruídos, nos textos sobre a educação a palavra representa uma *capacidade* comum a todos. Por isso, num processo que podemos chamar de educativo, o autor destaca que não respondemos como *sábios* ou *ignorantes*; respondemos, primeiramente, como homens, isto é, como seres de palavra (Rancière, 2015, p. 29).

Então, a forma escolar parece se configurar como "o lugar da igualdade por excelência" (Rancière, 2022, p. 78) na medida em que enxerga cada um como ser dotado de capacidade, expressa pelo signo de nossa humanidade: a palavra. Tal concepção de escola implica tomar a igualdade como ponto de partida – e não como ponto de chegada – do processo educativo. Grande parte da obra de Rancière, no entanto, nos leva a pensar que, seja na política, seja na educação, a igualdade expressa pelo uso da palavra é fundamental, embora nunca esteja assegurada de antemão. Não basta tomar a igualdade como princípio. Para que na escola ou nas ações políticas ela seja mais do que um ponto de partida, precisa ser verificada, o que ocorre, novamente, pelo uso da palavra.

Ao que tudo indica, então, a escola se torna um local de *tempo livre* se, ali dentro, todos podem igualmente testar a potência de sua própria capacidade intelectual por meio da palavra. Neste sentido, é interessante notar como Rancière apresenta o professor como aquele que coloca *entre* ele e o aluno um objeto ou assunto do mundo e pergunta "O que vês?" (Rancière, 2015, p. 44). Ao indagar, o professor instiga o aluno a pensar por conta própria e perceber do que é capaz. Tal percepção só será efetiva se o aluno atribuir, ele mesmo, significados àquilo que lhe foi apresentado. Após ser perguntado, o aluno imita, repete, imagina, estipula e, ao final, comunica ao professor o percurso percorrido. Nesse ínterim, a palavra é um elemento fundamental: é pela palavra que o professor indaga o aluno; é pela palavra que o aluno reflete sobre o que analisa; e é, por fim, pela palavra que ele enuncia o trajeto traçado em sua *aventura intelectual*, capaz de dar corpo à verificação da igualdade no interior da escola.

Talvez seja justamente a premência da palavra nas situações de atualização da igualdade entre professores e alunos que leve Rancière a adotar o termo *tradução* para caracterizá-las: o aluno traduz, com seus próprios termos, aquilo que lhe foi apresentado, o que dá margem à criação, à atribuição única e, quiçá, inaudita de significados para a grande herança cultural legada por nossos antepassados. As metáforas que Rancière emprega parecem elucidativas do que se pode entender por tradução. Neste sentido, o autor afirma que a tradução intelectual é como uma *ponte* (Rancière, 2015, p. 55) que liga e simultaneamente separa; a ponte é a passagem entre professor e aluno que possibilita a comunicação entre eles ao mesmo tempo em que mantém a distância necessária para que cada qual construa entendimentos ou interpretações singulares diante de um mesmo objeto de estudo.

É possível perceber, então, que a verificação que faz da escola um tempo-espaço de igualdade comporta um alto grau de imprevisibilidade. Isto não quer dizer que a escola não seja permeada por elementos e procedimentos assimétricos ou previsíveis. Rancière lembra que, enquanto instituição, ela é policial como qualquer outra, possui uma gramática própria que divide funções entre aqueles que a frequentam rotineiramente. Diante das possibilidades que se apresentam, muitas instituições podem subverter o ponto de partida igualitário. Uma escola, por exemplo, que prepara alunos para o vestibular parece menos propícia à igualdade trazida pelo *tempo livre*. Em outra situação hipotética, o aluno que busca atribuir significados àquilo que lhe foi apresentado pode subverter a igualdade primordial sendo levado pelas explicações. Como, para Rancière, elas hierarquizam as inteligências, trazem consigo a marca da desigualdade.

Essas considerações nos levam, então, a pensar num dos tantos paradoxos suscitados pela obra rancièreana: a escola é policial e, também, o lugar da igualdade por excelência. Embora essencial para a configuração desse espaço-tempo suspensivo, a igualdade é excluída do funcionamento normal da instituição escolar. Na escola, enfim, a igualdade é "fundamental e ausente" (Rancière, 2015, p. 16), empregando termos do autor. Este também é um traço relevante da política sob a forma como Rancière a concebe. Para ele, a política não é algo da alçada da administração do Estado; ela diz respeito, antes, a uma ação que se interpõe àquilo que está instituído. Assim, é possível traçar o paralelo de que a verificação da igualdade que se dá pelo uso da palavra faz da política e da educação emancipadora uma *ação* que se instaura de forma efêmera e única em breves períodos de tempo, tal como ocorreu na mobilização secundarista paulista citada no início deste texto.

De forma análoga à política, a tradução passível de ocorrer na escola interpõe o imponderável ao instituído, cria conotações que em parte destoam das anteriores. A tradução torna o tradutor tão capaz quanto um autor de criar significados para um objeto cultural. Ela nos leva a traçar uma relação com o mundo que faz dele algo público, no qual todos têm a possibilidade de serem autores-tradutores. Essa ação que performa o mundo como algo público também é fundamental na política.

Apesar de tais aproximações entre política e educação que perpassam o uso da palavra, é possível perceber distinções importantes na obra de Rancière: a política, para ele, corresponde a um processo de *tomada da palavra* (RANCIÈRE, 1996), expressão que o autor não utiliza para tratar do contexto educacional ou escolar. O mesmo ocorre com uma série de conceitos: *partilha do sensível*, *logos*, *phoné* são termos centrais em seus escritos sobre a política, mas são de todo ausentes de suas considerações sobre a educação. Essas diferenciações terminológicas nos levam a pensar que, embora na escola possam ocorrer processos similares aos políticos, as situações educativas emancipadoras não correspondem nem se equivalem às situações políticas. Embora a verificação da igualdade pelo uso da palavra ocorra em ambas, ela parece comportar significações diferentes em ocasiões políticas e educacionais.

Num país que, em seu passado recente, foi fiel à máxima inspirada no pensamento de Paulo Freire (2002) de que *toda educação é política e toda política é pedagógica*, refletir sobre as relações entre educação e política continua sendo tarefa fundamental. No século XX, a máxima freireana fez da educação um verdadeiro instrumento de transformação política de uma realidade nacional pouco desenvolvida, em que parcela expressiva da população era analfabeta, apartada de seu papel como sujeito da história. No Brasil de 2021, as relações entre política e educação parecem ter assumido outras conotações, que vão da associação mal-intencionada da educação com propostas ideológicas ao reiterado objetivo de diversas escolas em formar cidadãos críticos.

Hannah Arendt, num contexto bastante diferente do brasileiro, chegou a defender o oposto de Freire, a ideia de que educação e política representam âmbitos distintos e que a primeira não pode ser colocada a serviço da segunda. Para Arendt (2014), a escola representa um ambiente *pré-político*, isto é, intermediário entre o espaço privado da casa e o mundo público. Além disso, a autora defende que estipular metas políticas a serem alcançadas pelas novas gerações que ingressam na escola representaria arrancar delas a possibilidade diante do novo. Embora as considerações de Arendt acerca da educação e da política sejam muito mais complexas e não coincidam com as de Rancière, é interessante notar como a obra dele traça distinções importantes quando aborda os dois temas. O já mencionado emprego de conceitos e terminologias diferentes quando trata da política e da educação nos leva a pensar que existe em Rancière, tal como em Arendt, certa distância entre os temas, a despeito das proximidades no que diz respeito à atualização da igualdade por meio do uso da palavra.

Na atual conjuntura, refletir sobre política e educação corre o risco de transformar-se num campo de batalha sujeito ao ódio e ao fascismo, que inviabilizam o livre debate de ideias propiciado pelo uso das palavras. A multiplicidade de sentidos que os termos *política* e *educação* comportam vem levando a um desgaste e a uma banalização de seus significados. Rancière nos lembra que "Se as palavras servem para confundir as coisas é porque a batalha a respeito das palavras é indissociável da batalha a respeito das coisas" (RANCIÈRE, 2014, p. 117). Se, no cenário que por ora se apresenta, a educação é tratada como instrumento ideológico, é preciso dar nova atualidade ao debate sobre ela. Neste sentido, a pergunta de Kalifa continua necessária: o que faz de uma escola escola? A luta sobre a palavra *escola* é também uma luta por essa instituição pública, e o mesmo pode ser dito em relação à política, entendida não como a necropolítica do atual governo federal, mas como uma ação que performa a igualdade pelo uso da palavra. Criemos um debate sobre política e educação que seja, tal como na fala de Kalifa, atento à dignidade dessas palavras pelas quais lutamos; um debate em que não sejamos, jamais, intimidados pelo receio de sermos mal-entendidos, de nossas palavras serem tomadas por aquilo que não são. *À ideia da força* contrapomos *a força das ideias*, citando Florestan Fernandes, outro brasileiro de palavras fundamentais. Se a palavra é a possibilidade da igualdade se fazer presente em contextos políticos e educacionais, então ela merece ser pensada na configuração destes dois campos ou atitudes. Trazê-la ao centro do debate parece ser uma contribuição rancièreana relevante que nos leva pensar que, enquanto assunto público passível de ser traduzido por qualquer um, a educação é um tema político de primeira grandeza.

Referências

ARENDT, Hannah. *Entre o passado e o futuro.* Tradução de Mauro W. Barbosa. São Paulo: Perspectiva, 2014.

FREIRE, Paulo. *Pedagogia da autonomia: saberes necessários à prática educativa.* Rio de Janeiro: Paz e Terra, 2002.

PRONZATO, Carlos. *Acabou a paz, isto aqui vai virar o Chile: escolas ocupadas em SP*. 2016. 1h6s. color. *YouTube*, Canal Lucas Duarte de Souza. Disponível em: https://bit.ly/3LPsiKb. Acesso em: 16 mar. 2019.

RANCIÈRE, Jacques. Escola, produção, igualdade. Tradução e notas de Jonas Tabacof Waks e Anita Pompéia Soares. In: CARVALHO, J. S. F. de (Org.). *Jacques Rancière e a escola: educação, política e emancipação*. Belo Horizonte: Autêntica, 2022. p. 75-103.

RANCIÈRE, Jacques. *O desentendimento: política e filosofia*. Tradução de Ângela Leite Lopes. São Paulo: Editora 34, 1996.

RANCIÈRE, Jacques. *O mestre ignorante: cinco lições sobre a emancipação intelectual*. Tradução de Lílian do Valle. Belo Horizonte: Autêntica Editora, 2015.

RANCIÈRE, Jacques. *O ódio à democracia*. Tradução de Mariana Echalar. São Paulo: Boitempo, 2014.

IV. Cenas de uma trajetória militante: tomada da palavra e emancipação

*No fundo, o que tentei fazer por meio
da escrita foi romper as barreiras entre as
disciplinas e entre palavras de cima e de baixo,
para constituir o que hoje gosto de chamar de
planos de igualdade, esses pequenos tecidos de
um mundo da palavra igualitária.*

Jacques Rancière

Reflexões possíveis sobre a relação entre educação e política a partir de O mestre ignorante

Taís Araújo

Em *O mestre ignorante* (2013), Jacques Rancière apresenta-nos uma narrativa sobre a *aventura intelectual* de Joseph Jacotot, combatente da Revolução Francesa exilado nos Países Baixos no período da Restauração e de volta à França com a Revolução Liberal de 1830. Essa *aventura intelectual* iniciou-se quando Jacotot decidiu ensinar um grupo de estudantes holandeses a ler em francês, de modo improvisado, somente a partir do esforço individual de cada um de realizar uma leitura comparativa entre a versão em holandês e a em francês de uma edição bilíngue do livro *Telêmaco*, de François Fénelon (2006).

Como esse aprendizado se desenvolveu de forma improvisada, sem as tradicionais explicações, sem a utilização de manuais e de livros de gramática da língua francesa, o professor percebeu as potencialidades do ato de ensinar sem que fosse necessário transmitir o seu saber de mestre. Jacotot, então, foi acometido por uma iluminação ao vislumbrar que os alunos aprenderam a ler em francês a partir de uma *coisa em comum* estabelecida entre o mestre e seus estudantes. Esta experiência tornou-se simbólica de um *aprendizado em ato*, que não se resumiria ao acúmulo de certo tipo de conhecimento ou de saber, já que, antes de ser uma "relação pedagógica estabelecida entre a ignorância e a ciência", tratava-se de "reconhecer a relação filosófica, muito mais fundamental, entre *o embrutecimento e a emancipação*" (Rancière, 2013, p. 32, grifo nosso).

A partir desse momento, Jacotot propositalmente repetiu aquilo que o acaso lhe possibilitou, criando outras situações desse aprendizado em ato, com o objetivo de propagar a máxima de que "se pode ensinar o que se ignora" (p. 38), pois estava em jogo pôr em prática a tarefa da emancipação, e não a transmissão do saber. Essas experiências, denominadas por ele como Ensino Universal, seriam baseadas no princípio da *igualdade das inteligências*, ou seja, da ideia de que todas as inteligências são de uma *mesma natureza*.

A noção de *igualdade das inteligências* não seria uma proposição teórica elaborada por Jacotot com a finalidade de se colocar em prática um método que fosse capaz de instituir tal igualdade. Seria, antes, a constatação de um *fato*: os alunos deixados a sós com a própria inteligência conseguiram aprender por causa de uma urgência. Ao denominar essa experiência como Ensino Universal, seu intuito foi o de ressaltar que a atividade de aprender sem as explicações de um mestre seria uma das capacidades humanas mais antigas, e não um método. No entanto, o anúncio e o exercício dessa capacidade necessitariam do ato irruptivo da emancipação.

Esta situação é, a princípio, contraditória, pois se a capacidade de aprender sem explicação é universal, por que seria necessária a emancipação intelectual? Jacotot justifica-se ao afirmar que a capacidade universal de aprender seria sistematicamente reprimida pelo que ele denominou de *embrutecimento*, a ficção constituída pela sociedade sobre a necessidade de explicações. A lógica do *embrutecimento* seria tão antiga quanto a capacidade de aprender por conta própria, além de ter o poder de prevalecer sobre a igualdade das inteligências. Por estes motivos, a lógica das explicações é apelidada por Jacotot de *O velho*, por preponderar como uma crença inabalável, desde tempos remotos. É isto que justifica por que o Ensino Universal deveria ser sempre *enunciado* como uma capacidade humana.

Para Jacotot, essa crença que as sociedades sustentam em relação a *O velho* mostra-se como uma insistente *paixão pela desigualdade* ou um *amor da dominação*, em que se tem o desejo de ser superior ao outro (RANCIÈRE, 2013). Ressaltar tal preeminência do desejo por superioridade nas relações humanas poderia implicar a afirmação de que as desigualdades das sociedades seriam naturais, tendo-se pouco a fazer quanto a esse fato. Porém, em Jacotot, trata-se do contrário, justamente em razão da existência de uma igualdade das inteligências potencial entre os sujeitos, que pode vir a se efetivar a qualquer momento e deslocar a hierarquia entre os que sabem e os que não sabem. Essa potência da igualdade é que teria provocado a necessidade das convenções sociais desiguais, criadas justamente para possibilitar que uns conseguissem justificar e legitimar seu comando sobre outros, de forma a desacreditar essa igualdade primordial.

A constatação, por Jacotot, de uma *paixão pela desigualdade* seria uma maneira de entender que a desigualdade não se configuraria como um monopólio do *embrutecimento* pelos grupos ou indivíduos que dominam as instituições sociais, pois tal paixão encontra-se disseminada na sociedade como um todo. Algo que pode ser percebido, por exemplo, na crença da superioridade de homens em relação às mulheres ou na desigualdade sustentada pelos próprios trabalhadores em relação a si mesmos, quando alegam não ser capazes de se instruir por causa da inferioridade de sua posição social (RANCIÈRE, 2013).

Tendo em vista essa disseminação do embrutecimento nas sociedades humanas, a proposta de emancipação contida no Ensino Universal é a de se anunciar como um desafio aos

COLEÇÃO "EDUCAÇÃO: EXPERIÊNCIA E SENTIDO"

sujeitos que, de certo modo, escolhem acreditar na desigualdade das inteligências e na suposta necessidade de explicações como se fossem fatos. Esse desafio propõe que emancipar seja uma aventura na qual uma inteligência obedeça somente a si mesma. Sendo assim, o papel do mestre, quando existente nessa aventura, seria o de forçar o estudante a usar sua própria inteligência e fazer com que essa inteligência se torne necessária a si mesma (RANCIÈRE, 2013).

O aspecto de aventura da emancipação remete à imprevisibilidade desta ação, assim como havia se dado na *aventura intelectual* com o *Telêmaco*. Desse modo, o Ensino Universal não é a preocupação com o saber que o outro vai aprender, mas, antes, a convicção de que se pode aprender qualquer coisa, pois é a mesma inteligência que se encontra em ação em todas as produções humanas e nas tentativas de interpretá-las. Ou seja, a emancipação intelectual é a afirmação e a verificação de que qualquer um pode sempre compreender a palavra e os atos de um outro sujeito sem receber explicações.

Na narrativa de Jacotot existe, portanto, um recado polêmico sobre a emancipação que nos possibilita repensar as relações estabelecidas entre saber, educação e política. Este recado diz respeito a não existir um saber que seja instrumento para a ação, ou seja, um saber que tenha o poder de conscientizar os indivíduos a respeito das desigualdades e, assim, impulsionar o engajamento em prol de uma sociedade emancipada. Afinal, a *aventura intelectual* efetivou-se por meio de um objeto da cultura letrada escolhido por um acaso, o livro *Telêmaco*, e não por expressar um tipo de saber emancipatório.

Sendo assim, a experiência de Jacotot poderia ter tido por objeto de estudo qualquer outra obra ou atividade intelectual humana, como inclusive aconteceu com as experiências promovidas por ele em relação ao ensino de hebraico, de música, de pintura. Esse recado sobre não existir um saber próprio à emancipação é possível de ser ouvido se levamos em consideração que nem mesmo a emancipação da sociedade seria uma possibilidade para Jacotot. De acordo com Rancière (2013), a postura pessimista do protagonista de *O mestre ignorante* a respeito de transformações da ordem social como um todo revela-nos que a ordem, seja ela qual for, não é razoável em si mesma e nem pode sê-lo, pois as instituições não possuem a razão, atributo dos indivíduos.

Numa tradição crítica esboçada nos anos 1970 nos estudos em educação e ainda intensamente presente na área,[1] encontramos uma explicação recorrente sobre como a ideologia conseguiria manipular as crenças e visões de mundo dos indivíduos por meio de instituições como a escola. Numa leitura apressada, poderíamos enquadrar o *embrutecimento* no conceito de ideologia para afirmar que a escola propagaria a crença nas explicações, e, por isso, os indivíduos continuam a acreditar na desigualdade das inteligências.

Entretanto, tal ideia de ideologia pressupõe que os indivíduos sofreriam com a alienação, um fenômeno que os impediria de enxergar o real escondido pelas instâncias ideológicas da sociedade. Esta concepção seria adequada à postura política que conceberia num saber emancipador o instrumento para desmascarar os dispositivos ideológicos da sociedade, a fim de instituir uma nova sociedade. Diferentemente, em Jacotot a noção de *embrutecimento* articula-se à consideração de que as instituições não são, nem podem ser, razoáveis. Assim, se não há a possibilidade de tornar as instituições emancipadoras a partir de um processo de

---

[1] Com o termo nos referimos, sobretudo, a estudos sociológicos em educação como os de Dermeval Saviani (2008), para quem a educação teria o objetivo de desfazer equívocos sobre a percepção da realidade reproduzidos pelo senso comum dos estudantes.

emancipação entendido como a atitude de desmascarar as ilusões provocadas pela ordem social, o conceito de ideologia não parece ter espaço nas suas reflexões.

Aliás, se podemos encontrar algum tipo de *ilusão* em relação à emancipação, de acordo com Jacotot, seria a de perseguir tal ordem racional e igualitária e não a suposição de que os indivíduos seriam *iludidos* pelas ideologias da realidade, que os impediriam de enxergar a verdade. Assim, em Jacotot a *igualdade das inteligências* não é uma realidade que vai ser vislumbrada pela posse de um saber emancipador. Do seu ponto de vista, a aventura da emancipação é a admissão de que o *homem razoável* se submete à *loucura cidadã*, esforçando-se para manter íntegra a sua própria razão, sem esperar, no entanto, por convenções sociais capazes de instituírem a igualdade. A emancipação relaciona-se ao anúncio e à prática da igualdade das inteligências enquanto uma atitude daqueles que escolheram fazer uso de sua razão, em meio às lógicas desarrazoadas, para interromper, ao menos momentaneamente, o embrutecimento causado pelas explicações das convenções e instituições sociais.

Por este motivo, não só seria possível sustentar que a posse do saber seja um pressuposto para a ação política, a partir da noção de emancipação que Rancière traz à tona por meio da narrativa de Jacotot, como, pelo contrário, seria possível perceber que a emancipação se efetivaria numa atitude contra o saber. Não à toa, Rancière ressalta que o Ensino Universal questionou a lógica de todas as pedagogias, sem apontar, portanto, para um método ou uma forma de ensinar que impulsionasse políticas instauradoras de uma sociedade emancipadora.

Neste sentido, relacionar educação e política a fim de se esperar pela criação de um saber capaz de levar a outra ordem social na qual os sujeitos seriam finalmente iguais

REFLEXÕES POSSÍVEIS SOBRE A RELAÇÃO ENTRE EDUCAÇÃO E POLÍTICA A PARTIR DE O MESTRE IGNORANTE

poderia ser um tipo de expectativa embrutecedora. Procurar transformar a consciência dos sujeitos para libertá-los das amarras da ignorância e/ou da ideologia, a partir de um saber esclarecedor, é um processo que não deixa lugar para a verificação da igualdade das inteligências. Nessa concepção de uma educação voltada para a transformação política, em termos de irrupção de uma nova ordem social, o ponto de chegada do ignorante torna-se aquele estipulado previamente pelo mestre sábio, não havendo aí nenhuma aventura da própria inteligência daquele que o sábio pretende instruir.

Ao apontar que o Ensino Universal questiona a lógica das pedagogias, o recado da narrativa de Jacotot parece dizer que o saber e a política se encontram em esferas separadas ou mesmo em conflito. Este recado nos leva a problematizar um dos aspectos mais consensuais da educação crítica: a expectativa por um saber que ensinaríamos, enquanto professores, com o intuito de transformar a sociedade ou de emancipar os nossos estudantes. Se não é esta a proposta de Jacotot, como poderemos efetivar a emancipação intelectual? Ou como poderemos evitar a reprodução de relações embrutecedoras nas situações de ensino?

É bem provável que em *O mestre ignorante* não encontremos respostas definitivas para tais questões, tampouco em outros livros de Rancière. Mas um sobrevoo em alguns textos do autor nos permite entender que o filósofo decidiu *tomar a palavra*[2] de Jacotot para colocar em cena, mais uma

---

[2] Em *O desentendimento* (2018), Rancière afirma que a tomada da palavra é parte do processo de subjetivação política, que pressupõe uma multiplicidade de eventos que separam os corpos operários do *ethos* e da voz que lhes foram atribuídos previamente. Em outras palavras, ao tomar a palavra, o sujeito reconfigura a ordem sensível, assumindo identidades outras, modos de ser que não seriam aqueles previamente esperados desses sujeitos de acordo com a sua posição social. Neste caso, utilizamos o termo para propor que Rancière toma a palavra do seu suposto objeto de

vez, a crítica à divisão do saber entre os que sabem e os que não sabem como expressão da desigualdade, ou seja, como um problema a ser objeto de reflexão e não para apontar caminhos únicos capazes de solucionar tais impasses.

Tal tópica tornou-se recorrente na obra de Rancière após Maio de 1968,[3] quando o autor passa a focar na crítica ao intelectual que se quer como porta-voz da sociedade, da classe trabalhadora ou do povo. Esta crítica aparece de forma direta no livro *La leçon d'Althusser* (2011), publicado em 1974, em que Rancière propõe-se a problematizar um discurso predominante na esquerda acadêmica francesa, que pretendia legitimar sua palavra como se fosse ciência em oposição aos outros discursos, considerados meramente ideológicos – inclusive aqueles provenientes de revoltas populares. Em 1975, esta perspectiva motivou Rancière a organizar um coletivo que se reunia em torno de uma revista denominada *Les Révoltes Logiques*, que se propunha a dar visibilidade à palavra operária, evitando as mediações de seus representantes, a partir do estudo sobre escritos operários encontrados nos arquivos franceses. Em outros termos, o coletivo procurou

---

análise, Jacotot, para reconfigurar as relações entre pesquisador e material da pesquisa, deslocando as assimetrias próprias dessa relação. Isso porque, propositalmente, Rancière mistura sua voz à de Jacotot, tornando algumas passagens de *O mestre ignorante* (2013) indiscerníveis quanto à autoria das afirmações. Não se trata somente de uma questão de estilo, mas da sua defesa da igualdade manifesta no ato da escrita.

[3] Maio de 1968 foi uma revolta estudantil e operária que eclodiu na França entre os meses de maio e junho de 1968. As manifestações de rua, barricadas, greves e ocupações de prédios públicos e fábricas iniciaram-se a partir de demandas específicas dos estudantes a respeito das relações autoritárias nas universidades, mas se expandiram, agregando as pautas dos trabalhadores e tornando o movimento um evento contestador das relações capitalistas, tanto no tocante à exploração intrínseca a este modo de produção quanto em relação aos espaços de poder do cotidiano nas instituições escolares e universitárias e nas fábricas.

REFLEXÕES POSSÍVEIS SOBRE A RELAÇÃO ENTRE EDUCAÇÃO E POLÍTICA A PARTIR DE *O MESTRE IGNORANTE*

possibilitar que os próprios operários do século XIX *tomassem a palavra*, não por um interesse unicamente de conhecimento do passado, mas porque essa palavra operária do século XIX ainda tinha muito a dizer no século XX sobre a emancipação.

Em meados dos anos 1980, Rancière radicalizou os objetivos do coletivo *Les Révoltes Logiques* na medida em que a sua crítica sobre o intelectual como porta-voz não se contentaria mais com o ato de mostrar outros lados da história. Nesse momento, as reflexões de Rancière instigavam a romper com os lugares previamente estabelecidos a cada qual – o lugar de pesquisador e o lugar de objeto imposto ao arquivo. Para tanto, ele misturou a sua voz à dos operários em *A noite dos proletários* (1988) e à do professor Joseph Jacotot em *O mestre ignorante* (2013). Assim, a crítica ao intelectual como porta-voz transfigurou-se radicalmente nos seus escritos ao determinar o seu próprio estilo de escrita.

Entendemos, assim, que Rancière esboçou um pensamento sobre a emancipação, possibilitando que se vislumbre nas relações entre educação e política não propostas diretas, mas a enunciação de um princípio: o de procurar efetivar a igualdade em ato, deslocando desse processo o papel proeminente atribuído ao intelectual ou ao professor.

Na contramão da tradição crítica que sustenta a expectativa por um saber emancipador, encontramos a narrativa de Jacotot, que nos instiga a conceber a emancipação não como um desdobramento de um tipo de saber específico, mas, antes, como a atitude de verificar a capacidade de aprender e ressignificar as obras humanas, sejam elas quais forem. Para tanto, a emancipação não privilegia um saber específico.

Para exemplificar nossa interpretação, nos valeremos de uma passagem do livro de Alberto Manguel intitulado *A biblioteca à noite* (2006). O autor lembra-se de um projeto do Ministério da Cultura da Colômbia em que se organizaram bibliotecas itinerantes que deveriam levar livros às regiões rurais mais afastadas dos grandes centros do país. Geralmente, eram deixados livros técnicos e algumas obras literárias, que sempre eram devolvidos em boas condições, a não ser em um caso específico, em que, segundo a bibliotecária do projeto, uma das obras não retornou.

> Além dos títulos de sempre, levamos uma *Ilíada* em espanhol. Quando chegou a hora de devolvê-la, os aldeões se recusaram. Decidimos presenteá-la, mas antes perguntamos por que queriam ficar com aquele título em especial. Explicaram que a história de Homero refletia a sua própria história: um país dilacerado pela guerra em que os deuses desvairados decidem como querem o destino dos homens, que nunca sabem muito bem por que estão lutando ou quando vão ser mortos [...] (MANGUEL, 2006, p. 191).

Esta passagem poderia ser um exemplo de emancipação, já que o contato, a princípio por um acaso, dos agricultores com uma obra humana os fez traduzi-la em seus próprios termos, sem que uma explicação prévia fosse necessária. Esses agricultores, ao interpretarem a obra que, a princípio, seria uma história distante de seu cotidiano, *tomaram a palavra*. Assim, ressignificaram a história da mitologia grega, colocando-se em igualdade com qualquer outro leitor da *Ilíada* (2017), ou seja, atualizando a igualdade das inteligências como fizeram os estudantes com o *Telêmaco*.

Poderíamos ainda pensar nessa história colombiana como um momento de subjetivação política, considerando política nos termos de Rancière. Ou seja, como um momento de irrupção da igualdade (RANCIÈRE, 2014), em que se *toma a palavra* e, com isso, embaralha-se os lugares impostos para cada um de acordo com as hierarquias intelectuais da partilha do sensível. Para essa *tomada da palavra* não há preparação, como aconteceu em Maio de 1968, uma revolta não prevista pelas autoridades policiais nem pelos filósofos marxistas de sua época, tampouco pelos representantes das entidades sindicais e estudantis.

Em Maio de 1968, os estudantes e trabalhadores não foram levados a questionar a organização das fábricas, das universidades e da sociedade capitalista por terem sido instruídos previamente por um mestre. Pelo contrário, os tradicionais especialistas em emancipação foram os primeiros a condenar a revolta. O movimento eclodiu à revelia da orientação de mestres, quando jovens e trabalhadores resolveram *tomar a palavra* para dizer não a um cotidiano que se mostrava intolerável. As greves e ocupações foram formas de colocar-se como interlocutores perante os *deuses desvairados* das instituições sociais que *decidem como querem o destino dos homens*.

Relacionando Jacotot a esse contexto da obra de Rancière, entendemos que as *lições sobre emancipação intelectual* não seriam lições de fato, mas antes um recado para quem procura dar lições, ou seja, os especialistas em emancipação ou aqueles que procuram tornar-se os esclarecedores das relações sociais alienadas da sociedade em que vivemos. A narrativa de Jacotot nos faz lembrar de que não só no século XIX os trabalhadores poderiam se emancipar mostrando-se capazes de entender como qualquer um. Isto aconteceu também em Maio de 1968 ou quando aldeões no interior da Colômbia decidiram ficar com um livro como a *Ilíada* por se verem representados na luta do outro.

O recado sobre educação e política é expresso nos termos da emancipação, em que Rancière nos diz, por meio das suas palavras entrelaçadas às de Jacotot, que deveríamos confiar na inteligência dos estudantes e verificar a igualdade das inteligências para fazermos de nós mesmos *novos sujeitos pensantes*, em vez de nutrirmos a expectativa por conscientizar os outros. Em outros termos, isto significaria assumir que não temos como controlar os efeitos da emancipação, a fim de garanti-la. Se muito, podemos nos esforçar para instigar na vontade dos outros o surgimento desses sujeitos "que se provam na ação que exercem sobre si mesmos e sobre os corpos" (RANCIÈRE, 2013, p. 83).

A irrupção de um *novo sujeito pensante* acontece com a *tomada de palavra* daqueles que, ordinariamente, não têm sua voz considerada como palavra legítima, e por isso Jacotot encorajava seus alunos a improvisar e dissertar, uns perante os outros, sobre temas aleatórios sem preparação prévia, pois era preciso falar (RANCIÈRE, 2013). Em Maio de 1968, os sujeitos em revolta também manifestaram o seu desejo em conquistar espaços de fala. Como afirmou Daniel Cohn-Bendit em entrevista a Jean-Paul Sartre, em Maio de 1968 foi necessário que as pessoas se expressassem, por meio de uma experiência que, apesar de não ser permanente, deixou entrever uma possibilidade, já que "percebe-se algo, fugidiamente, que depois se extingue. Mas basta para provar que esse algo pode existir" (COHN-BENDIT, 2018, p. 23). A emancipação é, assim, um momento de igualdade que irrompe contra a ordem social por meio de uma *tomada de palavra*, expressão de uma inteligência humana.

Referências

COHN-BENDIT, Daniel. Entrevista com Jean-Paul Sartre: a ampliação do campo do possível, publicada originalmente em *Le Nouvel Observateur*, em 20 de maio de 1968. Tradução de Amélia Cohn. In: COHN, Sérgio; PIMENTA, Heyk (Orgs.). *Maio de 68: (Encontros)*. Rio de Janeiro: Beco do Azougue, 2018. p. 14-25.

FÉNELON, François de Salignac de La Mothe. *As aventuras de Telêmaco: filho de Ulisses*. Tradução de Maria Helena C. V. Trylinski. São Paulo: Madras, 2006.

HOMERO. *Ilíada*. Tradução de Frederico Lourenço. São Paulo: Penguin Classics, Companhia das Letras, 2017.

MANGUEL, Alberto. *Biblioteca à noite*. Tradução de Samuel Titan Jr. São Paulo: Companhia das Letras, 2006.

RANCIÈRE, Jacques. *A noite dos proletários: arquivos do sonho operário*. Tradução de Marilda Pedreira. São Paulo: Companhia das Letras, 1988.

RANCIÈRE, Jacques. *La leçon d'Althusser*. Paris: La Fabrique Éditions, 2011.

RANCIÈRE, Jacques. *Nas margens do político*. Tradução de Vanessa Brito e João Pedro Cachopo. Lisboa: KKYM, 2014.

RANCIÈRE, Jacques. *O desentendimento*. Tradução de Ângela Leite Lopes. São Paulo: Editora 34, 2018.

RANCIÈRE, Jacques. *O mestre ignorante: cinco lições sobre a emancipação intelectual*. Tradução de Lílian do Vale. Belo Horizonte: Autêntica, 2013.

SAVIANI, Dermeval. *Escola e democracia*. Campinas: Autores Associados, 2008.

Liberação da palavra: militância e educação em Jacques Rancière

Paulo Henrique Fernandes Silveira

I.

A "liberação da palavra" foi uma das expressões que mais repercutiram no meio intelectual dos anos 1960 e 1970. Liberação é a primeira palavra do *Les damnés de la terre*, de Frantz Fanon (2002), publicado em 1961, livro que inspirou as organizações engajadas na luta pela independência da Argélia, tal como a Front de Libération Nationale (FLN). Ela aparece no título do livro *Black Power: the Politics of Liberation*, de Stokely Carmichael e Charles Hamilton, publicado em 1967, ela foi grafitada nos muros de Paris no movimento estudantil de maio de 1968 e reapareceu, nos anos seguintes, para além desses muros, na militância de jovens maoístas revolucionários, muitos deles, influenciados pelas ideias de Louis Althusser (HOFFMAN, 2019, p. 87). Ela norteou os trabalhos do Groupe d'Information sur les Prisons (GIP), coordenado por Michel Foucault (2006) entre 1971 e 1972, ela faz parte dos princípios do livro *La teología de la liberatión*, do dominicano Gustavo Gutiérrez (1975), publicado em 1971, assim como do *Libération*, criado em 1973. Em sua fundação, o jornal pretendia "ajudar o povo a tomar a palavra" (Ross, 2018, p. 160).

Em meio aos acontecimentos de Maio de 1968, Michel de Certeau (1968) publica um artigo comparando a tomada da palavra nas ações do movimento estudantil à tomada da Bastilha pelos revolucionários de 1789. A palavra dos estudantes ecoa nas assembleias e nos debates realizados nas universidades, liceus, teatros e museus e se faz ouvida nas fábricas, sindicatos, passeatas, programas de rádio e televisão. Ela aparece nos panfletos, cartazes, jornais, revistas, muros e paredes dos edifícios públicos. Na bela leitura de Olgária Matos (2018, p. 266), o movimento estudantil colocou em prática "uma tomada poética da cidade e da palavra".

Ao tomar de assalto a palavra, os estudantes rompem com a tradicional hierarquia acadêmica que reconhece a fala do mestre e desautoriza a de alunas e alunos. Segundo a análise conceitual de Jacques Rancière (2018, p. 50), a tomada da palavra não implica, apenas, na abertura para uma fala até então silenciada; ao se contrapor àquela partilha do discurso, que é também uma partilha do sensível, ela abre caminho para novas e imprevistas subjetivações políticas.

Um dos principais documentos sobre Maio de 1968, uma coletânea de panfletos e textos produzidos e distribuídos pelos estudantes, leva em seu título duas perguntas: *Quelle université? Quelle societé?*. Um texto elaborado pelos estudantes de Letras da Universidade de Nanterre enuncia: "O movimento estudantil deixa claro que não se trata simplesmente de uma crise da universidade, mas de questionar os próprios fundamentos de nossa sociedade" (C.R.I.U., 1968, p. 40). O repúdio à hierarquia acadêmica inspira o repúdio a toda e qualquer forma de hierarquia. Na interpretação de Marilena Chaui (2018, p. 417), "a marca dos movimentos realmente libertadores é sempre a inclusão e a ampliação". Neste sentido, um panfleto instiga o movimento estudantil a levar sua revolta antiautoritária aos trabalhadores:

> No curso dessa luta, que escapou a todas as organizações existentes e, justamente, porque delas escapou, os estudantes foram capazes de encontrar melhores formas

LIBERAÇÃO DA PALAVRA: MILITÂNCIA E EDUCAÇÃO EM JACQUES RANCIÈRE

de organização: ocupação dos lugares, assembleias democráticas abertas a todos e nas quais todos podem tomar a palavra, determinação de suprimir todo tipo de hierarquia nas relações sociais e de sair dos guetos universitários para encontrar o verdadeiro terreno da luta social: a produção, onde estão em confronto, de um lado, os trabalhadores e, do outro, os capitalistas e seus lacaios (C.R.I.U., 1968, p. 62).

No livro *A lição de Althusser*, publicado em 1974, Rancière (2011) faz um balanço sobre as implicações de Maio de 1968 na forma de os intelectuais se colocarem frente à emancipação dos trabalhadores. O foco de suas críticas no livro é seu antigo professor da École Normale Supérieure (ENS), o filósofo marxista Louis Althusser. Tais críticas poderiam ser dirigidas a vários outros intelectuais da geração que antecede Maio de 1968. Para Rancière (2011, p. 90), o repúdio do movimento estudantil às hierarquias se estendia, também, às "hierarquias do saber". Apropriando-se do conceito marxista da "divisão técnica do trabalho", Althusser defendia a distinção do trabalho intelectual e a autoridade de eruditos e professores (RANCIÈRE, 2011, p. 40-41). Nesta perspectiva, a liberação da palavra ou qualquer outra forma de emancipação dos trabalhadores não poderia ocorrer sem uma instrução. Motivados pelo ímpeto de transformar a realidade, Rancière e o grupo de estudantes engajados que se aproximaram de Althusser acabaram endossando as "hierarquias do saber" (p. 90). No entanto, a partir do movimento estudantil de Maio de 1968, o papel dos intelectuais na militância adquire um novo significado. Nas palavras de Rancière,

O combate ideológico dos intelectuais revolucionários não consiste hoje em refutar os livros reacionários com os livros revolucionários, mas em abandonar sua especificidade de intelectuais, em relacionar-se com as massas, em ajudar a que elas mesmas tomem a palavra, em lutar contra todos os aparatos – desde o sindicato até a polícia – que entravam a livre expressão. Esta foi, sobretudo, a via escolhida pelos intelectuais que se agruparam ao redor da "Gauche Prolétarienne" e do "Secours Rouge" (p. 134).

II.

Inaugurada em 1964 num espaço precário, a Universidade de Nanterre foi um dos estopins do movimento estudantil de Maio de 1968 (BDIC, 2016, p. 1). Nos anos 1960, Nanterre abrigava uma grande concentração de favelas. Sua população era formada, fundamentalmente, por imigrantes argelinos, marroquinos, tunisianos e portugueses que trabalhavam nas fábricas e na construção civil nessa região suburbana de Paris (COHEN, 2013, p. 380). A antiga estação de trem utilizada pelos alunos da instituição ficava em La Folie, ao lado da maior favela de Nanterre.

Numa reportagem para a Radio França Internacionale (RFI), o jornalista David Baché procura compreender o movimento estudantil pela visão de duas pessoas que moraram nas favelas de Nanterre (BACHÉ, 2018). Um dos entrevistados é o imigrante argelino Brahim Benaïcha, que tinha 16 anos em maio de 1968. A outra entrevistada é a militante Monique Hervo, que na época tinha 39 anos. Os dois entrevistados publicaram livros sobre suas experiências nas favelas.[1] Em 1998, o diretor Bourlem Guerdjou adaptou o livro de Benaïcha para o filme *Vivre au paradis*.

---

[1] Benaïcha publicou a biografia *Vivre au paradis: d'une oasis à un bidonville* (1999); Hervo publicou as pesquisas *Bidonvilles: l'enlisement* (1971), com Marie-Ange Charras, e *Chroniques du bidonville: Nanterre en guerre d'Algérie, 1959-1962* (2001).

Em seu depoimento, Benaïcha menciona atividades regulares promovidas pelos estudantes em Les Pâquerettes, favela em que ele morou com sua família, como a oferta de aulas particulares e passeios culturais para as crianças e para os jovens (BACHÉ, 2018; COHEN, 2013, p. 392). Contribuiu para a criação de um forte vínculo o fato de alguns moradores da favela, como Ali, irmão de Benaïcha, serem alunos da universidade. Apesar desse vínculo, especialmente, com os moradores mais jovens, a favela não apoiou a radicalização do movimento estudantil.

O depoimento de Monique Hervo sobre a relação entre os estudantes e os moradores das favelas é mais crítico e negativo. Em 1958, trabalhando para o grupo católico do Service Civique International (SCI), Hervo conheceu a favela La Folie (COHEN, 2013, p. 162). No ano seguinte, já desligada do grupo, ela passou a morar num trailer dentro da favela, onde ficaria até a sua extinção, em 1971. Sempre presente na vida dos moradores, Hervo esteve com seus amigos argelinos na manifestação pacífica de 17 de outubro de 1961, que culminou no massacre executado pela polícia francesa (BOUZEGHRANE, 2019). Com relação à maneira dos estudantes se envolverem com os problemas das favelas, Hervo lamenta:

> Os moradores das favelas não foram levados em consideração. Mesmo na faculdade, eram os franceses que tinham a palavra. Os moradores nunca foram solicitados a tomar a palavra, a dizer o que queriam, o que esperavam. Sempre estiveram de costas para nós, é isso! E este foi o grande fiasco: não escutar o outro (BACHÉ, 2018, [s.p.]).

Em sua pesquisa sobre Maio de 1968 e suas repercussões, Kristin Ross (2018, p. 114) argumenta que a emergência de uma nova subjetivação política passava pela escuta daquele que figurava como o Outro do intelectual militante: o trabalhador. Esse era, precisamente, um dos objetivos da Union des Jeunesses Communistes (marxistes-léninistes) (UJC m-l), grupo de tendência maoísta fundado em 1966 por Robert Linhart (1994, p. 26). Após os conturbados acontecimentos de Maio de 1968, o grupo foi dissolvido. Alguns meses depois, suas principais lideranças criaram a Gauche Prolétarienne (GP) e o jornal *La Cause du Peuple* (LINHART, 1994, p. 44). A inspiração maoísta desses grupos vinha de um discurso do comunista chinês sobre as diretrizes da militância. Ao defender que a tarefa dos intelectuais é servir às massas de operários e camponeses, Mao Tsé-Tung (1977, p. 462) convoca os primeiros a "compreendê-los e conhecer bem sua vida, seu trabalho e sua mentalidade". Para ilustrar essa tese, Tsé-Tung propõe uma metáfora: os intelectuais podem ir às fábricas e ao campo como quem vislumbra uma paisagem montado num cavalo, podem descer do cavalo e permanecer por algum tempo pesquisando e fazendo amizades ou podem viver alguns anos com os trabalhadores, e isto se chama estabelecer-se. Esta palavra influencia o título do livro *L'établi*, no qual Linhart (1981) narra suas experiências como operário, entre 1968 e 1969, numa fábrica de automóveis.

A estratégia do estabelecimento (*établissement*) foi amplamente incorporada por diversos grupos maoístas nos anos 1970, envolvendo cerca de três mil militantes (CELENTANO, 2008, p. 109). Para Virginie Linhart, que publicou um livro sobre a militância dos seus pais, Nicole e Robert Linhart, o estabelecimento diferencia-se de outras experiências individuais, como a da professora Simone Weil, que optou por se tornar operária em 1934, ou a dos padres operários que,[2] seguindo diretrizes pastorais, nos anos 1940, foram trabalhar nas fábricas (LINHART, 1994, p. 15).

---

[2] Alguns padres operários, como o dominicano Jean Raguénès, estiveram próximos dos estudantes em Maio de 1968 (HORN, 2015, p. 66). Esse movimento católico marca a formação de Gustavo Gutiérrez, criador da Teologia da Libertação (HORN, 2008, p. 293).

LIBERAÇÃO DA PALAVRA: MILITÂNCIA E EDUCAÇÃO EM JACQUES RANCIÈRE

Para o sociólogo Marnix Dressen (2015), que militou por quatro anos como estabelecido (*établi*) numa usina metalúrgica, existem semelhanças entre a estratégia do estabelecimento e as experiências anteriores de rebaixamento social voluntário (*déclassement volontaire*). Uma dessas semelhanças é o papel da pesquisa, ou enquete (*ênquete*), nessas diferentes experiências (DRESSEN, 2015, p. 181). Como um viajante num país desconhecido, os militantes procuram ver com seus próprios olhos e viver nas mesmas condições dos trabalhadores: "[...] todos têm a crença implícita ou não de que a verdade não está (não ainda ou não completamente) nos livros, mas na realidade social, no sensível" (p. 182).

É neste contexto político que se configura a militância de Jacques Rancière nos anos 1960 e 1970. Na adolescência, Rancière fez parte da Jeunesse Étudiante Chrétienne (JEC). Foi nesse universo católico que conheceu Marx, indicado pelo capelão de um dos colégios onde estudou (RANCIÈRE, 2014, p. 15). No início dos anos 1960, ingressou na renomada École Normale Supérieure. No decorrer do curso, Rancière se aproximou de alguns colegas de turma, entre os quais Jacques-Alain Miller, Jean-Claude Milner e Robert Linhart (p. 24). Com este grupo, ele ajudou a reorganizar o Cercle d'Ulm (RANCIÈRE, 2011, p. 88), que passou a se responsabilizar pela formação teórica dos militantes da Union des Étudiants Communistes (UEC). Em 1966, Rancière participou da criação da Union des Jeunesses Communistes (UJC) (RANCIÈRE, 2014, p. 102). Por causa de um sério acidente e de uma grave doença, ele não pôde participar ativamente de Maio de 1968 (p. 31). Entre 1969 e 1972, Rancière militou na Gauche Prolétarienne (p. 36). Nesse período, sua companheira, Danielle Rancière, militou na Gauche Prolétarienne e na Front Démocratique, no âmbito do Secours Rouge (RANCIÈRE, 2011, p. 53).

As principais atividades de Jacques Rancière na Gauche Prolétarienne era editar o *La Cause du Peuple* e distribuir panfletos e outros materiais para operários que trabalhavam em fábricas do subúrbio (RANCIÈRE, 2014, p. 37). Por ter lecionado na Universidade de São Paulo (USP), Danielle Rancière sabia o português, o que lhe permitiu realizar enquetes maoístas com operárias que falavam esta língua. Num depoimento, Danielle explica o objetivo dessa atividade militante:

> Para redigir nossos panfletos, precisávamos saber o que acontecia na fábrica. Nossas informações vinham essencialmente por meio de um operário cabila que trabalhava na manutenção das máquinas. Ele nos dava informações preciosas sobre as condições de trabalho, o comportamento dos gerentes (*petits patrons*) e as reivindicações mais frequentes das operárias, na maioria, não sindicalizadas. Mais do que um apelo à revolta, nossos panfletos procuravam liberar a palavra das operárias (RANCIÈRE, 2011, p. 53).

Na edição de maio de 1972 da revista *Les Temps Modernes*, produzida por Rancière e pelos militantes do *La Cause du Peuple* (RANCIÈRE, 2014, p. 37), há uma análise dessas enquetes maoístas: trata-se de registrar as demandas, os problemas e as mais diversas questões relacionadas às trabalhadoras e aos trabalhadores (LES TEMPS MODERNES, 1972, p. 127-128). Essas palavras eram incorporadas pelos militantes encarregados de elaborar os panfletos e os jornais para que pudessem ser lidas e discutidas pelas próprias trabalhadoras e trabalhadores. Além de estimular a liberação da palavra, essa estratégia visava fomentar a organização e a ação populares (Ross, 2018, p. 152-158).

A inspiração para essas enquetes vem de um texto de Tsé-Tung (2008, p. 53) que começa com a seguinte frase:

"Sem pesquisa, sem direito a falar".[3] Em oposição à veneração aos livros, ele defende que a militância possua uma estratégia de pesquisa para compreender o povo. A princípio, a enquete maoísta era utilizada no campo, nos subúrbios e nas fábricas. Nos anos 1970, após a prisão de centenas de militantes da Gauche Prolétarienne, as enquetes passaram a dar a palavra a todos os prisioneiros (HOFFMANN, 2019, p. 103). Essa iniciativa motivou Michel Foucault a organizar, com a colaboração de Danielle Rancière e de outros militantes maoístas, o Grupo de Informações sobre as Prisões (p. 88).

Em 1975, Danielle e Jacques Rancière criam, com Jean Borreil, Patrice Vermeren e outros colegas, o coletivo Révoltes Logiques (VERMEREN, 2018, p. 155). Este grupo surge impulsionado por duas insurreições populares: a ocupação e autogestão da fábrica de relógios LIP, por seus operários,[4] em 1973, e a Revolução dos Cravos, levada a cabo, em 1974, pelos portugueses (p. 151). A militância do coletivo visava promover reflexões sobre as revoltas emancipatórias e sobre as heranças de Maio de 1968. Entre 1975 e 1981, o coletivo editou a revista *Les Révoltes Logiques*. Para uma edição especial sobre os dez anos do movimento estudantil, Danielle e Jacques Rancière escrevem o artigo "La légende des philosophes (les intellectuels et la traversée du gauchisme)". Este título refere-se a uma foto de Sartre, Foucault e Glucksmann numa manifestação; sua legenda era: "Os filósofos estão na rua" (RANCIÈRE; RANCIÈRE, 1978, p. 12). Em sua crítica, Danielle e Jacques Rancière questionam a posição de alguns

---

[3] Com objetivos pastorais, sociais e políticos, a Jeunesse Ouvrière Chrétienne (JOC), grupo que influenciou os padres operários, promove, desde os anos 1920, enquetes que também instigam a liberação da palavra dos trabalhadores (GEERKENS; VIGNA, 2019).

[4] Entre as lideranças dos trabalhadores na ocupação e na autogestão da fábrica LIP em 1973, estavam alguns padres operários (HORN, 2015, p. 66).

intelectuais pós-1968, que, em vez de darem a palavra, procuram legitimar-se como porta-vozes dos trabalhadores.

III.

> O acinzentado de um céu de inverno sobre blocos de concreto ou barracos de pau a pique, tábuas e chapas metálicas pode satisfazer o viajante se lhe aparecer em pessoa um proletariado há tempos procurado e de pronto reconhecido, em sua própria estranheza, tão semelhante ao que já foi dito, lido, entendido, sonhado. Essa era a flor de jadis[5] prometida por um texto de Mao Tsé-Tung para aqueles que aceitassem partir, deixar a cidade e os livros, desmontar do cavalo para colher a realidade viva (RANCIÈRE, 1990, p. 8).

Esta passagem está na introdução do livro *Courts vayages au pays du peuple*, que Rancière publica em 1990. Na sequência, no texto, Rancière insiste na aparente contradição já apontada: viajar, descobrir por si mesmo essa estranheza reconhecível, esse resplendor da vida inteiramente oposta e perfeitamente semelhante às palavras do livro. Ao relembrar a metáfora de Tsé-Tung que marcou a militância da sua geração, Rancière sugere que os intelectuais que viajaram ao país do povo viram apenas aquilo que os livros lhes ensinaram a reconhecer: "[...] uma paisagem ou uma cena viva para presentificar um conceito" (p. 8).

Nos anos de 1972 e 1973, logo após encerrar sua militância nas fábricas junto à Gauche Prolétarienne, Rancière empreende um amplo estudo sobre os arquivos operários nos museus e bibliotecas francesas (RANCIÈRE, 2014, p. 37). Em 1976, Rancière publica com Alain Faure o livro *La parole*

---

[5] Neste contexto, a expressão "flor de jadis" parece evocar o verso de Li Po, num dos poemas chineses mais conhecidos e mais difíceis de traduzir (CAMPOS, 2009, p. 65).

LIBERAÇÃO DA PALAVRA: MILITÂNCIA E EDUCAÇÃO EM JACQUES RANCIÈRE

ouvrière, uma coletânea de documentos, manifestos, artigos e outros textos elaborados por trabalhadores entre 1830 e 1848, período de revoluções na França. Na introdução do livro, Rancière frisa sua pretensão de fazer uma história do movimento operário a partir da palavra liberta (*parole libérée*) dos trabalhadores (RANCIÈRE; FAURE, 2007, p. 7).

Nessa nova viagem ao país do povo, Rancière não procura uma paisagem ou uma cena para presentificar uma ideia, teoria ou conceito já há muito conhecidos, tampouco esboça uma estratégia militante para liberar a palavra dos trabalhadores. Nesse mergulho nos arquivos operários, Rancière traz à tona as palavras libertas de pessoas anônimas para o meio acadêmico. Seria um engano, todavia, não reconhecer um viés emancipatório nessa pesquisa. Segundo Rancière, seu objetivo principal era criticar as hierarquias do discurso.

> Por um lado, tomei os textos operários como qualquer outra classe de textos, para estudá-los em sua textura e em seu desempenho. [...] Por outro lado, se tratava de estender as ramificações para ver o que é propriamente simbólico nessa experiência, não no sentido de "símbolo de", mas no sentido da partilha do sensível, do lugar que alguém ocupa numa ordem sensível que é, ao mesmo tempo, uma ordem da divisão dos lugares e das possibilidades (RANCIÈRE, 2014, p. 49).

Nos anos 1970, estas posições foram desenvolvidas no decorrer dos seus estudos para o Doutorado de Estado (p. 45), publicado em 1981, com o título *A noite dos proletários: arquivos do sonho operário*. Nesta pesquisa, desponta a figura do taqueiro, poeta e militante Gabriel Gauny, que tem plena consciência do lugar social e político imposto aos trabalhadores braçais. Além de se dedicar à poesia e à militância, como também fazem outras trabalhadoras e trabalhadores retratados na pesquisa, especialmente nas noites em que trocam o descanso pela criação, Gauny compreende seu ofício como um objeto de reflexão filosófica. Sua palavra liberta manifesta-se em sua defesa do serviço por empreitada, que cobre seu corpo de fadigas, mas o transforma no administrador do seu próprio tempo (RANCIÈRE, 1988, p. 86).

Num capítulo comovente do *A noite dos proletários*, Rancière narra o esforço de pessoas pobres para terem acesso ao conhecimento. Um marceneiro iniciou-se nas palavras lendo folhas soltas utilizadas como embrulho de alimentos, estes textos eram colecionados e presenteados por sua mãe; uma costureira fez-se autodidata desde menina, os livros eram sua única diversão; um limpador de chaminés e saltimbanco conheceu as letras num orfanato, e com esses rudimentos aprendeu sozinho elementos de latim, geografia e história; um compositor sansimoniano foi alfabetizado em casa por sua mãe, que ensinou ao filho o que ela mesma não sabia (p. 58-60).

Logo após relatar essas histórias de vida e de aprendizagem, Rancière menciona o método de emancipação intelectual de Joseph Jacotot. Não se trata de um educador oriundo dos meios populares, mas de um professor que se dedicou à formação e à emancipação de toda e qualquer pessoa.[6] Segundo Rancière, as difíceis e corajosas histórias das escritoras e escritores pobres corroboram com algumas ideias de Jacotot. Partindo do princípio da igualdade intelectual de todas as pessoas, Jacotot defende que qualquer proletário consciente da dignidade do seu ser pode instruir-se sozinho e ensinar aos outros aquilo que ignora (p. 60 e 166).

No livro *O mestre ignorante*, publicado em 1987, Rancière (2013) realiza uma ampla reflexão sobre as propostas de Jacotot para o ensino universal. Neste trabalho, o método de

---

[6]   A coletânea *Poètes du peuple au XIXe siècle*, de Alphonse Violette (1846), faz uma breve menção às ideias de Jacotot (RANCIÈRE, 1988, p. 60).

LIBERAÇÃO DA PALAVRA: MILITÂNCIA E EDUCAÇÃO EM JACQUES RANCIÈRE

emancipação intelectual não é apresentado como análogo às experiências espontâneas de aprendizagem de pessoas pobres, mas como uma diretriz para as práticas educacionais. Em suas análises sobre o método, Rancière coloca em destaque as ideias de Jacotot sobre a poesia e o improviso. Eu o cito:

> Improvisar é, como se sabe, um dos exercícios canônicos do Ensino Universal. Mas é, antes ainda, o exercício da virtude primeira de nossa inteligência: a virtude poética. A impossibilidade que é a nossa de dizer a verdade, mesmo quando a sentimos, nos faz falar como poetas, narrar as aventuras de nosso espírito e verificar se são compreendidas por outros aventureiros, comunicar nosso sentimento e vê-lo partilhado por outros seres sencientes (RANCIÈRE, 2013, p. 96).

Num dos seus livros, Jacotot (2008) elabora lições sobre o improviso a partir dos versos de alguns dos mais importantes poetas ocidentais: Homero, Virgílio e Racine. O princípio da igualdade das inteligências garante a possiblidade de as pessoas exercitarem a virtude poética da mesma maneira que esses poetas o fizeram. A questão passa a ser, portanto, a de como instigar o improviso. Nesse sentido, é importante ouvir os poetas que enfrentaram a impossibilidade de dizer a verdade, como pontua Rancière, mesmo quando a sentimos (RANCIÈRE, 2013, p. 96). Esta impossibilidade não impede o poeta de libertar sua palavra. É possível traduzir o que se sente, ainda que não seja possível dizer a verdade completamente, não toda (p. 96).

Além de acompanhar os argumentos de Jacotot nessa questão, Rancière reforça nas tintas, sem trair o educador libertário. Segundo Rancière, a tradução que os poetas fazem dos seus sentimentos convoca uma contratradução, da mesma maneira que qualquer outra palavra, em qualquer outro contexto, também convocaria, uma vez que "compreender não é mais do que traduzir" (p. 27). Na leitura de Julien Pieron (2013, p. 27), ao afirmar que "compreender é traduzir", Rancière estaria enunciando que "compreender é produzir", ou seja, realizar um novo trabalho com a linguagem. Não há como compreender um poema sem exercitar a virtude poética do improviso. No âmbito da educação, afirma Rancière, não há como aprender sem ser instigado a traduzir: "[...] aprender e compreender são duas maneiras de exprimir o mesmo ato de tradução" (p. 27).

Nada poderia ser mais oposto a esta concepção de educação e de aprendizagem do que o modelo de ensino baseado na figura de um mestre explicador. As crianças de tenra idade que aprendem suas primeiras palavras em sua língua materna sem receber nenhuma explicação indicam que é possível aprender algo que não compreendemos. Para legitimar seu papel, o mestre explicador precisa refutar esse argumento. Em sua lógica, não existe diferença entre o aprender e o compreender; por outro lado, só compreende alguma coisa aquele que recebeu "a" explicação correta e é capaz de repeti-la tal e qual. Portanto, o mestre explicador precisa promover um embrutecimento das crianças, sustentando que elas não aprenderam de fato suas primeiras palavras e que jamais aprenderão sozinhas qualquer outra coisa (RANCIÈRE, 2013, p. 22).

De certo modo, em suas lições sobre a emancipação intelectual, Jacotot resgata a virtude poética das crianças. As escritoras e escritores do povo retratados por Rancière ficaram excluídos da educação formal, mas não perderam essa virtude. Com o método de ensino proposto por Jacotot, essa via popular para a liberação da palavra pode ser compreendida, aprendida e compartilhada.

Conclusões

Numa entrevista sobre sua militância maoísta na Gauche Prolétarienne, o médico Rony Brauman aponta para algumas contradições que influenciaram na autodissolução do grupo: ainda que defendesse o contrário, a organização da militância seguia uma estrutura bastante hierárquica, nem todos tinham as mesmas posições a respeito das intervenções nas universidades e, por fim, com o passar dos anos, a Revolução Cultural passou a ser considerada mais autoritária e repressora do que democrática e libertária (LAGARDE, 2016). De todo modo, Brauman reconhece um elemento positivo nessas experiências políticas de ação direta: muitos ex-militantes do grupo, como ele mesmo, que presidiu o Médicos sem Fronteiras, levaram seus ideais de juventude para outras atividades sociais e políticas. Num livro dedicado ao tema, Marcelo Hoffman (2019, p. 142) defende que a reflexão e o debate sobre a história desses grupos e de suas ações contribuem para a produção de novas formas de subjetividade política coletiva. No caso específico de Jacques Rancière, a investigação sobre sua militância e sobre suas posições políticas nos anos 1960 e 1970 parece oferecer uma perspectiva de compreensão sobre seus trabalhos políticos e acadêmicos posteriores.

Referências

BACHÉ, David. Mai-68 vu par les immigrés des bidonvilles de Nanterre. *Radio France Internacionale (RFI)*, Paris, e48155, 2018. Disponível em: https://bit.ly/3LMaW0P. Acesso em: 18 fev. 2021.

BDIC – Bibliothèque de Documentation Internationale Contemporaine. Découverte de l'histoire du campus de Nanterre: entre pratiques d'hier et d'aujourd'hui. *Balade Urbane*, Paris, n. 2, p. 1-8, 2016.

BENAÏCHA, Brahim. *Vivre au paradis: d'une oasis à un bidonville*. Paris: Desclée de Brouwe, 1999.

BOUZEGHRANE, Nadjia. Monique Hervo. Actrice et témoin du 17 octobre 1961: une vie dédiée aux plus faibles et aux opprimés. *El Watan*, Paris, e48155, 2019. Disponível em: https://bit.ly/3CbHtdn. Acesso em: 26 fev. 2021.

C.R.I.U. – Centre de Regroupement des Informations Universitaires. *Quelle université? Quelle societé?*. Paris: Aux Éditions du Seuil, 1968.

CAMPOS, Haroldo. *Escritos sobre Jade: poesia clássica chinesa*. São Paulo: Ateliê Editorial, 2009.

CARMICHAEL, Stokely; HAMILTON, Charles. *Black Power: the Politics of Liberation in America*. New York: Random House, 1967.

CELENTANO, Adrián. Linhart, Badiou y Rancière, a propósito de las fábricas y la política. *Sociohistória*, La Plata, n. 23-24, p. 105-136, 2008. Disponível em: https://bit.ly/3LPjX99. Acesso em: 26 fev. 2021.

CHAUI, Marilena. A ocupação das escolas foi Maio de 68. In: CHAUI, Marilena. *Em defesa da educação pública, gratuita e democrática*. Organização de Homero Santiago. Belo Horizonte: Autêntica, 2018. p. 417-419.

COHEN, Muriel. *Des familles invisibles: politiqes publiques et trajectoires résidentielles de l'immigration algérienne (1945-1985)*. 620 f. 2013. Tese (Doutorado em História) – Unités de Formation et de Recherche d'Histoire, Université Paris 1 – Panthéon Sorbonne, Paris, 2013. Disponível em: https://bit.ly/3BIRc9u. Acesso em: 23 fev. 2021.

DE CERTEAU, Michel. Pour une nouvelle culture: prendre la parole. *Études*, Paris, v. 1-2, n. 329, p. 29-42, 1968. Disponível em: http://bit.ly/2x2Pqz6. Acesso em: 18 fev. 2021.

DRESSEN, Marnix. Déclassés politiques: quelques précédents. *Les Temps Modernes*, Paris, n. 684-685, p. 169-186, 2015.

FANON, Frantz. *Les damnés de la terre*. Paris: La Découverte; Poche, 2002.

FOUCAULT, Michel. *Ditos & escritos IV: estratégia poder-saber*. Organização de Manoel Barros da Mota. Tradução de Vera Lúcia Avellar Ribeiro. Rio de Janeiro: Forense Universitária, 2006.

GEERKENS, Éric; VIGNA, Xavier. Les enquêtes jocistes en Belgique et en France, c. 1925-c. 1940. In: GEEKKENS, Éric; HATZFELD, Nicolas; LESPINET-MORET, Isabelle; VIGNA, Xavier (Orgs.). *Les enquêtes ouvrières dans l'Europe contemporaine*. Paris: La Découverte, 2019. p. 426-442.

GUTIÉRREZ, Gustavo. *Teología de la liberatión: perspecticas*. Salamanca: Ediciones Sígueme, 1975.

HERVO, Monique. *Chroniques du bidonville: Nanterre en guerre d'Algérie, 1959–1962*. Paris: Éditions du Seuil, 2001.

HERVO, Monique; CHARRAS, Marie-Ange. *Bidonvilles: l'enlisement*. Paris: La Découverte, 1971.

HOFFMANN, Marcelo. *Militant Acts: the Role of Investigations in Radical Political Struggles*. New York: Suny Press, 2019.

HORN, Gerd-Rainer. *The Spirit of Vatican II. Western European Progressive Catholicism in the Long Sixties*. Oxford: Oxford University Press, 2015.

HORN, Gerd-Rainer. *Western European Liberation Theology. The First Wave (1924–1959)*. Oxford: Oxford University Press, 2008.

JACOTOT, Joseph. *Enseñanza universal: lengua materna.* Traducción de Pablo Ires. Prólogo de Jacques Rancière. Buenos Aires: Cactus, 2008.

LAGARDE, Stéphane. Rony Brauman: le passé maoïste et la jeunesse d'aujourd'hui. *Asialyst*, Paris, e48155, 2016. Acessível em: https://bit.ly/3r980St. Acesso em: 23 fev. 2021.

LES TEMPS MODERNES. *Nouveau fascisme, nouvelle démocratie (Dossier)*, n. 310, Paris, 1972.

LINHART, Robert. *L'établi*. Paris: Les Éditions de Minuit, 1981.

LINHART, Viginie. *Volontaires pour l'usine. Vies d'établis, 1967-1977*. Paris: Éditions du Seuil, 1994.

MATOS, Olgária. 1968: Paris toma a palavra. In: CASTORIADIS, Cornelius; LEFORT, Claude; MORIN, Edgar. *Maio de 68: a brecha*. Tradução de Anderson Lima da Silva e Martha Coletto Costa. São Paulo: Autonomia Literária, 2018. p. 264-274.

PIERON, Julien. Statut des príncipes et normes de la critique dans la pensée de J. Rancière – le cas du *Maître Ignorant*. *Revue Le Télémaque*, n. 44, Paris, p. 75-88, 2013. Disponível em: https://bit.ly/3E36Xej. Acesso em: 26 fev. 2021.

RANCIÈRE, Danielle. Militer ensemble: entretien avec Danielle Rancière. In: ARTIÈRES, Philippe *et al.* (Orgs.). *Michel Foucault*. Paris: Éditions de l'Herne, 2011. p. 53-56.

RANCIÈRE, Danielle; RANCIÈRE, Jacques. La légende des philosophes (les intellectuels et la traversée du gauchisme). *Les Révoltes Logiques*, [numéro special: Les lauriers de Mai ou les chemins du pouvier, 1968-1978], Paris, p. 7-25, 1978. Disponível em: https://bit.ly/3Sl6hVR. Acesso em: 26 fev. 2021.

RANCIÈRE, Jacques. *A noite dos proletários: arquivos do sonho operário*. Tradução de Marinalda Pedreira. São Paulo: Companhia das Letras, 1988.

RANCIÈRE, Jacques. *Courts vayages au pays du peuple*. Paris: Éditions du Seuil, 1990.

RANCIÈRE, Jacques. *El método de la igualdad. Conversaciones con Laurent Jeanpierre y Dork Zabunyan*. Tradução de Pablo Betesh. Buenos Aires: Ediciones Nueva Visión, 2014.

RANCIÈRE, Jacques. *La leçon d'Althusser*. Paris: La Fabrique Edition, 2011.

RANCIÈRE, Jacques. *O desentendimento: política e filosofia*. Tradução de Ângela Leite Lopes. São Paulo: Editora 34, 2018.

RANCIÈRE, Jacques. *O mestre ignorante: cinco lições sobre a emancipação intelectual*. Tradução de Lílian do Valle. Belo Horizonte: Autêntica Editora, 2013.

RANCIÈRE, Jacques; FAURE, Alain. *La parole ouvrière*. Paris: La Fabrique, 2007.

ROSS, Kristin. *Maio de 68 e suas repercussões*. Tradução de José Ignácio Mendes. São Paulo: Edições Sesc São Paulo, 2018.

TSÉ-TUNG, Mao. Intervention à la conférence nationale du parti communiste chinois sur le travail de propagande (12 mars 1957). In: TSÉ-TUNG, Mao. *Oeuvres choisies de Mao Tsetoung*. Tome V. Traducción de Éditions en Langues Etrangeres. Pekin: Éditions du Peuple, 1977. p. 458-473.

TSÉ-TUNG, Mao. *Sobre a prática e a contradição*. Tradução de José Maurício Gradel. Rio de Janeiro: Jorge Zahar Editor, 2008.

VERMEREN, Patrice. La filosofia interrumpida. *Revista Electrónica del Instituto de Investigaciones Jurídicas y Sociales Ambrosio Lucas Gioja*, Buenos Aires, n. 21, p. 144-162, 2018. Disponível em: https://bit.ly/3Sm6QyI. Acesso em: 26 fev. 2021.

VIOLLET, Alphonse. *Poètes du peuple au XIXe siècle*. Paris: Librairie Française et Étrangère, 1846.

Michel Foucault, Jacques Rancière, *As Revoltas Lógicas* e o "'beijo Lamourette'[1] da vasta indignação de todas as perseguições políticas do mundo"[2]

Patrice Vermeren[3]

I.

De que maneira minha geração e aquela que a precede leram Michel Foucault, na França, e singularmente aqueles que formavam o coletivo da revista *As Revoltas Lógicas*, cadernos do Centro de Pesquisas sobre as Ideologias da Revolta, entre 1975 e 1981, de que eu mesmo participava com Jean Borreil, Geneviève Fraisse, Jacques Rancière e alguns outros – Stéphane Douailler, Pierre Saint-Germain, Michel Souletie, Patrick Vauday, aos quais logo se uniram Serge Cosseron, Christiane Dufrancatel, Arlette Farge, Philippe Hoyau, Daniel Lindenberg, Danielle Rancière, Patrick Cingolani?

---

[1] A expressão *baiser Lamourette* ("beijo Lamourette") refere-se a um evento ocorrido na assembleia de deputados francesa em 1792, quando o Abade Lamourette evoca a fraternidade entre os membros da sessão, mobilizando todos a se abraçarem como símbolo de reconciliação. [N.T.]

[2] Este artigo foi publicado originalmente em *Actes du Colloque International Archives et Philosophie*. Paris: L'Harmattan, 2017. A primeira edição brasileira encontra-se em: PERINE, M. *et al.* (Orgs.). *Pensamento e história: Michel Foucault, Paul Ricœur, Eric Weil*. 1. ed. v. 1. São Paulo: É Realizações, 2020. p. 195-213. Mantivemos aqui a formatação (notas e referências bibliográficas) conforme a publicação prévia. [N.O.]

[3] Tradução de Alessandro de Lima Francisco. [N.T.]

Se vejo o que é dito hoje a este respeito na Wikipedia, por exemplo, leio: "Impulsionada por Jacques Rancière, dentre outros, a revista *As Revoltas Lógicas* rompe com o pensamento de Louis Althusser e se volta em direção àquele de Michel Foucault". É feita uma correspondência com um artigo de Vincent Chimballac, de 2013 (*Revue des Revues*, n. 45): "Coletivo na junção da militância e da pesquisa, *As Revoltas Lógicas* nasce na sequência do Maio de 1968, notadamente em torno de Jacques Rancière. A revista se inscreve no contraponto dessa época de recuperação dos ideais de Maio de 1968. Atenta às lógicas da revolta e à sua intempestividade, ela questiona tanto os grandes relatos militantes quanto a história científica do movimento operário".

A partir de Nietzsche e de Françoise Proust, ser intempestivo pode significar duas coisas: pensar e agir não contra, mas ao inverso de seu tempo, ou tomar seu tempo de trás para frente, por seu reverso: quando o olhar, o pensamento, a ação se voltam para o presente com a finalidade de apreendê-lo, não lhe são contemporâneos – o que confirma a inatualidade do presente.[4] É isto que Walter Benjamin traduziria, segundo Françoise Proust, por futuro, sendo simultaneamente aquilo que convoca o passado e aquilo que o passado convoca, de modo que a intempestividade não seja nem uma tarefa nem uma obrigação, mas uma propriedade do tempo presente. A questão se torna, então, aquela dos efeitos que produz a intempestividade e das potências inéditas de resistência que ela pode liberar.

O coletivo que funda a revista *As Revoltas Lógicas* surge do encontro de Jean Borreil e de Jacques Rancière, que lecionavam conjuntamente na Universidade de Vincennes. Geneviève Fraisse se associou a ele, assim como alguns de nós

---

[4] PROUST, F. *Nouvelles Considérations Intempestives: Futur Antérieur.* n. 28. Paris: L'Harmattan, 1995.

Michel Foucault, Jacques Rancière, As Revoltas Lógicas e o "'beijo Lamourette' da vasta indignação de todas as perseguições políticas do mundo"

que trabalharam com a filosofia, juntamente a Jean Borreil, desde antes de 1968.

No ano de 1974, havíamos participado da preparação das Emissões Sartre – *Sartre no século: Sartre não como indivíduo singular, mas como subjetividade abstrata* –, um projeto abortado de filmar para a televisão outra história da França que o próprio Sartre teria reconhecido/desconhecido, preparada por aproximadamente quarenta militantes de extrema-esquerda, com os quais formávamos o subgrupo Revoltas Operárias. Tendo nos visto mimeografar os textos que escrevíamos para submeter a uma discussão mais ampla, os editores *Solin* nos ofereceram lhes dar a forma de uma revista.

Nós tínhamos publicado também um manifesto do Centro de Pesquisas sobre as Ideologias da Revolta [CRIR] em outra revista de jovens professores de Filosofia e História de perfil contestador, *O doutrinal de sapiência*. Nesse texto, está escrito que o CRIR se vincula explicitamente à Cátedra de História dos Sistemas de Pensamento do Collège de France, dirigida por Michel Foucault.[5]

Mais tarde, Rancière escreverá que, nessa época, ele próprio tivera inúmeras ocasiões de cruzar política e teoricamente com Foucault e que nosso grupo tinha a reputação de ser mais ou menos associado ao seu seminário do Collège de France, mesmo se, de fato, ele fosse completamente autônomo. Escreve: "Sim, Foucault foi importante para mim, porque, com ele, subitamente se deixava por completo a filosofia dos livros de filosofia, a instituição filosófica".[6] E acrescenta que, com *Vigiar e punir* e *História da loucura*,

---

[5] BORREIL, J. *et al.* Le centre de recherches sur les idéologies de la Révolte (définition des objectifs et projets de recherches pour l'année 1975). *Le Doctrinal de Sapience*, Paris, n. 1, inverno de 1975. Disponível em: http://decasia.org/doctrinal.html.

[6] RANCIÈRE, J. *La méthode de l'égalité*. Paris: Bayard, 2012. p. 71.

Coleção "Educação: Experiência e Sentido"

compreendeu melhor que "nos ocupamos do pensamento lá onde ele está em atividade; ele [Foucault] o vê nas técnicas de poder, eu [Rancière] pretendia vê-lo também operando nas práticas que resistem ao poder, nas práticas polêmicas, nas lutas". Nesse caso, trata-se da ideia de que os prisioneiros têm uma fala, um saber sobre a prisão, sobre as teorias da prisão, e, portanto, que a ciência não vem do exterior, que todos podem ter uma produção teórica. E Rancière diz que, na época, se se sentia próximo de Foucault era "por causa dessa relação de proximidade entre militância e trabalho teórico, e, ao mesmo tempo, exterior a todo pensamento que aplicasse uma teoria a uma prática". Conservar-se-á esta dupla razão de um sentimento de camaradagem entre Rancière e Foucault: a relação ativismo/pensamento, mas sob a condição de que a ação não fosse a aplicação de uma teoria.

Politicamente, como situar *As Revoltas Lógicas*? Não se pode pensar nesses anos sem localizá-los novamente no após Maio de 1968, cujo movimento, recordado por Rancière, não era a insurreição de uma juventude desejosa de terminar com um velho mundo que a impedia de usufruir dos bens de consumo oferecidos pelo capitalismo, mas um momento de esperança revolucionária com palavras de ordem anticapitalistas e antiestatais.

Em seguida, houve a evolução e o arrefecimento do movimento maoísta. Após a dinâmica que é conduzida pelo combate, sob o emblema do mote "isto não é senão um começo, continuemos o combate", até 1973, há um refluxo e a dissolução da esquerda proletária (1974-1975). A restauração dos velhos partidos caminha de mãos dadas com a política de União da Esquerda e o retorno do althusserianismo, sem prejuízo da análise de Deleuze e Guattari sobre a ruptura com o modelo militante de esquerda identificado com aquele do pai.

O nascimento de *As Revoltas Lógicas* corresponde também à Revolução dos Cravos, em Portugal, e à luta de Lip.[7] Esta última é muito importante, pois, para o coletivo de *As Revoltas Lógicas*, significa a existência de uma tradição operária autônoma, extrínseca à organização de partidos, que pode ser pensada em relação às associações operárias do século XIX e ao sindicalismo revolucionário.

As questões se tornam aquelas das contradições entre a exigência de um ativismo de esquerda, cuja ideia reguladora é a de mudar o mundo, e o fato de que o poder militante veicula e reproduz o poder masculino e paternal, que é particularmente o alvo das feministas. Portanto, a causa das falhas e das perversões da tradição socialista e revolucionária não é mais buscada do lado de uma tese ou de uma autoridade, mas na realidade das formas de opressão, de resistência, de combate e de organização. Os operários da Lip recolocam sua usina em funcionamento, produzem, mostram sua capacidade de dirigir coletivamente a produção – contra toda a tradição marxista de separação entre luta política e econômica.

Para o autor de *A palavra operária*, três livros são representativos desse período: *Os operários de Paris em 1848*, de Rémi Gossez; *Os operários em greve*, de Michelle Perrot; e *A fabricação da classe operária inglesa*, de Edward P. Thompson. E há três tarefas a cumprir: 1) reencontrar as condições concretas de elaboração de uma tradição propriamente operária; 2) analisar as formas desse encontro problemático com as teorias sociais, dos socialismos utópicos ao marxismo; 3) atualizar

---

[7] O "caso Lip" ("*affaire Lip*", no original em francês), como é conhecido, consiste numa série de eventos que envolve a greve de operários de uma fábrica de relógios em Besançon, leste da França. Iniciada no começo dos anos 1970, a série de eventos que envolve o "caso Lip" seguiu até o ano de 1976. Deve-se sublinhar que a produção foi reiniciada, em meio à greve, sob gestão dos próprios trabalhadores. [N.T.]

os problemas internos dessa tradição, suas contradições, seus limites.[8] Rancière ocupava-se mormente da fala operária; outros, como Jean Borreil, dos camponeses e das minorias nacionais; ou como Geneviève Fraisse, das mulheres; Stéphane Douailler e eu, do trabalho infantil e das colônias penitenciárias. Mas todos íamos aos arquivos.

O prospecto de *As Revoltas Lógicas* insiste sobre a questão: que memória teremos? Não será aquela dos mestres, nem aquela dos historiadores da longa duração, nem aquela dos organizados da esquerda, nem aquela dos desencantados da esquerda. *As Revoltas Lógicas* pretendia simplesmente ouvir novamente o que a história social mostrou, restituiu em seus debates e em suas apostas: o pensamento vindo de baixo, a distância entre as genealogias oficiais da subversão – por exemplo, "A história do movimento operário" – e suas formas de elaboração, de circulação, de reapropriação, de ressurgimento, a disparidade das formas da revolta, seus caracteres contraditórios, seus fenômenos internos de micropoderes, seu inesperado – isto é, a simples ideia de que a luta de classes não deixa de existir por não estar conforme aquilo que se aprende na escola (do Estado, do Partido ou do grupelho) – e essa outra distância, igualmente simples, que a rejeição da metafísica dos proletários não obriga a se lançar no desejo ou na religião.[9]

O título da revista vinha de um poema de Rimbaud: "Nós massacraremos as revoltas lógicas". Frase posta na boca de um grupo de soldados, prosopopeia de conscritos engajados em nome da democracia, numa expedição colonial que fustigava a "filosofia feroz" do colonialismo que, por sua vez, pretende difundir as luzes do Ocidente em nome da democracia.[10]

---

[8] RANCIÈRE, J.; FAURE, A. *La parole ouvrière*. Paris: La Fabrique, 2007.

[9] Prospecto de *Les Révoltes Logiques*, Paris, novembro de 1975.

[10] RIMBAUD, A. Democracia. In: RIMBAUD, A. *Iluminações* (1873-1875):

MICHEL FOUCAULT, JACQUES RANCIÈRE, AS REVOLTAS LÓGICAS E O "'BEIJO LAMOURETTE' DA VASTA INDIGNAÇÃO DE TODAS AS PERSEGUIÇÕES POLÍTICAS DO MUNDO"

Em 1981, numa entrevista concedida a *O asno*, Rancière se expressava assim:

> Certamente, o título apresenta problemas, a julgar somente pelo número de pessoas que o transformam em "Pesquisas Lógicas"! O que ele indica não é uma tese sobre a história, um objeto ou um método, mas uma relação transversal ao "movimento social" e às ideologias da razão na história. Havia seguramente elementos "claros" nessas duas palavras: tratava-se, inicialmente, de uma fidelidade emblemática, senão teórica, à afirmação "temos razão de nos revoltar". Não admitíamos mais as razões do título que foram enunciadas, mas recusávamos os discursos de sujeição inevitável. Tratava-se também de considerar a irrupção do âmbito da revolta, uma vontade de reconhecê-la extrinsecamente aos eventos reconhecidos como tais, dar outra dimensão ao lado "epidérmico" que lhe é atribuído.
>
> Essas duas palavras nos indicavam, sob a grande história, toda uma rede de discursos, lógicas e trajetórias geralmente dobrados nas inércias da vida cotidiana e na história das mentalidades: pode ser a lógica dos discursos mantidos ao longo dos momentos de ruptura, suas articulações e suas contradições; são também as revoltas como caminhos quase involuntários, trilhas, em algumas situações, feitas de elementos heterogêneos. Na realidade, fomos levados a insistir mais sobre a *lógica* do que sobre a *revolta*: muitos de nossos personagens raramente figuram como revoltados ou participam de um episódio desses em sua trajetória. Há algo de redutor

---

"A bandeira segue, na paisagem imunda, e nosso dialeto sufoca o tambor. Nos centros, alimentamos a mais cínica prostituição. Massacraremos as revoltas lógicas. Nos países acres e inundados! – a serviço das mais monstruosas explorações industriais ou militares. Até a vista aqui, não importa onde. Conscritos de boa vontade, teremos a filosofia feroz; ignorantes para a ciência, matreiro pelo conforto; a indolência pelo mundo que segue. Eis a verdadeira marcha. Avante, siga!".

na noção de revolta que percebemos notadamente por meio dos discursos vizinhos sobre as "estratégias de poderes". Trajetórias populares que encontram o poder, suas lógicas e seus momentos de ruptura; eles não guardaram senão essa noção de "resistência" que as qualifica como respostas a estímulos. Se se retoma a frase de Rimbaud, "nós massacraremos as revoltas lógicas", pode-se dizer que eles se interessam pelo "nós massacraremos", por essa razão dos massacradores que não dá uma razão aos massacrados senão na cova. Não pretendemos fazer isso, nem tampouco desempenhar o papel da voz dos oprimidos. O que nos interessa é nos manter em relação intermediária, deixar se desdobrarem e se entrecruzarem as três ordens de razões.[11]

Rancière voltou ao tema de *As Revoltas Lógicas* em 2010, para dizer que

> Era uma atividade militante de um gênero particular, independente com relação a qualquer grupo, a qualquer prática política coletiva [...], era uma prática de intervenção numa situação político-ideológica global. Ela não servia a uma linha definida e não pretendia criar uma. Buscava contribuir ao que se poderia chamar de um fronte de resistência a todas as ideologias desmobilizadoras e reacionárias, de início sob as roupagens de esquerda.[12]

E ele acrescenta: tratava-se de conduzir uma reflexão retrospectiva sobre a herança de maio de 1968, lutar contra toda forma de liquidação teórica, ideológica e política, contra aqueles que constituíam um pensamento do poder onisciente e todo-poderoso – por exemplo, o Cerfi,[13] editor da

---

[11] RANCIÈRE, J. Révoltes logiques: la Contre-histoire. *L'Âne*, n. 1, 1981.

[12] RANCIÈRE, J. Déconstruire la logique inégalitaire. Entretien avec Pierre-Vincent Cresceri et Stéphane Gatti. *Et tant pis pour ceux qui sont fatigués*. Paris: Amsterdam, 2009.

[13] Centre d'Études, de Recherches et de Formation Institutionnelles [Centro

Michel Foucault, Jacques Rancière, As Revoltas Lógicas e o "'beijo Lamourette' da vasta indignação de todas as perseguições políticas do mundo"

revista *Recherches* – e contra os discursos de Foucault sobre a positividade do poder, que produzia mais do que reprimia. "Fui próximo de Foucault, num certo momento [acrescenta Rancière], mas é verdade que me distanciei de um discurso que o evocava a propósito das tecnologias de poder e da maneira com que elas nos deixam sem poder."

Sobre este ponto do débito de Rancière com relação a Foucault, possuímos diversos juízos retrospectivos do próprio Rancière. Por exemplo, em 2003.

> Dentre os pensadores da época, se há um ao qual fui muito próximo num dado momento, este foi principalmente Foucault. E há algo do esforço arqueológico de Foucault que permaneceu em mim: a vontade de pensar as condições de possibilidade desta ou daquela forma de enunciado ou de constituição de objeto.[14]

Tem-se, também, um testemunho de 2012 em que ele diz que deve a Sartre a distância em relação a todas as explicações psicológicas e sociológicas, a Althusser, uma certa retomada do questionamento da ideia de história, e a Foucault, *uma atitude que consiste em se perguntar não mais o que se precisaria pensar, mas o que faria com que algo fosse pensável, que certo enunciado fosse formulável.* Eis duas coisas: 1) a ideia de que o elemento interessante é o pensamento em obra nas práticas, o pensamento que participa da paisagem daquilo que é; 2) uma disjunção teoria/prática, a ideia de que as articulações não são feitas ao modo de uma teoria aplicável, de um saber sobre a sociedade que vai se transformar em ação sobre ela, mas muito mais sob a configuração de encontro

---

de Estudos, de Pesquisas e de Formação Institucionais], grupo que funcionou em torno de Félix Guattari, entre 1967 e 1987, dedicado fundamentalmente a estudar as ciências humanas. [N.T.]

[14] RANCIÈRE, J. Déconstruire la logique inégalitaire, p. 353.

entre formas de discursos e práticas que se elaboram em lugares diferentes.[15]

II.

Explicitamente, o débito de Rancière com Foucault, tal qual é reivindicado hoje, permaneceria numa certa maneira de dar atenção ao pensamento em operação nas práticas, às condições de possibilidade de formulação dos enunciados em suas relações com as práticas, à recusa de toda problemática que desconectava teorias e práticas e que faria da prática uma aplicação da teoria e do saber um guia para a ação e, enfim, numa distância tomada em relação a uma leitura de Foucault que conservaria, de suas análises, a ideia de uma onipotência das tecnologias de poder, contra a ideia de que nos deixariam sem poder.

Pode-se também tentar reconhecer uma dívida mais implícita, singularmente em *A lição de Althusser*, texto de Rancière publicado numa época em que nosso grupo de trabalho já existia, mas antes da fundação de *As Revoltas Lógicas* (*A palavra operária* data de 1975; *A lição de Althusser*, de 1974). Retomo, aqui, as análises sutis de Thomas Bolmain.[16]

Rancière havia sido um discípulo de Althusser, descobrira Marx com ele, o acompanhara na crítica dos estudantes comunistas, em 1964-1965, por seu protesto, que era realizado sem consciência da ciência marxista e da necessidade de fazer um desvio com relação a ela para o bem do movimento

---

[15] RANCIÈRE, J. *La méthode de l'égalité*. Entretiens avec Laurent Jeanpierre et Dork Zabunyan. Paris: Bayard, 2012. p. 90.

[16] BOLMAIN, T. De la critique du "procès sans sujet" au concept de subjectivation politique: note sur le foucaldisme de Jacques Rancière. *Dissensus*, Liège, Université de Liège, n. 3, fev. 2010. Disponível em: https://bit.ly/3dTIYU6. [N.T.]

Michel Foucault, Jacques Rancière, As Revoltas Lógicas e o "'beijo Lamourette' da vasta indignação de todas as perseguições políticas do mundo"

revolucionário das massas. Havia participado do seminário coletivo "Ler *O capital*". Em seguida, houve Mmaio de 1968, em que as palavras de ordem antiautoritárias dos estudantes haviam provocado um abalo radical, com bandeiras vermelhas sobre as usinas e operários na rua.

Após 1968, houve a experiência de Vincennes, com um curso sobre *A ideologia alemã*, de Marx, e é então que a ideologia lhe aparecia como o ponto nodal do problema, qual seja a ideia de que as massas burguesas, pequeno burguesas e operárias estariam grudadas na ideologia e de que seria essa consciência ideológica falsa, essa consciência invertida do sistema que provocaria sua adesão a ele e que faria vítimas dele.

Quatro anos mais tarde, será esse curso sobre *A ideologia alemã* que dará a matéria de *A lição de Althusser*, que Rancière redigiu e publicou na conjuntura de uma renovação do althusserianismo e de uma tentativa, de sua parte, de integrar as conquistas de Maio de 1968. O núcleo da posição althusseriana é a ideia de que a causa da dominação e da sujeição é a ignorância da ciência. A tese conexa a esta primeira é a de que a dominação funciona sempre pela dissimulação. Daí são legitimados os cientistas, supondo-se que lhes seja permitido salvar a humanidade da cegueira.

Como Rancière usa Foucault para criticar a teoria althusseriana da ideologia, concebida como sistema de representações que sujeitam os indivíduos à ordem dominante, a saber, uma forma de discurso que supõe que a dominação funciona sob condição de uma dissimulação que faz ignorar suas leis àqueles que ela própria sujeita, apresentando a eles a realidade ao inverso? Rancière parte da *Resposta a John Lewis*, porque Althusser põe em cena seja o marxismo mais ignorante e mais caricatural que ele pôde encontrar – se não existisse, teria sido preciso inventá-lo; Miller retomará mais tarde este modelo de encenação utilizando o personagem de

Daniel Lindenberg –, seja o pretenso marxismo humanista que declara que o homem faz a história.

Althusser lhe dá uma lição de marxismo e demonstra que não é o homem que faz a história, mas as massas, e que o enunciado segundo o qual os homens são sujeitos da história – que tem um valor progressista no momento da Revolução Francesa, quando a ideologia feudal pretendia que fosse Deus que fizesse a história – é, doravante, uma tese conservadora e reacionária. Ao mesmo tempo, é preciso dizer que são os homens empíricos, como massas e classe explorada, que são sujeitos na história, mas não são sujeitos dessa história. São sujeitos na história, isto é, são tornados agentes históricos por mais que tenham sido sujeitados. Mas não são sujeitos da história: a história é um processo sem sujeito, ela não tem, no sentido filosófico do termo, um sujeito, mas um autor: qual seja, a luta das massas.

É aqui que Rancière se serve de Foucault. Pode-se reivindicar o anti-humanismo de duas maneiras: 1) para liquidar a herança kantiana; ou 2) para questionar o lugar do humanismo nas lutas políticas. Para Rancière, o problema não é se desvencilhar do sujeito, mas da natureza humana para, então, alcançar as lutas empíricas, fora de toda teoria da educação. Retomo, aqui, palavra a palavra a argumentação de Thomas Bolmain.

1) Para Rancière, não é verdade que a ideologia burguesa encontra em Kant seu filósofo mais puro, como o pretende Althusser ao afirmar que o homem é o sujeito da história. Com efeito, Kant não declara que o homem faz a história, mesmo que se encontrae na história os sinais do progresso do espírito humano. Althusser projeta indevidamente sobre Kant um conceito de história que não existe ainda em sua época. Ao escrever isto, Rancière se refere implicitamente a Foucault, que estabelece, em *As palavras e as coisas*, que Kant,

MICHEL FOUCAULT, JACQUES RANCIÈRE, AS REVOLTAS LÓGICAS E O "'BEIJO LAMOURETTE'
DA VASTA INDIGNAÇÃO DE TODAS AS PERSEGUIÇÕES POLÍTICAS DO MUNDO"

se está justamente no limiar da modernidade, não pode saber que, em 1800, a história se tornará o incontornável de nosso pensamento, e o homem, um objeto soberano. O conceito de homem de Kant, segundo Rancière leitor de Foucault, não se reporta a uma teoria da história, mas à questão antropológica que funda as três questões críticas.

2) De outra parte, e como mostrou apropriadamente Thomas Bolmain, Rancière se distancia de Foucault, afirmando que a questão antropológica kantiana não é exatamente o sinal do pensamento humano, senão aquele da natureza humana que define o pensamento clássico, pois, para Rancière, o homem não é propriamente o sujeito conquistador do humanismo, mas aquele do panóptico, desta figura arquitetural de uma anatomia do poder em que o homem é cuidadosamente fabricado, como o mostrará adequadamente *Vigiar e punir*.

3) Rancière leitor de Foucault lendo Kant e indo além de Foucault. Mais ainda, o alvo das críticas de Rancière é o gesto althusseriano de traçar linhas de demarcação entre ortodoxia e desvio, em nome de uma teoria preestabelecida. E, para invalidar esse gesto althusseriano, Rancière se funda sobre um gesto foucaultiano – aquele que busca articular prática e discurso, mostrar como o discurso se comunica com a prática. Aquilo que Bolmain enuncia do seguinte modo: a analítica do poder foucaultiana traça um caminho paralelo à tentativa rancièreana de tornar a análise histórica do discurso porosa à política.

4) Enfim, está claro que o uso do conceito de subjetivação indica uma direção comum, mesmo se Rancière relaciona, indissoluvelmente, a subjetivação ao problema da igualdade ou da verificação da igualdade sob a condição da consideração da política, enquanto, para Foucault, a subjetivação está ligada ao problema da verdade. Se o sujeito desaparece

pela subjetivação, como fazer a articulação da igualdade e da verdade não permanecer um enigma? É a questão de Zizek. Bolmain mostra que o único a articular verdade e igualdade é Badiou, que, por sua vez, censura Rancière por não formular a questão da organização revolucionária, isto é, a especificidade empírica do processo de subjetivação e da temporalidade. No fim das contas, a questão se torna aquela da democracia, sob o duplo emblema da comunidade dos iguais e da coragem da verdade.

Para terminar o paralelo Foucault/Rancière tal como o teoriza Bolmain, permanecendo no âmbito do conceito de subjetivação, notemos que, deste último, haveria, então, quatro sentidos em Rancière: 1) um sentido discursivo: ela é multiplicação de evento de fala (como intensificação dos litígios e materialização do erro: *desacuerdo*); 2) um sentido igualitário: ela se apoia sobre a busca pela prova da igualdade; 3) um sentido corporal ou material: ela implica um trabalho de desidentificação que perturba radicalmente a distribuição dos corpos e das existências; e 4) um sentido ontológico: ela obriga a transformação da cartografia da experiência pela emergência das cenas polêmicas.

Voltemos ao grupo de *As Revoltas Lógicas*. Em 1977, ele propõe oito questões a Michel Foucault. Ele não responderá senão a quatro delas.[17] A primeira é assim formulada: "Não há uma inversão que faz da crítica do enclausuramento a palavra mestra dos neoliberalismos e dos populismos?". Foucault responde que tem receio de certo uso da aproximação *gulag/* enclausuramento, que afirmaria que todos temos o nosso *gulag* – nas nossas portas, nas nossas cidades, nos nossos hospitais,

---

[17] FOUCAULT, M. Pouvoirs et stratégies. Entretien avec Michel Foucault. *Les Révoltes Logiques*, Paris, n. 4, p. 87-97, inverno de 1977. Retomado em FOUCAULT, M. *Dits et Ecrits, II, 1976-1988*. Paris: Quarto; Gallimard, 2001. p. 418-428.

nas nossas prisões, nas nossas cabeças. "Abraçamos, numa vasta indignação, num grande 'beijo Lamourette', todas as perseguições políticas do mundo, e permite-se, assim, ao Partido Comunista Francês participar de um encontro em que fala o dissidente soviético Leonid Plioutch."[18]

Ele propõe distinguir a instituição *gulag*, que concerne a uma arqueologia, e a questão do *gulag*, que é política. Sobre este último ponto, ele dá quatro indicações: 1) recusar mostrar como a teoria de Marx e de Lênin foi traída, para mostrar o que permitiu e continua a justificar o *gulag* e aceitar sua intolerável verdade; 2) recusar localizar a interrogação unicamente no nível das causas: o *gulag* não é uma simples doença que se deveria tratar. Trata-se de uma questão positiva: a que serve o *gulag*? Em que ele é um operador econômico-político num Estado socialista?; 3) não colocar "socialismo" entre aspas, isto é, abrir os olhos para o que permite resistir ao socialismo *in loco*; e 4) recusar a dissolução universalista na "denúncia" de todos os enclausuramentos possíveis.

> O *gulag* não é uma questão que se deve propor uniformemente a toda sociedade, qualquer que seja. Ela deve ser proposta especificamente a toda sociedade socialista, na medida em que nenhuma delas, desde 1917, alcançou de fato o funcionamento sem um sistema mais ou menos desenvolvido de *gulag*.[19]

As três outras questões remetiam: 1) à análise das técnicas do poder no modo como se opunham aos discursos sobre o "amor" (do mestre) ou ao "desejo" (das massas para o fascis-

---

[18] *Ibidem*, p. 418. Sublinhe-se que a expressão usada por Foucault, nesta entrevista, é *"soupir Lamourette"*, isto é, "suspiro Lamourette" e não a original *"baiser Lamourette"*. [N.T.]

[19] *Idem*, Pouvoirs et stratégies, p. 87-97. Retomado em FOUCAULT, M. *Dits et Ecrits*, p. 420.

mo), portanto, em referência particular à psicanálise (Pierre Legendre) e às teorias de Deleuze e de Guattari; 2) à relação de duplicidade que poderia haver entre a anatomia política e o marxismo; e 3) à possibilidade de escapar do reformismo.

Tenho a lembrança das sessões de discussão sobre a formulação das questões de *As Revoltas Lógicas* a Foucault, sobre as respostas (e as não respostas) deste último e sobre a relação com uma conjuntura que finalmente Jacques e Danielle Rancière iam analisar em *A lenda dos filósofos*,[20] em que os "novos filósofos" se constituíam como um novo poder social dos intelectuais, na legitimidade adquirida na luta militante, e instalavam, na interseção da palavra universitária e da palavra política, do aparelho de Estado e do mercado formas de poder da *pub-intelligentsia* que fazia do pensamento livre um atributo de sua profissão, enquanto o pensamento livre é o produto de todas as rupturas que dilaceram a ordem opressiva (RANCIÈRE, *Le Nouvel Observateur*, 1977).

A segunda conclusão virá mais tarde e será aquela dos dois textos que Rancière consagra à celebração do vigésimo aniversário da morte de Foucault, em 2004, no jornal *Folha de S.Paulo* e em *Libération* ("O filósofo sem porta-voz", retomado em *Momentos políticos*, p. 156), nos quais trata da complexa herança de Michel Foucault, constatando as apropriações contraditórias daqueles que fazem dele inspiração do movimento queer e daqueles que o tomam como reflexão que invalida as políticas identitárias das minorias sexuais a título da denúncia da "repressão sexual" e do casamento gay, como daqueles que se valem dele como crítica da sociedade de controle, em oposição a um François Ewald que se inspira

---

[20] RANCIÈRE, D.; RANCIÈRE, J. *La légende des philosophes*. Les Révoltes Logiques, Paris, número especial "Les Lauriers de Mai", 1979. Retomado em RANCIÈRE, J. *Les scènes du peuple*. Lyon : Horlieu, 2003.

nele para teorizar uma moral do risco e a luta do patronado contra o sistema da seguridade social.

Rancière mostra também o que podem ter de ilegítimo todos aqueles que fazem de Foucault o inspirador de uma nova política ou de uma nova ética: 1) Michael Hardt ou Toni Negri, que preconizam, a título da biopolítica, o movimento das multidões contra o Império; 2) Giorgio Agamben, que assimila o "poder da vida" a um regime de estado de exceção generalizado para todas as democracias e para todos os totalitarismos, fazendo da modernidade um vasto campo de concentração; 3) outros, ainda, que fazem de Foucault o fundador de uma nova ética do indivíduo ou do sujeito. Ora, Foucault, tanto para Rancière como para *As Revoltas Lógicas*, de maneira inteiramente oposta a alguém que produziria um saber para formular as regras de uma ação, é esse filósofo que, após 1968, põe em causa todas as formas de saber e desorganiza as relações entre saberes positivos, consciência filosófica e ação.

"Entre o conhecimento e a ação, a filosofia não funda nenhuma dedução. Ela somente abre um intervalo em que nos é possível fazer vacilar os referenciais e as certezas sobre as quais se apoiam as dominações" – escreve Rancière para o *Libération*. Ele retoma este tema na *Folha de S.Paulo*: "Não há pensamento de Foucault que funde uma política ou uma ética novas, mas livros que agem na medida mesma em que não dizem o que devemos fazer".

O tempo da igualdade: a emancipação como outra forma de habitar a comunidade[1]

Teresa Montealegre Barba

Introdução

Uma das principais características do pensamento político de Rancière encontra-se na centralidade da estética como perspectiva analítica para pensar a comunidade e os modos de experiência sensível que nela são configurados.

O conceito de estética de Rancière emerge de uma posição crítica em relação à sua concepção tradicional, da qual difere em dois pontos fundamentais. Em primeiro lugar, ele difere da noção que a concebe como o estudo da percepção sensorial sob um sentido único e objetivável da experiência. Esta noção, promovida pela estética como disciplina filosófica, é criticada na medida em que tem operado como uma tentativa de dar validade objetiva e absoluta a um regime de dominação sensível (estabelecendo a essencialidade do belo, do verdadeiro etc.). Esta concepção da estética fundamenta-se numa divisão platônica da realidade, que divide a comunidade em duas, estabelecendo posições certas e erradas, verdadeiras e ilusórias, eludindo a possibilidade de pensar sobre a validade de outros regimes estéticos.

---

[1] Tradução de Romain Rodrigues. [N.T.]

Em segundo lugar, sua crítica à estética tradicional leva-o a repensar as noções clássicas de tempo e espaço. Diferentemente da concepção clássica destes termos, que concebe o espaço como um operador de coexistência (ou seja, como um meio que permite múltiplas utilizações) e o tempo como um operador de exclusão ou interdição (como um meio que não permite simultaneidade), Rancière proporá pensar o tempo não só como um meio de distribuição sensível, mas como um operador de coexistência. O interessante desta perspectiva, como veremos adiante, é que ela permite pensar a política como um fenômeno independente que abre outro modo de ser no comum, e não como meros momentos de interrupção do tempo hegemônico.

Para explicar o acima exposto, formularei esta apresentação em três partes: primeiro, será necessário entender como opera a dimensão espacial na obra de Rancière, que está intimamente ligada à crítica ao conceito de ideologia de Althusser. Em segundo lugar, abordaremos brevemente sua experiência nos arquivos operários, onde ele encontra os fundamentos para erigir seu pensamento sobre a lógica dominante e a possibilidade de sua subversão. Numa terceira parte, abordaremos a questão da emancipação a partir de sua formulação do tempo como coexistência, que está intimamente ligada à ideia de ficção.

A dimensão espacial tem grande relevância na obra de Rancière, na medida em que opera como um meio para metaforizar a distribuição sensível. As alusões ao espaço ou metáforas espaciais presentes no seu trabalho desempenham um papel fundamentalmente polêmico em relação a outros usos das metáforas espaciais que a filosofia tem tradicionalmente feito para pensar sobre o conhecimento e sua relação com a verdade. A origem desta crítica surge da rejeição do conceito de ideologia de Althusser, uma noção topográfica que liga o fato de ser dominado a pertencer a um lugar de ilusão e ignorância, o que impede o dominado de conhecer o funcionamento e as razões da dominação (RANCIÈRE, 2012, p. 106). O problema que Rancière identifica nesta abordagem é como, a partir do conceito de ideologia, o lugar do dominado é percebido a partir da mesma lógica que o tinha colocado ali, declarando *a priori* a sua incapacidade de já estar naquele lugar. Assim, em resposta a Althusser, Rancière realça a necessidade de formular o problema recuando um passo: em vez de falar em termos de posição certa ou errada, devemos falar em termos de lugar sensível. Entendendo com isso não uma estrutura ilusória e, portanto, falsa, mas de um lugar sensível que, embora seja material, "simboliza ao mesmo tempo uma disposição, uma distribuição, um conjunto de relações" (p. 107). Assim, Rancière indicará como todo discurso está sempre situado num lugar sensível a partir do qual a experiência é condicionada e percebida como realidade. Portanto, poderíamos dizer que a primeira tarefa do autor era sair de um discurso que naturalizasse a distribuição dos lugares. Por conseguinte, ao contrário da formulação althusseriana, Rancière indica que o domínio não pode ser explicado porque o dominado vive num lugar de ilusão, mas simplesmente porque a sociedade estabeleceu um lugar para o dominado, bem como um lugar para o dominante. Assim, ele indicará que mais do que nos perguntarmos o que falta à pessoa dominada por ter sido colocada neste lugar de inferioridade devemos nos perguntar como funciona a partilha do sensível, que cria suas razões para distribuir o comum de forma desigual. Neste sentido, Rancière será categórico e mostrará como todo discurso que reproduz a distribuição de lugares estabelecida pela ordem hegemônica é um discurso que opera na lógica da dominação, naturalizando esta divisão.

II.

A experiência de Maio de 1968 foi determinante para Rancière, uma vez que ele entrou num profundo desencanto com a teoria althusseriana, à qual tinha aderido até então. Esta ruptura foi, contudo, consolidada alguns anos mais tarde por sua experiência de investigação nos arquivos dos trabalhadores de 1844. Ali encontrará os fundamentos desta crítica,[2] na qual ele tenta

> [...] pôr fim à tese da ciência importada com esta ideia de prática social que produz necessariamente ilusões e a ciência que está aí para corrigi-las sem que nunca saibamos de onde vem a ciência, como é produzida ou como escapa ela mesma à necessidade social da ilusão (p. 49).

Para isso, Rancière se interessa particularmente em saber o que realmente pensavam e faziam esses trabalhadores sobrerrepresentados pela ciência marxista. Assim, entre 1972 e 1973, aventurou-se na busca de panfletos, jornais e todo tipo de relatos desde o início do movimento operário até à constituição do Partido Comunista Francês (PCF),[3] a fim de encontrar uma palavra operária alternativa à que foi transmitida

---

[2] Rancière conta que, após o fim de seu período de militância na esquerda proletária (Gauche Prolétarienne), lançou-se no estudo dos arquivos operários. Começou com os jornais e panfletos da Biblioteca Nacional e depois foi aos outros arquivos, tais como o Arquivo Nacional, o Fonds Saint-Simonien de l'Arsenal, o Fonds Gauny de Saint-Denis etc.

[3] Rancière, que trabalhou durante muito tempo na obra de Marx – inicialmente em seus primeiros manuscritos, depois em seus outros trabalhos, devido à tarefa que lhe deu Althusser de demonstrar o "corte epistemológico" –, aventura-se na investigação deste período (por volta de 1844) para encontrar os pontos de dissenso e desacordo entre as experiências dos próprios trabalhadores e as formulações que Marx tinha feito deles (RANCIÈRE, 2012).

pela tradição marxista. O objetivo desta pesquisa era "encontrar a verdadeira classe operária, a verdadeira palavra operária [...], e tudo o que poderia ser imaginado e esperado de verdadeiro" (p. 46) – uma ideia que ainda participava no discurso de autenticidade próprio de sua militância na Esquerda Proletária (La Gauche Prolétarienne).[4] No entanto, os arquivos revelaram algo muito diferente de uma afirmação identitária, o que não permitia a Rancière extrair um discurso que reduzisse as experiências ali apresentadas a uma verdade. Ao contrário de uma palavra homogênea, esses textos mostravam, no seio do mundo operário, seres ambíguos que não correspondiam ao que se podia esperar de sua identidade e cultura. Não falavam de suas festas populares nem da sua miséria material, mas das suas noites dedicadas ao estudo, à escrita, à pintura; noites arrancadas do ritmo da sucessão do trabalho e do descanso, nas quais encontravam um lugar para desenvolver atividades que estavam reservadas a outra classe de homens.

Estas experiências são relatadas em *A noite dos proletários* (1981), onde o autor apresenta trabalhadores que "já não querem ser trabalhadores, que nada têm a ver com a cultura operária tradicional ou com festas populares, mas que querem apropriar-se do que havia sido até então a palavra do outro,

---

[4] Rancière foi militante entre 1969 e 1972 na Gauche Prolétarienne (GP), organização de tendência maoísta-espontaneísta fundada em setembro de 1968. A GP reuniu ativistas libertários da Universidade de Nanterre, do Movimento 22 de Março e jovens intelectuais da União da Juventude Comunista Marxista-Leninista da Escola Normal Superior da rua Ulm (fundada sob a influência de Althusser) que tinham se dissociado do pensamento político de Althusser. A GP questionou aqueles que falavam em nome da ciência, rejeitando categoricamente os porta-vozes. Costumava enviar seus militantes, na sua maioria estudantes, para trabalharem nas fábricas para sair dos preconceitos que lhes dava sua condição de intelectuais pequeno-burgueses.

o privilégio do outro" (Rancière, 2012, p. 51). O desejo de ser algo diferente do que a sociedade determina aparece como um ato emancipador de desidentificação com o local de origem. Desidentificação esta que, mais do que uma rejeição do mundo do trabalho, era uma rejeição das determinações de identidade que proibiam o trabalhador de querer viver fora das margens determinadas por sua identidade, que o impediam de viver fora da existência determinada pelos tempos de produção e descanso. Uma das personagens centrais deste relato, de quem Rancière publicará mais tarde uma coleção de seus textos, é Gabriel Gauny, operário sansimoniano. Para Rancière (2009, p. 38), o que Gauny mostra em seus escritos é a possibilidade de outra forma de habitar a comunidade, apresentando a emancipação não como uma forma de "'tomar consciência' da exploração (eles o sabiam de antemão), nem da solidariedade operária [...], mas o desejo de ver o que se passa do outro lado, de se iniciar em outra vida".

A emancipação dos trabalhadores aparece em *A noite dos proletários* como uma superação da fronteira que separa o seu mundo do da burguesia, uma superação que significa viver em outra ordem temporal, na qual o trabalhador pode ser e não ser um trabalhador; pode escolher outro destino que não seja o da exploração. O que é sedutor nesta abordagem é como essas experiências apontam para a emancipação não como uma mudança estrutural na qual o trabalhador se torna burguês ou na qual a sociedade é reestruturada acrescentando uma nova identidade, mas como a experiência de viver um entre-dois-mundos, um lugar em que o trabalhador encarna a contradição de trabalhar de dia como um operário explorado e viver de noite como um burguês, uma alma livre. A emancipação aparece aí como a entrada em cena de sujeitos ambíguos que suspendem a ordem das identidades, uma ordem que estabeleceu a proibição de habitar o mundo de qualquer outra forma. Esta ambiguidade é dada pelo lugar sensível a partir do qual estes trabalhadores se exprimem, configurando outra forma de significar os tempos, os desejos, bem como seus sofrimentos. Por exemplo, Gabriel Gauny conta como o sofrimento da miséria material era incomparável ao sofrimento do espírito, marcado pela falta de tempo para dedicar suas energias a algo que não fosse as necessidades corporais em virtude da execução do trabalho. Numa carta ao seu amigo Retouret, ele confessou: "A pior de todas as minhas desgraças como trabalhador é o embrutecimento do trabalho que me sufoca" (GAUNY, 1983, p. 166). A expressão do mal-estar percebido como falta de tempo, que torna o trabalho material incompatível com o trabalho intelectual, encontra na noite um tempo diferente, em que a liberdade do pensamento não alienado pode ser experimentada. Ao contrário do que Althusser postulava, esses textos mostravam experiências de uma emancipação que nada tinha a ver com libertação através do conhecimento, mas – dirá Rancière (2008) – "de se acreditar capaz de levar uma forma de vida diferente da de ser dominado". Emancipação que destaca um dos aspetos fundamentais da opressão: "o tempo roubado" (RANCIÈRE, 2009).

A partir daí, Rancière indica a naturalização desta separação como uma naturalização da desigualdade, da qual a sobreposição de um mundo sobre outro se revela uma consequência inevitável. A luta contra a desigualdade exige, portanto, o desmantelamento do mito que designa a necessidade desta separação topográfica.

A distribuição topográfica das partes da comunidade funciona como princípio fundador da ordem da cidade. Como salienta Rancière, sua origem encontra-se num antigo mito narrado em *A república* (1988), no qual se estabelece dois tipos de naturezas de pessoas na comunidade, correspondentes a duas formas de estar no tempo: as que vivem no mundo material da repetição do trabalho mecânico e as do tempo livre, do pensamento e da verdade. Este preceito funciona como um determinismo de origem, em que a ocupação exercida – definida pelo local de nascimento – é determinada pela natureza. Isto, consequentemente, declara a impossibilidade de ser duas coisas ao mesmo tempo, estabelecendo como necessário que cada um se mantenha em seu lugar. Infelizmente, sublinha o autor, não é necessário ter lido *A república* para conhecer esta proibição. O antigo e autoritário mandato platônico, mesmo conhecendo suas mudanças ao longo da história, tem funcionado como um mito fundamental da ordem harmoniosa da cidade que dá sentido à comunidade. O mesmo princípio será expresso em versões diferentes:

> [...] em sua versão conservadora, [diz] que se os sapateiros participarem da elaboração das leis não haverá nada na cidade a não ser leis más e nenhum sapato, e, em sua versão revolucionária, que se quiserem fazer eles próprios a filosofia da emancipação operária reproduzirão o pensamento estabelecido que é propositadamente feito para cegá-los e impedir o caminho para sua libertação. E há a adulação moderna que [...] assegura que esse lugar dos trabalhadores é o lugar real, que os gestos, os murmúrios ou as lutas da oficina, os gritos e as celebrações do povo tornam um ato de cultura e um testemunho de verdade muito mais verdadeiro do que a ciência vã dos ideólogos (RANCIÈRE, 1981, p. 25).

Em ambos os casos, como afirmação de sua inferioridade ou como bajulação de sua diferença, a fronteira que separa um mundo do outro é apresentada como necessária. A insistência nesta necessidade aparece como um obstáculo em torno do qual se estrutura uma racionalidade ficcional que dá sentido à realidade; um significado determinado por uma configuração simbólica que estabelece um *arkhé*, uma fundação ou um mandato que dita a natureza da relação entre autoridade e submissão. Esta racionalidade ficcional, baseada no mito acima mencionado, funda essa ordem a partir de um relato, de uma ordem temporal que articula os elementos da comunidade.

A emancipação política aparece como uma subversão do limite que pressupunha que não havia nada fora da ordem existente. A emancipação implica, assim, uma mudança nas formas de existência. É por esta razão que, como veremos a seguir, a política se desenvolve num processo de desidentificação com a partilha do sensível, afirmando toda partilha desigual como uma realidade inconsistente, subordinada à ordem ficcional dominante.

III.

Com o acima exposto, poderíamos indicar que as alusões espaciais, no pensamento de Rancière, servem para identificar a distribuição da ordem dominante. Do mesmo modo, a noção de tempo como interdição, como veremos a seguir, dá conta de uma racionalidade ficcional que dá coerência e sentido a esta ordem.

Ficção, adverte Rancière (2011, p. 55), não deve ser entendida como algo contrário à realidade – o que seguiria o esquema althusseriano de ideologia e ciência—, mas como um meio para "esculpir a realidade, adicionando nomes e personagens, cenas e histórias que a multiplicam e a privam das suas provas unívocas". A dominação é, neste sentido, o produto de uma configuração espaço-temporal que pensa a comunidade como um todo harmonioso em que suas partes, mesmo em conflito, são definidas sem excessos, sem excedentes. Um mundo fictício em que o trabalhador se comporta como trabalhador, em que este não quer nada para sua vida além do que pertence à sua suposta identidade, em que seu único sofrimento é a exploração e a miséria material, em que se deve ignorar os conhecimentos possuídos pelos burgueses, em que só se pode emancipar-se através daqueles a quem foi concedido o dom da palavra. A ficção é, assim, uma ordem necessária para manter a verossimilhança da partilha.

Como toda a ficção, a partilha do sensível precisa de uma narração, uma história em que os fatos têm uma ordem, em que as coisas, as ações, os corpos têm um valor determinado que lhes permite participar dessa história ou serem apagados como dados inúteis. Ou seja, uma temporalidade que estabelece um tempo normal em que o visível, o existente, os usos do espaço, os ritmos constroem um sentido do real. No entanto, identificar a ordem dominante como uma ordem fictícia não significa que ela seja vista como algo irreal, mas sim que mostra como essa distribuição pode ser subvertida, uma vez que não é inerente nem natural.

Ora, então como Rancière pensa o político neste esquema?

Aqui surge o interesse de repensar a noção de tempo já não como um operador de interdição, mas como um meio que admite a coexistência de tempos.

A subversão da ordem dominante, que leva o nome de política, suspende a naturalidade da ficção dominante, apresentando outro modo de ser no sensível. Desta forma, o político em Rancière não é a irrupção de uma verdade (como transcendente) revelada – como proporia Badiou (2012) – contra a ficção dominante, mas sim o encontro de uma racionalidade ficcional com outra. Um encontro que elimina qualquer hierarquia entre os tempos.

Os arquivos operários mostram a Rancière (2011, p. 55) como a política "começa com a capacidade de mudar a linguagem comum e os pequenos sofrimentos para se apropriar da linguagem e da dor dos outros". Por isso, "a entrada na escrita de pessoas que deveriam ter vivido no mundo 'popular' da oralidade" (RANCIÈRE, 2010, p. 7) aparece como um acontecimento revolucionário, na medida em que estabelece um conflito com o mito que dizia não ser possível ser simultaneamente poeta e trabalhador, pensador e operário (p. 41). O político aparece, aqui, não como a emergência de uma nova identidade, mas como um desdobramento que apresenta esses trabalhadores como habitantes de um *entre*. Ou seja, como uma subjetivação política. É por isso que a entrada na escrita dos operários sansimonianos era um acontecimento: não porque a escrita fosse em si mesma uma prática revolucionária, mas porque representava a experiência de uma impossibilidade, na medida em que a falta de tempo do operário o proibia de utilizar as suas noites para qualquer outra coisa que não fosse o descanso. Este desajuste da partilha que vem impor a lógica igualitária opera como uma alteração do tempo normal de dominação na medida em que mostra a atividade de reflexão e escrita do trabalhador como um simulacro que, diz Rancière (2011, p. 56), "vem colocar a sua cena de aparência e incômodo no lugar da correta distribuição das funções sociais".

A política – diz Rancière – começa com a ficção, na qual é possível viver uma vida diferente daquela que é determinada pelo tempo de trabalho e reprodução. Ficção esta que configura um tempo em que as ações não são necessariamente dirigidas estrategicamente, nem à irrupção das massas no cenário da história, mas à afirmação de uma existência não alienada, que pode habitar o mundo com a dignidade desejada e que não precisa procurar uma justificação ou uma concordância das suas ações com uma identidade determinada. Ou seja, uma ordem ficcional que emancipa o corpo e a existência de uma ordem temporal que delimita, *a priori*, uma forma de ser em comunidade que suspende qualquer ordem hierárquica que estabeleça existências mais relevantes ou imprescindíveis do que outras.

A ideia do tempo como coexistência servirá a Rancière (2012, p. 113) para afirmar que existem diferentes formas de habitar o tempo, ou seja, que "cada lugar pode prestar-se à reconfiguração dos lugares", mas também que um lugar participa sempre de vários mundos.

Conclusões

Para concluir, gostaria de acrescentar um aspecto que considero fundamental para a questão da temporalidade em Rancière. Uma das grandes discussões que existem em torno do pensamento político em Rancière reside no problema da durabilidade ou do carácter passageiro do momento político. Este problema surge da ideia de que se a política é uma interrupção da lógica policial, e ela não pode ser institucionalizada porque, ao fazer isso, estar-se-ia operando como polícia, de modo que o político só pode ter uma vida efêmera. Creio que esta noção surge de uma ideia de tempo como interdição,[5] ou seja, um tempo linear que não nos permite pensar a simultaneidade de mundos. Contra esta ideia fatalista, o pensamento de Rancière mostra como, embora a ordem dominante seja sempre restabelecida – a polícia vem sempre restabelecer a ordem da partilha –, os momentos igualitários têm o potencial transformador de modificar a história da dominação. Tais momentos não são pura negatividade à ordem hegemônica (ou seja, simples interrupções); eles também abrem outras formas de habitar o mundo, ou seja, outros mundos paralelos

---

[5] Ou seja, um tempo linear que só vê momentos políticos aparecerem como uma mera irrupção de sua estrutura.

que coexistem com a opressão e que pouco a pouco se juntam a novas iniciativas e constroem a sua própria história. Uma história diferente da história dos vencedores, uma história, como diria Rancière (2016), dos *in-vencidos*.

Referências

BADIOU, Alain. *L'aventure de la philosophie française*. Paris: La Fabrique, 2012.

GAUNY, Gabriel. *Le philosophe plébeien*. Textes réunis par Jacques Rancière. La Découverte: Paris, 1983.

PLATÃO. *Diálogos IV, La República*. Traducción de C. Eggers Lan. Editorial Gredos: Madrid, 1988.

RANCIÈRE, Jacques. *Conférence inédite: Le Temps des invaincus*. Sala Magna, Universidade de Valparaíso, 8 nov. 2016.

RANCIÈRE, Jacques. *Et tant pis pour les gens fatigués. Entretiens*. Éditions Amsterdam: Paris, 2009.

RANCIÈRE, Jacques. *La méthode de l'égalité*. Bayard Éditions: Montrouge, 2012.

RANCIÈRE, Jacques. *La noche de los proletarios: archivos del sueño obrero*. Buenos Aires: Tinta Limón Ediciones, 2010.

RANCIÈRE, Jacques. *La nuit des prolétaires: archives du rêve ouvrier*. Paris: Fayard, 1981.

RANCIÈRE, Jacques. *Momentos políticos*. Traducción de G. Villalba. Buenos Aires: Capital Intelectual, 2011.

RANCIÈRE, Jacques. Rencontre avec Jacques Rancière: L'émancipation est l'affaire de tous. *Sciences Humaines*, n. 198, 2008. Disponível em: https://www.scienceshumaines.com. Acesso em: 15 jun. 2022.

V. Cenas de emancipação intelectual: a potência da igualdade das inteligências

> *A emancipação é uma maneira de viver enquanto iguais no mundo da desigualdade. Esta tensão permanece irresolúvel.*
>
> Jacques Rancière

Jacotot, o personagem: a igualdade das inteligências como inovação

Carlota Boto

Introdução

Joseph Jacotot (1770-1840) nasceu em Dijon, onde cursou também a universidade, pela qual se tornou professor de Retórica aos 19 anos, quando se preparava para se tornar um advogado. Também aos 19 anos, presenciou a Revolução Francesa, da qual seria militante, liderando um grupo de jovens. Em 1792, lutou na Bélgica, onde se destacou defendendo a república francesa. Na Convenção, foi instrutor na Seção das Pólvoras, secretário do ministro da Guerra e substituto do diretor da Escola Politécnica. Em 1815, tornou-se deputado. Mas, com a volta dos Bourbons ao poder, foi levado a exilar-se e se dirigiu aos Países Baixos. Em 1818, foi designado professor de Francês na Universidade de Louvain, na qual sistematizou os princípios do Ensino Universal. O método panecástico – como também o chamava – parte de alguns pressupostos. O primeiro e mais importante deles é conceber a inteligência como um atributo uno, comum e igualmente partilhado entre todos os seres humanos. Um segundo princípio adotado por Jacotot é a crença de que toda a pessoa recebe de Deus a faculdade de se instruir a si própria; que podemos, portanto, aprender tudo recorrendo aos nossos próprios recursos intelectuais, tal como aprendemos nossas línguas maternas: por imitação, repetição, testes, inferências etc. Daí o terceiro princípio: "podemos ensinar o que não conhecemos", bastando para isso que rompamos com o círculo da impotência e ajamos na vontade de cada aluno de emancipar-se, fomentando nele a disposição para servir-se livremente de sua inteligência. E, por último, sua afirmação de que "tudo está em tudo", pois toda obra humana é uma manifestação singular da mesma inteligência comum que se revela em formas distintas, mas não hierarquizáveis. Todos estes princípios Jacotot apresenta em sua obra *Enseignement universel: langue maternelle*, que veio a público em Dijon no ano de 1823.

As aulas de Jacotot em Louvain eram muito disputadas, e a crescente fama do professor resultou em um desafio inusitado: boa parte dos alunos que queriam frequentar os cursos de Jacotot ignorava o francês, e Jacotot não sabia falar holandês. Para travar contato com seus alunos ele irá valer-se de *As aventuras de Telêmaco*, de Fénelon, que tinham sido recentemente publicadas em Bruxelas em uma edição bilíngue. Rancière (2005, p. 18) nos conta que Jacotot indicou, por meio de um intérprete, o texto a seus alunos e lhes pediu que cotejassem a tradução com o texto original em francês. O fato é que os alunos conseguiram fazer isso e aprenderam o francês em paralelo com a leitura que faziam do holandês. Jacotot se dá conta, portanto, de que a lógica explicadora que presidia a escolarização era pautada na pressuposição da desigualdade matricial entre as pessoas. Ele, ao contrário, partira da pressuposição da igualdade das inteligências e verificara sua potencialidade naquela inusitada experiência. Jacotot, com sua forma de trabalho, opõe-se a qualquer método de ensino, tradicional ou renovado, que pretenda ser um meio de transmissão do conhecimento ao aluno.

O método de Jacotot é, pois, o de propor ao aluno que ele use seus recursos, siga o *seu método*, que se afaste de qualquer caminho proposto a partir do pressuposto de uma desigual capacidade entre ele e seu mestre. Há relatos de que as obras de Jacotot foram divulgadas no Brasil (ALBUQUERQUE, 2019; ALBUQUERQUE; BOTO, 2021; CRUZ, 2018) já no século XIX. Nelas, Jacotot qualifica a inteligência humana como relacional: "[...] quando o homem quer se instruir, é necessário que ele compare as coisas que ele conhece e que relacione estas com aquelas que ele ainda não conhece" (JACOTOT, 1834, p. III, tradução nossa). Jacotot (1834, p. 38) concebe a igualdade das inteligências de todos os homens como o elo comum do gênero humano e recomenda, então, um método para ensinar os discípulos que estão em fase do aprendizado da língua. Sugere que o professor dê um livro aos alunos, que ele próprio leia esse livro e verifique o modo como o aluno compreende aquilo que o livro diz por meio da leitura oralizada da mesma obra por parte do professor. O professor deverá, ainda, demonstrar a relação entre o livro e tudo aquilo que eles aprenderão em seguida. Esse percurso traçaria a rota do ensino universal. Trata-se de uma passagem que merece atenção, pois torna patente que o ideal de uma educação emancipadora em Jacotot dispensa a explicação, mas não o firme engajamento do professor, cujo papel é central. Essa centralidade, contudo, não incide sobre a compreensão do aluno acerca do objeto de estudo, mas sobre sua vontade de emancipação.

Talvez por esta razão, na narrativa de Rancière Jacotot surge quase como um antipedagogo, ao se contrapor ao "mestre explicador" e ao desafiar o princípio estruturante da forma escolar: o controle sobre a gradativa apropriação dos saberes e procedimentos. Assim, em Rancière, a experiência de Jacotot reveste-se de um profundo caráter político, pois se trata de atestar e verificar a igualdade não como um objetivo a ser alcançado no futuro, mas como um princípio que guia as ações do presente. E é nesse sentido que Rancière recorre à experiência de Jacotot a fim de se contrapor às perspectivas então dominantes acerca das relações entre educação e igualdade: a superação da desigualdade socioeconômica pela escola e o ideal da igualdade de oportunidades.

O ensino universal como princípio

A obra a ser aqui percorrida é *Enseignement universel: langue maternelle*, publicada pela própria Librairie Spéciale de l'Enseignement Universel em 1834. Jacotot principia sua reflexão destacando aquilo que ele chama em letra maiúscula de Ensino Universal. O pressuposto desse referido método é o de o homem tomado, aqui, como animal racional, capaz de estabelecer relações: "[...] quando o homem quer se instruir, ele precisa comparar as coisas que ele conhece e as relações que elas têm com as coisas que ele não conhece ainda" (JACOTOT, 1834, p. III, tradução nossa). Este paralelo estabelecido entre as coisas que se sabe e aquelas que não se conhece ainda é pré-requisito para uma outra suposição; esta mais ousada:

> [...] eu suponho uma inteligência igual em todos os homens, meu projeto não é sustentar essa tese contra quem quer que seja. É minha opinião, isso é fato; essa opinião me dirigiu a uma sucessão de exercícios que compõem o conjunto do método, e eis porque eu acredito ser útil colocar em princípio: todos os homens têm uma inteligência igual (p. IV, tradução nossa).

À luz desta última frase, percebe-se claramente que a proposta de Jacotot não constituía propriamente uma metodologia de ensino. Tratava-se, antes, de uma filosofia do ato de ensinar. Em termos do roteiro do que poderia ser feito em educação, o educador é muito simples. Ele propõe que seja dado um livro ao aluno, que este livro seja lido pelo educador para que os estudantes possam ir acompanhando a leitura. Os alunos deveriam procurar memorizar o que foi lido e relacionar as palavras escutadas com aquelas que eles iriam acompanhando no texto. Tal era o princípio do modo de ensino universal. Se o exercício fosse outro, fosse substituído por uma atividade diferente, não haveria problema: se o livro for aprendido, o método de ensino universal terá sido seguido. A ideia central do educador Jacotot é a de que "tudo está em tudo" (p. VII, tradução nossa). A repetição era um elemento importante no projeto de ensino da língua materna. As atividades seriam constantemente repetidas; e da repetição nasceria a verificação do aprendizado.

> O aluno repete e escreve desde o começo. Verifica-se observando o que o aluno esqueceu para fazê-lo repetir. Quando o aluno esqueceu alguma coisa, anote-se para lhe perguntar outra vez. O espírito não aprende, dizemos. Se, no entanto, a criança tem seu próprio espírito, ela não tem necessidade do vosso. Se ela não tiver, você não saberá lhe entregar o seu. Mas a ciência se aprende. O professor deve, portanto, se ocupar sobretudo de enriquecer a memória de seus alunos (p. 16, tradução nossa).

O aluno deveria atentar para as palavras, identificar os termos que lia, bem como ser capaz de reconhecer as sílabas e as letras. Jacotot entende que a ortografia da palavra deveria ser perfeitamente reconhecível. Ele evocava "a anatomia exata da composição das palavras" (p. 18, tradução nossa). A língua – diz o educador – seria intérprete de nosso pensamento. Para ele, os povos se acreditariam superiores uns aos outros em virtude – dentre outras coisas – da superioridade que eles reconheceriam na escrita de sua própria língua. Cada povo entende que sua língua seria mais rica e mais complexa que as demais. Seria esse preconceito do hábito que nos leva a "encontrar, em nossa língua, uma clareza, uma elegância, uma abundância, uma energia toda particular" (p. 19, tradução

Coleção "Educação: Experiência e Sentido"

nossa). Jacotot recomenda que o mestre verifique cuidadosamente se o aluno sabe ortografia: "[...] a ortografia é a base de uma infinidade de reflexões que o espírito não fará jamais se a memória não lhe apresenta diretamente todas as letras, todas as sílabas" (p. 24, tradução nossa).

Jacotot entende que o aluno deverá aprender de cor texto estudado. Ele precisa depois disso escrever pelo exemplo e de memória. O aluno saberá ler suficientemente para decifrar e compreender o livro, verificando o que ainda ignora e o que já aprendeu. Mas como fazer o aluno aprender o livro de cor?

> Todos os dias, em horas determinadas, deve-se fazer a repetição inteira; não se deve recortar a obra sem uma absoluta necessidade. Por exemplo, é impossível recitar todos os dias os seis primeiros livros de *Telêmaco*; mas é necessário fazer essa repetição uma vez por semana, como é de hábito nos estabelecimentos de Ensino Universal (p. 28-29, tradução nossa).

A ideia de Jacotot é a de que o conhecimento de um único livro levaria ao estabelecimento de relações e à descoberta de todos os outros. O aluno aprenderia de cor, e haveria uma sabedoria nessa técnica de aprendizado que dispensaria o papel de um professor explicador: "[...] quando o aluno sabe de cor, ele deve repetir sem cessar com os outros. A repetição se faz em comum; cada um recita na sua vez sem interrupção, e o mais rapidamente possível para se poupar tempo" (p. 32, tradução nossa). Em seguida, passa-se a dirigir a atenção para o sentido das palavras. Jacotot pondera: será que o *Telêmaco*, a ser usado nesse processo, constitui um livro indispensável para o ensino universal? Ele chega à conclusão de que não. Nada é indispensável. Contudo, se trataria de uma história bem escrita e plena de reflexões, o que facilitaria o aprendizado.

Jacotot chama a atenção do professor sobre as reprimendas que este poderá dar aos alunos considerados indóceis. Diz ele que o orgulho da criança se irrita com as reprimendas: "[...] se o professor tem qualquer defeito, qualquer coisa ridícula, qualquer tique imperceptível para todas as outras pessoas, a criança imediatamente descobre e o exagera" (p. 35, tradução nossa). Reforçar a repetição sem repreender excessivamente os alunos seria o grande segredo do ensino. Neste sentido, percebe-se que Jacotot recusa a ideia de um mestre explicador, não a ideia de ensino. É o professor quem determina as atividades, e o exercício da memória deve ser incentivado a efetuar "repetições perpétuas" (p. 36, tradução nossa). O livro de Fénelon é apresentado como um exemplo para a juventude, seja pelo estilo, seja pelo conteúdo. A ideia de Jacotot era fundamentalmente que o texto de Fénélon fosse mobilizado para desenvolver as habilidades concernentes ao conhecimento, mas também a dimensão dos costumes.

Jacotot recomenda que as questões a serem feitas para o aluno não sejam aquelas que impressas no livro. É necessário ensinar o aluno a abstrair, o que Jacotot chama de generalizar. Mas isso não se dá pelo comando de um mestre. Isso é uma faculdade que se exercitará vencendo o fenômeno da distração. A distração é vista como a grande causa dos erros e a nossa grande inimiga. É importante observar que Jacotot diferencia o modo de aprendizado da infância em relação àquele da idade adulta. Ele chega a dizer acerca disso que, "se é verdade que os homens são crianças grandes, e que as crianças são homens pequenos, não há nada mais parecido com a criança do que o homem que não faz uso de sua razão" (p. 46, tradução nossa). Sendo assim, se a criança não compreender um dos personagens de Fénélon, será em virtude de atributos abstratos, com a sabedoria, a prudência e outras virtudes. Mas a criança, pouco a pouco, fortalecerá o sentido da razão e alcançará essa dimensão do que Jacotot compreende por generalização.

Jacotot observa que aquilo que de fato sabemos somos capazes de repetir de inúmeras formas. Repetir, copiar e imitar – era um método de aprendizado. Diz o educador que *tudo está em tudo*. O aluno deveria comparar as coisas após repeti-las, de modo a verificar a diferença e a semelhança das coisas entre si. O objeto, então, deveria se apresentar sob diferentes formas. A tese primordial de Jacotot é a de que "a inteligência é igual em todos os homens; ela é o elo comum do gênero humano" (p. 38, tradução nossa). Jacotot considerava que a igualdade é natural na espécie e que todas as desigualdades seriam adquiridas pelas circunstâncias: "[...] é precisamente porque nós somos todos iguais pela natureza que nós nos devemos tornar desiguais pelas circunstâncias" (p. 119, tradução nossa).

Aprender, comparar e verificar: tal era o modo do ensino universal. E a formação de uma inteligência que é comum, partilhada pela espécie se dará por uma educação pelo ouvido. Supõe Jacotot que se aprende pelo ouvido antes de se aprender pelos olhos. O ensino universal preconizado pelo educador supunha, assim, não apenas o aprendizado pela visão, mas, sobretudo, um aprender de ouvido. Além disso, se os alunos precisariam ler, eles deveriam também elaborar seus próprios textos, construir a obra de sua própria autoria. Diz Jacotot (p. 105), sobre isso, que "tudo está em tudo é a mnemônica do ensino universal". Ele não considera inédita sua descoberta:

> O ensino universal não é nada. Ele não é uma novidade. É o método antigo que é uma novidade, uma verdadeira descoberta, cujos aperfeiçoamentos sucessivos são lugares de repouso que alongam a rota mais e mais. A gente se esforça para se aperfeiçoar e a cada dia nós conseguimos tornar o estudo mais fastidioso. Para saber exclusivamente a regra dos particípios, é necessário

> devorar volumes. O infinito está lá, sem dúvida, como em toda parte; eu o sei bem. Mas todos esses princípios constituem o começo ou o fim de um caminho mais curto? Eis a questão, e eu afirmo que eu a resolvo não por mim, mas pela natureza. Eu imito sua marcha, e os outros a modificam. É necessário que isso seja assim, porque nós chegamos seis vezes, sete vezes, oito vezes antes deles (p. 128-129, tradução nossa).

Jacotot (p. 150) provoca o professor ao dizer que "o aluno irá bem sem vós". Se um adulto deseja aprender, ele deveria ser colocado na estrada, seria necessário apenas protegê-lo para que não tombe no caminho. Se é uma criança que deseja aprender, o procedimento é o mesmo que se teria recomendado com os adultos, embora, caso fosse necessário, o mestre deveria sim tomar o aluno pela mão e desafiar a preguiça de seu espírito. Os esforços do educando deveriam ser encorajados, seus sucessos deveriam ser reconhecidos por meio de elogios. Nessa direção, o estudo poderia, a partir dali, tornar-se objeto de elogios.

A regra única do ensino universal precisaria, em qualquer dos casos, ser cumprida: não se deve aprender um sinal isolado dos fatos que ele representa, sem respeitar as circunstâncias nas quais se encontrava seu autor. É preciso inteligência e atenção para que se possa ver tudo em tudo. Jacotot acredita que a repetição no processo pedagógico deve ser contínua. Deve ser uma estratégia, um método mesmo. Com a repetição, se poderá ir mais rapidamente. Jacotot destaca que os livros todos reportam-se a outros livros, e que essa vasta biblioteca da cultura universal exigiu repetição de saberes e de fatos. Além do mais, as pessoas que fossem educadas pelos princípios do ensino universal não seriam orgulhosas, até porque elas reconheceriam que os primeiros elementos do conhecimento estão por toda parte. O método é apresentado por seu autor como simples. Essa ideia de que "tudo está em tudo" possibilita para o sujeito a aquisição de um conjunto ilimitado de conhecimentos novos: "[...] não se trata, aqui, de ensinar a matemática, esse é um objeto à parte; trata-se apenas de preparar o aluno para aprendê-la um dia, dando-lhe alguns conhecimentos positivos e verdadeiros que servirão de fundamento sólido a todos aqueles que ele adquirirá por si mesmo em seguida" (p. 206, tradução nossa).

A compreensão de que todos os alunos e, no limite, todas as pessoas possuem a mesma inteligência é um axioma do pensamento de Jacotot. Trata-se de um pressuposto, de um princípio. É preciso que, acima de tudo, o mestre mostre confiança em seu discípulo, e que esta confiança tome por postulado a ideia de que são todos iguais e que são todos, por definição, capazes de aprender da mesma maneira. Inclusive, sobre uma suposta superioridade do sexo masculino, Jacotot (p. 225, tradução nossa) é taxativo: "[...] vocês sabem que eu não acredito na superioridade de uma inteligência sobre uma outra". O princípio de Jacotot é o de acreditar que seus discípulos são capazes de raciocinar como ele. Daí a necessidade de interrogá-los sobre aquilo que eles tenham aprendido. Os alunos precisam falar, inclusive para mostrar ao professor que eles raciocinam, que eles são capazes de aprender. Jacotot dizia fazer com que os discípulos soubessem aquilo que ele ignorava. Os professores, segundo ele, seriam mais úteis se permitissem que os alunos soubessem o que eles – mestres – ignoram. Mas, para tanto, é fundamental que se ensine o indivíduo a caminhar por si mesmo no encontro com o conhecimento. Em qualquer hipótese, havia, entretanto, a crença comeniana de um método único, passível de ensinar qualquer coisa a qualquer um:

> [...] vocês reconhecem bem nosso método. Nós pegamos um livro e o relacionamos com todos os outros. Poder-se-ia perguntar por que se nomeou esse ensino

com o título de universal. A resposta poderia ser a de que esse nome foi dado porque ele é aplicável a tudo, e pode ser endereçado àqueles que querem aprender seja o que for (p. 390, tradução nossa).

Jacotot destaca, ainda, que compreende que esse seria o único método que poderia receber o atributo de universal, dado que por meio dele se poderia quer ensinar lógica, quer ensinar matemática. No método de ensino universal, o aluno se iguala a seu mestre em inteligência e em capacidade de aprender. O reconhecimento de que todas as inteligências são iguais tem como decorrência a elevação do espírito. O emblema do método poderia ser traduzido pelas seguintes palavras de seu autor: "[...] saiba qualquer coisa, relacione-a com todo o resto por vossa reflexão e verifique as reflexões de outro sobre aquilo que você sabia" (p. 398, tradução nossa).

Jacotot (p. 414, tradução nossa) recomenda que as crianças sejam liberadas do que ele chama de "explicadores embrutecidos". Além desses explicadores, Jacotot desdenha também dos examinadores, "mais embrutecidos ainda". Enfim, a grande descoberta de Jacotot é a de que é possível ensinar aquilo que se ignora. Essa é a tarefa do método de ensino universal. À medida que o aluno aprende sem explicações, torna-se absolutamente desnecessária a existência de um "mestre explicador" (p. 445, tradução nossa). Todas as pessoas já aprenderam coisas em sua vida sem um mestre explicador. Sobre o tema, Jacotot diz Jacotot o que se segue.

> O ensino universal existe realmente desde o começo do mundo paralelamente a todos os métodos explicadores. Esse ensino, por si mesmo, realmente formou todos os grandes homens. O artesão em sua oficina, desde que ele queira refletir, se aperfeiçoa sozinho. Todo homem viveu essa experiência mil vezes em sua vida, e, entretanto, ele jamais teve a ideia de contá-la a outra pessoa.

Eu aprendi inúmeras coisas sem explicações, eu creio que vocês, assim como eu, também possam fazê-lo (p. 448, tradução nossa).

O postulado político do aprendizado de todos

O trabalho de Jacotot, reafirmado por seus contemporâneos que se apresentavam como estudiosos do método universal, deixa claro um aspecto: a ideia de universalidade do método é antes um pressuposto político do que pedagógico. A compreensão de que se pode aprender sem um mestre explicador é um axioma que tem um profundo significado político. Era necessário que todos aprendessem. Para tanto, nada melhor do que postular a igualdade primordial entre as inteligências. Ora, se há o princípio de que todas as inteligências são iguais, por decorrência segue-se que todos são capazes de aprender. Esta não é uma determinação pedagógica. É, antes, um postulado político. Isso fica claro tanto na obra de Jacotot quanto na de seus seguidores mais próximos.

Ainda nos anos 1830, saíram obras que faziam comentários sobre o método de Jacotot. Uma delas, de autoria de Joseph Payne, saiu em Londres no ano de 1830, tendo sido editada pela R. Stephens, Southampton Row, Russel Square: *A Compendious Exposition of the Principles and Practice of Professor Jacotot's Celebrated System of Education Originally Established at the University of Louvain, in the Kingdom of the Netherlands.* Esta obra enfatizava a hipótese de Jacotot segundo a qual não é necessário explicar para ensinar, já que "o aluno pode ser preparado para descobrir por si mesmo tudo que é exigido para que possa aprender" (PAYNE, 1830, p. V, tradução nossa). Tudo poderia ser então aprendido sem a âncora de um instrutor. O princípio de Jacotot, aqui reproduzido, é o de que "as crianças mais pequenas poderiam perfeitamente compreender os termos das mais complexas noções abstratas" (p. 4, tradução nossa).

Considera-se o aprendizado não como aquilo que foi ensinado, mas como aquilo que efetivamente ficou retido na mente. O mecanismo do aprendizado, para Jacotot, seria, sobretudo, a memória e a repetição, e "todas as crianças possuem memória e uma memória igual, razão pela qual tudo deve ser feito para aprender aquilo que qualquer um pode aprender" (p. 22, tradução nossa). Nesse sentido, as crianças deveriam aprender a memorizar: "[...] aprender de cor, repetir incessantemente, comparar por reflexão e verificar as observações dos outros; e o professor precisa, ainda, ser cuidadoso para não explicar nada, para incessantemente interrogar, para fazer o discípulo descobrir seus próprios erros" (p. 50, tradução nossa). Mas, em todo o processo, o professor não explicava nada, não afirmava nada.

> O aluno é ensinado a ver as coisas por si mesmo, e fazer suas próprias reflexões, não apenas recebendo as coisas feitas pelos outros. Ele é chamado a responder repetidas interrogações colocadas para ele pelo professor, que, entretanto, não fala nada para ele; ele apenas o dirige para ver o objeto por seu próprio ponto de observação (p. 28, tradução nossa).

Do ponto de vista prático, pela estratégia de Jacotot, processava-se as coisas da seguinte maneira:

> O aluno precisa aprender uma sentença todos os dias, um parágrafo, uma página, conforme sua memória esteja mais ou menos habituada a esse exercício; e ele não pode nunca deixar de repetir tudo o que ele aprendeu anteriormente, desde a primeira palavra do livro. Depois, se ele aprende primeiramente uma sentença, no dia seguinte ele aprenderá a próxima sentença, mas

repete as duas, iniciando com a primeira palavra que ele aprendeu previamente (p. 26, tradução nossa).

Também em 1830, foi publicada, em Paris (pela gráfica do Journal d'Éducation), a quinta edição do *Traité complet de la méthode Jacotot rendue accessible a toutes les intelligences*, por M. A. Durietz, que era um membro de várias sociedades científicas que havia sido professor de escola, diretor da instrução pública e um dos mais antigos propagadores do método de Jacotot. A obra era – como era hábito na época – dedicada aos professores, aos pais de família e a todas as pessoas que se ocupavam da educação. Tratava-se de um manual prático, que ensinava os professores a fazer uso do método de Jacotot, mostrando alguns aspectos da teoria, mas, sobretudo, visando ensinar a facilitar a execução da prática de ensino preconizada pelo educador.

O método de ensino universal é compreendido como uma estratégia de emancipação intelectual. Tratar-se-ia de uma experiência sobre o entendimento que, embora não sendo inédita, constitui um impulso para o aprendizado das diferentes ciências, levando o aluno a se embrenhar por todos os ramos do conhecimento humano. O método é apresentado como rápido, fundado sobre princípios simples, dotado de meios adequados, passível de ser facilmente aplicado, enfim, um método excelente... Na verdade, o método repousaria sobre a natureza da inteligência humana, e daí se explicava o seu êxito. A premissa de que há uma inteligência igual em todas as pessoas seria o fundamento do método: uma "inteligência sem fronteiras" (DURIETZ, 1830, p. 33, tradução nossa). Sob tal perspectiva, Durietz (p. 33-34, tradução nossa) considerava o que se segue.

Digamos, portanto, aos alunos que eles são iguais na inteligência, que o templo das ciências é aberto a todos; que ninguém adquiriu o direito de dar a um outro um alvará de incapacidade e de ignorância. É assim que o método sabe erguer o ânimo humilhado, arrancar ao orgulho a arma insolente do desprezo; que seus resultados não cessam de ser o apanágio de nobres esforços, de um trabalho sustentado por uma vontade perseverante. Enfim, persuadir um aluno que ele não tem aptidão para se instruir, que a natureza o deserdou, condenando-o a um degrau de inferioridade intelectual não é tolher à partida os esforços de seu espírito? Opinião desencorajadora, que apenas paralisa o progresso da inteligência, sufocando qualquer sentimento de estímulo. Não é – diz o senhor Jacotot – a simples capacidade de aprender que se trata de proclamar entre os homens, mas a capacidade de aprender tudo.

Segundo Durietz, o método tem três partes principais: uma parte mnemônica, uma parte analítica e uma parte sintética. A primeira parte se dá pelo estudo e pela memorização de um livro por meio da repetição diária de suas partes; esta é a mnemônica. A parte analítica "obriga o aluno a refletir sobre aquilo que ele aprendeu de cor, e a distinguir, por si próprio, as palavras e as relações que unem as ideias" (p. 21, tradução nossa). Por fim, a terceira parte seria a parte sintética; nela, o aluno seria conduzido a fazer composições variadas com os materiais que possui: "[...] desenvolvimento, imitações, retratos, paralelos, descrições animadas, sinônimos de expressões, de pensamentos, de reflexões etc." (p. 22, tradução nossa). Em síntese: o livro deveria ser aprendido de cor, repetido constantemente para que nada nele fosse esquecido, relacionado com outros livros, explicando os paralelos entre um e outro. Depois, valer-se-ia do que a memória acumulou para estabelecer novas combinações e tirar o maior partido possível do processo de aprendizado.

Achille Guillard publica em Paris, no ano de 1860, em nome dos "discípulos da emancipação intelectual", pela Chez E. Dentu Libraire-Éditeur o livro intitulado *Biographie de J. Jacotot fondateur de la méthode d'emancipation intellectuelle*. O autor era doutor em Ciências, membro da Universidade da França, conhecido por várias obras de Estatística e de Botânica e era, fundamentalmente, um antigo discípulo de Jacotot na França, responsável que foi por introduzir e propagar o método deste por trinta anos naquele país. Para Guillard (1860, p. 18-19, tradução nossa), o método de Jacotot consistia no seguinte:

> O método de emancipação intelectual tem por princípio e por objeto o estudo do conhecimento de si mesmo. Considerando que nossas ideias e nossas sensações são todas interiores, considerando que nós enxergamos tudo em nós, será a nós mesmos que nós devemos perpetuamente estudar. Nós teremos chegado ao supremo degrau do conhecimento quando nos conhecermos completamente. Nós devemos, portanto, tomar pé de nosso estado intelectual e moral, de nossos meios de ação, das influências que agem incessantemente sobre nossa liberdade e deslindar, por seus efeitos complexos, essas diversas causas combinadas. Esse método não é nada além da aplicação universalizada do método de observação, que nos ofereceu todos os nossos conhecimentos positivos, que apurou e fecundou todas as ciências modernas.

A rotina é, de acordo com Guillard, a mais perigosa inimiga do progresso das ciências. É também a fonte do embrutecimento na educação. O princípio da repetição cotidiana e da relação dos objetos uns com os outros possibilitaria que um ignorante na matéria pudesse também ensinar. Conforme sublinha Guillard, Jacotot destaca que sua descoberta serviria, sobretudo, às famílias, porque em geral estas não possuem os conhecimentos que as crianças deverão adquirir e, por causa disso, julgam que não poderão ensiná-los.

D'Arbel escreve, também no século XIX, o *Enseignement universel – Méthode de M. Jacotot: cours complet d'écriture théorique et pratique ou moyen facile et prompt d'apprendre a écrire sans maitre*. D'Arbel era professor de Escrita, de Língua Francesa, de Geografia, de Matemática e trabalhava com escrituração comercial. Sua obra foi elaborada em Paris, para ser adotada pelos estabelecimentos de ensino daquela cidade. A ideia do autor era a de descrever o método Jacotot e indicar os melhores procedimentos para sua adoção. Segundo D'Arbel, o método universal consistia em uma das mais belas descobertas do século XIX, do que decorria a admiração e o respeito que ele tinha por essa metodologia, cujo nome seria perfeitamente justificado.

> Esse método é o mais possante meio que já se empregou até os dias de hoje para superar e vencer as maiores dificuldades do ensino. Aplicável a todas as ciências, a todas as artes, ele será verdadeiramente a causa de emancipação intelectual. Benfazejo como é, ele se dirige a todas as classes da sociedade, a todas as fortunas, ele chama o rico, o pobre, o camponês, o artesão, todos sem distinção nem de idade nem de sexo, enfim, para usufruir de suas vantagens. Habituando o espírito às mais escrupulosas investigações, ele exerce e retifica o julgamento, forma o gosto, confere sutileza e originalidade ao espírito, além de presteza a suas operações (D'Arbel, 1829, p. 3-4, tradução nossa).

O autor considera que os métodos antigos só provocam aborrecimento e enfado. Além disso, o grande problema do método antigo era o de que ele desresponsabiliza o aluno pelo processo do aprendizado. Apenas o professor é quem deve falar; o aluno permanece mudo. O mestre corrige e explica, e o aluno, farto de tudo isso, faz uma expressão de quem escuta, embora pense em outra coisa. Nos termos de

D'Arbel, "o mestre vê tudo, examina tudo, julga tudo; o aluno não vê, não examina e não julga nada" (p. 6, tradução nossa). Aí, quando o professor se ausenta, quando o aluno não mais pode consultá-lo ele tende a ficar completamente perdido, sem compreender nada. D'Arbel argumenta que, com quinze anos de ensino de escrita, o método de Jacotot foi o único entre os que ele experimentara que venceu todas as dificuldades postas ao ofício de professor. Os alunos são mais desafiados ao aprendizado, e, por esta razão fazem progressos mais rápidos. E a ideia – diz o autor – é a de que todos os mestres que se valerem do método de ensino universal terão o mesmo êxito.

O método – recorda D'Arbel – deve ser utilizado independentemente da idade e da classe social. Ele pode ser aplicado até mesmo a crianças de 5 anos ou menos. Nenhuma pessoa, quaisquer que sejam sua idade, seu sexo ou sua classe social, tem necessidade de um mestre explicador. A ideia é a de que o professor acompanhe, mas não critique nem corrija. Essa ideia de um professor que observa, registra, analisa sem criticar parece fundamental aos adeptos do método. Pode-se dizer que, pelo método de Jacotot, a emancipação intelectual se processa porque o mestre faz com que o aluno acredite que ele descobre as coisas por si mesmo. Faz com que o aluno acredite que constrói o conhecimento por si próprio – sem reparar nas observações e no processo de correção que, sim, o professor faz.

Também Auguste Guyard tem um trabalho de comentário do método de Jacotot. Publicado no século XIX sob o título *Jacotot et as méthode*, seu livro também se propõe a ser uma explicação sobre o método que prescinde do mestre explicador, "um método de ensino que, reabilitando a ignorância e a elevando ao nível da ciência, permite a todo o pai de família pobre e ignorante dirigir ele mesmo a instrução de seus filhos, lhes ensinar as artes, as ciências, tudo o que ele ignora, de lhes preparar para a escola politécnica" (GUYARD, [s.d.], p. 5, tradução nossa). Isso elevaria o próprio nível da civilização, posto que, com o uso desse método inclusive pelas famílias, seria possível ensinar a Europa toda a ler, escrever e contar, o que permitiria dissipar as trevas da ignorância. Segundo Guyard (p. 10, tradução nossa), Jacotot naqueles anos tinha discípulos em todas as partes do mundo: "[...] o sol da emancipação intelectual se elevou sobre o horizonte intelectual para não mais se pôr".

O método de ensino universal contaria não mais com a explicação, frisa Guyard, mas com a emancipação. Esta se produz pela recorrência metódica à repetição: "[...] é preciso aprender qualquer coisa, repeti-la sem cessar e relacioná-la com tudo o que resta de acordo com esse princípio: todos os homens possuem uma inteligência igual" (p. 18, tradução nossa). O escritor comenta, ainda, que esse método será um patrimônio dos pobres, o que desvela o caráter político da iniciativa.

> Veja a diferença que há entre o método de instrução e o método de ensino. Este último, como nós já, sem dúvida, sublinhamos, é uma consequência rigorosa do primeiro. É porque todo homem é capaz de se instruir sozinho que a ciência é inútil para o mestre e que a ignorância se torna uma "potência de ensino". Será suficiente, portanto, para que se faça compreender o ensino universal: 1) desenvolver a fórmula supracitada; 2) mostrar que ela é universal; 3) explicar como um ignorante pode aplicar ou fazê-la aplicar, em qual sentido ele adquire um valor real como mestre e, sobretudo, como ele se torna verdadeiramente mestre universal (p. 25, tradução nossa).

Ora, se o método de ensino é universal, qualquer ignorante pode aplicá-lo, desde que siga seus procedimentos. Haveria possibilidade de qualquer um aprender qualquer coisa, desde que possa repeti-la sem cessar e desde que a relacione a todo o resto. Isso asseguraria que "todo ignorante pode tudo aprender e tudo ensinar" (p. 32, tradução nossa). Seja como for, as estratégias de ensino seriam variadas.

> Aprender qualquer coisa, repeti-la sem cessar e relacioná-la com todo o resto, de acordo com esse princípio: todos os homens possuem uma inteligência igual – eis o método de ensino universal. Os diversos meios de aprender, de repetir, de relacionar constituem os exercícios. O método é um, os processos são infinitos. Os exercícios diferem de professor para professor. Seu acervo de exercícios é para cada um seu método particular para seguir o método universal. Os exercícios variam, o método é invariável. Assim o volume *Língua Maternal* contempla os exercícios, os procedimentos, o método pelos quais o senhor Jacotot organizou sua metodologia de ensino universal. Se ele, por longo tempo, hesitou em publicar esse volume, é porque ele previa talvez que as pessoas desatentas confundissem seu método com os que lhe precederam (p. 35, tradução nossa).

Para Guyard, o método de Jacotot era um método que instruía de acordo com a natureza, porque é da natureza do homem instruir-se sozinho. Daí a ideia também de que se pode ensinar aquilo que se ignora. Quantas coisas nós não aprendemos sozinhos, sem que ninguém nos ensine? Diz o educador que podemos, "sem dúvida, aprender, repetir, relacionar como atributos essenciais de um ser inteligente e racional" (p. 36, tradução nossa). Guyard comenta que Jacotot teria criado, mais do que um método, uma filosofia da educação: a filosofia Panecástica. Tratava-se de uma doutrina filosófica, uma filosofia nova que tem por postulado a ideia da igualdade das inteligências.

> Essa filosofia, toda prática, difere essencialmente de todas as filosofias especulativas passadas e presentes,

para as quais o objeto da investigação é a transmissão de uma verdade absoluta, e a base fundamental seria a "verdade" da desigualdade das inteligências. A filosofia Panecástica repousa sobre uma opinião, e não tem outro objetivo que não seja a busca da igualdade das inteligências, ou melhor, da unidade da inteligência humana, o que quer dizer que o panecástico procura nas obras dos outros sua própria inteligência, abstração feita da verdade e da moralidade das ações humanas (p. 41, tradução nossa).

Compreender a ação educativa como revestida de um pressuposto da igualdade é, como já se sublinhou, uma orientação de cunho antes político do que pedagógico. Trata-se de pensar na construção de uma sociedade mais igual, mediante uma forma de ensinar que seja passível de ser universalizada. Em tempos de pandemia, quando a escola passa a conviver cotidianamente com o uso de novas ferramentas e tecnologias intelectuais da informação, mais do que nunca, o ensino que prescinde de um mestre explicador pode fazer sentido. Como ensinar, diante de uma tela, para que o aluno possa aprender a descobrir por si aquilo que é, no limite, o objeto do ensino? Este é um desafio que impacta a todos nós neste momento da história, no qual a escola se transmutou para uma tela de computador. Essa é a lição, talvez, que Jacotot deixa para nossa triste contemporaneidade.

Referências

ALBUQUERQUE, Suzana Lopes. *Métodos de ensino de leitura no Império brasileiro: António Feliciano de Castilho e Joseph Jacotot.* 241 f. 2019. Tese (Doutorado em Educação) – Programa de Pós-Graduação em Educação, Faculdade de Educação, Universidade de São Paulo, São Paulo, 2019.

ALBUQUERQUE, Suzana Lopes; BOTO, Carlota. Sons da alfabetização no Brasil Império: atualidade de Castilho e Jacotot. *Cadernos de*

História da Educação, v. 20, p.1-14, e018, 2021. Disponível em: https://bit.ly/3y0wdOG. Acesso em: 15 jun. 2022.

CRUZ, Crislaine Santana. *Caridade sem limites, sciencia sem privillegios: o ensino universal de Jacotot por Benoît Mure no Brasil (1840-1848)*. 99 f. 2018. Dissertação (Mestrado em Educação) – Programa de Pós-Graduação em Educação, Universidade Federal de Sergipe, Sergipe, 2018.

D'ARBEL, M. D. *Enseignement universel – méthode de M. Jacotot*: cours complet d'écriture théorique et pratique ou moyen facile et prompt d'apprende a écrire sans maître. Paris: A. Pihan Delaforest, 1829.

DURIETZ, A. *Traité complet de la méthode Jacotot rendue accessible a toutes les intelligences: ou Manuel pratique et normal*. 5. ed. Paris: L. Dureuil, Place de la Bourse au Bureau du Journal d'Éducation, 1830.

GUILLARD, Achille. *Biographie de J. Jacotot: fondateur de la méthode d'émancipation intellectuelle*. Paris: Chez E. Dentu, Libraire-Éditeur, 1860. (Publié par les disciples de L'émancipation intellectuelle.)

GUYARD, Auguste. *Jacotot et sa méthode*. [s.l.]: Nabu Public Domain Reprints, [s.d.].

JACOTOT, Jean-Joseph. *Enseignement universel: langue maternelle*. Paris: Chez Mansut Fils, 1834.

PAYNE, Joseph. *A Compendious Exposition of the Principles and Practice of Professor Jacotot's Celebrated System of Education*. London: Printed for R. Stephens, Southampton Row, Russell Square, 1830. (Originally established at the University of Louvain in the Kingdom of the Netherlands.)

RANCIÈRE, Jacques. *Aux bords du politique*. Paris: Folio, 2003.

RANCIÈRE, Jacques. *Le maître ignorant*. Paris: Fayard, 1987.

RANCIÈRE, Jacques. *Nas margens do político*. Tradução de Vanessa Brito e João Pedro Cachopo. Lisboa: KKYM, 2014.

RANCIÈRE, Jacques. *O mestre ignorante*. Tradução de Lílian do Vale. Belo Horizonte: Autêntica, 2011.

Emancipação intelectual e formação do estudante secundarista

Sandra Regina Leite

Introdução

As Diretrizes Curriculares Nacionais para o Ensino Médio (DCNEM) 2018, tomadas como um discurso pedagógico entendido como "um conjunto de propostas relativas à organização da ação educativa" (AZANHA, 1987, p. 18), é um documento relevante para a reflexão sobre como se configura a formação do estudante secundarista a partir do que foi posto como o "Novo Ensino Médio".

Nesta nova organização, o Ensino Médio passa a ser composto obrigatoriamente por uma Base Nacional Comum Curricular (BNCC) e por cinco itinerários formativos, a saber: Linguagens e suas tecnologias; Matemática e suas tecnologias; Ciências da natureza e suas tecnologias; Ciências humanas e sociais aplicadas; e Formação técnica e profissional. O estudante deverá cursar a BNCC[1] e, no mínimo, um itinerário formativo para concluir essa fase de sua formação.

Para nossa discussão, nos deteremos apenas no que está no cerne da BNCC que podemos depreender da própria

---

[1] Em um documento específico, a BNCC para o Ensino Médio, são apresentadas 31 competências e 177 habilidades a serem desenvolvidas em até 1.800 horas, portanto, num período de um ano e meio, e o restante da carga horária – 1.200 horas – serão destinadas as competências e habilidades específicas do itinerário formativo que supostamente poderá ser escolhido pelo estudante (BRASIL, 2018b).

DCNEM 2018, a partir das três definições abaixo elencadas que se encontram no artigo 6º desse documento:

> II - *formação geral básica*: *conjunto de competências e habilidades das áreas de conhecimento previstas na Base Nacional Comum Curricular (BNCC), que aprofundam e consolidam as aprendizagens essenciais do ensino fundamental, a compreensão de problemas complexos e a reflexão sobre soluções para eles;*
>
> VI - *competências*: mobilização de conhecimentos, habilidades, atitudes e valores, para resolver demandas complexas da vida cotidiana, do pleno exercício da cidadania e do mundo do trabalho [...] *a expressão "competências e habilidades" deve ser considerada como equivalente à expressão "direitos e objetivos de aprendizagem" [...]*
>
> VII - *habilidades*: conhecimentos em ação, com significado para a vida, expressas em práticas cognitivas, profissionais e socioemocionais, atitudes e valores continuamente mobilizados, articulados e integrados (Brasil, 2018a, [s.p.], grifos nossos).

A noção de formação geral básica como um conjunto de competências e habilidades abrange quatros áreas do conhecimento: Linguagens e suas tecnologias; Matemática e suas tecnologias; Ciências da natureza e suas tecnologias; Ciências humanas e sociais aplicadas. É neste cenário bem resumido que se configura o "Novo Ensino Médio". A formação é compreendida como um conjunto de "competências e habilidades", e esta expressão, como cita as DCNEM 2018, deve ser considerada como equivalente a "direitos e objetivos de aprendizagem". Em face disso, levantamos alguns questionamentos: o que é uma formação escolar? A formação, numa perspectiva educativa, pode ser reduzida a competências e habilidades? Quais as implicações dessa redução?

Destarte, nossa hipótese analítica é a de que os reclamos do mercado de trabalho têm obliterado o direito à educação, reduzindo-o a um suposto direito à aprendizagem. Nosso argumento é o de que nesta nova configuração do Ensino Médio, centrada na noção de competências e habilidades, o que se aprende é uma condição "qualificada" para a empregabilidade, que traduz o lugar do aluno na esfera social a que ele pertence por nascimento, capacitando-o para uma certa ideia de autonomia que se entrelaça com as noções de "comportamento cidadão e o protagonismo na construção do seu projeto de vida" como ideário de formação (BRASIL, 2018a, [s.p.]). Nas palavras de Masschelein e Simons (2017, p. 112),

> [...] uma competência se refere à habilidade de realizar e, portanto, há um conjunto específico de conhecimentos, habilidades e atitudes necessário para o desempenho de determinadas tarefas. As competências e os perfis de competências são criados para as mais diversas tarefas sociais [...]. Em outras palavras, competências, validadas como qualificações, são a moeda [...] pela qual o aluno vitalício – que cuida, organizadamente, da coleta de competências em seu portfólio – expressa a sua empregabilidade social. A escola, e com ela a geração mais jovem, se matricula no projeto social de maximizar a empregabilidade na medida em que se permite ser seduzida para reformular seus objetivos e currículos em termos de competências/qualificações.

Em contraposição à redução da formação escolar à sedução das competências, buscamos apresentar uma reflexão que tenta retomar o caráter formativo e educacional do Ensino Médio, defendendo a noção de direitos formativos que se estende para a compreensão em torno de três tópicos relevantes para a formação escolar: 1) a escola como tempo e espaço de formação humana; 2) o currículo como uma tradução do sensível, ou seja, das coisas do mundo; e 3) a emancipação intelectual e a formação do estudante secundarista como direitos formativos.

A escola como tempo e espaço de formação

As escolas em geral, e as escolas de Ensino Médio em específico, têm sido confrontadas com acusações que questionam sua função e com projetos que retiram o seu sentido (MASSCHELEIN; SIMONS, 2017). De um lado, a escola é acusada de ser alienada, de não responder às demandas do tempo presente, de desmotivar a juventude etc. Do outro lado, não faltam ideias e instituições financeiras que se aproveitem destas acusações para agenciar projetos de renovação via inovação tecnológica, de maximização de custos, de tornar a escola não somente útil, mas fazer com que ela atenda às demandas do setor produtivo. Ao final, uma e outra posição tendem a turvar a compreensão do que é a "escola". E é sobre uma certa noção de escola de Ensino Médio, seu lugar e seu sentido na formação dos jovens adolescentes, que iremos refletir neste momento.

A escola enquanto uma invenção política da *pólis* grega "surge como uma usurpação" do privilégio das elites da Grécia Antiga. Neste sentido, "a escola grega tornou inoperante a conexão arcaica que ligava os marcadores pessoais (raça, natureza, origem etc.) à lista de ocupações correspondentes aceitáveis (trabalhar a terra, engajar-se no negócio e no comércio, estudar e praticar)" (2017, p. 26). Em certa medida, a usurpação de privilégios que a escola realiza marca a sua contestação, desde o início até hoje.

Não menos diferentes, as escolas de Ensino Médio no Brasil, desde o seu início e até bem recentemente, eram privilégio de uma elite. Ao abordar o antigo ensino de 2º grau, Azanha (1987, p. 154) ressalta que o "cultivo de uma cultura geral de caráter desinteressado" figurou na tradição histórica como o ensino destinado aos adolescentes e tinha um caráter formativo, portanto, de uma formação geral e comum. O autor adverte que esta formação geral, "além dos conhecimentos que a compõem, pressupõe também o desenvolvimento do gosto pelo estudo". Percebe-se que essa tradição, quando de posse de um pequeno grupo, ainda que com suas contradições, manteve-se estável e sem grandes questionamentos.

Contudo, com o passar do tempo, o, então, Ensino Médio foi conquistando no aparato legal uma progressiva expansão até a sua universalização no ano de 2009.[2] No entanto, paralelamente a estas conquistas de ampliação e efetivação do direito ao acesso à escola secundária, criou-se um estreito vínculo entre a educação escolar ofertada nesta fase de formação dos jovens adolescentes e os reclamos do mercado do trabalho.

É evidente que essa vinculação circunscreve-se, sobretudo, às escolas destinadas a uma significativa parcela de adolescentes que no Brasil, historicamente, devido a seus marcadores sociais e econômicos, se via alijada do direito de acesso à escola secundária. Em face disso, levantamos o seguinte questionamento: o que é a escola?

No instigante texto de Jacques Rancière, lançado no final da década de 1980, "Escola, produção, igualdade", o autor questiona essa vinculação entre a escola e o mundo produtivo, argumentando que

> A escola não é, a princípio, uma função ou um lugar definido por uma finalidade social exterior. Ela é, antes, uma forma simbólica, uma norma de separação de espaços, tempos e ocupações sociais. Escola não quer dizer fundamentalmente aprendizagem, mas *tempo livre*. A *skholé* grega separa dois usos do tempo: o uso daqueles cujas obrigações do trabalho e da produção retiram,

---

[2] O Ensino Médio é um direito de todos que o demandam, desde a Lei 12.061 de 27 de outubro de 2009, e, de modo específico, a Lei 12.796, de 4 de abril de 2013 torna obrigatória a educação básica na faixa etária dos 4 aos 17 anos. Logo, nessa faixa etária que atravessa toda a educação básica, o Ensino Médio se torna um direito obrigatório.

por definição, o tempo de fazer outra coisa; e o uso daqueles que têm tempo, ou seja, são dispensados das exigências do trabalho (Rancière, 2022, p. 77).

Rancière traz à tona a noção original de escola enquanto *tempo livre*, ou seja, um tempo liberado das demandas do trabalho e que, por isto, e por nada mais, possibilita a *skholé*. E se pergunta: "Qual é a relação entre esses jovens atenienses bem-nascidos e a multidão heterogênea e rebelde de nossas escolas de periferia?". Afirma: "Nada além de uma forma [...], a forma-escola". Essa forma-escola, segundo Rancière (2022, p. 78), é definida por três relações simbólicas fundamentais: "[...] a escola não é primordialmente o lugar da transmissão dos saberes que preparam as crianças para sua atividade como adultos; ela é, antes de mais nada, o lugar situado fora das necessidades do trabalho, o lugar onde se aprende por aprender, o lugar da igualdade por excelência".

Ao centrar a formação dos estudantes secundaristas em torno da aprendizagem de competências e habilidades, as DCNEM 2018 retiram da escola esse *tempo livre* e impõem um tempo de treinamento, um tempo produtivo. Esquece-se de que a escola pública democrática, nas palavras de Rancière, "subtrai do mundo desigual da produção uma parte de suas riquezas para dedicá-la ao luxo que representa a constituição de um espaço-tempo igualitário", isto é, a *skholé*. Nesta compreensão primeira da escola, tem-se a possibilidade da experiência da igualdade não como meta, mas sim como princípio em face das riquezas do mundo. A *forma-escola* faz com que todos a que ela tenha acesso possam "participar do seu tempo-espaço igual, separado das exigências do trabalho" (Rancière, 2022, p. 79). Portanto, a *forma-escola* é uma condição para que o estudante possa tomar parte das riquezas do mundo.

A questão que nos convoca agora se refere à parte das riquezas que compõe esse espaço-tempo igualitário. Que riquezas são essas? Propomo-nos a argumentar que essas riquezas da *skholé* se configuram com o currículo escolar e que, longe de serem reduzidas a competências e habilidades, sugerem a noção de uma tradução da partilha do sensível. Veremos como esta noção rancièreana dialoga com a *forma-escola*.

O currículo da escola secundária como tradução da partilha do sensível

Há uma vasta literatura em torno da discussão sobre o currículo escolar que se apresenta, entre outras questões, como um campo de tensões, disputas e que incide sobre visões de educação, de escola, de formação e das relações possíveis que dada concepção sobre o currículo pode favorecer ou não. Como trata-se de um conceito polissêmico em sua compreensão prática e teórica, nosso intuito não é dar uma definição sobre currículo, mas tentar pensar, como nos diz Silva (2005, p. 14), "quais questões uma 'teoria' do currículo ou um discurso curricular busca responder". Como cenário para tal reflexão, a questão central "é saber qual conhecimento deve ser ensinado". Assim, a questão posta é: o que deve ser ensinado?

Em continuidade à reflexão anterior, podemos aproximar este "saber qual conhecimento deve ser ensinado" e este "o que deve ser ensinado" das riquezas que são separadas, ou melhor, selecionadas para o luxo do tempo de *skholé*, para um tempo de formação escolar. Essa riqueza é a "herança comum – de saberes, práticas, conhecimentos, costumes princípios, enfim, de obras às quais um povo atribui grandeza, valor, mérito ou significado público – que constitui o objeto precípuo à ação educativa" (CARVALHO, 2017, p. 25).

Nessa perspectiva, o currículo pode ser uma tradução da noção da "partilha do sensível" em sua acepção de um "como tomar parte de um mundo", ou seja, dessa herança comum. Em sua obra *A partilha do sensível* (2005), Rancière define este conceito como

> [...] o sistema de evidências sensíveis que revela, ao mesmo tempo, a existência de um *comum* e dos recortes que nele definem lugares e partes respectivas. Uma partilha do sensível fixa, portanto, ao mesmo tempo, um *comum* partilhado e partes exclusivas. Essa repartição das partes e dos lugares se funda numa partilha de espaços, tempos e tipos de atividade que determina propriamente a maneira como um *comum* se presta à participação (Rancière, 2005, p. 15).

Aqui, convém um esclarecimento: partilhar, em francês, é *partager*, e, diferentemente da língua portuguesa, em que o termo remete ao significado único de repartição ou de dividir em partes, na língua francesa temos um duplo e indissociável sentido para este verbo. *Partager* pode ter o significado de repartir, o que implica uma certa divisão, separação e, por outro lado, pode também significar o seu contrário, que é compartilhar no sentido de reunir.

No sentido de tradução dessa noção para o currículo, podemos inferir que o currículo escolar pode ser um modo pelo qual o mundo é apresentado como uma herança comum e que se destina a operar no sentido de criar condições de possibilidade para a formação do estudante secundarista e, assim, favorecer que ele ou ela possa vir a tomar parte desta herança, portanto, deste mundo comum e compartilhado, não como posse privada ou consumível, mas como uma herança que implica um cuidado, uma responsabilidade, conservação e renovação. Trata-se de uma relação responsável com o mundo, porém, não previsível, pois não forja ou determina identidades, mas permite a criação de vínculos singulares e abertos para tomar parte deste comum.

A "partilha do sensível" configura, na vida em sociedade, aquilo que é palpável, sensível. Assim, ela determina modos de ser e fazer dos seres sociais. O mesmo pode ser dito em relação ao currículo: é ele que determina, na escola, quais são os quinhões, os assuntos que cada disciplina deve abordar e que configura o que é tangível, palpável a alunos e professores.

Por outro lado, uma acepção de currículo que se estrutura como um recorte de uma dada realidade – como os reclamos do mercado de trabalho – e se direciona a uma parcela específica e numerosa de jovens adolescentes, considerando tão somente os seus marcadores sociais, tende a fixar uma identidade, supostamente natural, que de antemão já determina o seu lugar, o seu tempo e a sua atividade nesse mercado. Especificamente, em relação às DCNEM de 2018, elas tendem a fixar a identidade do aluno como aprendiz de competências e habilidades para melhor se desenvolver no lugar onde está, num tempo determinado pela lógica desigual da produção. O mundo, longe de ser visto como uma herança comum a se tomar parte, é apresentado como um mercado de trabalho que exige certas competências e habilidades para se ter um emprego e o mínimo de conhecimento em língua portuguesa e matemática.

Ao recusarmos o discurso em torno de competências e habilidades como equivalente ao direito de aprendizagem na educação do Ensino Médio, argumentamos que este se configura como uma "partilha do sensível" que determina uma ordem dos lugares, tempos e atividades que esses jovens irão ocupar, e isso, longe de ser formativo, é o treino da permanência de uma condição social ou, ainda, de um lugar determinado nessa partilha. A isto contrapomos outra noção rancièreana que é a de "emancipação intelectual", que parte do princípio da igualdade das inteligências, a qual apostamos poder engendrar uma nova reconfiguração da "partilha do sensível" e favorecer uma formação escolar secundarista.

Emancipação intelectual e formação do estudante secundarista

Quando as exigências do trabalho direcionam o processo, a organização curricular e o conteúdo das escolas secundárias, o que se tem é a presença da lógica desigual da produção que exige a aprendizagem de uma condição social que é sempre desigual. Isto contradiz o que seria uma formação escolar. Carvalho (2017, p. 24-25) afirma que

> [...] a formação educacional implica *acolher e iniciar* os que são novos num mundo, tornando-os aptos a dominar, apreciar e transformar as tradições culturais que formam sua herança simbólica comum e pública [...]. Se para integrarmos o ciclo vital basta um treinamento em capacidades e competências necessárias à sobrevivência e à reprodução, para tomar parte do mundo é preciso uma formação educacional.

Tal formação educacional implicada nesse *acolher* e *iniciar* supõe, respectivamente, uma visão de escola e de currículo que tentamos pontuar nas páginas anteriores. A escola enquanto um tempo de *skholé*, um tempo livre para dar atenção a essa herança comum e o currículo enquanto tradução da "partilha do sensível" podem nos convidar a tomar parte ou não dessa herança.

Na cena escolar, é importante o que é colocado na mesa entre o aluno e o professor, que cria a distância possível e ao mesmo tempo o interesse comum. Isso significa que é bem distinto ter como objetivo a transmissão de um rol de competências ou de uma herança simbólica comum e pública. As competências só nos permitem uma relação de treinamento, maximizada no tempo para responder a uma demanda específica. Já a apresentação de uma herança pública pode ocasionar a verificação de uma igualdade ou a imposição contiNuada de uma desigualdade. Os riscos estão sempre presentes.

O que nos interessa neste momento é o princípio que torna possível colocar uma parte dessa herança comum na mesa-escola como um objeto de estudo e atenção que possa confirmar e atualizar a potência de cada um iniciar algo novo com sua existência no mundo. Este princípio, nas palavras de Rancière, é a "igualdade". Nas situações, mencionadas por ele que envolvem professores e alunos esse princípio se revela pela ideia de que existe uma "igualdade de inteligências". A verificação, por cada um, da potência de sua própria inteligência corresponde à "emancipação intelectual". O caso de Jacotot, citado na sequência, é um bom exemplo deste tipo específico de emancipação.

Na obra *O mestre ignorante* (2002), Rancière narra uma aventura intelectual como uma prática dessa pressuposição da igualdade vivida pelo educador francês exilado na Bélgica Joseph Jacotot. Em 1818, Jacotot fora convidado a ministrar aulas, e os estudantes que se matricularam somente falavam holandês, língua desconhecida por ele. Por isso, era necessário estabelecer "um laço mínimo de uma coisa comum" (p. 15), e, para responder a tal situação, ele encontra numa edição bilíngue do *Telêmaco* essa "coisa comum". Com o auxílio de um intérprete, Jacotot entrega a obra aos estudantes e os deixa sozinhos com o texto e com a vontade de aprender. Para sua surpresa, esses estudantes foram além de suas expectativas, e ele descobriu que, ao serem solicitados a escrever em francês o que pensavam do que haviam lido, "seus alunos, abandonados a si mesmos, haviam se saído tão bem dessa difícil situação quanto o fariam muitos franceses" (p. 16).

COLEÇÃO "EDUCAÇÃO: EXPERIÊNCIA E SENTIDO"

Essa experiência educativa permitiu a Jacotot, que nada sabia de holandês para poder ensinar esses estudantes, questionar a forte e tradicional ideia da necessidade de um "mestre explicador" ao propor, a partir de sua própria experiência, a de um "mestre emancipador", tendo por princípio a ideia de que todas as inteligências são iguais. O educador francês percebera que a lógica da explicação, no fundo, revelava-se como um método que submetia as pessoas a um processo de embrutecimento, cumprindo a função de regulação e controle ao partir da desigualdade das inteligências.

De igual maneira, a normatização da organização curricular e o gerenciamento da educação como um processo definido pelo direito à aprendizagem, com suas práticas embrutecedores, negam o princípio da igualdade. Circunscreve-se, assim, o percurso escolar dos jovens adolescentes aos limites de um tempo em que a aplicabilidade de instrumentos avaliativos direciona o conteúdo e o processo de um treinamento que visa atender as complexas demandas do cotidiano e a uma suposta empregabilidade num futuro mercado de trabalho. É evidente que assim operando parte-se de uma desigualdade e pretende-se reduzi-la ao *qualificar* os alunos, preparando-os para o mercado de trabalho. Desconsidera-se o princípio da igualdade das inteligências, que é capaz de confirmar a condição de ser humano que não se reduz na condição de trabalhador.

Nesse sentido, em relação aos estudantes de língua holandesa, Rancière afirma que "a inteligência que os fizera aprender o francês em *Telêmaco* era a mesma que os havia feito aprender a língua materna" (p. 23), e que

> Todo o seu esforço, toda a sua exploração é tencionada pelo seguinte: uma palavra humana lhes foi dirigida, a qual querem reconhecer e à qual querem responder – não na qualidade de alunos ou de sábios, mas na condição de homens – como se responde a alguém

que vos fala e não a quem vos examina: sob o signo da igualdade (p. 24).

Na condição de homens, qual seja, na condição de *ser humano*, temos uma igualdade que não se aprende, mas se verifica em ato, que é a igual inteligência de qualquer um em relação a qualquer outro. Tal verificação ou atualização da igualdade é vista, por Rancière, como um processo de emancipação intelectual. É a capacidade de realizar qualquer tarefa ou ocupar qualquer posição, desde que se tenha chance para isso.

Nessa perspectiva, Rancière (p. 25) afirma que "Há embrutecimento quando uma inteligência é subordinada a outra inteligência", portanto, quando se desconsidera a igualdade, única capaz de romper tal subordinação. O princípio da igualdade como ponto de partida e não como meta a ser alcançada denuncia que a lógica explicadora é uma lógica que hierarquiza as inteligências, subordinando a supostamente inferior, ou seja, a do aluno em relação à do professor.

Nas palavras de Rancière (p. 27), "Para emancipar um ignorante, é preciso e suficiente que sejamos, nós mesmos, emancipados; isto é, conscientes do verdadeiro poder do espírito humano". Isto posto, seria interessante que pudéssemos defender a formação escolar do estudante secundarista, apostando na experiência da igualdade das inteligências e, com isso, na emancipação intelectual que anseia uma possibilidade de traduzir essa capacidade do ser humano, portanto, do estudante no estudo como relação com as coisas do mundo. Relação esta que pode criar condições de possibilidade para que cada estudante, como um *ser singular* e um *alguém em formação*, possa com esta potência reconfigurar a partilha do sensível. Mas, para isso, nos parece imprescindível que o direito à educação se realize como um direito formativo e na recusa explícita da tradução desse direito em aprendizagem de competências e habilidades.

Ideias como estas nos levam a defender, tal como faz Rancière (2022), que a escola não é aprendizagem, e sim igualdade, e "quem experimentou a igualdade escolar está virtualmente perdido para um mundo da produção, que é, acima de tudo, aquele da desigualdade e da ausência de tempo livre" (p. 79-80).

Referências

AZANHA, José Maria Pires. *Educação: alguns escritos.* São Paulo: Cia. Editora Nacional, 1987.

BRASIL. *Base Nacional Comum Curricular.* Brasília: MEC, 2018b.

BRASIL. *Ministério da Educação atualiza as Diretrizes Curriculares Nacionais para o Ensino Médio.* Resolução n. 2, de 21 de novembro de 2018. Brasília: MEC, 2018a.

CARVALHO, José Sérgio Fonseca de. *Educação, uma herança sem testamento: diálogos com o pensamento de Hannah Arendt.* Belo Horizonte: Autêntica Editora, 2017.

MASSCHELEIN, Jan; SIMONS, Maarten. *Em defesa da escola: uma questão pública.* Tradução de Cristina Antunes. Belo Horizonte: Autêntica, 2017.

RANCIÈRE, Jacques. *A partilha do sensível: estética e política.* Tradução de Mônica Costa Netto. São Paulo: Editora 34, 2005.

RANCIÈRE, Jacques. Escola, produção, igualdade. Tradução e notas de Jonas Tabacof Waks e Anita Pompéia Soares. In: CARVALHO, J. S. F. de (Org.). *Jacques Rancière e a escola: educação, política e emancipação.* Belo Horizonte: Autêntica, 2022. p. 75-103.

RANCIÈRE, Jacques. *O mestre ignorante: cinco lições sobre a emancipação intelectual.* Tradução de Lílian do Valle. Belo Horizonte: Autêntica Editora, 2002.

SILVA, Tomaz Tadeu da. *Documentos e identidade: uma introdução às teorias do currículo.* Belo Horizonte: Autêntica, 2005.

Escola pública e tempo livre:
a precariedade de uma relação possível

Thiago Miranda dos Santos Moreira

Apresentação

Jacques Rancière não é um pensador da educação e não dedicou muitos de seus escritos ao tema. No único texto em que o assunto aparece como principal objeto de suas reflexões – o artigo "Escola, produção, igualdade", publicado originalmente em 1988 –, o autor estabelece um diálogo crítico com interlocutores específicos da época, mas sem abordar especificamente a educação escolar. No entanto, é nesse artigo que ele traça as linhas gerais de uma ideia sobre educação que destoa fundamentalmente dos modos com os quais estamos acostumados a tratar do tema, principalmente no Brasil. Assim, Rancière contribui para uma reflexão sobre a escola que não parte de seus problemas, de suas insuficiências ou das promessas que ela deixa de cumprir, mas de sua potência. Neste artigo, proponho uma interpretação da concepção de Rancière sobre a *skholé*, uma forma simbólica da antiguidade grega que incide sobre os usos do tempo, para pensar a respeito da escola pública. Articulando os conceitos do autor à denominação da escola como uma *montagem precária* de Inés Dussel (2017), e com algumas observações provenientes de minha experiência como docente nas séries iniciais da rede municipal de ensino de São Paulo, exploro os modos pelos quais a instituição escolar pode oferecer condições privilegiadas para a experiência do *tempo livre*.

A skholé *grega*

Em seu artigo "Escola, produção, igualdade" (neste volume, p. 75-103), Rancière nos apresenta uma concepção da escola que não está atrelada a objetivos externos, divergindo daqueles que a consideram a partir de seus impactos na sociedade, no mundo produtivo ou na vida dos sujeitos. Assim, o pensador francês nos apresenta algumas ideias interessantes para pensar a educação e o papel da escola, pois recusa tanto a perspectiva que reduz seu papel à preparação para o mundo do trabalho ou à igual distribuição dos saberes quanto a daqueles que preconizam uma adaptação da educação ao universo imediato das crianças desfavorecidas para produzir uma sociedade mais igualitária.

Para Rancière, a escola nas sociedades democráticas não se define pela coincidência entre sua lógica e a lógica do mundo produtivo, mas por seus efeitos de *separação*. É uma herdeira paradoxal da *skholé* grega, uma forma simbólica de separação dos usos do tempo; era o privilégio daqueles que, liberados das duras penas do trabalho, gozavam de tempo para o lazer (tempo livre) e que, eventualmente, dedicavam esse tempo ao prazer do estudo. A *skholé* era, portanto, atributo daqueles que gozavam dos privilégios conferidos pelo estatuto de *iguais* e que, estando liberados das duras penas do trabalho, podiam dedicar-se a atividades consideradas superiores, ao contrário daqueles que, por sua condição social, dedicavam sua vida às atividades que garantiam a sobrevivência e não podiam fazer qualquer outra coisa. De acordo com o autor, é justamente essa forma simbólica – a *forma-escola* – que, de forma paradoxal, as sociedades democráticas herdaram das antigas sociedades aristocráticas. Desse modo, o que a escola em nossos dias pode fazer é oferecer um arranjo particular de tempo e espaço no qual as crianças – convertidas em alunas e alunos – podem estar livres do trabalho e da preocupação imediata com a sobrevivência para dedicar tempo e atenção ao estudo. Não seria definida, portanto, como o lugar da aprendizagem ou do desenvolvimento de habilidades e competências, mas como o espaço privilegiado da *skholé*.

Segundo Rancière, a *forma-escola* é definida por três relações simbólicas fundamentais. Em primeiro lugar, é um espaço localizado fora das necessidades do mundo produtivo, ou seja, possui regras de funcionamento que são estranhas àquelas operantes na produção, na circulação e no consumo de mercadorias. Deste modo, tornar-se aluno significa ingressar em um espaço-tempo específico, separado da urgência do trabalho e no qual as classificações sociais referentes aos supostos interesses individuais, habilidades ou talentos podem tornar-se provisoriamente inoperantes. Como afirmam Jan Masschelein e Maarten Simons (2013, p. 29), inspirados pelas ideias de Rancière,

> É precisamente o modelo escolar que permite que os jovens se desconectem do tempo ocupado da família ou da *oikos* (a *oiko*-nomia) e da cidade/estado ou *polis* (polí-tica). A escola oferece o formato (ou seja, a composição particular de tempo, espaço e matéria, que compõe o escolar) para o tempo-feito-livre, e aqueles que nele habitam literalmente transcendem a ordem social (económica e política) e suas posições (desiguais) associadas.

E isto nos leva à segunda relação simbólica que diz respeito à circulação dos saberes: a escola é o lugar onde se aprende por aprender. Isto significa que, ali, o conhecimento não está necessariamente submetido a alguma função social imediata. É na escola que o filho de comerciantes, embora possa ser capaz de somar o valor dos produtos, passar o troco e aplicar descontos com facilidade, pode estudar matemática como uma forma de apreender o mundo, e não apenas de forma instrumental. Não mais para ajudar sua família a ganhar a vida, mas como um saber que não precisa ser aplicado imediatamente, como algo a ser estudado com atenção. Masschelein e Simons (2013, p. 39) denominam essa operação de *profanação*: os saberes são descolados de sua instrumentalidade, "desligado[s] do uso habitual, não mais sagrado[s] ou ocupado[s] por um significado específico, e, portanto, algo no mundo que é, ao mesmo tempo, acessível a todos e sujeito à (re)apropriação de significado".

A terceira característica da *forma-escola* é a constituição de um espaço que, por sua lógica de separação, institui um certo tipo de igualdade. Uma igualdade que não se refere à universalidade dos saberes que transmite ou porque seja supostamente capaz de produzir sociedades mais igualitárias. "Ela não iguala por seu conteúdo – a ciência com seus efeitos supostos de redistribuição social –, mas por sua forma" (RANCIÈRE, 2022, p. 78). Segundo Rancière, uma escola pública e democrática – no sentido de que é acessível a todos – organiza-se retirando uma parte das riquezas do mundo desigual da produção para dedicá-las à construção e manutenção de um espaço-tempo dedicado ao privilégio do estudo. Em seu descompasso com o tempo da produção, a escola redistribui os lugares sociais ao oferecer tempo livre àqueles que, por sua posição na geografia social, deveriam permanecer mergulhados na luta pela sobrevivência. Isso não significa, evidentemente, que a escola garanta a todos o aprendizado das mesmas coisas, ou assegure que todos desenvolvam as mesmas habilidades ao fim do processo ou que seus egressos possam alcançar melhores posições no mercado de trabalho de modo infalível. O que está em jogo é a possibilidade de oferecer a todos, isto é, de democratizar a oportunidade de dedicar tempo e atenção a algo que transcende a si mesmo e a seus interesses e necessidades imediatos.

É a partir dessas três operações que, de acordo com Rancière, a *forma-escola* é capaz de produzir uma ruptura na temporalidade desigual do mundo produtivo e fundar um espaço-tempo igualitário. Um lugar separado da urgência da vida cotidiana, capaz de desordenar a distribuição dos lugares sociais, oferecendo o luxo do tempo livre àqueles que não poderiam comprá-lo. É na escola que os filhos de pais analfabetos podem aprender a ler e apreciar obras que, geralmente, são consideradas complexas demais para sua classe social. E se o podem fazer é justamente porque a escola, na medida em que representa uma separação do tempo produtivo, possibilita um encontro das crianças com a cultura em um contexto no qual o que está em jogo não é a mera sobrevivência, mas a dedicação, a atenção e o estudo das coisas do mundo.

Mas é importante ressaltar que a *forma-escola* não se confunde com a instituição escolar. Em outras palavras, o Rancière francês não se ocupa de pensar os modos pelos quais a *skholé* possa se fazer presente em nossas escolas. Desse modo, gostaria de partir de suas ideias e dar um passo em outra direção: pensar o contexto institucional, a materialidade de nossas escolas a partir das ideias de Rancière.

Escola pública e skholé: *precariedade e potência*

O fato de que a *forma-escola* não ocorre, necessariamente, no contexto institucional da escola não significa que esta não possa oferecer aos seus alunos a experiência igualitária do tempo livre. Em meu cotidiano como docente da escola pública, tive a oportunidade de testemunhar muitos momentos em que a instituição se tornou, ainda que de modo efêmero, um espaço privilegiado da *skholé*. É sobre essas possibilidades que passo a refletir agora.

Muito se fala sobre a rigidez e o conservadorismo de nossas instituições escolares, como se elas operassem unicamente como máquinas a serviço das estruturas que produzem a desigualdade em sociedades capitalistas. A escola é, então, descrita como uma estrutura submetida à lógica capitalista, incorrigível sem uma transformação mais ampla nas formas de produção. Em contraposição a este ponto de vista e sem ter a pretensão de julgar a validade de suas conclusões, gostaria de acompanhar as reflexões de Inés Dussel (2017) sobre o caráter precário da escola. Justamente por se tratar de uma perspectiva que recusa reduzir a escola ao seu papel nas relações de produção das sociedades capitalistas, penso que este é um caminho profícuo para pensar quais condições institucionais podem favorecer a experiência da *skholé* no contexto institucional.

Em seu artigo, a autora argumenta que "a escola é mais o resultado precário e provisório da montagem de dinâmicas e relações heterogêneas do que o reflexo de processos infraestruturais e/ou supraestruturais de dominação" (Dussel, 2017, p. 91). Em outras palavras, a escola é um arranjo instável "de artefatos e pessoas, ideias, que capturou algumas dessas táticas e estratégias para educar o cidadão" (p. 92). Sob esta perspectiva, nossa tarefa não seria buscar modos de desestabilizar ou desmontar a escola, mas buscar compreender o que a coloca de pé e a torna estável no vaivém de suas relações, sempre provisórias e em movimento. Essa tarefa se justifica pois, ao contrário do que costumam pressupor seus críticos, a estabilidade da instituição escolar não está dada de modo definitivo, mas é o resultado de muito trabalho e esforço. Daí sua caracterização como *precária*. Nesse sentido, trabalhar numa escola não significa estar fatalmente submetido a mecanismos de controle que regulam e controlam todos os nossos movimentos. Antes, implica que atuamos em um lugar de tensão entre a necessidade de permanência da instituição e as possibilidades oferecidas por sua precariedade. A despeito da força coercitiva que exercem os mecanismos burocráticos que são responsáveis pela montagem da escola, há certos aspectos cotidianos que nunca são completamente capturados. É justamente nessas brechas, nas possibilidades de organização ensejadas por essa precariedade que podemos pensar a respeito de quais são os arranjos, ações, gestos e operações necessários para que a escola possa se tornar um espaço privilegiado da *skholé*.

Aqueles que atuam como profissionais em alguma escola pública observam e experimentam muitas situações que evidenciam a precariedade dos arranjos a que se refere Dussel (2017). Pessoalmente, tive a oportunidade de participar de projetos articulados e desenvolvidos por ocasião da chegada de novos coordenadores pedagógicos à instituição escolar, e também de ver as consequências práticas de sua saída. Acompanhei de perto como uma compreensão equivocada do caráter público da instituição escolar pode levar alguns diretores a atitudes condenáveis, minando o ânimo e estabelecendo um cotidiano regido pelo medo e pelo silenciamento. Mas também pude provar os efeitos produzidos pela articulação coletiva, pelo compromisso com a escola e com seus problemas. Pude vivenciar o que ocorre em uma escola quando ela se torna o centro das preocupações de seus profissionais e das ações pedagógicas.

Em termos práticos, ser professor me permitiu pensar a escola a partir de sua materialidade, como servidor público dentro de uma conjuntura específica. Por um lado, isso possibilita a instauração de certas amarras que podem submeter o tempo da escola a ditames burocráticos, ao projeto de poder do gestor da vez ou até mesmo a objetivos religiosos e familiares. Pois é evidente que cada prefeito, governador ou presidente procura imprimir sua marca na educação, definindo diretrizes e metas a serem atingidas, propondo reformas, reorganizando carreiras, definindo novos princípios sob os quais o trabalho docente deve ser realizado, modificando a forma como as escolas tomam decisões ou utilizam a verba que recebem, para citar apenas alguns exemplos. Professores antigos conhecem diversas dessas tentativas, desde as mais explícitas – como o monitoramento dos resultados, a determinação de metas a serem atingidas, o oferecimento de bônus em dinheiro para escolas que atingirem determinados índices, a criação de projetos externos a serem executados pelas escolas – até as mais sutis – como cursos de formação vinculados à evolução funcional, à articulação entre a implementação de um novo currículo e avaliações externas, visitas-surpresa de supervisores de ensino a unidades escolares.

Por outro lado, isso não significa que a instituição escolar seja meramente o reflexo dos interesses do Estado, da família ou de outras instituições. Antes, é um lugar de tensão, onde demandas diversas se encontram, formando uma trama de relações complexa e difícil de ser esquadrinhada em um programa de governo. Com isso, a mesma instituição frequentemente acusada de sequestrar o tempo dos alunos para submetê-los aos ditames do mundo produtivo tem o potencial de oferecer as condições materiais para a *skholé*. Ou seja, o Estado que institucionaliza e procura controlar é o mesmo que paga as contas e assegura o seu funcionamento. É a estabilidade do serviço público que assegura a nós, profissionais da educação, autonomia para realizar o nosso trabalho e recusar – de forma direta ou indireta – as tentativas de transformar o trabalho docente na mera execução de tarefas. Não somos empregados de uma empresa lucrativa que necessitam se submeter aos ditames mercadológicos, ao interesse dos clientes ou às demandas do patrão. Tampouco

ESCOLA PÚBLICA E TEMPO LIVRE: A PRECARIEDADE DE UMA RELAÇÃO POSSÍVEL

precisamos obedecer a um capataz que pretende ditar o ritmo do nosso trabalho, as melhores estratégias para realizá-lo ou os resultados esperados. Perguntemo-nos honestamente: quantos colegas professores, funcionários de instituições educacionais privadas – e que, muitas vezes, vendem uma educação democrática, diversa e progressista – arriscariam seus empregos para contrariar as ordens dos patrões?

Há um certo distanciamento entre os gabinetes dos burocratas e os locais onde efetivamente realizamos nosso trabalho. Isso possibilita que, a despeito das intervenções externas, das demandas sociais ou familiares e do contexto político em que nos encontramos, as salas de aula permaneçam sendo espaços onde nós, professores e professoras, podemos fazer nossa aparição pública diante de alunos e alunas, convidando-os a adentrar simbolicamente em um espaço no qual já se encontram fisicamente. É como se nosso trabalho ocorresse, de forma concreta, em uma espécie de hiato existente entre o aparato burocrático – as portarias, diretivas, leis, decretos – e a potência da *skholé*. Não se trata de uma ruptura com a lógica da esfera administrativa, mas com uma possibilidade que só pode ocorrer dentro dessa ordenação – que paga meu salário, obriga a frequência das crianças, oferece um espaço para as aulas e assegura condições mínimas para os alunos, como alimentação, uniformes e materiais escolares.

Como afirmei anteriormente, para Rancière, a *skholé* não se confunde com a instituição escolar. Isto é, o mero encontro de professores e alunos no edifício da escola não garante sua efetivação em nossas instituições. Embora a potência de que nossos alunos possam experimentar os efeitos de um tempo e de um espaço separados da lógica do mundo produtivo esteja sempre presente, ela não se materializa automaticamente. Entretanto, há algo a respeito da precariedade de nossas instituições que parece indicar possibilidades para que sejamos capazes de agir em torno desse princípio. Rancière (2014, p. 57) não nos fala de uma igualdade ideal ou factual, mas de algo que "nunca se faz ouvir senão ao traçar as linhas do seu próprio espaço". Talvez seja este o caso da *forma-escola*: para ser atualizada, ela está sempre pendente de nossas ações, de nossos gestos e de nosso compromisso em traçar os limites que separam a escola, seu tempo e seu espaço da lógica desigual do mundo produtivo. Traçar essas linhas não é uma tarefa fácil: exige compromisso, organização, intencionalidade e clareza a respeito do sentido público e político da educação. Tampouco há fórmulas ou métodos infalíveis de ação docente capazes de assegurar os resultados desejados. A despeito de tudo isso, não se trata de uma tarefa impossível. Geralmente, ocorre nos momentos em que agimos em concerto, tomamos a escola nas mãos e resistimos aos intentos daqueles que a desejam domesticar e neutralizar sua potência e seus efeitos.

Referências

DUSSEL, I. Sobre a precariedade da escola. In: LARROSA, J. *Elogio da escola*. Tradução de Fernando Coelho. Belo Horizonte: Autêntica, 2017. p. 87-111.

MASSCHELEIN, J.; SIMONS, M. *Em defesa da escola: uma questão pública*. Tradução de Cristina Antunes. Belo Horizonte: Autêntica, 2013.

RANCIÈRE, J. *Nas margens do político*. Tradução de João Francisco Figueira e Vítor Silva. Lisboa: KKYM, 2014.

RANCIÈRE, Jacques. Escola, produção, igualdade. Tradução e notas de Jonas Tabacof Waks e Anita Pompéia Soares. In: CARVALHO, J. S. F. de (Org.). *Jacques Rancière e a escola: educação, política e emancipação*. Belo Horizonte: Autêntica, 2022. p. 75-103.

O livro emancipado na escola[1]

Charles Bingham[2]

Começo o colóquio com uma história pessoal. Era o ano de 1986. Eu ensinava Matemática e Literatura Inglesa em uma escola secundária em Bizana, na África do Sul. O país estava dilacerado pela segregação racial. A escola onde eu ensinava era exclusiva para estudantes sul-africanos negros. A educação era segregada por raça, as crianças negras não podiam frequentar escolas para brancos e as crianças brancas não podiam frequentar escolas para negros. Os efeitos do Apartheid, traduzido como "separatividade", estavam por toda parte. Brancos e negros não podiam, e legalmente não deveriam, viver nas mesmas áreas na maior parte do país. Havia

---

[1] Título original: "The Emancipated Textbook". O texto em questão foi apresentado por ocasião da conferência de encerramento do Colóquio Internacional "Educação, Política e Emancipação no Pensamento de Jacques Rancière", organizado pelo Grupo de Estudos sobre Educação e o Pensamento Contemporâneo, ligado à Faculdade de Educação da Universidade de São Paulo (GEEPC/FEUSP). A escolha por traduzir assim o título da conferência deve-se ao entendimento de que, ao valer-se da palavra "Textbook", o autor faz referência a livros-textos, ou seja, a livros enquanto textos que, de forma geral, são utilizados no contexto escolar (como romances, biografias, poemas etc.), e não apenas a livros didáticos (com conteúdos condensados e resumidos que frequentemente pressupõem o acompanhamento da explicação de um professor). Dessa forma, acreditamos que o título em português compreende e abarca a multiplicidade de livros utilizados no ambiente escolar e que devem ser emancipados. [N.T.]

[2] Tradução de Caroline Fanizzi e Lígia Zambone Moreira. [N.T.]

semiexceções ao Apartheid nos *Bantustans*. Nessas reservas, um professor branco como eu podia viver entre os africanos. Contudo, a despeito dessas exceções, o regime do Apartheid continuava com a sua vigilância e as suas práticas fascistas intactas. Uma dessas práticas fascistas era a proibição de livros. Todos os livros que criticavam o regime do Apartheid ou a ideologia colonial branca foram proibidos em toda a África do Sul. Fosse em um *Bantustan* ou na África do Sul branca, livros como a primeira autobiografia de Nelson Mandela, *Longo caminho para a liberdade*, eram legalmente proibidos de serem distribuídos ou lidos. As consequências de se possuir tais livros eram graves: detenção, tortura, cárcere.

Era possível, entretanto, conseguir livros proibidos se alguém viajasse para países vizinhos, na África Subsaariana. No Lesoto, na Suazilândia, no Zimbábue, na Zâmbia podia-se comprar livros que não estavam à venda na África do Sul. Então, voltava-se de carona para a África do Sul e, com um pouco de esperteza, era possível esconder os livros entre as roupas na mochila. Foi exatamente isso o que eu fiz durante as minhas viagens de férias. Cheguei à escola ansioso para dar o livro do Mandela aos meus alunos. Eu o entreguei com um aviso: "Pegue este livro e leia-o em casa. Não diga a ninguém o que você está lendo. Nem mesmo aos seus pais". Nunca sabíamos quem poderia informar à polícia.

Sobre os Livros Proibidos

Há pelo menos três formas de proibir livros. Uma delas é tornando ilegal a leitura de um livro, punindo, assim, qualquer pessoa que seja flagrada com esse livro. Foi esse o caso durante a década de 1980 na África do Sul, enquanto eu era professor lá. Voltarei a esta história pessoal no final deste artigo.

O LIVRO EMANCIPADO NA ESCOLA

Uma segunda forma de proibir textos é colocar em questão a sua veracidade e a de seu autor. Esta forma de proibição veio à tona nos últimos anos, quando os trumpistas do mundo descreditaram textos que não lhes eram lisonjeiros ou que não eram submissos às suas ambições. Trata-se de um híbrido da primeira forma de censura. Na primeira delas, um texto é censurado por meio de um procedimento legal: "Você será punido se ler este livro". Na segunda, um texto é censurado mediante técnicas psicológicas que convencem os leitores de que eles dependem de um comentador. Nesta segunda forma, um líder governamental que reivindica ligações estreitas com o ramo judicial do governo, especialmente por meio da nomeação de juízes da suprema corte, embrutece os cidadãos convencendo-os de que certos textos não têm *credibilidade*, mesmo que a sua leitura não seja de fato ilegal. Um líder grita "*fake news*" quando um texto não contribui com as suas ambições. Esse método de proibição de livros provou ser bem-sucedido mesmo em nações que afirmam defender o direito à liberdade de expressão, uma vez que não ameaçaria de fato esse direito. Este segundo método utiliza um paradigma explicativo, um paradigma adotado pelas próprias instituições educativas que ensinam o que significa viver numa nação dedicada à liberdade de expressão, para impor o que se poderia chamar de censura inversa. Nenhum texto é proibido, mas alguns textos, como foi dito por um líder trumpista, devem ser evitados e colocados em dúvida. Alguns textos são julgados como *fake news*.

A terceira forma de proibir os livros pode não ser tão evidente na sociedade atual, mas ganhou destaque com as intervenções de Jacques Rancière na pedagogia e no projeto de emancipação intelectual de Joseph Jacotot. Esse método de proibição de um livro pode ser compreendido pelos leitores familiarizados com o livro de Jacques Rancière *O mestre*

387

ignorante (2015). Ele consiste em criar uma situação em que o leitor de um livro é submetido ao embrutecimento por meio de um processo ordenado de tornar o livro perpetuamente inacessível, fixando nele um mecanismo explicador. Essa é a forma de censura combatida por Joseph Jacotot, o embrutecimento que o Jacotot de Rancière opôs aos atos de emancipação intelectual realizados por ele, pelos seus seguidores e pelos seus alunos. Discorrerei mais sobre essa terceira forma de proibir os livros mais adiante.

Introdução

Apresento essas três formas de censura e a relação que elas têm entre si com o intuito de preparar o palco para a ideia principal deste trabalho, qual seja, que faríamos bem em pensar a pedagogia e a emancipação não apenas em termos de *pessoas* emancipadas, de *intelectos* emancipados, mas também com relação à emancipação de textos. Dada a tendência de muitos países do mundo, na atual conjuntura histórica, que visam tanto a proibição absoluta de certos livros como buscam encontrar formas distintas de proibi-los – mesmo proclamando abraçar as premissas da liberdade de expressão –, considero importante examinarmos as ligações entre a pedagogia e a emancipação, não apenas no modo como a pedagogia pode emancipar pessoas, mas também na forma como ela pode emancipar textos. A esse respeito, este artigo demonstrará que é possível encontrar na obra de Jacques Rancière um lembrete importante, uma intervenção importante que propõe que a emancipação intelectual e a emancipação das pessoas têm tanto a ver com os próprios livros quanto com as práticas das pessoas que leem esses livros. Encontro na obra de Rancière uma intervenção pedagógica acerca do modo como podemos considerar a emancipação do livro como parte integrante da emancipação das pessoas. Nesta proposição, chamarei este texto de "O livro emancipado".

Esta proposição será organizada da seguinte forma: primeiramente, apresentarei a conhecida intervenção de Rancière sobre o trabalho de Joseph Jacotot. Darei ênfase, todavia, mais ao lugar do livro no trabalho pedagógico de Jacotot do que aos professores e alunos. Valendo-me do uso que ele faz do livro no contexto da emancipação intelectual, pretendo demonstrar como podemos deixar de falar tanto sobre professores e alunos para, em vez disso, começar a falar sobre livros. Examinarei a condição do livro como um "terceiro" elemento na pedagogia emancipatória. Em seguida, buscarei traçar as tendências platônicas da pedagogia explicativa, a fim de enfatizar a relação de oralidade do professor com a palavra escrita para, então, apresentar o que poderia ser chamado de "o paradoxo do professor e do livro". Por fim, ao retomar a história autobiográfica sobre o ensino de livros que foram proibidos na África do Sul durante o Apartheid, defenderei que a pedagogia emancipatória da necessidade [*emancipatory pedagogy of necessity*] deve assumir o importante trabalho de acabar com a proibição dos livros. É esse o trabalho crucial da emancipação de livros na escola.

O livro emancipado

O programa de emancipação intelectual realizado por Joseph Jacotot e descrito em O *mestre ignorante* é, na maioria das vezes, interpretado como um posicionamento pedagógico. Como tal, o professor e os alunos são os mais frequentemente examinados. De fato, o próprio título do livro de Rancière parece justificar essa interpretação. Seu subtítulo, "cinco lições sobre a emancipação intelectual", poderia indicar as mentes das pessoas é que estão sendo emancipadas. O título não fala de livros. No entanto, em O *mestre ignorante* e em outras partes da obra de Rancière, uma grande ênfase é dada aos livros, às obras de arte, à dramaturgia; em suma, às coisas que os intelectos emancipados contemplam.

Com relação ao livro, Rancière observa como há sempre um "terceiro" no ensino universal de Jacotot.

> Na lógica da emancipação, há sempre entre o mestre ignorante e o aprendiz emancipado uma terceira coisa – um livro ou qualquer outro escrito – estranha a ambos e à qual eles podem recorrer para comprovar juntos o que o aluno viu, o que disse e o que pensa a respeito (Rancière, 2012, p. 19).

Esse terceiro, esse livro ou o que quer que represente esse elemento de tradução, é de fato necessário para demonstrar a igualdade das inteligências. "O livro – *Telêmaco* ou outro – colocado entre duas inteligências resume essa comunidade ideal que se inscreve na materialidade das coisas. O livro *é* a igualdade das inteligências" (Rancière, 2015, p. 62-63).

Agora, pode parecer a alguns pesquisadores educacionais que esse terceiro, esse livro é simplesmente um elemento na metodologia do Ensino Universal de Jacotot. Neste trabalho, busco formular algo muito diferente. Não que o livro seja uma chave para a emancipação intelectual, mas sim que a emancipação do livro por parte do educador é a chave para a emancipação das pessoas. Essa atitude em relação ao livro figura como uma inversão perante todos os entendimentos humanistas acerca do desenvolvimento educacional e da emancipação, visto que não estamos lutando pela emancipação das pessoas, mas pela emancipação dos textos.

Jacotot e seus seguidores foram muito bem-sucedidos, assim conta a história. Com o passar do tempo, entretanto, surgiram esforços que visavam à elaboração de um método a partir do ensino de Jacotot. No fim, foram justamente esses esforços que o arruinaram. Há, entretanto, um aspecto do seu ensino frequentemente esquecido. A centralidade do livro em sua lógica pedagógica não costuma ser notada. Para Jacotot e sua pedagogia, não se trata apenas de que a professora[3] permaneça "ignorante" a respeito do conhecimento que ela deve ensinar. Essa ignorância é acompanhada por um conjunto de pressupostos sobre a natureza do livro. A professora que permanece ignorante a respeito do livro que ensina confia no fato de que o livro tem algo a dizer por si só. Rancière (2015, p. 27) diz o seguinte sobre os livros que Jacotot ensina: "Nada há atrás da página escrita, nenhum fundo duplo que necessite do trabalho de uma inteligência outra, a do explicador; nenhuma língua do mestre, nenhuma língua da língua cujas palavras e frases tenham o poder de dizer a razão das palavras e frases de um texto".

O que Rancière e a figura histórica de Jacotot são capazes de mostrar é que uma forma de pedagogia radicalmente diferente depende de uma compreensão radicalmente diferente do livro. No caso de Jacotot, para ser um mestre ignorante deve-se aceitar a verdadeira natureza do texto escrito. Deve-se aceitar que um livro pode falar e fala por si mesmo na ausência de um explicador. A leitura corrente das aventuras de Jacotot assinala a impossibilidade de se sustentar um programa educacional no qual os professores não precisam saber o que ensinam; essa leitura, entretanto, não é suficiente. Há uma interpretação adicional, uma interpretação do "caráter livresco" do livro em *O mestre ignorante* que é de igual importância. A pedagogia de Jacotot está destinada ao fracasso não apenas porque a sociedade não pode aceitar o

---

[3] O autor, em algumas ocorrências, refere-se à palavra *teacher* utilizando o pronome feminino (*she*). Nesses casos, optamos pela tradução de *teacher* como "professora". [N.T.]

regime dos mestres ignorantes. Ela está destinada ao fracasso porque a sociedade não pode aceitar o regime do livro que fala por si mesmo. O fato de a pedagogia de Jacotot não poder ser transformada em um método não se deve precisamente à impossibilidade de se transformar a ignorância em um método. A pedagogia de Jacotot não pode ser transformada em um método porque não existe um método educacional para o ensino de livros que ensinam a si mesmos. Quando um livro "não tem fundo duplo", como afirma Rancière (2015), não existe uma estratégia pedagógica para ajudar o livro. O livro ajuda a si mesmo simplesmente por ser um livro. Ele não precisa de um método nem de uma explicação.

O professor embrutecedor, o professor platônico

É por meio dessa relação emancipatória com o livro que se revela, por comparação, o professor embrutecedor e a sua vinculação aos seus rigorosos compromissos platônicos. O professor embrutecedor está, de fato, simplesmente seguindo a advertência platônica de que a palavra escrita é perigosa. Não se pode confiar nela. O relato de Platão, no *Fedro*, sobre os perigos da escrita é, certamente, bem conhecido e está ilustrado em comentários de Sócrates como o que aqui apresentamos:

> O fato, Fedro, é que a escrita contém uma desvantagem semelhante à pintura. As produções da pintura parecem seres vivos, mas, se você os questionar, eles irão manter um silêncio solene. O mesmo permanece verdadeiro com relação às palavras escritas; você pode supor que elas entendem o que estão dizendo, mas se você lhes perguntar o que querem dizer com alguma coisa, elas simplesmente lhe devolverão a mesma resposta uma e outra vez. Além disso, uma vez que uma coisa está comprometida com a escrita, ela circula igualmente entre aqueles que entendem o assunto e aqueles que

não têm nada a ver com ele; um escrito não pode distinguir entre leitores adequados e inadequados. E, se for maltratada ou injustamente abusada, ela sempre precisa que seus pais venham em seu socorro; ela é bastante incapaz de defender ou ajudar a si mesma (PLATÃO, 1973, p. 97, tradução nossa).

O ato de proibir um livro de uma maneira geral, de tornar ilegal a leitura de um livro está certamente impregnado desse medo platônico do texto escrito, o que Jacques Derrida chama de tendência fonologocêntrica. Proíbe-se um livro pois teme-se que o livro será mal interpretado, não dará um bom exemplo ou incitará seus leitores a agir. Um livro é proibido sob a presunção de que a palavra escrita exercerá uma certa força sobre os seus leitores, que a palavra escrita pode ser perigosa. A palavra escrita é silenciosa, portanto um livro pode ser lido sem que outros saibam que se está lendo. A palavra escrita é móvel, portanto pode ser lida em qualquer lugar. A palavra escrita é um objeto material que pode ser passado de mão em mão, podendo ser lida por qualquer pessoa a cujas mãos ela chegue. A palavra escrita pode ser interpretada sob o arbítrio de seu leitor. Ou, como diz Sócrates, a palavra escrita "precisa que seus pais venham em socorro; ela é bastante incapaz de defender ou ajudar a si mesma". Os livros são proibidos por essas razões fonologocêntricas.

Proibindo os livros por meio da explicação

Neste ponto, gostaria de voltar à última forma de proibição de livros à qual me referi anteriormente. Se assumirmos com seriedade o papel do "terceiro" do livro no trabalho pedagógico de Jacotot, então devemos observar que o mestre embrutecedor não é apenas aquele que obriga os estudantes a aceitarem o quanto estão atrasados e o quanto o mestre está à frente. O mestre embrutecedor é também aquele que proíbe os livros, insistindo que a palavra errante não é, afinal de contas, errante. O mestre embrutecedor insiste que a palavra livre deve ser explicada, que o livro deve ser encarcerado. O mestre embrutecedor faz com os livros exatamente aquilo que é feito por meio da proibição legal. O mestre retira do aluno o direito de ler o livro livremente.

A crítica de Jacotot aos mestres embrutecedores é bastante consciente da tendência dos pensadores platônicos de temerem as repercussões do texto. Como observa Rancière (2015, p. 63),

> O privilégio que o "método Jacotot" concede ao livro, à manipulação dos signos, às mnemotécnicas é a perfeita inversão da hierarquia dos espíritos que marcava, em Platão, a crítica da escrita. O livro sela a nova relação entre dois ignorantes que a partir daí se reconhecem como inteligências. E essa nova relação transforma a relação embrutecedora da instituição intelectual e da educação moral.

O mestre embrutecedor não é apenas aquele que desejaria, em um sentido psicológico, que o aluno fosse mantido à distância. O mestre embrutecedor é, além disso, o mestre que teme as repercussões do livro, que teme as repercussões do texto. É um mestre apegado à noção de que as palavras escritas são perigosas por si mesmas e precisam da orientação da voz falada. O mestre embrutecedor é o mestre que proibiria livros, à imagem de Platão. É aquele que sempre acompanha o livro com uma explicação, uma explicação sempre um passo à frente do aluno, que é, a todo momento, deixado para trás.

O paradoxo do professor e do livro

A discussão platônica enunciada anteriormente conduz, em última análise, a um certo paradoxo do professor face ao livro que é ensinado. Essa figura do professor perante o livro pode ser formulada da seguinte forma: uma professora ensina um livro [*teaches a book*]. De fato, uma professora precisa de um livro para ensinar. Entretanto, uma vez que um livro é ensinado, ele deixa de ser totalmente um livro. Um livro ensinado perde a sua qualidade como livro, no sentido de que o próprio caráter livresco do livro exige que ele seja lido livremente. Contudo, a professora não é integralmente uma professora quando o livro não é um livro completo. Isto para dizer que uma professora precisa de um livro, mas ela precisa de um tipo particular de livro: um livro acorrentado, um livro proibido, um livro que não fale por si mesmo. Se uma professora ensinasse um livro livre, um livro sem restrições de lugar, espaço ou voz humana, então ela não seria uma professora. Uma professora sem um livro para chamar de seu – sem um livro para acorrentar de alguma maneira, formatar ou modelar – deixa de existir como professora.

Dito de outra forma, no momento em que uma professora ensina um livro, o livro deixa de ser um livro. Um livro, afinal, é feito para ser livre. Um livro é escrito. É escrito para ser lido. Um livro é um livro precisamente porque se destina a ser lido, e a ser lido por qualquer um. É destinado a ser lido por qualquer pessoa que escolha lê-lo. Se não fosse para ser lido por qualquer pessoa, então não seria um livro, mas um comunicado privado. Esse caráter livresco do livro representa algo importante para os educadores: não está na natureza do livro ser explicado. Por quê? Porque um livro é, ele mesmo, linguagem. É a própria linguagem que fala. Se o livro não fosse uma linguagem, se não falasse, então não seria um livro.

Um livro não está destinado a ser interpretado em discurso. Um livro não exige que as pessoas cheguem a um consenso sobre o que ele diz. Um livro é, em si mesmo, consenso. Ele já diz algo antes de qualquer consenso. Não há nenhum livro que precise ou espere um professor, assim como não há uma pessoa falante que exija ou espere que um professor explique o que foi dito. Um livro fala por si e de si mesmo. Fala sem a necessidade de parasitas, correntes ou megafones. Ele espera que alguém ofereça a sua própria "contratradução", como disse Jacques Rancière (2015). Um livro está à espera de um leitor, mas não precisa, ou mesmo se beneficia, da explicação de um professor.

Conclusão

Nesta apresentação, tenho defendido uma forma diferente de olhar para a pedagogia e para a emancipação. Com a ajuda das intervenções educacionais de Rancière, busquei mostrar que a emancipação e a pedagogia, consideradas como um projeto em conjunto, não dizem respeito apenas às pessoas. Elas dizem respeito, também, aos livros. Isto não deveria ser uma grande surpresa. As escolas sempre estiveram ligadas aos livros, de uma forma ou de outra. As escolas têm frequentemente, como indiquei, feito ecoar a advertência platônica contra a palavra escrita. Na medida em que as escolas têm sido lugares onde os livros são explicados, a pedagogia tem muitas vezes servido para dar voz humana à palavra escrita errante. E, como observei, essa tendência platônica da escola dá origem ao que poderia ser chamado de "o paradoxo do professor". Isso porque o livro que um professor deve ensinar é, justamente, aquele que não foi feito para ser ensinado.

Comecei este texto apontando três formas diferentes de proibição de livros: a proibição legal, a proibição trumpista e a proibição pedagógica. Gostaria de concluí-lo afirmando que, além de serem todas elas ameaçadoras e indesejáveis, essas três formas de proibição de livros têm grande impacto sobre os papéis e objetivos daqueles que defendem a pedagogia emancipatória. O trabalho do pedagogo emancipador não é um trabalho de metodologia ou de teoria educacional. É, antes, o trabalho de ensinar de tal modo que os textos sejam emancipados. Essa questão sobre como emancipar textos é tão antiga quanto a aparição dos próprios textos. É tão antiga quanto o medo e o receio de que a palavra escrita seja perigosa, de que a palavra escrita precise ser acompanhada e guiada pela palavra falada. É tão antiga quanto o medo platônico da palavra escrita. É tão antiga quanto o medo de que algumas pessoas não sejam iguais a outras, que algumas pessoas não mereçam interpretar os textos na mesma medida que outras mais qualificadas.

Com relação à proibição legal, o papel do educador emancipador é bastante claro: opor-se ao banimento legal em todos os casos. Mas não significa se opor à proibição legal para, então, insistir na mensagem "verdadeira" do texto que foi banido. É, antes, opor-se ao banimento legal para insistir na emancipação do texto proibido. Um texto deve ser lido. Como esse texto deve ser lido é uma outra questão. O sentido de um texto é justamente que ele seja livre para ser lido. E que seja lido livremente. A respeito da proibição trumpista, eu diria que essa forma muito incomum de censura textual é um problema deste momento particular da história mundial e tecnológica. É importante ressaltar que, embora esse tipo de banimento trumpista possa não ter um precedente histórico, ele tem um precedente educacional. O papel de um pedagogo emancipador é, agora – como na época de Joseph Jacotot –, emancipar o livro utilizado na escola, emancipar a palavra escrita de seus detratores. Embora não esteja claro, neste momento histórico, de que modo seria possível emancipar a palavra escrita de seus detratores trumpistas, isso não significa que não haja sentido para a pedagogia emancipatória.

Isso significa, na verdade, que no atual momento histórico a relevância do pedagogo emancipador é ainda maior, visto que há muito trabalho a ser feito no sentido de identificar modos de emancipar os textos que estão por vir.

No que diz respeito à proibição educacional, eu diria que as percepções de Joseph Jacotot são tão relevantes hoje como sempre foram. Elas serão relevantes enquanto a pedagogia estiver atormentada pelo paradoxo do professor. Elas serão relevantes enquanto ser professor representar uma ameaça à própria existência do texto, que dá origem à própria existência de alguém como professor. Enquanto a proibição educacional continuar sendo uma ameaça por causa daqueles que embrutecem os outros em nome do texto, enquanto as escolas permanecerem como ataques platônicos aos textos que proclamam preservar, então, enquanto essas práticas persistirem, é preciso ficar ao lado de Jacotot no esforço de emancipação do livro na escola.

★★★

Eu gostaria, neste ponto, de voltar à história autobiográfica com a qual eu comecei esta intervenção. Ao narrar a forma como eu entregava livros proibidos aos meus estudantes não estou, de modo algum, afirmando que eu era um pedagogo iluminado e emancipador. Eu era simplesmente um professor. Aliás, um professor bastante ingênuo. Eu simplesmente queria que meus alunos lessem livros proibidos. Inclusive, para mim, esta história serve como uma metáfora para o modo como podemos reformular nosso pensamento sobre a pedagogia emancipatória. Havia um livro proibido, e eu estava tentando garantir que os meus alunos tivessem a oportunidade de ler esse livro proibido. Eu também tinha uma certeza: os alunos não precisavam da minha ajuda para ler um livro. Eu sabia que a própria condição do livro enquanto livro significava que ele deveria ser lido livremente, sem a explicação de um professor. Sabia que a autobiografia de Nelson Mandela falaria por si mesma. De alguma maneira, eu sabia que o meu papel como professor, pelo menos naquele caso em particular, com aquele texto específico, era o de emancipar um texto. Eu agora estou convencido de que a emancipação pedagógica deve ser construída desse modo. Nosso trabalho não é uma aventura menor do que aquela de tentar acabar com a proibição dos livros, nosso trabalho é o de promover o livro emancipado na escola.

Debate com o público[4]

Pergunta: Professor Charles, Rancière menciona que o livro é uma proposição de mundo, um objeto importante na produção do sensível. Ao falar sobre o livro emancipado, você pensa no livro como uma possibilidade de romper a partilha do sensível, de produzir um dissenso?

Bingham: Essa é uma pergunta particularmente importante, uma vez que coloca em questão se a educação pode ou não, ela própria, participar da partilha do sensível. Certamente, eu penso que o livro, em termos de educação, tem um papel central na partilha do sensível, se o livro for tratado de um modo emancipatório, de um modo que chame as pessoas para fora de seus papéis, para um papel de iguais. Acredito que a ligação que a questão faz é central para a educação emancipatória porque me parece que um ato verdadeiro de emancipar um livro não é fácil. E, como Jacques Rancière sempre diz,

---

4   Após a apresentação do texto, o público pôde participar do debate com o Prof. Charles Bingham por meio do envio de perguntas. Selecionamos para transcrição duas das questões recebidas cujas respostas acrescentam interessantes elementos à reflexão proposta pelo autor. [N.T.]

torcer [*to tweak*] a partilha do sensível, perturbar [*to disturb*] a partilha do sensível não é uma tarefa fácil. Isso acontece em momentos particulares, em formações particulares, em reconfigurações particulares. E eu penso que, se a educação pode fazer algo assim, isso depende do livro emancipado.

Vou apenas acrescentar que, apesar de Rancière não utilizar expressões como dissenso [*dissensos*] ou dano na partilha do sensível [*disturbance on the partition of the sensible*] quando escreve O *mestre ignorante*, nós certamente podemos ver nesse livro um exemplo histórico de uma pessoa que promoveu uma reconfiguração [*disturbance*] na partilha do sensível.

Algo que eu gosto muito na obra do Rancière é que, de alguma forma, ele escreve livros que são livres. O que eu quero dizer com isso é que quando alguém lê um texto de Rancière quase inevitavelmente não tem certeza sobre o seu significado e é quase inevitavelmente impelido a usar o pensamento de Rancière a partir da sua própria tradução. Podemos ver, com relação a O *mestre ignorante*, que ninguém sabe muito bem o que fazer com esse livro. É um livro sobre um livro. Temos que apreendê-lo a partir da nossa própria tradução. O que Rancière descreve, especialmente em O *espectador emancipado*, é que traduzir algo de uma forma própria é inevitavelmente um modo de reconfigurar a partilha do sensível. Eu gosto muito dos livros de Rancière porque eles são, em certo sentido, emancipadores, porque eles resistem a hermenêuticas simples e insistem que nós os traduzamos por nós mesmos.

Pergunta: Interpretar um texto é traduzi-lo, mas pode-se dizer também o contrário: traduzir um texto é interpretá-lo. A ideia de interpretar pode ter o sentido musical de encarnar um texto, dizê-lo à nossa maneira, com nossas próprias palavras. Poderíamos dizer, então, que um professor interpreta "publicamente" um livro no sentido em que o encarna, o faz passar pela própria vida e cria, assim, uma outra versão? De fato, existem interpretações que engrandecem os livros e outras que os diminuem. Talvez o problema não seja traduzir/ interpretar publicamente um livro, mas pretender que essa interpretação esgote as suas potencialidades.

Bingham: Bom, eu gostei muito dessa questão, porque ela aponta que há modos de introduzir uma interpretação, uma tradução de um livro mantendo ainda o livro livre. E agora eu estou falando por uma perspectiva pessoal, eu realmente acredito que se alguém pode demonstrar ou performar uma interpretação ou tradução própria isso não é uma explicação, é, antes, uma performance do livro. Então eu realmente gosto dessa questão porque isso é, em si, libertar o livro. Relendo o texto que apresentei, percebi que ele não é suficientemente positivo, no sentido de que ele não propõe formas o bastante para que alguém possa libertar textos. Certamente este é um dos modos pelo qual alguém pode deixar um texto livre, se alguém pode performar o texto sem explicá-lo, se alguém pode interpretá-lo sem explicá-lo, se alguém pode traduzi-lo sem explicá-lo.

Eu acredito que essa questão também traz à tona alguns modos importantes de interpretar Rancière. Gert Biesta, que escreveu alguns textos sobre Rancière, escreveu um artigo sobre Rancière intitulado "Don't be Fooled by Ignorant Schoolmasters" ["Não se deixe enganar por mestres ignorantes", em tradução livre]. E o motivo pelo qual ele escreveu esse artigo é porque notou que muitas pessoas interpretam Rancière como se ele quisesse dizer que nós não devemos ensinar ou que apenas devemos deixar que os alunos aprendam. Bem, isso não é o que Jacotot estava fazendo. Ele não pressupunha que o professor tivesse que desaparecer. Ele assumia que ele poderia liberar ou emancipar textos, mas ele também estava formando pessoas para fazer isso. Ele não estava dizendo: "não ensine". Seus seguidores estavam ensinando de algum modo, com o intuito de emancipar textos. Essa questão também promove a ideia de que o trabalho de Rancière não indica necessariamente que o professor deva ser silenciado. Professores podem falar. Agora, sobre o que falamos, como fazemos isso e se isso é ou não uma explicação é muito, muito importante. Emancipar um livro não significa necessariamente silenciar-se sobre ele, algo que eu acredito que essa questão assinala muito bem.

Gostaria ainda de comentar sobre uma história pessoal. Anteontem eu não pude participar deste colóquio porque eu já estava comprometido com uma outra conferência. Bom, eu enviei um artigo e fiquei desanimado ao descobrir que naquela conferência, por causa da covid-19, em vez de lermos o nosso artigo como geralmente fazemos nessas conferências, deveríamos resumir o texto em uma fala de cinco minutos. E eu pensei: "Meu texto fala"! O público já havia lido o texto anteriormente, e eles ainda me pedem para resumi-lo? E eu pensei: "Não, eu não vou resumi-lo". O texto continha um poema, e eu apenas li o poema, porque eu queria performá-lo em vez de resumi-lo. Então eu recebo essa questão com alegria, porque uma performance é diferente de uma explicação ou de um resumo.

Referências

RANCIÈRE, J. *O mestre ignorante: Cinco lições sobre a emancipação intelectual.* Tradução de Lílian do Valle. Belo Horizonte: Autêntica Editora, 2015.

RANCIÈRE, J. *O espectador emancipado.* Tradução de Ivone C. Benedetti. São Paulo: WMF Martins Fontes, 2012.

PLATÃO. *Phaedrus and The Seventh and Eight Letters.* Tradução de Walter Hamilton. Nova York: Penguin Books, 1973.

VI. Cenas de uma *partilha do sensível*: o ver, o agir e o traduzir

Aprendemos e ensinamos, agimos e conhecemos também como espectadores que relacionam a todo instante o que veem ao que viram e disseram, fizeram e sonharam. Não há forma privilegiada como não há ponto de partida privilegiado. Há sempre pontos de partida, cruzamentos e nós que nos permitem aprender algo novo caso recusemos, em primeiro lugar, a distância radical; em segundo, a distribuição dos papeis; em terceiro, as fronteiras entre os territórios.

Jacques Rancière

Para desapropriar-se de si: relações entre o espectador e a skholé em Jacques Rancière

Thiago de Castro Leite

Ao longo dos últimos anos, no Brasil, a obra de Jacques Rancière tem sido tomada como referência em diversas pesquisas acerca da fruição artística. Trabalhos como *A partilha do sensível* (2009a), *O espectador emancipado* (2012), *O inconsciente estético* (2009b) e *O mestre ignorante* (2015) revelaram-se como provocadores de novas ideias com relação à posição do espectador e das relações estabelecidas entre ele e uma obra. Do mesmo modo, é possível observar a forma singular com que o pensamento do autor tem reverberado em investigações filosóficas acerca da experiência escolar e da educação num sentido mais amplo.

Ocorre que vários conceitos importantes presentes na obra de Rancière transbordam qualquer tentativa de delimitação ou restrição temática. Assim, quando trata de política, ele nos oferece subsídio para pensar a arte; quando problematiza questões relativas ao espectador, nos leva a examinar aspectos inerentes à educação ou à escola. E é exatamente em face desse transbordar de margens que pretendemos estabelecer algumas relações entre dois objetos de análise tratados por Rancière: a atividade realizada pelo espectador e a *skholé*. No primeiro caso, explorando a compreensão do autor sobre a atividade de *tradução* realizada pelo espectador no ato de fruição artística. No segundo, identificando em que medida os modos de relação com o tempo impactam diretamente na experiência do espectador e podem favorecer ou não a assunção de seu papel diante de uma criação artística.

A tradução enquanto experiência de apropriação e desapropriação

É certo que, atualmente, há muito o que dizer sobre a condição do espectador, sobre o excesso de informação a que ele é submetido, sobre o tratamento que lhe é dado pelos meios de comunicação de massa e pelas mídias digitais no intento de fazer com que possa consumir os produtos que lhe são oferecidos. Um contexto no qual quase tudo o que lhe é dirigido visa apagar sua situação de sujeito, objetificando-o e limitando-o a um estado contínuo de consumidor.

Esta é uma conjuntura que acaba por interferir significativamente nos modos como esse sujeito vê e percebe aquilo que se apresenta diante de si. Afinal, de um olhar atento e dedicado, passa a conviver com um olhar cansado, desatento, desfocado. Um olhar que se lança a tudo ao mesmo tempo e a nada em particular; que se depara com qualquer possibilidade de experiência de espectador com o ímpeto devorador daqueles que consomem tudo o que lhes é oferecido.

Ocorre que o espectador não apenas é aquele que vê algo. Vemos muitas coisas todos os dias, e nem por isso nos relacionamos com elas como espectadores em face de uma criação artística, por exemplo. Mas o que isso significa? Significa que o tipo de relação estabelecida entre espectador e obra, ato ou palavra que se apresenta diante dele guarda especificidades fundamentais, sem as quais uma experiência de espectador pode não acontecer. Rancière destaca um desses aspectos ao indicar que "Aprendemos e ensinamos, agimos e conhecemos também como espectadores que relacionam a

PARA DESAPROPRIAR-SE DE SI: RELAÇÕES ENTRE O ESPECTADOR E A *SKHOLÉ* EM JACQUES RANCIÈRE

todo instante o que veem ao que viram e disseram, fizeram e sonharam" (RANCIÈRE, 2012, p. 21).

Para além de aproximar a atividade do espectador àquilo que realizamos em vários momentos em nossa condição normal de existência, a descrição realizada pelo autor nos chama a atenção em virtude do modo como localiza essa tarefa: compreendendo-a como uma espécie de articulação entre o que se oferece diante do espectador e suas próprias memórias e experiências. Neste sentido, é como se, a partir de seus referenciais, o espectador efetivasse uma reconstrução da obra, ato ou palavra com que se depara. O que implica, portanto, uma atitude específica. Nas palavras de Rancière (2012, p. 17), "O espectador também age, tal como o aluno ou o intelectual. Ele observa, seleciona, compara, interpreta. Relaciona o que vê com muitas outras coisas que viu em outras cenas, em outros tipos de lugares. Compõe seu próprio poema com os elementos do poema que tem diante de si".

Essa reconstrução faz com que o espectador assuma um protagonismo em face do que lhe é apresentado, pois a ele cabe um exercício de reconfiguração, de atribuição de sentido. Um exercício que Rancière denomina como *tradução*, capaz de mobilizar o espectador a uma experiência específica de apropriação e desapropriação. Apropriação porque, ao entrar em contato com uma produção artística, busca compreendê-la segundo as referências que possui, mergulha em seu arsenal mnemônico em busca de chaves de entendimento as mais diversas, modos de traduzir aquilo que se oferece diante de si. Desapropriação pois, nesse esforço de traduzir, move seu pensamento, reorganiza a compreensão que tinha de antemão e pode ressignificar seu modo de relação com a arte e com o mundo.

Nesse exercício, entre o apropriar-se da obra (e, consequentemente, do mundo) e o desapropriar-se de si reside também uma espécie de incontrolabilidade, de incerteza quanto às possíveis reverberações dessa experiência no espectador, o que para Rancière (2012, p. 25) decorre do fato de que "o efeito do idioma não pode ser antecipado. Ele exige espectadores que desempenhem o papel de intérpretes ativos, que elaborem sua própria tradução para apropriar-se da 'história' e fazer dela sua própria história". Por essa razão, ao assumirmos o papel de espectadores, vivenciamos uma oportunidade singular, um convite a fruir aquilo que é exterior a nós, que pode passar a nos integrar de algum modo e nos transformar em um novo alguém, até então inesperado. Um deslocamento que parece se evidenciar poeticamente num excerto de José Saramago em *O conto da ilha desconhecida*:

> O filósofo do rei, quando não tinha o que fazer, ia sentar-se ao pé de mim, a ver-me passajar as peúgas dos pajens, e às vezes dava-lhe para filosofar, dizia que todo homem é uma ilha, [...] tu que achas que é necessário sair da ilha para ver a ilha, que não nos vemos se não nos saímos de nós [...] (SARAMAGO, 1998, p. 40-41).

Se no texto de Saramago o movimento de "sair da ilha" é o que torna possível conhecê-la, na experiência do espectador é o movimento gerado pelo desapropriar-se de si e apropriar-se do que lhe é exterior que leva o sujeito a ressignificar não apenas as obras, atos e palavras que frui, mas seu próprio modo de ver, dizer e estar no mundo. Segundo Rancière, é nesse movimento que o poder comum a todos os espectadores se revela. O poder que "cada um tem de traduzir à sua maneira o que percebe, de relacionar isso com a aventura intelectual singular que o torna semelhante a qualquer outro, à medida que essa aventura não se assemelha a nenhuma outra" (RANCIÈRE, 2012, p. 20).

Ainda que essa aventura intelectual à qual o espectador se lança não se assemelhe a nenhuma outra, é possível identificar alguns elementos comuns capazes de favorecer sua instauração, como a existência de uma temporalidade específica, um modo de relação com o tempo capaz de romper com o ciclo de produção e consumo ao qual estamos inseridos. E que, por esta razão, permite-nos assumir o papel de espectadores. Trata-se, pois, da *skholé*. A fim de compreendê-la, recorremos a três dimensões temporais presentes na antiguidade grega: *Chronos*, *Kairós* e *Aión*.

A skholé *como separação: um modo de relação com o tempo propício à fruição artística*

Ao gerenciar as inúmeras tarefas que realizamos em nosso dia a dia, valemo-nos de um modo de operar no qual o tempo é exclusivamente levado em consideração por sua dimensão quantitativa. Nessa perspectiva, cada minuto se equivale, cada hora quantifica um mesmo pedaço de tempo. Os 30 minutos que antecipam um espetáculo de teatro, por exemplo, são contabilizados pelos mesmos critérios que os 55 minutos em que a apresentação se desenvolve. Em outras palavras, nesse contexto prevalece uma modalidade de tempo denominada na antiguidade, pelos gregos, como *Chronos*. Movidos por ele, nos dedicamos a uma séria de tarefas. Acordamos pelo som dos despertadores, nos vestimos, nos alimentamos, trabalhamos, nos exercitamos, descansamos. Cada atividade com um horário definido para acontecer. Assim, programamos quase que totalmente o tempo de nossos dias e noites.

Uma programação que não afeta apenas o exato momento em que as atividades acontecem, mas seu passado e seu futuro. Programar e delimitar o tempo destinado a tudo o que fazemos parece já integrar nosso modo de vida em sociedade. Assim, quando não estamos ocupados cumprindo as tarefas que nos propusemos, estamos preocupados estabelecendo novos horários para novas atividades ou atribuindo algum valor quantitativo ao que já fizemos num tempo passado. Numa sociedade em que cada vez se produz mais em menos tempo, a velocidade adquire status de produtividade, de atividade bem-sucedida. Quanto maior nossa capacidade de realizar algo num curto espaço de tempo, melhor, afinal, findada essa tarefa, podemos nos lançar a uma nova. E, assim, vamos sendo devorados por *Chronos*, tal como o foram seus filhos na mitologia grega.

Se, por um lado, é esse tempo indicado pelo relógio que gere, inclusive, uma ida ao teatro, por outro, não é o mesmo que se estabelece quando sujeitos ocupam uma plateia. Algo diferente acontece naquele espaço quando as luzes se apagam e atrizes e atores preparam-se para iniciar suas ações. Em face desse instante, uma outra experiência temporal se torna possível, um outro modo de perceber e interagir com o tempo. Trata-se, pois, de um tempo oportuno, justo para se assumir um papel de espectador, mais próximo do que os gregos denominavam como *Kairós*.

Kairós se configura como uma primeira qualificação em *Chronos*. Nele, o que está em jogo não é uma relação quantitativa, de experimentar mais ou menos tempo, mas, sim, uma dimensão qualitativa. Se em *Chronos* todas as partes de tempo se equivalem, em *Kairós* um instante de tempo aparece de maneira única. Ele diz respeito a um momento favorável e efêmero no qual uma determinada ação deve ocorrer; à oportunidade fugaz e precisa que emerge diante dos humanos quando estão na iminência de realizar um ato ou palavra (CHAUI, 2002, p. 503).

Desse modo, poderíamos dizer que a brecha que se abre entre o passado e o futuro no exato momento em que o espetáculo está a ponto de começar e que convoca a plateia a tomar uma atitude diante desse fato configura-se como esse tempo *Kairós*. Para responder a ele, é preciso estar aberto, atento e disposto, faz-se necessário deslocar-se. Ao desfrutar dessa oportunidade, instaura-se, pois, um terceiro modo de relação temporal, constituinte de toda experiência estética e chamado, na antiguidade grega, de *Aión*, um tempo cuja característica também se distancia da marcação quantitativa presente em *Chronos*.

Segundo Walter Kohan (*apud* DÁRIO JR.; SILVA, 2018, p. 302), "*Aión* é o tempo justamente da experiência, é o tempo da qualidade e não da quantidade. É o tempo que não passa. Que não se sucede. É o tempo que dura". Ou seja, ele representa "um tempo em suspenso", porque o envolvimento com aquilo que fazemos em sua presença "nos faz esquecer que a areia da ampulheta ainda escorre" (POHLMANN, 2006, p. 291).

Neste sentido, *Aión* se configura como o tempo propício para a experiência estética, pois permite o estabelecimento de relações que transcendem o tempo cronológico, pelo qual nos guiamos cotidianamente. É nesse tempo em suspenso que, entre o começo e o fim de um espetáculo teatral, por exemplo, podemos nos ver mergulhados em um infinito presente. Afinal, *Aión* provoca uma ruptura com o fluxo contínuo e devorador ao qual estamos sujeitos.

Enquanto *Chronos*, *Kairós* e *Aión* dizem respeito a atributos quantitativos e qualitativos inerentes ao próprio tempo, a *skholé* se refere a um tipo de relação estabelecida com esses atributos, a uma organização específica que instaura uma divisão entre um tempo dedicado ao trabalho e um *tempo livre*, não produtivo. Esse *tempo livre*, entretanto, não se trata do "tempo para lazer, tal como o entendemos hoje, o tempo da inatividade que sobra depois do trabalho diário, [...] mas o ato deliberado de se abster, de se conter (*schein*) e de não participar das atividades comuns determinadas pelas nossas necessidades cotidianas" (ARENDT, 2014, p. 111-112). Segundo as próprias palavras de Rancière, a *skholé* "separa dois usos do tempo: o uso daqueles cujas obrigações do trabalho e da produção retiram, *por definição*, o tempo de fazer outra coisa; e o uso daqueles que *têm tempo*, ou seja, são dispensados das exigências do trabalho" (RANCIÈRE, 2022, p. 77, grifo do autor).

Para os gregos, era a *skholé* que permeava o processo de formação das crianças e jovens, pois consistia em um *tempo livre* dedicado ao estabelecimento de vínculos com a realidade e à atribuição de significados para com as coisas que configuravam o mundo; um tempo para ver e conhecer as obras, atos e palavras que constituíam a *pólis* sem, necessariamente, gerar algum produto específico ou garantir uma utilidade prática. Era, pois, uma relação com o tempo com um fim em si mesma.

É nesse sentido que a experiência temporal instaurada pela *skholé* – o *tempo livre* – parece-nos ser uma condição privilegiada para que um sujeito possa assumir o papel de espectador e se deparar com oportunidades de tradução, de apropriação e desapropriação de si. Afinal, o ato de fruição artística necessita da "instauração de outra lógica temporal, interrompendo o ritmo cotidiano, fundando um espaço para a necessária participação do espectador" (DESGRANGES, 2017, p. 17). Uma lógica temporal que propicia uma ruptura com *Chronos*, a não subordinação a uma exclusiva relação quantitativa com o tempo na qual *Kairós* e *Aión* podem emergir.

Considerações finais

Ao longo deste texto, procuramos explicitar dois aspectos tratados por Rancière que, a nosso ver, são fundamentais para a experiência do espectador: a *tradução* e a *skholé*. Compreender o que se coloca em jogo quando, no papel de espectadores, lançamo-nos em um exercício de tradução permite examinarmos nossa própria condição no mundo no tocante às relações que estabelecemos com as obras, atos e palavras que o constitui. Para além de discutir acerca das relações entre a arte e o sujeito que a frui, torna-se possível, também, pensar a fruição artística como uma experiência que transborda as margens de um campo de conhecimento específico, que é capaz de redimensionar o próprio sujeito em sua relação consigo e com o mundo.

Se por um lado, em face do turbilhão de informações e demandas a que estamos submetidos diariamente, conseguir efetuar um corte no tempo, uma ruptura no ciclo interminável de trabalho, produção e consumo parece uma tarefa quase impossível, por outro, é no esforço em conseguir instaurar esses momentos de suspensão do "tempo produtivo" que podemos ser surpreendidos com oportunidades de tradução. Em outras palavras, que, ao assumir o papel de espectadores, permitimo-nos nos lançar em uma aventura intelectual. E nela, ao encontrarmos com algo exterior a nós, sairmos à procura de nós mesmos, tal como na imagem poética que finda *O conto da ilha desconhecida* de Saramago (1998, p. 62): "Depois, mal o sol acabou de nascer, o homem e a mulher foram pintar na proa do barco, de um lado e do outro, em letras brancas, o nome que ainda faltava dar à caravela. Pela hora do meio-dia, com a maré, a Ilha Desconhecida fez-se enfim ao mar, à procura de si mesma".

Referências

ARENDT, Hannah. *A condição humana.* Tradução de Roberto Raposo, revisão técnica e apresentação de Adriano Correia. Rio de Janeiro: Forense Universitária, 2010.

ARENDT, Hannah. *A vida do espírito.* Rio de Janeiro: Relume Dumará, 2014.

CHAUI, Marilena. *Introdução à história da filosofia: dos pré-socráticos a Aristóteles (v. 1).* São Paulo: Companhia das Letras, 2002.

DÁRIO JR., Ivan Rubens; SILVA, Luciana Ferreira. A escola como experiência: entrevista com Walter Omar Kohan. *Revista Eletrônica de Educação*, v. 12, n. 1, p. 298-304. jan.-abr. 2018. Disponível em: https://bit.ly/3BJ5zus. Acesso em: 5 jan. 2021.

DESGRANGES, Flávio. *A inversão da olhadela: alterações no ato do espectador teatral*. 2. ed. São Paulo: Hucitec, 2017.

POHLMANN, Angela Raffin. Intuições sobre o tempo na criação em artes visuais. *Educação – Revista do Centro de Educação*, v. 1, n. 2, p. 283-294, jul.-dez. 2006. Disponível em: https://bit.ly/3fiNXhv. Acesso em: 7 jan. 2020.

RANCIÈRE, Jacques. *A noite dos proletários: arquivos do sonho operário*. Tradução de Marilda Pedreira. São Paulo: Companhia das Letras, 1988.

RANCIÈRE, Jacques. *A partilha do sensível: estética e política*. Tradução de Mônica Costa Netto. São Paulo: Editora 34, 2009a.

RANCIÈRE, Jacques. Escola, produção, igualdade. Tradução e notas de Jonas Tabacof Waks e Anita Pompéia Soares. In: CARVALHO, J. S. F. de (Org.). *Jacques Rancière e a escola: educação, política e emancipação*. Belo Horizonte: Autêntica, 2022. p. 75-103.

RANCIÈRE, Jacques. *O espectador emancipado*. Tradução de Ivone C. Benedetti. São Paulo: Martins Fontes, 2012.

RANCIÈRE, Jacques. *O inconsciente estético*. Tradução de Mônica Costa Netto. São Paulo: Editora 34, 2009b.

RANCIÈRE, Jacques. *O mestre ignorante: cinco lições sobre a emancipação intelectual*. Tradução de Lílian do Valle. Belo Horizonte: Autêntica Editora, 2015.

SARAMAGO, José. *O conto da ilha desconhecida*. São Paulo: Companhia das Letras, 1998.

Ainda a respeito de "tornar sensível"

Lílian do Valle

Eu teria gostado de ir direto ao assunto que mais me interessa no pensamento de Jacques Rancière, que é a reflexão sobre a formação de novas formas de subjetividade cosmopolíticas tal como se pode derivar daquela que é, para mim, sua contribuição mais valiosa para a educação: a *partilha do sensível*. Mas como evitar esta que parece ter se transformado em uma parada obrigatória, sobretudo em educação, como escapar desse caminho todo traçado que parece, sempre, levar compulsoriamente a *O mestre ignorante*?

Por muitos aspectos, esse texto foi, e continua a ser, a obra mais famosa de Jacques Rancière. Não sei muito ao que atribuir esse status: à força da originalidade de uma crítica que não poupava nem a sacrossanta maiêutica socrática, tal como nos transmitiu Platão, nem a heroica herança iluminista da República francesa e sua defesa de um acesso universal à cultura, nem, muito menos, o herói acadêmico daquele momento de vitória socialista na França, Pierre Bourdieu, que propunha uma "adaptação" da cultura escolar às exigências das camadas populares? Para Rancière, a pedagogia tradicional da transmissão neutra do saber e a pedagogia modernista da cultura adaptada ao estado da sociedade se mantêm do mesmo lado, contrário à alternativa proposta por Jacotot: ambas tomam a igualdade *como fim*, isto é, elas partem da desigualdade pretendendo alcançar uma sempre protelada igualdade.

Ou dever-se-ia atribuir o sucesso do *Mestre* ao ineditismo dessa filosofia "desde os arquivos" – gênero que produziu lindas pérolas no texto foucaultiano, na obra de uma Arlette Farge? Há ainda, em favor do *Mestre*, a linguagem fluida, bordada apenas pelos usos da época e nunca pelo obscurantismo que tanto amam os arrogantes, além, é claro, do tema inspirador, igualdade, liberdade, ruptura com o instituído, criatividade...

Não é nunca fácil determinar as razões do sucesso de uma obra. Mas ocorre que a extraordinária trajetória desse livro deu origem a um espantoso e renitente paradoxo, e, ali onde Rancière pretende falar de liberdade e ímpeto de criação, leu-se uma cartilha pedagógica, um manual anunciando um novo método de ensino. O autor não cansa de repetir: este não é um livro sobre a educação. O que importa? É um fazer regulado, uma resposta pronta, um novo projeto de ação educativa, um método eficaz para a produção da igualdade que continua a se buscar na aventura de Jacotot – se não é um manifesto anarquista do bem-pensar, um credo que garante ao fiel seu lugar no paraíso dos justos ou um atestado de índole politicamente correta, avalizada pela autoridade de Rancière. Creio que sobretudo este último uso desagradaria profundamente a nosso filósofo.

Criar implica expor-se; quantas vezes se busca, porém, na filosofia a consolação, a segurança? Tomado como receituário, o *Mestre* revelaria os limites de uma análise que não consegue ultrapassar o radical cognitivismo que marcou a época de Jacotot e também a experiência educativa moderna, cujos sintomas estão no uso recorrente da palavra *instrução*, jamais considerando a perspectiva mais abrangente da *formação humana*; na forma como a igualdade e a desigualdade são pensadas em termos de "inteligências"; na insistência com que Jacotot nos informa que inteligência e vontade são "duas faculdades que estão em jogo no ato de aprender". Eis como a emancipação se define como "ato de uma inteligência que não obedece senão a ela mesma, *ainda que a vontade obedeça a outra vontade*" (Rancière, 2002a, p. 31-32).

Talvez seja, pois, de fato preferível ler o *Mestre* como uma reflexão política que usa o exemplo da educação, tão central na época de Jacotot, mas que mira a sociedade e a forma como ela veio se construindo desde a Modernidade tanto quanto a todos os seus produtos de desigualdade. Uma sociedade permanentemente dividida entre sábios e ignorantes, entre ativos e passivos, entre os que a integram de pleno direito e os excluídos, entre a arrogância dos proprietários e a invisibilidade dos despossuídos.

> A oposição entre "embrutecimento" e "emancipação" não é uma oposição entre métodos de instrução. Não é a oposição entre métodos tradicionais ou autoritários e métodos novos ou ativos: o embrutecimento pode passar, e de fato o faz, por todo tipo de formas ativas e modernas. *A oposição é propriamente filosófica*. Ela concerne à ideia de inteligência que preside a própria concepção de aprendizagem. O axioma da igualdade das inteligências não afirma qualquer virtude específica dos ignorantes, nenhuma ciência dos humildes ou inteligência das massas. Ele afirma simplesmente que não há um só tipo de inteligência em ação em todas as aprendizagens intelectuais, [mas] [...] A oposição filosófica assim entendida é, ao mesmo tempo, uma oposição política. Ela não é política porque denunciaria o saber superior em nome de uma inteligência inferior. Ela o é em um sentido muito mais radical: porque concerne à própria concepção da relação entre igualdade e desigualdade (Rancière, 2007, [s.p.]).

Pode-se, assim, afirmar sem muito susto que o pensamento de Rancière tem sido marcado por uma preocupação maior, que é a desigualdade e sua formas de manifestação na história. É a desigualdade que está em questão n'*A noite dos proletários*, sua tese de Estado publicada em 1981, e n'*O desentendimento*, de 1995. No campo da instrução pública, centro dos ideais do século XVIII, tanto quanto no campo dos movimentos sociais que emergiram a partir daí, a política foi então tematizada como prática social explícita. Porém, a partir de meados da década de 1990, como demonstra, por exemplo, *Courts voyages au pays du peuple*, sem tradução no Brasil, sua reflexão sobre a política vai eleger a via da estética – entendida em seu sentido etimológico original, que diz respeito ao modo de ser da sociedade, à constituição da sensibilidade e das desigualdades que aí têm raízes. Já em *O desentendimento*, Rancière (1995, p. 89) definia a estética como "o que põe em comunicação regimes separados de expressão. [...] a história moderna das formas de política está ligada às mutações que revelaram a estética [a ser entendida] como partilha do sensível e discurso sobre o sensível". Por isso mesmo, n'*A partilha do sensível* (2000, p. 8) Rancière comenta que o terreno estético "é hoje aquele onde se dá continuidade a uma batalha que ontem tinha por objeto as promessas de emancipação, as ilusões e desilusões da história".

Deduz-se claramente dessas passagens que Rancière não visa, com este deslocamento, apenas o regime das artes, mas, muito mais profunda e amplamente, a crítica do que Foucault chamaria de modos de subjetivação das sociedades. Como, então, não considerar a extrema relevância que esse texto tem para a reflexão e a prática da educação – quando esta não é reduzida à aplicação de uma proposta metodológica revolucionária, nem tampouco decorre do domínio de técnicas e princípios duravelmente fixados (Do Valle, 2019), mas supõe o convite e o exercício da abertura para o mundo e da atenção à desigualdade? A *Partilha* propõe que esta desigualdade – que o autor analisou na partição entre proletários e burgueses e na hierarquia que separa os que sabem e os ignorantes – se define mais amplamente como a divisão entre modos de ser e de sentir, de agir e de pensar, de se comportar etc. A emancipação tem primeiramente como terreno o sensível, e como visada "novos modos do sentir que induzem formas novas de subjetividade política" (RANCIÈRE, 2000, p. 7).

> [A emancipação] é a designação de um lugar que hierarquiza as capacidades ou faculdades de compreensão. Assim, o problema político não é apenas o de se tomar a palavra contra o porta-voz, mas o de que as pessoas que não falavam falem e façam ver que também elas têm uma teoria sobre este ou aquele objeto. Este é o sentido da partilha do sensível e o que está em jogo na subjetivação. *Não há oculto, nem onisciência, nem invisível que obrigaria a ver o que está por atrás das coisas graças a um guia; há, sim, regimes de visibilidade*, a partir dos quais se explica como se constrói o percebido e como ele engendra formas de inteligibilidade, recortes no perceptível, palavras audíveis ou inaudíveis (RANCIÈRE, 1999, [s.p.]).

Eis como a *Partilha* assinala, também, a repartição do *espaço comum* e dos *tempos da vida*, do acesso à voz e à visibilidade, à permanência ou à migração, ao reconhecimento ou à abjeção.

Mas cabe, aqui, uma digressão: o próprio termo de "partilha" anuncia do que se trata. Como diria Cornelius Castoriadis, "partilhar é dar excluindo"; é atribuir de forma privativa a um indivíduo e a um grupo o que aos demais é negado. O filósofo opunha à noção do "partilhável" o neologismo "participável" – aquilo de que depende, apesar de tudo, a sociedade para se manter como tal, como a língua, que não pode existir se não incluir a todos, e isto ainda que mesmo essa inclusão seja, como mostrou justamente Rancière, profundamente desigual. Para Castoriadis (1987, p. 294-295), a definição do que era partilhável e do que era participável instaurava, em cada sociedade, a política.

É dessa partilha essencial que fala Rancière, que trata, substancialmente, da cultura, do *ethos*, do ambiente de valores, conceitos, representações, esquemas mentais, enfim, modos de ser, de afetar e de se deixar afetar que definem os humanos e suas sociedades – posto que é sobre eles que importa, finalmente, pensar.

> A partilha do sensível dá a ver que pode haver uma parte comum em função do que se faz e do lugar onde se está. Ter um determinado tipo de ocupação em um lugar determinado define competências ou incompetências para o comum. Isto define o fato de ser ou não ser visível em um espaço comum, de ser ou não dotado de uma palavra comum etc. Há, pois, na base da política uma "estética" entendida em um sentido kantiano, eventualmente revisitada por Foucault: uma divisão dos tempos e espaços, do visível e do invisível, da palavra e do barulho que define ao mesmo tempo o lugar e a visada da política como forma de experiência. A política é sobre o que vemos e o que podemos dizer sobre ela, sobre quem tem competência para ver e qualidade para dizer, sobre as propriedades dos espaços e as possibilidades do tempo (RANCIÈRE, 1999, [s.p.]).

Essa partilha está todo tempo em jogo, ela está em toda parte, mas acaba por se tornar invisível para aqueles a quem *não* vitima. Rancière, como se sabe, analisou diferentes momentos marcados por diferentes formas de partilha: o "regime estético" da antiguidade grega, o "regime poético ou representativo" que a ele se opõe e o "regime estético".

A esse regime estético – tanto quanto aos outros, aliás – correspondem práticas, modos de interpretação, modelos de fala e de ação, regimes de intensidade sensível. Ora, segundo Rancière (2000, p. 31), nesse regime a arte não mais distingue diferentes formas do *fazer*, mas define modos distintos de *ser sensível* que são característicos dos produtos da arte. Se antes a estética definia uma teoria própria da sensibilidade, uma teoria do gosto e do prazer artístico, ela agora se refere a um *modo de ser*, a uma sensibilidade que alguns julgaram capaz de induzir a "formação de uma humanidade específica" (RANCIÈRE, 2000, p. 33). Para Rancière (p. 39), Schiller é aqui uma referência obrigatória, já que propunha que somente a educação estética poderia conduzir aos ideais de igualdade e liberdade sustentados pela Revolução Francesa pela invenção "de um modo específico de habitação do mundo sensível" e, assim, pela formação de humanos capazes de viver em uma comunidade política livre.

> O estado "estético" de Schiller busca marcar, em toda a sua generalidade, a remoção da oposição entre compreensão ativa e sensibilidade passiva. Ele quer destruir, com a ideia de arte, uma ideia de sociedade baseada na oposição entre quem pensa e decide e quem se dedica ao trabalho material (RANCIÈRE, 1999, [s.p.]).

Porém, Rancière observa a estreita relação entre o vanguardismo político dessa concepção estética e a concepção estratégica do partido como vanguarda política, de que resultaram algumas trágicas incidências no século passado. De forma mais geral, o autor sustenta que as promessas de realização política por via da arte são sempre baldadas – mas acrescenta que, nessa ambiguidade, a "arte prospera", de forma que não faz sentido separar a arte da política –, e "aqueles que querem que a arte cumpra sua promessa política estão condenados a certa melancolia" (RANCIÈRE, 1999, [s.p.]).

Porém, interessada pela questão estética, nunca foi minha intenção derivar do texto de Rancière uma relação direta e simples entre a *arte* e a *educação* no seio de um projeto político com pretensões de mudar a sociedade. Mas sigo acreditando que o postulado da partilha do sensível abre outras vias para pensar a formação humana que não se limitam à alternativa entre a utopia e a perda da realidade.

Sempre é bom repetir que a lição da *Partilha* é a de que a estética é um campo marcado pelo conflito, pelo dissenso, que devem ser entendidos como o próprio movimento da política. Como analisa o autor, em uma passagem já famosa de *Nas margens do político*:

> "Circulando! Não tem nada aqui para ver." A polícia diz que não há nada para ver em uma estrada, nada a fazer além de caminhar. Ela diz que o espaço de circulação é apenas o espaço de circulação. A política consiste em transformar este espaço de circulação em espaço de manifestação de um sujeito: o povo, os trabalhadores, os cidadãos. Consiste em remodelar o espaço, o que há para fazer, para ver, para nomear. É o litígio instituído sobre a partilha do sensível [...]. Aquele que não se quer reconhecer ser político [...] começa-se por não por não compreender o que ele diz [...] A essência da política é o dissenso. Dissenso não é o confronto de interesses ou opiniões. É a manifestação de um desvio do sensível de si mesmo. A "manifestação política mostra o que não tinha razão de ser visto, aloja um mundo no outro, por exemplo, [aloja] o mundo onde a fábrica é um lugar público no mundo onde ela é lugar privado, [aloja] o mundo onde os trabalhadores falam e falam da comunidade, naquele onde eles só fazem gritar para expressar sua dor" (RANCIÈRE, 2014, p. 242-244).

A experiência descrita por nosso autor remete, a meu ver, a esses "maus encontros" de que fala Marco Antônio Valentim, citando Eduardo Viveiros de Castro: experiência da profunda divergência, do *equívoco* que nunca se deixa traduzir inteiramente, que não pode ser reduzido por uma suposta língua universal, seja ela da razão, da bondade ou da simples civilidade, mas que carrega um enorme potencial de mudança. Valentim fala de uma política "sobrenatural", resultante não de uma experiência mística, mas do choque entre "tudo aquilo que se compreende e realiza por mundo" (VALENTIM, 2018, p. 28) – em outras palavras, é sobrenatural esta irrupção do mundo divergente dos sem lugar no seio mesmo da estabilidade do mundo instituído pelos dominantes.

Para Isabelle Stengers (2007, p. 49), tem-se aí a própria essência do que denomina de *cosmopolítica* – uma proposta radicalmente oposta àquela lançada por Kant:

> No termo "cosmopolítica", *cosmos* designa o desconhecido que constitui esses mundos múltiplos, divergentes, tanto quanto as articulações de que eles poderiam se tornar capazes, contra a tentação de uma paz que se pretenderia final, ecumênica, no sentido de uma transcendência que teria o poder de requerer daquele que é divergente que se reconheça como apenas uma expressão particular do que constitui o ponto de convergência de todos.

Não há como estar preparado para a repentina irrupção de um mundo até então invisível, ou para o choque que representa um encontro com o que Achille Mbembe chamou de necropolítica, infelizmente tão frequente em nossa realidade atualmente. Tudo que há é a possibilidade de se estar aberto para a emergência do sobrenatural que abala nossas certezas e seguranças. Tornar-se sensível. De forma que o dissenso pode dar lugar ao movimento, à autoalteração. Ou então, buscando precaver-se de qualquer experiência capaz de denunciar a vulnerabilidade de nosso mundo, a fragilidade do suposto consenso em que ele pensa se apoiar, se é projetado na denegação.

Não é esta uma questão de vontade ou de inteligência: trata-se de mobilizar uma disposição propriamente afetiva que está longe de se constituir em característica do *ethos* instituído, de inaugurar, como diriam Butler e Athanasiou (2016, p. 97), novas práticas de inteligibilidade e de reconhecimento não baseadas na posse e na indiferença, mas no cuidado e na responsabilidade. Isto sem dúvida compete à formação humana, mas, dada sua amplitude, este desafio não compete apenas à escola. O que não significa, evidentemente, que ela não seja um dos espaços em que se pode fazer a experiência de uma sensibilidade, digamos, cosmopolítica.

Acrescente-se, pois, às pistas fornecidas pela *Partilha*, sem medo de qualquer apostasia (também tomada, é claro, em seu sentido etimológico), a referência necessária à afetividade e ao corpo, tão estreitamente relacionados à estética como modo de ser e de sentir.

É nesse ponto que a referência à arte é fundamental – a essa arte que, entendida como "componente curricular", foi e ainda é em larga medida pensada como uma disciplina acessória ou, quando muito, como espaço de desenvolvimento das habilidades sensoriais necessárias à conquista da razão, como simples etapas para o domínio instrumental da cognição. E, de fato, os esquemas antropológicos herdados privaram a prática pedagógica de seu potencial de performatividade, restringindo sua efetividade no processo de socialização dos sujeitos. Contudo, a arte ou, mais precisamente, as "artes do corpo" têm muito a contribuir, já que, implicando necessariamente a experiência dos sentidos, elas reintroduzem a corporeidade, a exigência de se ouvir os testemunhos dos sentidos, de se lidar com sujeitos encarnados, que manifestam, em suas reações sempre imprevisíveis, uma diversidade de modos de ser que, de outra maneira, estaria encoberta pelo formalismo didático. Mas é importante que, alguma vez, as artes do corpo não sejam entendidas como puro recurso didático, pois elas inauguram um tipo diferente de socialização, abrindo espaço para a possibilidade de se construir novas relações com o mundo e com os outros e, talvez, de se instalar uma disposição à abertura e ao reconhecimento do diverso. É necessariamente o corpo que permite a aproximação daquilo que, do estrangeiro, nos expõe à sua beleza, à sua humanidade singular, à sua presença provocativa e incômoda. Em suma, as artes do corpo obrigam a um movimento para fora de si, e assim inauguram a experiência da vulnerabilidade.

É sem dúvida como eu sintetizaria a definição que Georges Didi-Huberman (2016, [s.p.], tradução nossa) fornece para o gesto de *tornar sensível*: em primeiro lugar, conceder inteligibilidade – mas não seguramente como a pensam "as estreitas versões do platonismo ou do racionalismo contemporâneos", mas ativando a potência de lisibilidade dos acontecimentos sensíveis, que operam como uma "dialética de imagens, de aparências, de aparecimentos, de gestos, de olhares". Nesse sentido, *tornar sensível* significa, mais do que somente valorizar a experiência dos sentidos, "tornar acessível o que nossos sentidos, assim como nossas inteligências, nem sempre sabem perceber como 'fazendo sentido'"; algo que só aparece como uma falha no significado, pista ou sintoma. A isso ele denomina "dialética do sintoma".

> Mas, num terceiro sentido, *tornar sensível* também significa que nós próprios, perante essas falhas ou sintomas, nos tornamos subitamente "sensíveis" a algo na vida das pessoas – a algo da história – que até então nos escapou, mas que "olha" para nós diretamente. Eis-nos, pois, "tornados sensíveis" a algo novo na história dos povos que, por isso, queremos conhecer, compreender e apoiar (DIDI-HUBERMAN, 2016, p. 89, tradução nossa).

Em suma, realizar o maior desafio de nossa época: a abertura para um cosmos sempre em (re)composição, que nos obriga à despossessão de nossas certezas e ao prazer do encontro e nos prepara para enfrentar as incertezas dos tempos que ainda virão. Não seria esta a melhor definição do movimento em direção a uma sensibilidade cosmopolítica?

Referências

BUTLER, J.; ATHANASIOU, A. *Dépossession*. Paris: Diaphanes, 2016.

CASTORIADIS, Cornelius. *As Encruzilhadas do labirinto. II Os domínios do homem*. Rio de Janeiro: Paz e Terra, 1987.

DIDI-HUBERMAN, G. Rendre sensible. In: *Qu'est Qu'est-ce qu'un peuple?*. Paris: La Fabrique, 2016.

DO VALLE, Lílian. Mestre ignorante e outras histórias sobre a escola. *Educação & Realidade*, v. 4, n. 44, dez. 2019.

RANCIÈRE, Jacques. *A noite dos proletários: arquivos do sonho operário*. Tradução de Luis Leitão. São Paulo: Cia da Letras, 1988.

RANCIÈRE, Jacques. *A partilha do sensível: estética e política*. Tradução de Mônica Costa Netto. São Paulo: Editora 34, 2005.

RANCIÈRE, Jacques. A revolução estética e seus resultados. *Projeto Revoluções*, [s.n.], [s.d.]. Disponível em: https://bit.ly/3LOk1WQ. Acesso em: 15 jun. 2022.

RANCIÈRE, Jacques. *Aux Bords du politique*. Paris: Gallimard, 2004.

RANCIÈRE, Jacques. *Courts voyages au Pays du peuple*. Paris: Seuil, 1990.

RANCIÈRE, Jacques. Interview. *Ballast*, v. 2, n. 3. Paris: Ed. Aden, 2015. Disponível em: https://bit.ly/3CbWYlz. Acesso em: 10 jan. 2021.

RANCIÈRE, Jacques. *La Mésentente*. Paris: Galilée, 1995.

RANCIÈRE, Jacques. *La Nuit des prolétaires: archives du rêve ouvrier*. Paris: Fayard, 1981.

RANCIÈRE, Jacques. *Le Maître ignorant*. Paris: Fayard, 1987.

RANCIÈRE, Jacques. Le partage du sensible (Entretien). *Alice*, n. 2, "La Fabrique du sensible", été 1999.

RANCIÈRE, Jacques. *Le partage du sensible: esthétique et politique*. Paris: La Fabrique, 2000.

RANCIÈRE, Jacques. *Nas margens do político*. Tradução de Vanessa Brito e João Pedro Cachopo. Lisboa: KKYM, 2014.

RANCIÉRE, Jacques. *O desentendimento: política e filosofia*. Tradução de Ângela Leite Lopes. São Paulo: Editora 34, 1996.

RANCIÈRE, Jacques. *O mestre ignorante*. Tradução de Lílian do Valle. Belo Horizonte: Autêntica, 2002a.

RANCIÈRE, Jacques. The Aesthetic Revolution and its Outcomes. *New Left Review*, n. 14, p. 133-135, mar.-abr. 2002b. Disponível em: http://newleftreview.org/. Acesso em: 15 jun. 2022.

STENGERS, Isabelle. La proposition cosmopolitique. In : LOLIVE, Jacques *et al.* (Org.). *L'émergence des cosmopolitiques*. Paris: La Découverte, 2007.

VALENTIM, Marco Antônio. *Extramundanidade e sobrenatureza: ensaios de ontologia infundamental*. Florianópolis: Cultura e Barbárie, 2018.

A comunidade estética em Jacques Rancière

Ricardo Nascimento Fabbrini

Desde sua publicação, em 2000, *Le partage du sensible: esthétique e politique* – traduzido para o português em 2005 – tornou-se referência nos estudos de estética contemporânea. Suas considerações sobre as relações entre estética e política têm sido mobilizadas, a partir de então, não apenas nos cursos de Filosofia e Letras, mas também por artistas, críticos de arte e ativistas na tentativa de compreender a potência de negatividade de certa arte contemporânea e das manifestações de protesto no dito mundo globalizado. Sua caracterização do *regime estético* na obra *Aisthesis*, de 2011, abarca, entre outras linguagens, literatura, pintura, fotografia, arquitetura e artes decorativas nos séculos XIX e XX. No Brasil, no entanto, tem-se recorrido aos seus textos para caracterizar as intervenções que tensionam arte e vida no campo das artes visuais (performances, instalações etc.) e das artes cênicas (no dito Teatro do Real). Além disso, curadores de diversas exposições e bienais de arte pelo mundo vêm adotando seus conceitos como orientação para suas curadorias, no intento de diagnosticar os impasses do mundo atual e o modo de confrontá-los pela arte.

Sua projeção no debate sobre as artes visuais contemporâneas é, portanto, surpreendente porque sua reflexão estética, marcadamente autoral, originou-se de seus estudos sobre a literatura no século XIX. Em sua caracterização da arte contemporânea, Rancière não endossou, assim, o vocabulário corriqueiro da crítica de arte que nas décadas de 1980 e 1990 – para dar apenas um exemplo – insistiu no uso dos termos "moderno" e "pós-moderno".[1] Segundo Rancière, o termo "pós-moderno" (ou "ruptura pós-moderna") é destituído de sentido pela simples razão que não haveria sentido em empregar a expressão modernidade artística, uma vez que essa é uma convenção estéril da historiografia da arte e da literatura do século XX.

A noção de modernidade artística é, para Rancière, em suma, um grande equívoco. É, antes de tudo, uma "fabula" segundo a qual a arte moderna teria produzido uma "revolução estética" ao apresentar como "essência pura da arte" a busca do "novo" (RANCIÈRE, 2004, p. 46). Na pintura, *grosso modo*, o novo seria a recusa à "figuração", em nome da pureza da pintura; e na literatura seria a recusa da comunicação, em

---

[1] Certos comentadores mostram que, embora Jacques Rancière tenha recusado a noção de ruptura, seja na caracterização da modernidade artística como rompimentos sucessivos com a tradição; seja no emprego do prefixo "pós" da expressão pós-modernidade (que implica uma ruptura com a modernidade). Ele acabou por retomar essa noção de ruptura ao opor, insistentemente o "regime estético" ao "regime representativo da arte". É preciso, contudo, ressaltar que, para o autor, da hegemonia do regime estético no campo da literatura e da arte nos séculos XIX e XX não resultou o arquivamento do regime representativo da arte, uma vez que esses regimes coexistem em dada época, e até mesmo em dada obra singular. Pode-se conjecturar, assim, que os regimes concebidos por Rancière são, antes de tudo, *modos de enunciação e não períodos históricos*, assim como – vale lembrar – os termos "modernidade" ("estética moderna" ou "estética do sublime") e "pós-modernidade" (ou "estética pós-moderna"), segundo Jean-François Lyotard. Por isso é possível para Lyotard, situar o dito pós-moderno na origem do moderno, ou seja, supor o moderno e o pós-moderno como modos de enunciação que coexistiram na modernidade ou pós-modernidade (retomados, aqui, como períodos). Esse paralelo entre os dois autores se justifica haja vista que em diversos livros Rancière elegeu Lyotard como seu principal interlocutor, ainda que muitas vezes para dele discordar – o que sempre fez, externando sua admiração (cf. LYOTARD, 1993).

A COMUNIDADE ESTÉTICA EM JACQUES RANCIÈRE

nome dos "poderes da linguagem" (p. 46). Nos dois casos, teríamos uma mesma aposta nos poderes transformadores da arte, ou a crença segundo a qual pela invenção de novas formas artísticas, em oposição às formas da tradição, a arte atuaria politicamente em direção à revolução. A esse construto "moderno" de uma teleologia da ruptura, Rancière contrapôs a noção de "regime estético".

Para explicitar este regime – e o que a noção de modernidade artística (que segundo a historiografia da arte teve sua origem na segunda metade do século XIX) sempre ocultou –, o autor, desde *A partilha do sensível*, vem se referindo à "mudança decisiva" que teria ocorrido no domínio da estética no final do século XVIII. Rancière recorre a Immanuel Kant e Friedrich Schiller no intento de retornar à "cena primitiva", ao momento inaugural de constituição de um projeto de emancipação da humanidade. É nas *Cartas sobre a educação estética do homem* ([1975] 1990), de Schiller, que o autor situa essa mudança do "regime representativo das artes" para o "regime estético". Segundo Rancière, o "artístico" (a obra de arte) deixou de ser o resultado, a partir de Schiller, de critérios de perfeição técnica (tais como a unidade e a harmonia na relação entre as partes da forma artística), de tal modo que sua identificação só se faz possível, desde então, a partir da apreensão sensível: "se a obra é uma livre aparência" é porque ela se dá a ver ao espectador como uma experiência específica que suspende as conexões ordinárias entre as faculdades da sensibilidade ("impulso sensível") e as do entendimento ("impulso formal"), nos termos, respectivamente, de Kant e Schiller (RANCIÈRE, 2004, p. 45; SCHILLER, 1990).

É essa noção de um estado de suspensão das oposições – o *"sensorium* de exceção" – que Rancière mobiliza em sua caracterização da "partilha do sensível" – ou da comunidade estética marcada pelo dissenso. Nesse estado teríamos, em outros termos, uma atividade com finalidade interna que se caracterizaria por uma dupla suspensão: tanto a suspensão do poder cognitivo que determina os dados sensíveis segundo as categorias do entendimento quanto uma suspensão correspondente à sensibilidade que impõe seus objetos – a "passividade sensível" (SCHILLER, 1990, p. 76).

Rancière caracteriza essa "ação recíproca entre os impulsos, na qual a eficácia de cada um ao mesmo tempo funda e limita a do outro, em que cada um encontra sua máxima manifestação justamente pelo fato de que o outro é ativo" como *um estado de suspensão* de todas as relações de dominação e, portanto, de afirmação de uma igualdade estética e política (p. 77). Desse "grau zero das faculdades", que corresponde em Schiller à esfera lúdica na qual o homem está momentaneamente livre de toda determinação – um estado, portanto, de absoluta "determinabilidade" (ou, como diremos, de pura expectação) –, pode resultar, segundo Rancière, "novas configurações do sensível", ou diferentes formas de comunidade.

A leitura de Schiller por Rancière está, portanto, na origem de sua concepção de que a arte possui uma "potência comunitária":

> É nesta perspectiva que se pode compreender como o jogo (ou "impulso lúdico") pode ser identificado como a marca da humanidade plena e fundar o princípio de uma "nova arte de viver"; o princípio de uma revolução da existência sensível que aparece como a própria fundação ou transformação da comunidade política. É efetivamente uma revolução na partilha do sensível que pré-determina as formas de ser em comum (RANCIÈRE, 2011a, p. 169-187).

Esse jogo que indicia novas formas de vida teria a ver, no entanto, menos com uma atividade, vale insistir, e "mais com a interrupção" ou com a suspensão dessa atividade.

A arte (enquanto jogo das faculdades) não seria, assim, "o domínio de uma prática, mas a própria quebra do domínio" das práticas instituídas (p. 170).

No curso de seus livros, Rancière apresenta modalidades de comunidade resultantes da potência comunitária da arte no regime estético: a comunidade dos iguais, no ensino; a comunidade consensual, na arte do século XX; a comunidade na literatura (ou democracia literária); e, por fim, a comunidade dissensual ou comunidade por vir (como ideia reguladora) nas artes visuais contemporâneas.

Em *Le Maître Ignorant*, publicado na França, em 1987 e traduzido para o português em 2002, Rancière narra a polêmica desencadeada pelo método pedagógico (ou antimétodo) concebido por Joseph Jacotot, em 1818, quando este exercia a função de professor (ou leitor) de Literatura Francesa na Universidade de Louvain (RANCIÈRE, 2010). De sua experiência com os alunos durante esse ano, resultou a convicção de que "se pode ensinar o que se ignora desde que se emancipe o aluno; isto é, que se force o aluno a usar sua própria inteligência" (p. 34). Exercitando-a, o aluno emancipado poderia, então, "aprender qualquer coisa e a isso relacionar todo o resto, segundo o princípio de que todos os homens têm igual inteligência" (p. 38).

A relação entre o professor e seus alunos, e destes últimos entre si, segundo o método, deve configurar uma "comunidade dos iguais", a qual Rancière – sempre fiel ao espírito dos dois volumes de *Enseignement universel* de Jacotot, editados em 1830 e 1838 – toma como análoga à "sociedade dos artistas", porque em ambas teríamos uma sociedade horizontal, de homens emancipados. Nessa comunidade de ensino, estariam abolidas todas as relações hierárquicas, seja entre o professor e os alunos, seja entre os próprios estudantes de cada classe. Reagindo ao ensino tradicional, não teríamos, aqui, a relação entre um "professor embrutecedor" que, dotado de um saber prévio, instruiria um aluno que não detém esse saber. Tratar-se-ia, assim, de uma sociedade que repudia "a divisão entre aqueles que sabem e aqueles que não sabem, entre os que possuem e os que não possuem a propriedade da inteligência" (p. 38). Nessa comunidade de iguais, haveria a interrupção da relação de dominação – que as instituições de ensino tradicionais reproduzem – exercida por um professor ativo, dotado de conhecimento e um aluno passivo, possuidor de sensibilidade para voltar às faculdades kantianas.

O método de Jacotot, apresentado por Rancière como sendo o avesso do socratismo, visa, portanto, despertar nos alunos a crença na possibilidade "de aprenderem sozinhos sem mestre explicador" (p. 47). Para isso, no entanto, seria preciso combater a "ficção desigualitária" que legitima a ideia de hierarquia intelectual, ou seja, a ideia de que há uma distribuição desigual das inteligências. Essa crítica de Jacotot à "paixão pela desigualdade" é indissociável – como mostra Rancière – da recusa à ideia de progresso que, ao contrário do que afirmavam seus partidários, era uma forma de racionalização da desigualdade: "Jacotot foi o único *igualitário* a perceber que a representação e a institucionalização do progresso acarretava a renúncia à aventura intelectual e moral da igualdade e que a instrução pública era o trabalho de luto da emancipação" (p. 184).

O progresso seria, para Jacotot, uma "ficção pedagógica erigida em ficção de toda a sociedade", "uma nova maneira de dizer a desigualdade" (p. 154). A igualdade teria sido "sepultada pela noção de progresso", e não, como se dizia, uma promotora da igualdade (p. 164). No plano educacional essa "ficção [ou naturalização] da desigualdade" foi representada como um "retardo" "que se constata", para então se criar "as condições para superá-lo": "É claro que nunca o conseguiremos:

A COMUNIDADE ESTÉTICA EM JACQUES RANCIÈRE

a própria natureza cuida disso, haverá sempre retardo, sempre haverá desigualdade" – afirmam os que legitimam a hierarquia das inteligências na natureza (p. 165).

Essa crítica à noção de progresso – destacada por Rancière – implica um deslocamento do sentido atribuído usualmente ao termo "emancipação". Este termo não era entendido por Jacotot como esclarecimento (ou *Aufklärung*) no sentido estritamente kantiano, ou seja, como "a saída do homem de sua menoridade, da qual ele próprio é culpado", mas como "uma tomada de consciência da igualdade de natureza que abre o caminho para toda a aventura do saber" (KANT, 1985, p. 100).

A emancipação é, assim, para Jacotot, "a consciência da igualdade das inteligências" (RANCIÈRE, 2010, p. 65). Pondera Rancière, no entanto, que essa afirmação não significa que não haja "desigualdade nas *manifestações* da inteligência", mas tão somente que "não há hierarquia de *capacidade intelectual*": "É verdade que nós não sabemos se os homens são iguais. Nós dizemos que eles *talvez* sejam. Essa é a nossa opinião e nós buscamos, com aqueles que acreditam nisso como nós, verificá-la", haja vista que "somente o igual compreende o igual", "mas nós sabemos que isso *talvez* seja exatamente o que torna uma sociedade de homens possível" (p. 107).

Esse desafio em ver "o que é possível fazer a partir desta suposição" de uma sociedade *igualitária* (aqui pensada no ensino), enquanto suspensão das hierarquias que coloca *sub judice* a noção de *Aufklärung* (associada, sem mais, ao humanismo), será retomado diversas vezes por Rancière, desde *O mestre ignorante*.[2]

---

[2] A crítica de Rancière ao projeto moderno na educação e nas artes como forma de emancipação, esboçada em *O mestre ignorante* a partir de seus comentários ao método de Jacotot, é semelhante às de Jean-François Lyotard e Michel Foucault. Para Lyotard "desde há pelo menos dois séculos, ensinou-nos a desejar a extensão das liberdades políticas, das ciências,

A leitura que Rancière efetua de Schiller está, assim, na origem de sua concepção segundo a qual a arte possui uma "potência comunitária" que teria se realizado no curso do século XX, mas, paradoxalmente, em sentido contrário ao intentado pelas vanguardas artísticas porque do projeto de estetização do social dessas vanguardas resultaram "comunidades consensuais". Distanciando-se das palavras de ordem dos artistas de vanguarda e dos encômios dos historiadores da arte sobre sua produção, Rancière avalia como sendo negativo o saldo de seu legado.

Tomemos dois exemplos, apresentados *en passant* pelo autor no já referido ensaio "A comunidade estética" (RANCIÈRE, 2011a, p. 167-174). Segundo Rancière, o objetivo dos "grandes programas futuristas [italianos] e construtivistas [russos]", assim como os da *Werkbund* e da Escola da Bauhaus (alemãs) era fazer com que a arte se realizasse na vida, "no ato mesmo de sua supressão", nos "edifícios e formas sensíveis de uma nova

---

das artes e das técnicas. Ensinou-nos a legitimar esse desejo porque esse progresso, se dizia, deveria emancipar a humanidade do despotismo, da ignorância, da barbárie e da miséria. A república é a humanidade cidadã [...]. Esse progresso prossegue, hoje, sob a designação mais vergonhosa de desenvolvimento. Mas tornou-se impossível legitimar o desenvolvimento através da promessa de uma emancipação da humanidade inteira. Essa promessa não foi cumprida. O perjúrio não foi devido ao esquecimento da promessa; é o próprio desenvolvimento que a impede de cumprir [...]. É por isso que já não ousamos chamar-lhe progresso" (LYOTARD, 1993, p. 121). Foucault, por sua vez, no ensaio "O que são as luzes", de 1984, assumindo uma posição análoga às de Rancière e Lyotard, afirma: "Um pequeno resumo para terminar e retornar a Kant. Não sei se algum dia nos tornaremos maiores. Muitas coisas em nossa experiência nos convencem de que o acontecimento histórico da *Aufklärung* não nos tornou maiores; e que não o somos ainda. Entretanto, parece-me que se pode dar um sentido a essa interrogação crítica sobre o presente e sobre nós mesmos formulada por Kant ao refletir sobre a *Aufklärung*. Parece-me que esta é, inclusive, uma maneira de filosofar que não foi sem importância nem eficácia nesses dois últimos séculos" (FOUCAULT, 2000, p. 351).

vida coletiva" (p. 178). Essa "promessa comunitária legada pela livre aparência" (ou forma artística) realizou-se de fato, segundo o autor, mas "ao custo da completa inversão de sua lógica" (p. 179). Ou seja, se por um lado o "devir-vida da arte" construtiva que visava pela superação da autonomia da forma artística embaralhar arte e vida triunfou, por outro lado o preço desse êxito teria sido o abandono de seu intento de construir uma alteridade radical, uma nova sociedade – a utopia. Do projeto moderno de estetização da vida pela via da arte construtiva teria resultado, em direção contrária – na expressão do Rancière – "a generalização do estético" própria à sociedade do espetáculo, na qual a arte é convertida na "mercadoria vedete do capitalismo espetacular", à Guy Debord (RANCIÈRE, 2004, p. 172; DEBORD, 1997).

Em seus comentários sobre o legado da arte construtiva, Rancière (2011a, p. 178) estabelece, portanto, uma relação entre "a superação da livre aparência e a comunidade que ela define". Da tentativa de fazer com que a arte moderna, impregnando a práxis, produzisse efeitos liberadores para a vida do dia a dia, na direção da emancipação – no sentido atribuído pelo autor ao termo, como vimos – resultou uma "vida estetizada, um universo cotidiano inteiramente refigurado por uma 'banalização da livre aparência', reduzindo-a em última instância à cumplicidade entre aparência e mercadoria ao custo da autoestetização da mercadoria" (p. 178). Do devir-vida da arte construtiva não resultou, desse modo, a criação de um novo *sensorium* (ou de uma nova partilha do sensível), mas uma comunidade consensual – "no sentido em que o consenso, em seu princípio, não é o fato de que todo o mundo esteja de acordo, mas de *que tudo seja sentido sob o mesmo modo*" (p. 176). Se o legado destas vanguardas artísticas é tido por Rancière como regressivo é porque na comunidade estética delas originada, a comunidade consensual, vigora "as formas de um sentir em comum" em tudo antagônico às formas da "heterogeneidade sensível" e da "dissensualidade política" (p. 177).

Rancière refere-se também às vanguardas destrutivas, líricas ou pulsionais do início do século passado. As "trocas entre arte e vida" operadas, por exemplo, pelo dadaísmo nos anos 1910 e 1920 teriam "repovoado o mundo comunitário da arte" (p. 182). Suas apropriações de objetos de consumo teriam evidenciado que "as fronteiras entre arte e não arte" estão em contínua remarcação. Se essa poética do gesto dadá (ou da apropriação) teve o poder de reconfigurar a "comunidade estética" pela produção de uma tensão entre arte e vida, o mesmo não teria ocorrido na pop art, assim como em boa parte da produção artística desde então. Isso porque a generalização da apropriação de objetos do cotidiano por parte dos artistas a partir dos anos 1960 ampliou "ao infinito o mundo da arte", "fazendo com que todas as coisas", indistintamente, "parecessem estar disponíveis para suas operações" (p. 182).

Ou seja, para Rancière, o problema da troca entre arte e vida não é que a arte se torna "prosaica", mas, em sentido inverso, que "tudo se torna artístico" a tal ponto que nada mais escapa à arte, nem mesmo "o processo de sua própria crítica, aquele pelo qual ela acusa a si mesma da sua participação na banalidade do mundo estetizado" (p. 180).[3] Enquanto no "devir-vida da arte" construtiva existe um movimento de extroversão da arte em direção ao mundo da vida (que é o da lógica da mercadoria); na "troca entre arte e vida" dadaísta, o que se tem é a incorporação da vida (mercantilizada)

---

[3] Pode-se citar como exemplo dessa posição crítica as obras de "artistas conceituais" que, integrando o sistema das artes, efetuam uma crítica interna a esse mesmo sistema, como o austríaco Hans Haacke ou a brasileira Jac Leirner.

pelo mundo da arte. São movimentos em direções inversas – da arte à vida, e da vida à arte – que, no entanto, teriam convergido no tocante aos seus efeitos, segundo Rancière, uma vez que deles teria resultado uma *comunidade consensual*, regida pela lógica da mercadoria e do capital.

Se por um lado o destino da arte é a indiferença comercial – como já pressagiara Charles Baudelaire em meados do século XIX –, por outro lado "o destino da mercadoria é o *continuum* metamórfico da arte" (p. 182). É esse "processo de absorção que não deixa resto" que segundo Rancière caracterizaria, por exemplo, as "instalações contemporâneas", porque nessas intervenções artísticas teríamos "a disposição de qualquer material para quaisquer formas e de quaisquer discursos para quaisquer materiais", eliminando a tensão entre as "formas de arte" e as "formas de vida" (p. 183). Dito de outro modo: o *sensorium* heterogêneo seria derrogado pelo *sensorium* de uma comunidade identitária ou consensual.

O novo regime das artes, o regime estético, não permaneceu, no entanto, teórico ou apenas programático, uma vez que ele se constituiu, de fato, segundo Rancière, não apenas como o antimétodo pedagógico idealizado por Jacotot, mas como uma prática literária efetiva nos séculos XIX e XX. Essa prática literária, seja a poesia, a novela ou o romance, foi caracterizada pelo autor como "democracia literária", em *Aisthesis*, já citado, e em *Le fil perdus: essais sur la fiction moderne*, de 2013 (RANCIÈRE, 2017). Seus exemplos mais frequentes de uma nova partilha do sensível (a democracia literária), neste novo regime das artes (o regime estético), são as poesias de John Keats, as novelas de Joseph Conrad, a dramaturgia de Victor Hugo, os romances de Stendhal, de Honoré Balzac, de Gustave Flaubert e de Virginia Woolf – ressalvando que seus comentários se atêm à singularidade das obras.

Rancière destaca, por exemplo, em *Le rouge et le noir* de Stendhal, de 1830, uma "partilha de sensações e emoções" que "abole as antigas hierarquias do sentir", na medida em que opõe especificamente duas lógicas narrativas: a primeira é "a lógica do encadeamento das ações nobres", no sentido da tragédia clássica; a segunda é a "lógica da ação vulgar", "da mistura das condições e de acontecimentos" (RANCIÈRE, 2011b, p. 72; STENDHAL, 2018). Dessa mistura decorreria "um espaço de indefinição, de indeterminação sobre os afetos que provoca uma flutuação nas propriedades de identificação social", o que nos remete também, aqui, à noção de "suspensão" (RANCIÈRE, 2011b, p. 72).

Esse apagamento das modalidades de hierarquia e identidade teria sido radicalizado na obra *Madame Bovary*, de Gustave Flaubert, de 1856, motivo pelo qual Rancière caracteriza esse romance como uma "democracia na literatura", ainda que Flaubert, como se sabe, não tivesse "nenhuma simpatia pela democracia" (RANCIÈRE, 2017, p. 26). Com a expressão "democracia na literatura", Rancière não quer, assim, ressaltar a posição de Flaubert em relação à política de seu tempo, nem acentuar "a presença da política em seu romance", mas evidenciar que a forma do romance moderno nascente é a "própria política *do* romance", o modo como ele configura um espaço de igualdade que pode ser pensado "como integralmente horizontal" (p. 91).

Na democracia literária de *Madame Bovary* vigora, portanto, a igualdade "de todos os seres, de todas as coisas e de todas as situações oferecidas à visão" (p. 22). Como nesse romance todos os episódios "são igualmente importantes ou igualmente insignificantes", não é mais possível distinguir uma ação extraordinária ou heroica de uma ação ordinária ou prosaica; "as grandes almas que pensam, sentem, sonham e agem [a atividade] não ocupam uma posição hierarquicamente superior à dos indivíduos presos à repetição da vida nua" [da passividade]" (p. 27). Não há mais uma figura que, situada em primeiro plano, atraia com tamanha intensidade o olhar que tudo mais acaba reduzido ao fundo baço do mundo.[4]

Em Flaubert, segundo Rancière, o suposto "efeito de real" – na expressão de Roland Barthes que deve ser compreendida, ainda, no âmbito do regime representativo da arte e, portanto, da verossimilhança ou da relação entre a ilusão e o real – é substituído por "um efeito de igualdade" que não deve ser entendido simplesmente como "a equivalência de todos os indivíduos, objetos e sensações sob a pena do escritor", mas como a evidência de que "qualquer um, a partir de então, pode sentir qualquer sentimento, qualquer emoção ou paixão", e que, portanto, a "intensidade da vida" – como ocorre em *Madame Bovary* ou em *Un coeur simple*, de 1877, também de Flaubert – pode brilhar em momentos imprevisíveis a partir de um "choque das coisas fúteis" que interrompe a "rotina da existência" (BARTHES, 1988, p. 158-165; RANCIÈRE, 2017, p. 26-55; FLAUBERT, 2019).[5]

O romance moderno, segundo Rancière, não é uma sucessão de fatos unificados pelo "todo do pensamento", mas a configuração de um *sensorium* entendido como a "coexistência

---

[4] De modo análogo, Édouard Manet, nos anos 1860, atenuando a oposição ente figura e fundo, visava à planaridade da pintura: "Manet foi o primeiro pintor em nossa tradição a nivelar sistematicamente objetos do primeiro e segundo planos e a trazer o fundo para a frente para fixar os seus contornos mediante agudos contrastes de cor [...] Porque as pinturas de Manet pareciam tão planas em contraste com tudo o que precedia, ele foi acusado pelos seus contemporâneos na França de pintar cartas de baralho" (Clement Greenberg *apud* MARTINS, 2007, p.19-20).

[5] Segundo Alain Badiou (2017, p. 34-35), o "gesto fundamental de conquista do real é declarar que o impossível existe"; e a "afirmação efetiva desse ponto de impossível, a afirmação de que esse ponto deve ser a origem de todo o pensamento político novo é o que o meu amigo Rancière chama de axioma da igualdade".

de tudo com tudo", "uma mistura, na escrita, de tudo o que é misturado na vida", como dizia Victor Hugo – sensações, afetos, pensamentos ou ações que preservam, cada qual, sua autonomia (Rancière, 2017, p. 126). Na recepção do romance – ou na comunidade constituída pelo escritor e seus leitores – há, assim, a apreensão de "um espaço indeterminado de subjetivação" que projeta como possível, em face de uma determinabilidade, "outras relações entre os homens" (p. 77). Essa "capacidade suspensiva" – que é própria à nova relação das coisas com a poesia e com a arte, como se está procurando mostrar – é acentuada, ainda mais, pelo efeito de "inacabamento". Nessas obras literárias, haveria um efeito atmosférico de incompletude, senão de suspensão – uma "capacidade de não": de "não buscar a razão, mas também de não concluir, não decidir, não impor" (Carta de John Keats *apud* Rancière, 2017, p. 85). É nessa recusa de conclusão que a literatura teria afirmado na época de Flaubert e Hugo, segundo Rancière (p. 97-98), seu "poder supremo": "Não concluir, não afirmar, mas murmurar, como faz o vento com as folhas, essas folhas entre as quais a teia da aranha é tecida, é esse o modo de comunicação próprio à formação de uma democracia sensível". É justamente em função desse caráter suspensivo e inconclusivo ou de determinabilidade que as obras literárias comentadas por Rancière operam como índices de possibilidade de alternativas ao real em consonância com as *Cartas sobre a educação estética do homem*, de Schiller – para o qual, vale lembrar, nada seria mais hostil ao conceito de beleza do que a vontade de impor ao espírito uma tendência determinada (Rancière, 2017, p. 77; Schiller, 1990, Carta XXII, p. 114).

Passemos, agora, da literatura às artes visuais. Face ao déficit de ação política no presente, ou seja, ao esvaziamento do espaço publico no tempo do consenso, "a arte é convocada

A COMUNIDADE ESTÉTICA EM JACQUES RANCIÈRE

à intervenção" – afirma Rancière – com seus "dispositivos de interação, suas provocações *in situ*", como performances ou intervenções urbanas (RANCIÈRE, 2004, p. 84-85). Pode-se indagar, no entanto, se seria possível produzir no campo das artes visuais contemporâneas uma experiência análoga à da comunidade de iguais no ensino e ao romance moderno como democracia literária.

Essa noção de comunidade como partilha do sensível tem sido referida com frequência por curadores e artistas – como dizíamos – para caracterizar as intervenções de artistas contemporâneas que visam criar "outros lugares" no interior da realidade existente. São intervenções que teriam por finalidade, segundo o curador Hans Obrist (2006), construir espaços e relações visando à reconfiguração material e simbólica de um território comum: "Mediante pequenos serviços", corrobora o crítico Nicolas Bourriaud, elas "corrigiriam as falhas nos vínculos sociais" ao "redefinirem as referências de um mundo comum e suas atitudes comunitárias" (BOURRIAUD, 2008, p. 33). Sua finalidade seria constituir durante certo tempo, agora nos termos de Rirkrit Tiravanija, novos espaços de interação – "plataforma" ou "estação": "um lugar de espera, para descansar e viver bem", em que "as pessoas conviveriam antes de partirem em direções distintas" (BOURRIAUD, 2006, p. 79). Seria, para o artista, um lugar de "esperança e mudança", porém "não nostálgico", porque dissociado da ideia já devidamente arquivada de utopia (BOURRIAUD, 2009a, p. 81). Seu objetivo seria criar condições de possibilidade para que *experiências comunitárias* não hegemônicas se exteriorizassem. Ou seja: para Bourriaud, o investimento do projeto moderno na transformação do mundo, segundo o esquema revolucionário orientado por uma utopia política, foi substituído por um "realismo operatório" voltado para a "utopia cotidiana, flexível" da "arte relacional" (p. 75),

443

Rancière critica a concepção de arte relacional de Bourriaud por dois motivos. O primeiro é que Bourriaud defende a substituição da forma artística pelas "formas de relações sociais" (ou formas de vida), o que implica a recusa de uma "mediação entre a arte produtora de dispositivos visuais e a transformação [intentada] das relações sociais" (BOURRIAUD, 2011, p. 69). Esses "dispositivos de arte" enumerados por Bourriaud visariam produzir *diretamente* "relações com o mundo": "formas ativas de comunidade", "*meetings*, reuniões, manifestações, diferentes tipos de colaboração entre pessoas, jogos, festas lugares de convívio"; em síntese: "diversas propostas de relações sociais" (p. 69). Sendo assim, a arte relacional teria eliminado a tensão entre a "forma de arte" e a "forma de vida", ou seja, subsumido a primeira na segunda, daí resultando o endosso da comunidade consensual.

O segundo motivo para Rancière é que a arte relacional, na ausência de políticas públicas, teria assumido uma função reparadora, senão assistencialista, na medida em que os artistas mediante "pequenos serviços" visariam preencher "as lacunas nos vínculos sociais", neutralizando, assim, os conflitos próprios à sociabilidade real (diferentemente da sociabilidade fictícia, factícia, interpares das galerias e museus) (RANCIÈRE, 2004, p. 80; BOURRIAUD, 2009a, p. 37). O intento de criar novas formas de vida acabou, assim, reduzido – segundo o autor – à "relação ambígua entre uma política da arte provada pela ajuda à população em dificuldades e uma política de arte simplesmente provada pelo ato de sair dos lugares de arte, por sua intervenção no real", sendo que essa "saída para o real e o serviço para os carentes só ganham sentido", contraditoriamente, "quando é manifestada no espaço do museu" (RANCIÈRE, 2012, p. 71).

Além de Rancière, outros autores recorreram à noção de comunidade, ou de heterotopia, para pensar a possibilidade de se habitar de outro modo o mundo existente. Destaque-se, aqui, tão somente as concepções de Giorgio Agamben, Roland Barthes e Michel Foucault. A "comunidade que vem" de Giorgio Agamben é a "comunidade do ser qualquer", aquela na qual "qualquer um, indiferentemente" pode participar "não no sentido de que seja indiferente quem dela participe, mas no sentido de que quem participa [qualquer um que seja, seja quem ou como for] não é indiferente aos demais participantes" (AGAMBEN, 1993, p. 64-68). É uma comunidade de singularidades que possui afinidade com a concepção aristotélica de amizade porque nela haveria uma "partilha sem objeto", o "com-sentir originário" situado, por Agamben, na origem da política. A *utopia do viver-junto* de Roland Barthes, por seu turno, é uma comunidade regulada pela justa distância entre seus poucos membros ("menos de dez ou mesmo de oito"), uma distância que, sendo "penetrada ou irrigada de ternura", preservaria um "artigo de luxo" em "nosso mundo industrializado da sociedade de consumo" que é "o espaço em torno de cada um" (BARTHES, 2003a, p. 12-19; 2003b, p. 255-260). Por fim, as heterotopias, segundo Foucault, diferentemente das utopias, que são "posicionamentos sem lugar real" ou "espaços essencialmente irreais", como "a própria sociedade aperfeiçoada" ou "o inverso da sociedade" (as distopias), são "contraposicionamentos em lugares reais", "lugares efetivos", ou seja, "lugares que, em aparente paradoxo, estão fora de todos os lugares, embora sejam efetivamente localizáveis", tais como "bordéis, feiras ou colônias" e, de modo exemplar, o navio, "a maior reserva de imaginação" (FOUCAULT, 2001, p. 415; 2013, p. 51).

A noção de comunidade estética de Rancière, embora se aproxime dessas noções de comunidade e heterotopia, uma vez que em todas elas temos a mesma afirmação da igualdade e a igual acolhida da heterogeneidade do sensível, delas, no entanto, se afasta porque o autor elege o conflito (ou o dissenso) como seu traço definidor. A arte é, assim, para Rancière, política *na sua forma* porque instaura um conflito sobre a "distribuição de lugares e disposições, de quem toma parte e de quem não tem parte naquilo que é comum", suspendendo, assim, ainda que temporariamente, toda forma de hierarquia ou poder (RANCIÈRE, 2004, p. 65).

Para Rancière o grau zero das faculdades, em Schiller, corresponde, em suma, à origem da política. A política não é o espaço da polícia, isto é, das "funções de distribuição sensível dos corpos numa comunidade, determinando as capacidades e incapacidades associadas a tal lugar ou função" (RANCIÈRE, 1996, p. 367-382). A política é o conjunto das "atividades que vêm perturbar a ordem da polícia pela inscrição de uma pressuposição que lhe é inteiramente heterogênea" (p. 371). Essa pressuposição é "a igualdade de qualquer ser falante com qualquer outro ser falante; igualdade que se manifesta no dissenso", isto é, numa "perturbação no sensível", ou seja, "numa modificação singular do que é visível, dizível, contável" (p. 372). Dissenso é, portanto, um conflito sobre a configuração do sensível de um mundo comum: "Não é um conflito de pontos de vista nem mesmo um conflito pelo reconhecimento, mas um conflito sobre a constituição mesma do mundo comum; sobre o que nele se vê e se ouve, sobre os títulos dos que nele falam para ser ouvidos e sobre a visibilidade dos objetos que nele são designados", nos termos tão característicos do autor (p. 374).

Caberia, assim, à arte contemporânea "fraturar a unidade do dado e a evidência do visível", para "desenhar uma nova topografia do possível" (outros espaços) (RANCIÈRE, 2004, p. 79). A potência comunitária da arte consistiria, assim, em produzir um estado de privação de síntese ou de conciliação; um alerta para o fato de que a própria práxis vital deve ser questionada e, por conseguinte, para a necessidade de transformá-la. É da sustentação do conflito (da interrupção do *sensorium* comum), ou seja, da experiência da ausência ainda que provisória de uma relação de dominação ou de determinação do sentido que nasce o anseio de que algo distinto irrompa. Em face desse estado de igualdade no conflito – a comunidade dissensual –, vive-se a experiência da *pura expectação* (e não de esperança no sentido do projeto utópico moderno). A arte inventa um espaço indeterminado de subjetivação política: uma comunidade estética por vir. Forçando a forma artística para fora de si mesma, ou seja, tensionando-a com as formas de vida, ela operaria como suspensão, como determinabilidade, transformando a ausência de identidade estável em potência de libertação do comum; como índice, enfim, de alteridades possíveis.

Referências

AGAMBEN, G. *A comunidade que vem.* Tradução de António Guerreiro. Lisboa: Editorial Presença, 1993.

BADIOU, A. *Em busca do real perdido.* Tradução de Fernando Scheibe. Belo Horizonte: Autêntica Editora, 2017.

BARTHES, R. *Como viver junto.* Tradução de Leyla Perrone-Moisés. São Paulo: Martins Fontes, 2003a.

BARTHES, R. O efeito de real. In: BARTHES, R. *O rumor da língua.* Tradução de Mario Laranjeira. São Paulo: Brasiliense, 1988. p. 158-165.

BARTHES, R. *O Neutro: anotações de aulas e seminários ministrados no Collège de France 1977-1978.* Tradução de Leyla Perrone-Moisés. São Paulo: Martins Fontes, 2003b.

BOURRIAUD, N. Estética relacional, a política das relações. In: LAGNADO, L. (Org.). *XXVII Bienal de São Paulo: seminários.* Rio de Janeiro: Cobogó, 2008. [s.p.]

BOURRIAUD, N. *Estética relacional.* Tradução de Denise Bottmann. São Paulo: Martins, 2009a.

BOURRIAUD, N. *Pós-produção: como a arte reprograma o mundo contemporâneo*. Tradução de Denise Bottmann. São Paulo: Martins Fontes, 2009b.

DEBORD, G. *A sociedade do espetáculo*. Tradução de Estela dos Santos Abreu. Rio de Janeiro: Contraponto, 1997.

FLAUBERT, G. *Três contos*. Tradução de Milton Hatoum e Samuel Titan Jr. São Paulo: Editora 34, 2019.

FOUCAULT, M. *Ditos e escritos II: Arqueologia das ciências e história dos sistemas de pensamento*. Organização de Manoel Barros da Mota. Tradução de Elisa Monteiro. Rio de Janeiro: Forense Universitária, 2000.

FOUCAULT, M. *O corpo utópico, as heterotopias*. Tradução de Salma Tannus Muchail. São Paulo: n-1, 2013.

FOUCAULT, M. Outros espaços. Tradução de Inês Autran Dourado Barbosa. In: FOUCAULT, M. *Ditos e escritos III: Estética – literatura e pintura, música e cinema*. Rio de Janeiro: Forense Universitária, 2001.

KANT, I. Resposta à pergunta: que é "esclarecimento"? (*"Aufklarung"*). Tradução de Raimundo Vier e Floriano de Souza Fernandes. In: KANT, I. *Textos seletos*. Petrópolis: Vozes, 1985. p. 100-117.

LYOTARD, J-F. *O pós-moderno explicado às crianças*. Tradução de Tereza Coelho. Lisboa: Dom Quixote, 1993.

MARTINS, L. *Manet: uma mulher de negócios, um almoço no parque e um bar*. Rio de Janeiro: Jorge Zahar, 2007.

OBRIST, H. *Arte agora: em 5 entrevistas*. Tradução de Marcelo Rezende. São Paulo: Alameda, 2006.

RANCIÈRE, J. A Comunidade Estética. Tradução de André Gracindo e Ivana Grehs. *Revista Poiésis*, n. 17, jul. 2011a.

RANCIÈRE, J. *A partilha do sensível: estética e política*. Tradução de Mônica Costa Neto. São Paulo: Editora 34, 2005.

RANCIÈRE, J. *Aisthesis: Scènes du regime esthétique de l'art*. Paris: Galilée, 2011b.

RANCIÈRE, J. *Malaise dans l'esthétique*. Paris: Galilée, 2004.

RANCIÈRE, J. O dissenso. Tradução de Paulo Neves. In: NOVAES, A. (Org.). *A crise da razão*. São Paulo: Companhia das Letras, 1996. p. 367-383.

RANCIÈRE, J. *O espectador emancipado*. Tradução de Ivone C. Benedetti. São Paulo: Editora WMF Martins Fontes, 2012.

RANCIÈRE, J. *O fio perdido: ensaios sobre a ficção moderna.* Tradução de Marcelo Mori. São Paulo: Martins Fontes, 2017.

RANCIÈRE, J. *O mestre ignorante: cinco lições sobre a emancipação intelectual.* Tradução de Lílian do Valle. Belo Horizonte: Autêntica, 2010.

SCHILLER, F. *A educação estética do homem: numa série de cartas.* Tradução de Roberto Schwarz e Márcio Suzuki. São Paulo: Iluminuras, 1990.

STENDHAL, Henri-Marie Beyle. *O vermelho e o negro.* Tradução de Raquel de Almeida Prado. São Paulo: Companhia das Letras; Penguin, 2018.

Epílogo

*A igualdade é fundamental e ausente,
é atual e intempestiva, sempre dependente
da iniciativa dos indivíduos e grupos que,
contra o curso normal das coisas, se arriscam
a verificá-la, a inventar formas, individuais
ou coletivas para sua verificação. A afirmação
destes princípios simples constitui, de fato, uma
dissonância inaudita que deve, de certa forma,
ser esquecida para que continue a construir
escolas, programas e pedagogias. Mas que
também é necessário, de vez em quando, ouvir
novamente para que o ato de ensinar não perca
a consciência dos paradoxos que lhe dão sentido.*

Jacques Rancière

Epílogo

"Tudo está em tudo" (J. Jacotot) e "leitura de mundo" (P. Freire): premissas de dois meninos nada embrutecidos, errantes em uma temporalidade igualitária

Walter Omar Kohan

Agradeço imensamente o convite e a oportunidade a Anyele, a Zé Sérgio, a Thiago, a toda equipe, técnica e acadêmica, da Faculdade de Educação da Universidade de São Paulo (FEUSP) que está fazendo o evento, às pessoas que estão agora assistindo e com as quais, espero, possamos conversar mais tarde. É também uma alegria estar com Beatriz, com quem coincidi um tempinho no Laboratório das Lógicas Contemporâneas da Filosofia, em Paris 8, com Jacques Rancière, Patrice Vermeren e Stéphane Douailler, meu querido supervisor da Habilitation pour Diriger des Recherches (HDR).

Hoje estamos num Colóquio "Educação, Política e Emancipação no Pensamento de Jacques Rancière", organizado em São Paulo, Brasil. E já que estamos no Brasil quero falar, além de Jacques Rancière, de Paulo Freire. Ou, para me expressar melhor, gostaria de compartilhar alguns pensamentos inspirados em um e outro e numa possível conversa a três. Quero convidar Paulo Freire a essa conversa por várias razões:

– Ontem houve mais de 1900 mortos no Brasil pela covid-19. Foi o dia com mais mortos desde o início da pandemia. Isso significa mais ou menos 80 mortes por hora, ou seja, mais de um morto por minuto. Quando eu terminar minha fala haverá mais umas 50 mortes. E, ao que tudo indica, as mortes vão aumentar. É a necropolítica de um governo que foi eleito com um programa que visava extirpar a ideologia de Paulo Freire da educação brasileira.

– Porque os dois, Rancière e Freire, passaram por elementos comuns na sua formação, como o catolicismo e o marxismo.

– Porque têm havido diversas tentativas de aproximação entre Jacotot e Freire; o próprio Rancière referiu-se a essa relação em mais de uma ocasião, por exemplo, quando veio ao Brasil para participar do lançamento da edição em português de *O mestre ignorante*, na Universidade Estadual do Rio de Janeiro (UERJ) em 2002 (cf. "Sobre *O mestre ignorante*", neste volume, p. 51-74) e depois numa entrevista, intitulada "A atualidade de *O mestre ignorante*", para um dossiê que organizamos com Jorge Larrosa sob a temática "Liberdade e igualdade em educação: a respeito de *O mestre ignorante*" e publicamos na revista *Educação & Sociedade* (v. 24, n. 82, 2003). Considero relevante trazer para o evento alguns outros elementos para pensar essa relação que possam, inclusive, tencionar as próprias palavras de J. Rancière a respeito dessa relação.

Há um sentido adicional para trazer aqui Paulo Freire: María Beatriz Greco acaba de nos lembrar que para Jacques Rancière a igualdade é um ato, uma confirmação, uma verificação, uma atualização que se constata com palavras que circulam num mundo sensível e compartilhado. Assim, a política e a educação pensam-se a partir do desdobramento de um princípio: "todos os seres humanos são igualmente inteligentes" e se ocupam de verificar esse princípio.

Jan Masschelein nos dizia na palestra de abertura do presente evento que a escola é o desdobramento de um outro princípio: "qualquer um pode aprender qualquer coisa". Só há escola quando há estudantes que podem igual e

"Tudo está em tudo" (J. Jacotot) e "leitura de mundo" (P. Freire): premissas de dois meninos nada embrutecidos, errantes em uma temporalidade igualitária

livremente aprender em comunhão com educadores que buscam verificar esse princípio. Por isso, dizia Jan, incitam seus estudantes a tentar, uma e outra vez. "Tenta." E se não der certo: "Tenta de novo". Não importa o que digam fora da escola. Não importa que, sobretudo estudantes das classes populares tenham escutado, tantas vezes, que não podem, que não têm jeito, que tal coisa "não é para elas ou eles". Ao contrário, nesses casos é ainda mais importante afirmar e verificar o princípio da igual capacidade de aprender de todos os seres humanos. A confiança na igual capacidade é cega, no sentido de incondicional, absoluta, inegociável, por isso a insistência infinita em não desistir jamais, sempre tentar ainda ou sobretudo quando tudo parece indicar o contrário.

Se vocês me perguntam quais exemplos podemos encontrar historicamente no Brasil de experiências pedagógicas de igualdade nesse sentido de experiências que partam da igual capacidade de estudantes de aprender e que busquem verificá-la, eu diria que talvez existam muitas, mas tem uma que todos aqui devem conhecer, e também por isso quero que faça parte de nossa consideração: o mítico curso de alfabetização que Paulo Freire coordenou em Angicos em 1963, que antecedeu o seu Plano Nacional de Alfabetização, que iria ser abortado pela ditadura em abril de 1964, apenas três meses após ser oficialmente lançado, em janeiro de 1964. Também por isso quero trazer aqui Paulo Freire. Pelo sintoma que pode significar pensar em seus inimigos políticos, em 1964 e no presente.

Vou retomar essa experiência de alfabetização de Angicos quando estivermos perto do final desta apresentação, mas antes quero fazer algumas considerações sobre a relação entre Rancière e Paulo Freire e, para isso, começarei pelo próprio testemunho de Rancière sobre Freire.

Rancière recebe, na entrevista já mencionada, uma pergunta direta sobre a relação entre Jacotot e Freire. Em sua resposta afirma que a primeira coisa que vem à sua cabeça é uma semelhança: a distância, diz Rancière, de Freire em relação ao mote positivista na bandeira brasileira, "Ordem e progresso". Nela Rancière percebe uma "transposição da relação de Jacotot para com os educadores progressistas – oposição entre uma concepção da educação destinada a ordenar a sociedade e um pensamento da emancipação que vem interromper essa harmonia suposta entre a ordem progressiva do saber e a ordem de uma sociedade racional progressiva" (RANCIÈRE, 2003, p. 198).

Neste ponto, não estou muito de acordo com Rancière; não vejo aqui grande semelhança: Freire era um educador progressista que confiava na educação como caminho para as transformações sociais. Pode ser que o processo histórico passe por momentos de retrocesso; pode ser que a educação não possa tudo – e de fato Paulo Freire mudou de forma de pensar essa relação em diversos momentos de sua vida –, mas o educador pernambucano estava longe de uma postura mais anarquista como a de Jacotot; pensou e militou para que a educação estivesse a serviço da transformação do estado das coisas, e não de sua reprodução. Isto no Brasil, quando coordenava o logo extinto Plano Nacional de Alfabetização ou nas Campanhas de Alfabetização organizadas desde o Estado e o Conselho Mundial de Igrejas ou, ainda, como secretário de educação de São Paulo. Só isso mostra que a forma como ela se relacionava com a educação estatal e também a maneira como ele pensava a educação em relação ao social são muito distantes de Jacotot.

A seguir, nessa mesma resposta, Rancière apresenta algumas distâncias entre Jacotot e Freire: a primeira, que Jacotot pensava numa emancipação individual muito afastada de algo como a conscientização; que a emancipação afirmada por Jacotot, como repetiu-se muitas vezes neste colóquio, era individual e não social. Claro que também Rancière aponta

"TUDO ESTÁ EM TUDO" (J. JACOTOT) E "LEITURA DE MUNDO" (P. FREIRE):
PREMISSAS DE DOIS MENINOS NADA EMBRUTECIDOS, ERRANTES EM UMA TEMPORALIDADE IGUALITÁRIA

uma aproximação no sentido de que toda emancipação social *à la Freire* supõe uma emancipação individual *à la Jacotot*. Em algum sentido, não haveria incompatibilidade, mas complementariedade ou sucessão entre essas duas formas de pensar a emancipação. A emancipação pensada por Jacotot seria uma condição para a emancipação almejada por Freire.

Finalmente, na medida em que a educação de Paulo Freire supõe algo como um método, como um conjunto de meios para instruir os pobres como pobres, há uma grande distância com o "método" Jacotot, que não é um método, que é como a reprodução de uma relação ou dispositivo fundamental, mas recusa qualquer institucionalização de um "método", qualquer ideia de um sistema que seja específico à educação do povo (RANCIÈRE, 2003, p. 199).

É verdade que para Jacotot não há método ou que o método é o do aluno (p. 26). Porém, penso que aqui Rancière lê muito rapidamente Paulo Freire. Se é bem verdade que existe um método Paulo Freire e que Paulo Freire escreveu sobre o seu método, também não acho que o método Paulo Freire seja um método. Da mesma forma, Jacotot escreveu sobre o método, e seu pensamento é conhecido como um método, e não por isso deve ser reduzido a um método. Rancière parece ter lido com mais intensidade Jacotot que Freire. Não é uma queixa, claro, senão uma constatação bastante óbvia. Para mostrar a relação entre Paulo Freire e o método, vou citar dois trechinhos do próprio Paulo Freire. E já que estamos com uma entrevista de J. Rancière, iremos a uma entrevista de P. Freire. Um pertence a uma entrevista com Nilcéa Lemos Pelandre, que na época estava fazendo sua pesquisa de doutorado aqui na Faculdade de Educação da USP sobre os efeitos a longo prazo do método Paulo Freire.

Nilcéa, que é professora de Metodologia de Ensino na Universidade Federal de Santa Catarina (UFSC), quer saber os efeitos do método Paulo Freire sobre os níveis de leitura e escrita daqueles que foram ensinados a ler e escrever por ele. E Paulo Freire responde:

> Eu começaria a responder sua pergunta fazendo umas considerações que me parecem, do ponto de vista epistemológico, importantes. Considerações em torno da expressão que você usou, e que não é só você que usa, todos usam, quando me perguntou sobre "o método". Eu preferiria dizer que não tenho método. O que eu tinha, quando muito jovem, há 30 anos ou 40 anos, não importa o tempo, era a curiosidade de um lado e o compromisso político do outro, em face dos renegados, dos negados, dos proibidos de ler a palavra, relendo o mundo (Freire *apud* Pelandre, 2004, p. 14).

É muito rico este testemunho. Reparemos em alguns detalhes. "Eu preferiria dizer que não tenho método." E dá outros nomes ao que se chamou de método em sua juventude: a curiosidade e o compromisso político. Digamos de passagem que ele está se referindo aos anos de Angicos, aos quais voltaremos mais adiante. E não é que depois Freire tenha adotado um método, porque isso que vale para sua juventude umas linhas depois ele vai afirmar, na mesma entrevista, que continua valendo 30 ou 40 anos depois. Paulo Freire deixa claro que sua principal preocupação sempre foi com questões de princípios e sentidos de educar, muito mais do que com questões de caminhos, métodos ou metodologias. De modo que aqui onde Rancière vê uma diferença penso que há uma grande proximidade.

Porque justamente Jacotot e Freire estão preocupados com os princípios e os sentidos de educar, não com métodos ou caminhos... Em seu prefácio à edição brasileira d'*O mestre ignorante*, Rancière apresenta Jacotot "como uma dessas dissonâncias que, em certos momentos, talvez seja preciso

"TUDO ESTÁ EM TUDO" (J. JACOTOT) E "LEITURA DE MUNDO" (P. FREIRE):
PREMISSAS DE DOIS MENINOS NADA EMBRUTECIDOS, ERRANTES EM UMA TEMPORALIDADE IGUALITÁRIA

escutar ainda, para que o ato de ensinar jamais perca inteiramente a consciência dos paradoxos que lhe fornecem sentido" (RANCIÈRE, 2002, p. 9). Não quero chamar a atenção sobre a palavra consciência, curiosamente utilizada por Rancière nesta referência; em todo caso, entendo essa frase como se afirmasse que o ato de educar não pode ser apenas pedagógico, mas é, sobre tudo, um ato filosófico e político. Ou, para dizê-lo diferentemente, a educação só pode ser filosófica e política. É mais ou menos o que Freire diz quando afirma que não tinha método, mas apenas curiosidade e compromisso político. Ou seja, que pensava o ato de educar como um ato filosófico e político, e não apenas pedagógico. Isto colocaria Freire e Jacotot do mesmo lado e, por exemplo, Jan Masschelein no lado oposto.

Claro que a proximidade entre Freire e Jacotot-Rancière é sempre ambígua, duvidosa. E, de forma alguma, nego que existam dessemelhanças profundas. Por exemplo, Patrice Vermeren mencionava na terça feira dois aspectos do anti-humanismo de Rancière, e um deles atinge diretamente Paulo Freire: para Rancière, dizia Patrice, o problema é se desembaraçar da natureza humana para alcançar as lutas empíricas, fora de toda teoria da educação, e, por isso, questionava o lugar do humanismo nas lutas políticas. Nesse caso, estaria na calçada oposta a Paulo Freire, que quer fazer, de uma teoria humanista da educação, uma ferramenta para as lutas empíricas. O mesmo poderia ser afirmado de algumas categorias identitárias muito fortes no pensamento freireano, sendo que um dos esforços do pensamento de Rancière é justamente afirmar uma política des-identitária. E o desentendimento poderia ser aprofundado em muitas direções, claro.

Contudo, prefiro pensar na potência dos encontros. E gostaria de dizer algo mais sobre esses dois componentes do "jovem" Freire: curiosidade e compromisso político. Manter viva a primeira é uma condição para que educadores e educadoras de todas as idades eduquem pessoas de qualquer idade. Freire o diz das maneiras mais diversas possíveis, em suas várias autobiografias, como nas *Cartas a Cristina* (FREIRE, 2015 [1994]) e a Nathercia (LACERDA, 2016). No livro falado com Antonio Faundez, *Por uma pedagogia da pergunta*, Freire o faz da forma mais explícita e clara: educar significa, sobretudo, alimentar a curiosidade que está na base de cada pergunta, por isso é necessária uma pedagogia da pergunta e não da resposta (FREIRE; FAUNDEZ, 2017 [1985]). Como se ensina a curiosidade? O método é o de cada um, mas viver a curiosidade na própria prática pedagógica parece ser, para Paulo Freire, uma condição para que cada educadora ou educador percorra ser próprio caminho.

Aliás, *Por uma pedagogia da pergunta* é um livro muito significativo e pouco atentado de Freire. Ele termina com um grande elogio da revolução sandinista, e isso porque é uma revolução menina, curiosa, que não sabe o que é ser uma revolução... Que afirma um compromisso irrenunciável com os oprimidos e mantém abertos os sentidos do que significa uma revolução. Nada menos que uma revolução que não se sabe a si mesma e que precisa se perguntar sempre o que é ser uma revolução. É uma questão, a meu ver, extraordinária em Freire que aqui não poderemos desdobrar, mas que problematiza alguns mitos associados aos sentidos políticos que Paulo Freire outorgava à educação. É também intrigante essa afirmação potente da infância ou meninice por quem de fato se dedicou à educação de pessoas jovens e adultas, não infantes cronológicos. E mais intrigante ainda que ele afirme que manter viva uma certa infância ou meninice, uma curiosidade e inquietação infantil é uma condição para educadores e educadoras de pessoas de todas as idades. Não

"Tudo está em tudo" (J. Jacotot) e "leitura de mundo" (P. Freire):
PREMISSAS DE DOIS MENINOS NADA EMBRUTECIDOS, ERRANTES EM UMA TEMPORALIDADE IGUALITÁRIA

poderemos entrar aqui nessa questão, mas quero pelo menos deixar como provocação a ideia de que Paulo Freire e Jacotot são duas figuras infantis, ambos afirmam uma infância não cronológica na vida dos educadores como uma condição para o mestre ignorante ou o alfabetizador de jovens e adultos. Em que sentido são infantis? Vou apenas deixá-lo sugerido: na sua forma estrangeira de pensar e habitar o ato de educar; numa certa reivindicação da não palavra, a não fala e num certo tempo, infantil, fora do tempo social, produtivo, cronometrado que afirmam para a experiência educativa.

Ainda sobre o método, em outro texto, Freire afirma que a transformação propiciada por uma educação libertadora não é uma questão de método, mas "de estabelecer uma relação diferente com o conhecimento e com a sociedade" (FREIRE; SHOR, 1986, p. 28). Ou então, mais explícita e detalhadamente:

> Daí que nós jamais tenhamos nos detido no estudo de métodos e de técnicas de alfabetização de adultos em si mesmos, mas no estudo deles e delas enquanto a serviço de e em coerência com uma certa teoria do conhecimento posta em prática, a qual, por sua vez, deve ser fiel a uma certa opção política. Neste sentido, se a opção do educador é revolucionária e se sua prática é coerente com sua opção, a alfabetização de adultos, como ato de conhecimento, tem, no alfabetizando, um dos sujeitos deste ato. Desta forma, o que se coloca a tal educador é a procura dos melhores caminhos, das melhores ajudas que possibilitem ao alfabetizando exercer o papel de sujeito de conhecimento no processo de sua alfabetização. O educador deve ser um inventor e um reinventor constante desses meios e desses caminhos com os quais facilite mais e mais a problematização do objeto a ser desvelado e finalmente apreendido pelos educandos (FREIRE, 1978, p. 12-13).

Não há método determinado para o(a) educador(a) revolucionário(a). Antes, há um compromisso com uma política revolucionária que exige uma prática educadora consistente com esse compromisso: a que afirma a igual potência inventiva dos seres humanos, que faz do(a) educador(a) alguém capaz de possibilitar certos caminhos a partir de inventar e reinventar seu próprio caminho. Educar é uma tarefa inventiva, artística para Freire e para Jacotot.

A leitura da palavra supõe a leitura do mundo, afirma Freire. E seu compromisso é com os que têm proibida a leitura do mundo através da leitura da palavra. É mais ou menos como a situação que vivemos ontem no Brasil, em que o Ministério da Educação tentou proibir ou inibir a leitura do mundo de alguns professores da Universidade Federal de Pelotas (UFPel). Que prova mais nítida de que estamos numa ditadura?

Claro que, quando arribamos ao compromisso político, as coisas se tornam muito mais complexas. O fato de que Rancière e Freire compartilhem algumas palavras pode não significar muita coisa; o exemplo mais óbvio é a palavra "democracia". Para Rancière, a democracia é a suspensão do instituído, o governo dos incompetentes e o sistema democrático de partidos, e representação seria mais da ordem da polícia que da política (RANCIÈRE, 2016). Não há política na democracia representativa a não ser, justamente, quando essa ordem é interrompida ou suspendida. Ao contrário, é justamente esse sentido que a democracia tem para Paulo Freire: a ordem justa das instituições. De fato, a experiência de alfabetização em Angicos tinha o valor de introduzir os alfabetizados no mundo dessa política representativa, pois os analfabetos não votavam. E foi essa também a razão da prisão e do exílio de Paulo Freire. Seu Programa Nacional de Alfabetização alteraria o cenário das eleições se ele tivesse alcançado suas metas. Suas finalidades políticas tinham a ver também com intervir no sistema representativo de governo. Sua luta política é para modificar as relações de força na

"TUDO ESTÁ EM TUDO" (J. JACOTOT) E "LEITURA DE MUNDO" (P. FREIRE):
PREMISSAS DE DOIS MENINOS NADA EMBRUTECIDOS, ERRANTES EM UMA TEMPORALIDADE IGUALITÁRIA

democracia instituída. Para Rancière, Paulo Freire dá uma luta policial, não política.

Mas, quando damos mais atenção a elas, as coisas (sempre) são mais complexas do que parecem em primeira instância. São inegáveis os efeitos políticos na subjetivação dos participantes das experiências de alfabetização; os efeitos políticos dessa experiência de igualdade que esses cursos oferecem. Digamos que, na micropolítica e não na macropolítica – para usar categorias alheias tanto a Rancière quanto a Freire –, a força política de uma experiência excede as intenções e os objetivos dos que as impulsionam. Também os efeitos micropolíticos de uma prática vão muito além do que entende por política quem a propõe. Paulo Freire pode ter pensado alguns sentidos políticos para suas experiências de alfabetização, mas os efeitos políticos dessas mesmas experiências extrapolam seu pensamento. Pode Paulo Freire ter pretendido alcançar efeitos que Rancière chamaria da ordem da polícia e mesmo assim alcançar efeitos políticos impensados?

Isto nos leva a outra dimensão. Podemos estabelecer muitas diferenças entre Rancière ou Jacotot e Freire ao nível do seu pensamento, dos seus escritos. Porem, há um outro nível de análise que revela ao mesmo tempo uma outra proximidade. Freire, Rancière e Jacotot têm em comum uma certa incomodidade com a figura tradicional do intelectual e com a forma dominante de habitar as instituições acadêmicas. Na terça feira, Patrice Vermeren falava-nos da tensão com que Rancière se relaciona com a academia filosófica na França; a mesma tensão viveu Paulo Freire com a academia educacional no Brasil, inclusive nesta mesma instituição na qual estamos agora falando. Desde uma perspectiva mais afirmativa, poderíamos dizer que ambos são críticos de um certo modo de habitar a universidade; a ambos incomoda uma determinada relação da universidade com seu fora; uma certa clausura da universidade; eles compartilham um certo olhar afirmativo para o fora dos muros dela e uma necessidade de se relacionar com esse fora não desde a lógica de quem detém o saber, mas desde uma posição de escuta. Poderíamos dizer que ambos habitam e recriam uma universidade popular. De um modo mais amplo, ambos são educadores, filósofos, pensadores, populares e escutam com muita atenção os saberes do povo. Por exemplo, Rancière se coloca à escuta do trabalho do artesão na sua oficina ou dos proletários que habitam a noite estudando de uma maneira impensada para um intelectual universitário parisiense em sua bolha; o ensino universal é um método do povo. Da mesma forma, Freire afirma que as principais lições de sua vida foram dadas por proletários, por exemplo, no SESI de Recife, segundo narra na *Pedagogia da esperança* (2014 [1992]) quando um operário, depois de escutar sua fala, dá-lhe uma das maiores lições de sua vida, uma "lição de classe", ou quando, numa favela em Buenos Aires, é surpreendido pela pergunta de um homem do povo que lhe formula a primeira de todas as perguntas: "O que significa perguntar?" (FREIRE; FAUNDEZ, 2017 [1985]).

E ainda nessa dimensão política há um ponto em comum no que eu chamaria de antissocratismo, tanto de Rancière quanto de Freire. Sócrates irrita muito Jacotot e Rancière porque é justamente um traidor da ignorância. Melhor, é tudo menos um mestre ignorante. Faz valer seu pretenso saber, acreditou no oráculo que diz que está por cima de todos os atenienses. Não pergunta para saber, mas porque sabe e para que os outros saibam o que ele acha que sabe: que ele é o mais sábio, de fato, o único sábio na cidade, mesmo que seja por saber que não sabe. O conteúdo do seu saber engana, mas sua posição em relação ao saber é inequívoca: é um mestre anti-ignorante. Sócrates faz do seu saber – que batiza com o nome de filosofia – um poder para ser mestre. O faz em nome da filosofia que ele mesmo cria enfrentando-a à política. Nada mais distante do mestre ignorante, mas também nada mais distante de um(a) alfabetizador(a) popular que pergunta a quem se está alfabetizando para saber e porque considera que o analfabeto ou analfabeta é portador(a) de um saber legítimo, de igual valor a qualquer outro: um saber que o educador ou educadora ignora e deseja saber. Não há um saber a transmitir de cima para baixo, sequer um saber de não saber como quer Sócrates, porque o que Paulo Freire justamente impugna é que a educação tenha a ver com a transmissão de um saber, mesmo que esse saber tenha o nome de um saber de não saber. Sócrates seria um educador bancário, mesmo que seu saber tenha a forma de um saber de não saber. O problema de Sócrates, tanto para Freire quanto para Rancière/Jacotot, é que Sócrates não escuta o povo, que ele acreditou no oráculo e se acha o único a saber alguma coisa de valor. Educa, filosofa para que todos os outros saibam o que ele já sabe.

Há alguns outros elementos interessantes em comum entre Jacotot/Rancière e Freire. Menciono rapidamente alguns porque não posso entrar em todos. Tanto Jacotot quanto Freire são mestres viajantes, errantes, que vivem a experiência do exílio numa terra estrangeira, onde se fala uma outra língua, e essa experiência é decisiva nas suas descobertas. Não haveria Jacotot sem a experiência em Louvain; Freire escreveu a *Pedagogia do oprimido* no Chile, e de fato ela foi publicada primeiro em inglês e castelhano e só depois em português. E sua errância pelo mundo impacta decisivamente o seu pensamento. Trata-se apenas de exemplos, mas poderíamos sugerir que Jacotot e Freire se inventam a si mesmos em viagens errantes ou que as viagens são decisivas para seus pensamentos e suas vidas.

Por fim, quero voltar à experiência de Angicos... Desejo mostrar-lhes um vídeo, gravado em 2019 com ex-alunos e alunas com um dos tutores, Marcos Guerra, do mítico curso de

1963 (Metodologia..., [s.d.]). Quero me deter no testemunho de Francisca de Brito, uma das alunas. Ela aparece duas vezes.

> Francisca de Brito (0:45): Começou assim. Apareceu um jipe, aí na rua, na cidade, anunciando essas escolas, essa escola que ia ter. Aí mamãe disse: "Você não vai não. Se você for, quando seu pai chegar eu falo para ele te dar uma surra". Eu disse: "E eu me importo?". Me juntei com meu irmão e disse: "Vamos simbora".

"Começou assim", diz Francisca. Havia uma vez. Quero chamar a atenção sobre algumas coisas: a primeira é como Francisca nomeia o curso de alfabetização de quarenta horas: uma escola. Sabemos que não era propriamente numa escola, mas ela o chama de escola; muitas vezes, inclusive, apresenta-se Paulo Freire como crítico da escola, a *Pedagogia do oprimido* como crítica de uma escola tradicional. E uma aluna do curso de Angicos nos diz que Paulo Freire trazia uma escola, e aqui quero fazer uma relação com o que na segunda-feira afirmava Jan Masschelein sobre o medo que gera a escola, o perigo que ela significa, porque, penso, de fato o que Paulo Freire trazia não era uma instituição, mas a escola como uma forma de colocar o mundo em questão e poder, quem sabe, sonhar com outro mundo. Isso que Paulo Freire trazia, a escola, era considerado muito perigoso não apenas pela ditadura, mas também pelo povo, pelos pais de Francisca.

> (2:22) Eu aprendi logo, antes de completar as 48 horas. Eu já sabia ler, já escrevia. E aí foi tempo que chegou essa notícia de que o homem tinha sido exilado, que o homem tinha sido preso. Aí, pronto, acabou-se a escola. Muita gente com medo escondeu o caderno, escondeu livro, escondeu tudo. Eu não escondi nada. Queimou... Eu não queimei nada, eu deixei escondido...

Mais uma vez, é muito forte o que Francisca diz, porque, quando Paulo Freire foi preso e depois teve que ir para um exílio distante e duradouro, acabou-se a escola. Como se Paulo Freire fosse ele próprio uma escola, a escola. E o era, penso eu, no sentido de que ele fez possível essa possibilidade de colocar o mundo sobre a mesa, entendê-lo e pô-lo em questão, possibilitando uma experiência de tempo separado do social, um tempo próprio, livre. Entendo que Paulo Freire recria, com a experiência de Angicos, essa concepção que Rancière também afirma naquele texto de 1988, "Escola, igualdade, produção", de que a escola é o lugar por excelência da igualdade (RANCIÈRE, 2022). A experiência de Angicos foi talvez um exemplo dessa forma-escola, uma experiência de igualdade, quem sabe também uma experiência de democracia no sentido que Rancière outorga à palavra, onde governam os incompetentes, onde os analfabetos leem e os ignorantes sabem; um exemplo de *skholé*, de suspender o tempo social da exploração, do trabalho e habitar um tempo liberado da produção para aprender a ler e escrever, para poder habitar o mundo de outra maneira; uma experiência na qual qualquer um pode aprender qualquer coisa se sente que quem ensina confia na sua igual capacidade. Uma experiência que vai muito além dos sentidos pensados por aquele que a propõe, que a coordena, que a teoriza. E isso talvez mostre uma outra força política da escola, que escapa completamente aos seus idealizadores e teóricos; uma força que está entre quem a habita, que escapa a qualquer tentativa de captura, que obtura qualquer pretensão de totalização ou clausura, que faz da escola algo ao mesmo tempo improvável e incerto, mas não menos surpreendente e imprevisível, politicamente impossível de ser capturada.

Referências

BOURRIAUD, N. Entrevista. In: OBRIST, H. *Arte agora: em 5 entrevistas.* Tradução de Marcelo Rezende. São Paulo: Alameda, 2006.

DOSSIÊ IGUALDADE E LIBERDADE em Educação: a respeito de *O mestre ignorante. Educação & Sociedade*, v. 24, n. 82, 2003. Disponível em: https://bit.ly/3ULO4Te. Acesso em: 25 mar. 2021.

FREIRE, Paulo. *Cartas a Cristina: reflexões sobre minha vida e minha práxis*. 2. ed. São Paulo Paz e Terra, 2015.

FREIRE, Paulo. *Cartas à Guiné-Bissau: registros de uma experiência em processo*. 2. ed. Rio de Janeiro: Paz e Terra, 1978.

FREIRE, Paulo. *Pedagogia da esperança: um reencontro com a pedagogia do oprimido*. 21. ed. São Paulo: Paz e Terra: 2014.

FREIRE, Paulo; FAUNDEZ, Antonio. *Por uma pedagogia da pergunta*. 8. ed. Rio de Janeiro: Paz e Terra, 2017.

FREIRE, Paulo; SHOR, Ira. *Medo e ousadia: o cotidiano do professor*. São Paulo: Paz e Terra, 1986.

LACERDA, Nathercia. *A casa e o mundo lá fora: cartas de Paulo Freire para Nathercinha*. 1. ed. Rio de Janeiro: Zit, 2016.

METODOLOGIA PAULO FREIRE revoluciona povoado no sertão. Repórter Brasil, *YouTube*, [s.d.]. Disponível em: https://bit. ly/3BTjnmb. Acesso em: 25 jun. 2022.

PELANDRE, Nilcéa Lemos. Entrevista com Paulo Freire. *EJA EM DEBATE,* Florianópolis, ano 3, n. 4, p. 13-27, jul. 2014.

RANCIÈRE, Jacques. A atualidade de *O mestre ignorante*. Entrevista com A. Benvenuto, P. Vermeren e S. Douailler. *Educação e Sociedade*, Campinas, v. 24, n. 82, p. 185-202, abr. 2003. Disponível em: https:// bit.ly/3RhujA0. Acesso em: 25 mar. 2021.

RANCIÈRE, Jacques. Escola, produção, igualdade. Tradução e notas de Jonas Tabacof Waks e Anita Pompéia Soares. In: CARVALHO, J. S. F. de (Org.). *Jacques Rancière e a escola: educação, política e emancipação*. Belo Horizonte: Autêntica, 2022, p. 75-103.

RANCIÈRE, Jacques. *O mestre ignorante: cinco lições sobre a emancipação*. Tradução de Lílian do Valle. Belo Horizonte: Autêntica, 2002.

RANCIÈRE, Jacques. *O ódio à democracia*. Tradução de Mariana Echalar. Rio de Janeiro: Boitempo, 2016.

Sobre os autores

André Guedes de Toledo

É professor de Filosofia na rede estadual paulista desde 2011. Bacharel e licenciado em Filosofia e em Letras pela Universidade de São Paulo (USP), mestrando em Educação e Filosofia pela Faculdade de Educação da mesma instituição (FEUSP). Participa do Grupo de Estudos e Pesquisa sobre Educação e o Pensamento Contemporâneo (GEEPC) desde 2017.

Anita Pompéia Soares

Integra o Grupo de Estudos e Pesquisa sobre Educação e o Pensamento Contemporâneo (GEEPC) da Faculdade de Educação da Universidade de São Paulo (FEUSP) desde 2015. Possui graduação em História e mestrado em Filosofia da Educação. Em sua dissertação, recorre ao pensamento de Jacques Rancière sobre educação e política para refletir acerca da mobilização de secundaristas paulistas que, em 2015, interromperam um projeto governamental por meio da ocupação de suas escolas.

Anyele Giacomelli Lamas

Mestre em Educação pelo Programa de Filosofia e Educação da Universidade de São Paulo (USP). Pedagoga pela Faculdade de Educação (FEUSP), bacharel e licenciada em Filosofia pela Faculdade de Filosofia, Letras e Ciências Humanas da mesma universidade (FFLCH). Tem experiência na área de Educação, com ênfase em Filosofia da Educação. Professora do Ensino Fundamental – Anos Iniciais da rede privada de São Paulo.

Carlota Boto

É professora titular da Faculdade de Educação da Universidade de São Paulo (FEUSP), onde leciona Filosofia da Educação e atualmente exerce a função de diretora. É formada em Pedagogia e em História, mestre em História e Filosofia da Educação, doutora em História Social e livre-docente em Filosofia da Educação, tudo pela USP. É autora de vários artigos e livros, entre os quais destacam-se *A escola do homem novo: entre o Iluminismo e a Revolução Francesa* (Unesp, 2010) e *Educação e Ética na Modernidade: uma introdução* (Almedina, 2021). É pesquisadora do Conselho Nacional de Desenvolvimento Científico e Tecnológico (CNPq) e integra o conjunto de pesquisadores do projeto temático da Fundação de Amparo à Pesquisa do Estado de São Paulo (FAPESP) intitulado *Saberes e práticas em fronteiras: por uma história transnacional da educação*. É docente do Programa de Pós-Graduação em Educação da FEUSP e do Programa de Pós-Graduação em Educação Escolar da Faculdade de Ciências e Letras (FCL) da Unesp, campus de Araraquara.

Caroline Fanizzi

É doutoranda em Educação na Faculdade de Educação da Universidade de São Paulo (FEUSP) e em Sciences de l'Éducation na Université Paris 8, em regime de cotutela – pesquisa financiada pela Fundação de Amparo à Pesquisa do Estado de São Paulo (FAPESP). Mestre em Educação na área de Psicologia e Educação, e Pedagoga pela mesma instituição. Especialista em Arte-educação pela Escola de Comunicações e Artes (ECA-USP). Atualmente, integra o Grupo de Estudos

SOBRE OS AUTORES

e Pesquisa sobre Educação e o Pensamento Contemporâneo (GEEPC) e o Laboratório de Estudos e Pesquisas Psicanalíticas e Educacionais sobre a Infância (LEPSI), ambos da USP.

Charles Bingham

É professor de Filosofia da Educação na Universidade de Simon Fraser, em Vancouver, Canadá. Publicou, entre outras obras, *Jacques Rancière: Education, Truth, Emancipation*, em coautoria com Gert Biesta (Continuum, 2010) e *Authority is Relational: Rethinking Educational Empowerment* (SUNY Press, 2008).

Denizart Busto de Fazio

Doutorando em Educação na Faculdade de Educação da Universidade de São Paulo (FEUSP), integra o Grupo de Estudos e Pesquisa sobre Educação e o Pensamento Contemporâneo (GEEPC). Publicou o livro *Milagre em Monte Santo: a fundação da Escola Família Agrícola do Sertão* (Editora UFPE, 2021). No campo da Filosofia da Educação estuda as relações entre educação, narração, literatura, formação e hermenêutica.

Eduardo Pereira Batista

É licenciado em Educação Física pela Universidade Estadual de Campinas (Unicamp) e bacharel em Filosofia pela Universidade de São Paulo (USP). Mestre e doutor em Filosofia da Educação pela Faculdade de Educação da USP. Atua como professor na rede municipal de Vinhedo, São Paulo, e professor temporário também na USP.

Flávio H. A. Brayner

Mestre em História pela Universidade Federal de Pernambuco (UFPE), doutor em Educação pela Universidade Paris-Sorbonne (Paris V) e pós-doutor em Filosofia pela

Universidade de Paris VIII. Atua como professor titular de Filosofia da Educação e professor emérito na UFPE, ex-professor convidado da Universidade de Montpellier III e ex-secretário de Educação de Recife. É autor de diversos artigos e livros publicados no Brasil e no exterior.

Jan Masschelein

É professor de Filosofia da Educação e diretor do Laboratório de Educação e Sociedade na Universidade de Louvain, na Bélgica. Sua pesquisa se concentra explicitamente em (re)pensar o papel público das escolas e universidades e a particularidade de uma perspectiva pedagógica. Em português publicou, com Maarten Simons, *Em defesa da escola: uma questão pública* (2013) e *A pedagogia, a democracia, a escola* (2014), ambos pela Autêntica Editora. Seus trabalhos estão disponíveis em: https://respaedagogica.be/.

Jonas Tabacof Waks

É bacharel e licenciado em Filosofia pela Universidade de São Paulo (USP), mestre em Educação pela Universidad de Buenos Aires, e doutorando em Filosofia da Educação na Université Paris 8 e na USP, em regime de cotutela, com bolsa da CAPES. Foi professor de Filosofia no ensino médio da rede pública estadual paulista, educador popular em movimentos sociais na Argentina e coordenador adjunto da política municipal de educação em direitos humanos da Prefeitura de São Paulo, entre outros. Co-organizou o livro *Políticas e direitos: políticas públicas de formação docente em direitos humanos, gênero e diversidade na escola no Brasil* (Pontocom, 2016). É membro do Grupo de Estudos e Pesquisa sobre Educação e o Pensamento Contemporâneo (GEEPC) e assistente de direção da websérie Psicanalistas que falam, disponível em: https://psisquefalam.com/.

Jorge Larrosa

É professor de Filosofia da Educação na Universidade de Barcelona. Licenciado em Pedagogia e Filosofia, e doutor em Pedagogia, realizou estudos de pós-doutorado no Instituto de Educação da Universidade de Londres e no Centro Michel Foucault da Sorbonne, em Paris. Seus trabalhos, de clara vocação ensaística, movem-se entre a filosofia, a literatura, as artes e a educação. Seus livros foram publicados na Espanha, na Argentina, na Colômbia, no México, na Venezuela, na França e no Brasil. Entre os publicados (todos eles pela Autêntica Editora), destacam-se: *Pedagogia profana* (1997); *Estudar/Estudiar* (2007); *Habitantes de Babel: políticas e poéticas da diferença* (com Carlos Skliar, 2007); *Tremores: escritos sobre experiência* (2014) e *Linguagem e Educação depois de Babel* (2017).

José Sérgio Fonseca de Carvalho

É professor titular de Filosofia da Educação na Faculdade de Educação da Universidade de São Paulo (FEUSP). Foi pesquisador convidado das Universidades de Paris VII e Paris VIII. Publicou, entre outras obras, *Educação: uma herança sem testamento* (Perspectiva, 2017) e *Por uma pedagogia da dignidade: memórias e reflexões sobre a experiência escolar* (Summus, 2016).

Lílian do Valle

É doutora em Educação pela Universidade de Paris V e professora titular de Filosofia da Educação da Universidade do Estado do Rio de Janeiro (UERJ). Autora de *Enigmas da Educação: a paideia democrática entre Platão e Castoriadis* (Autêntica, 2007), *A Escola Imaginária* (DP&A, 1997) e *Filosofia da Educação a distância: conceitos e concepções* (Appris, 2017), entre outros. Traduziu, de Jacques Rancière, *O Mestre Ignorante: cinco lições sobre a emancipação intelectual* (Autêntica, 2007), além de obras de Cornelius Castoriadis e Nicole Loraux.

Maarten Simons

Professor de Política e Teoria Educacional no Laboratório de Educação e Sociedade da Universidade de Leuven, na Bélgica. Sua pesquisa se concentra explicitamente nos desafios colocados à educação com um grande interesse em (re)pensar, educacional e pedagogicamente, o papel público das escolas e universidades. Em português publicou, com Jan Masschelein: *Em defesa da escola: uma questão pública* (2013) e *A pedagogia, a democracia, a escola* (2014), ambos pela Autêntica. Seus trabalhos estão disponíveis em: https://respaedagogica.be/.

María Beatriz Greco

Doutora em Filosofia e Ciências Sociais pelas Universidades de Buenos Aires (UBA) e Paris VIII, licenciada em Psicologia pela UBA e em Psicopedagogia pela Universidad del Salvador. Atua como professora e pesquisadora da UBA nas Faculdades de Psicologia e de Filosofia e Letras. É diretora do Projeto de Pesquisa Ubacyt La autoridad de los equipos de orientación escolar. É também autora de diversas publicações, entre elas: *La autoridad como práctica* (Homo Sapiens, 2022), *Equipos de orientación escolar: la intervención como experiencia* (Homo Sapiens, 2020), *Emancipación, educación y autoridad* (Noveduc, 2012) e *El espacio político* (Prometeo, 2012).

Maximiliano Valerio López

Doutor em Educação pela Universidade do Estado do Rio de Janeiro (UERJ); mestre em Educação pela mesma universidade; pós-graduado em Ensino de Filosofia pela Universidade de Brasília (UnB); e licenciado em Ciências da Educação pela Universidad Nacional de Cuyo, na Argentina. É professor do Departamento de Educação e do Programa de Pós-Graduação em Educação da Universidade Federal de Juiz de Fora (UFJF) e coordena o Núcleo de Estudos

SOBRE OS AUTORES

de Filosofia, Poética e Educação da mesma instituição. Pela Autêntica, publicou *Acontecimento e experiência no trabalho filosófico com crianças* (2008).

Patrice Vermeren

É professor emérito do Departamento de Filosofia da Universidade Paris VIII e pesquisador do Centro de Pesquisas sobre as Lógicas Contemporâneas da Filosofia. Foi do comitê de redação de *Les révoltes logiques: cahiers du Centre de Recherche sur les Idéologies de la Révolte*. Foi também membro fundador do Colégio Internacional de Filosofia e diretor do Centro Franco-Argentino de Altos Estudos da Universidade de Buenos Aires (UBA). Seus últimos livros publicados são: *Penser contre: essais sur la philosophie critique de Miguel Abensour* (Sens et Tonka, 2019), *Le philosophe communeux: Napoléon La Cécilia, néokantien, philologue et général de la Commune de Paris* (L'Harmattan, 2021) e, em colaboração com Horacio Gonzalez, *Paul Groussac: la langue de l'émigré* (L'Harmattan, 2022).

Paulo Henrique Fernandes Silveira

Doutor em Filosofia pela Faculdade de Filosofia, Letras e Ciências Humanas da Universidade de São Paulo (FFLCH-USP). Professor e pesquisador da Faculdade de Educação da Universidade de São Paulo (FEUSP) nos Programas de Graduação e Pós-Graduação. Membro do grupo de pesquisa em Direitos Humanos, Democracia e Memória do Instituto de Estudos Avançados da Universidade de São Paulo (IEA-USP).

Ricardo Nascimento Fabbrini

É doutor em Filosofia pela Universidade de São Paulo (USP) e professor livre-docente de Estética do Departamento de Filosofia da Faculdade de Filosofia, Letras e Ciências Humanas (FFLCH) da USP e do Programa de Pós-Graduação

Interunidades em Estética e História da Arte da mesma instituição. É autor de *O Espaço de Lygia Clark* (Atlas, 1994) e *A arte depois das vanguardas* (Unicamp/Fapesp, 2002). É membro do Conselho Deliberativo do Museu de Arte Contemporânea e coordenador do Grupo de Estudos em Estética e Crítica de Arte, ambos da USP.

Sandra Regina Leite

Doutoranda em Educação pela Universidade de São Paulo (USP), mestre em Educação: Currículo pela PUC-SP, bacharel em Ciências da Religião e licenciada em Filosofia pela União das Faculdades Claretianas (UNICLAR). Atualmente é docente de Filosofia no Colégio Técnico da Universidade Federal Rural do Rio de Janeiro (UFRRJ). É autora do livro *Educação em Hannah Arendt: implicações para o currículo* (CRV, 2020). Seus temas de interesse são: Filosofia da Educação, Currículo, Ensino de Filosofia e Ensino Médio.

Taís Araújo

Formada em História (2011) pela Faculdade de Filosofia, Letras e Ciências Humanas da USP, com Mestrado em História Social (2015) pela mesma faculdade e Doutorado em Filosofia da Educação (2021) pela Faculdade de Educação da USP. Atualmente, pesquisa temas relacionados à Filosofia Contemporânea e à Educação e leciona História na área da Educação de Jovens e Adultos na rede municipal de São Paulo e no curso de Licenciatura em História no Centro Universitário Sumaré.

Teresa Montealegre Barba

Licenciada em Filosofia pela Universidade de Chile, mestre em Filosofia Política pela Universidade Paris VIII e mestre em Estudos de Gênero pela École des Hautes Études en Sciences Sociales (EHESS). É especializada no pensamento de J. Rancière, especificamente nas questões do tempo, da ficção e da emancipação política. É pesquisadora do Instituto IFSCP e atualmente realiza um doutorado sobre a imprensa das mulheres operárias latino-americanas no início do século XX na Aix-Marseille Université.

Thiago de Castro Leite

Doutorando em Educação, mestre em Educação e licenciado em Artes Cênicas pela Universidade de São Paulo (USP). Integrante do Grupo de Estudos e Pesquisa sobre Educação e o Pensamento Contemporâneo (GEEPC). Foi professor colaborador no curso de Licenciatura em Teatro da Universidade do Estado de Santa Catarina (UDESC). Atualmente leciona no curso de Artes Cênicas do Conservatório Dramático e Musical Dr. Carlos de Campos de Tatuí.

Thiago Miranda dos Santos Moreira

Pedagogo e mestre em Educação pela Faculdade de Educação da Universidade de São Paulo (FEUSP). Atua profissionalmente como professor de Ensino Fundamental – Anos Iniciais na Prefeitura de São Paulo e membro do Grupo de Estudos e Pesquisa sobre Educação e o Pensamento Contemporâneo (GEEPC).

Vinicius B. Vicenzi

Professor do Programa de Pós-graduação em Educação da Universidade do Planalto Catarinense (UNIPLAC). Doutor em Filosofia pela Universidade do Porto, com a tese *O lugar da educação como questão filosófico-política a partir de Jacques Rancière*. Mestre em Educação pela Universidade do Estado do Rio de Janeiro (UERJ). Pesquisa a relação entre filosofia política, narrativas e educação. Integra o Núcleo de Pesquisa em Educação Básica (NuPEB) da UNIPLAC.

Walter Omar Kohan

É professor titular da Universidade do Estado do Rio de Janeiro (UERJ), pesquisador do Conselho Nacional de Desenvolvimento Científico e Tecnológico (CNPq) e Cientista de Nosso Estado (CNE) na Fundação de Amparo à Pesquisa do Estado do Rio de Janeiro (FAPERJ). Coordena o projeto Filosofia na Infância da Vida Escolar (CAPES-PrInt). Seus trabalhos estão publicados em castelhano, italiano, inglês, português, francês, húngaro, russo e finlandês.

Este livro foi composto com tipografia Bembo Std e impresso
em papel Off-White 70 g/m² na Formato Artes Gráficas.